語彙意味論の新たな可能性を探って

語彙意味論の新たな可能性を探って

由本陽子　小野尚之 [編]

開拓社

はしがき

　1980年代の生成文法理論に対応するような形で提案された語彙意味論の研究は,「項の具現形式の大部分は動詞の意味から予測可能である」という前提を出発点に, 述語の意味のうち文法的現象に関わる成分を抽出し, 適格な統語構造と規則的に対応するような語彙意味の分析を中心に展開してきた. 特に項の具現に関しては, 統語構造と規則的に対応するような動詞の意味記述として, Jackendoff が提案した語彙概念構造が非常に説明力のあるものとされ, 語彙意味論において共通の分析手法を形成している. しかし, このような語彙意味論の方法が確立してから30年を経た今, 少し立ち止まって原点を振り返って, 今後この理論が進むべき道をしっかりと考えてみる, そういう時期に来ているように思われる.

　そういった見直しを行うことの背景にはこの30年間に起こった言語学全体の進展がある. まず, Pustejovsky の生成語彙論などの新たな理論展開によって百科事典的知識の形式化も可能となり, 名詞の意味と述語との関係や, 文脈により移ろう語の多義性や意味拡張についても体系的に捉えることが可能になってきたこと. 次に, 語彙概念構造だけでは捉えきれなかった語彙アスペクトのより精緻な記述を可能にする, 事象構造論が展開されていること. そして, 研究が遅れていた形容詞の意味については, Kennedy & McNally らによるスケール構造分析が成果をあげつつあること. さらには, これは言語学全般に言えることだが, 心理言語学や脳科学によって言語理論による仮説が検証できる道が開けてきたことなどである.

　本論集の編者2名は, 以上のような情勢に鑑み, 最近, 語彙意味論に焦点をあてた下記のようなシンポジウムやワークショップを開催し, 様々な観点から語彙意味論のホットな問題をとりあげ議論してきた. 日本英語学会第31回大会シンポジウム「語彙意味論の新たな可能性を探って」(2013年11月10日開催, 丸田忠雄氏の発案による), 日本言語学会第147回大会ワークショップ「語彙意味論の潮流」(2013年11月24日開催), 日本英語学会第7回国際春季フォーラムワークショップ「Revisiting Talmy's Framing Typology」(2014年4月19日開催) などがそれである．

　それらのシンポジウムやワークショップにおいて，発表者同士あるいは参加者との間で，我々の予想以上に熱心な議論が戦わされた．その熱い空気をそのまま世に送り出したいとの思いから，本論集の企画が生まれた．企画にあたって，シンポジウムやワークショップでの発表者に加え，統語論の専門家にも寄稿を依頼し，語彙意味論の問題を多角的に論じてもらえるように配慮した．語彙意味論全体を通じて重要なテーマだと思われる事項について色々な観点からの議論を提供し，本論集が語彙意味論の枠組みにとどまらずより広い読者の関心に応えられるようにしたつもりである．

　また，本論集の序章として，各章への水先案内となるように，語彙意味論全体の枠組み，語彙意味論の歴史的な展開と現在における主要な問題，および各章の論文の概要をまとめてある．本書の読者が序章を足がかりとして，各章で論じられている問題の意味をより広い視点から理解していただければ幸いである．

　最後に，本書の企画を快く引き受けてくださり，刊行まで暖かいご支援をいただいた開拓社の川田賢氏に心より感謝申し上げたい．

　2015年6月

　　　　　　　　　　　　　　　　　　　　　　　　　　由本陽子・小野尚之

目　次

はしがき　v

序　章　語彙意味論の新たな可能性を探って
　　　　　　　………………………………………… 小野尚之・由本陽子　　1

第1章　評価形容詞の語彙意味論を巡って
　　　　　　　………………………………………………… 丸田　忠雄　　21

第2章　構文交替と項の具現化
　　　　──生成語彙論的アプローチ──　………………… 工藤　和也　　46

第3章　出来事の不成立を表す複合動詞について
　　　　　　　………………………………………………… 岸本　秀樹　　72

第4章　中国語結果複合動詞の意味構造と項の具現化
　　　　　　　………………………………………………… 于　一楽　　102

第5章　語彙的複合動詞の自他交替について
　　　　　　　………………………………………………… 史　曼　　130

第 6 章　複動性・量子性から再考する達成・到達の区別
　　　　　　　　　　　　　　　　　………………………………　中谷健太郎　157

第 7 章　アスペクトと事象構造の変更
　　　　　──結果持続の類型論に向けて──　………………　岩本　遠億　184

第 8 章　日本語の複合動詞と「V＋て＋V」型複雑述部の
　　　　　アスペクトついての統語論的考察……………　小川　芳樹　213

第 9 章　「見える」認識構文の統語構造とテ形述語の統語と意味
　　　　　　　　　　　　　　　　　………………………………　竹沢　幸一　243

第 10 章　様態・結果の相補性仮説に関する一考察
　　　　　　　　　　　　　　　　　………………………………　臼杵　岳　274

第 11 章　名詞転換動詞から見た様態・結果の相補性
　　　　　　　　　　　　　　　　　………………………………　境　倫代　300

第 12 章　イベント統合の類型から見る様態・結果の相補性仮説
　　　　　　　　　　　　　　　　　………………………………　江口　清子　328

第 13 章　様態表現の類型論における様態の典型性
　　　　　　　　　　　　　　　　　………………………………　秋田　喜美　354

第14章　事象フレームの類型論における意味的焦点の相違
　　　　　──無生物主語構文による分析── ……………… 斎藤　珠代　381

第15章　事象フレームの言語類型と第二言語習得
　　　　　──移動と状態変化の表現をめぐって──
　　　　　………………………………………… スプリング・ライアン　408

第16章　「ひとつまみ」と「ひと刷毛」
　　　　　──モノとコトを測る「ひと」の機能──
　　　　　……………………… 由本陽子・伊藤たかね・杉岡洋子　432

第17章　構文的重複語形成
　　　　　──「女の子女の子した女」をめぐって── ……… 小野　尚之　463

索　　引 ……………………………………………………………… 491

執筆者紹介 …………………………………………………………… 495

語彙意味論の新たな可能性を探って

序　章

語彙意味論の新たな可能性を探って

小野尚之・由本陽子

1. はじめに

　語彙意味論 (lexical semantics) とは，広い意味でいえば，語（単語）の意味を対象とする意味論の研究領域である．語が意味を表すことは当たり前のことのように思うかもしれないが，現代の意味論では，そもそも意味とは何かということについて必ずしも一致した考えがあるわけではない（たとえば，Pollard and Sag (1987) など）．また，語がどのような言語単位であるかという点についても，形態論や統語論の研究者の間で少なからず見解の相違がある．そのため，「語の意味」といった場合，それが何を指すのかは，それぞれの背景となる考え方や理論によって異なるというのが実情である．しかし，そうはいっても，語彙意味論がどのような研究領域であるかということには，一定の共通理解があるといってよい．
　その共通理解とは，まず語の意味を，文の意味，発話の意味と対比させて捉えることである．言語の意味が，語，文，発話の3つのレベルに区別され，語の意味をもとにして句や文の意味が導かれ，さらにそれが発話の意味へと段階を追って構築されていくというのは，言語学者の多くによって受入れられている見方であろう (Lyons (1995))．文の意味とは一般に命題とその真偽値として捉えられ，伝統的には形式的な意味論が対象としてきたものである．また，発話の意味は，いうまでもなく，語用論が扱うべき対象とされてきた．このように考えると，語の意味は，意味論と語用論がそれぞれ扱う対象いずれにおいてもその基盤となるようなものであり，両者に貢献すべき意

味を含むべきものだということがいえる。[1]

　このように語彙意味論を位置づけた上で，次に理解しておかなければならないことは，語彙意味論には様々な理論的背景をもつモデルあるいはアプローチがあるということである．語彙意味論のモデルは，私たちが語の意味を解釈する際，あるいは，何らかの概念を語で表す際，どのような知識や情報を利用するのかについて2つの見解に分かれるといえる．1つは，人間の語彙の知識は言語に固有の知識として捉えることができるとするもので，この言語固有の語彙についての知識体系のことを「レキシコン」(lexicon) と呼ぶ．レキシコンは，一般には，ある言語で用いられるすべての語句についての知識の集合という意味で用いられる．日本語のレキシコンといえば，日本語で用いられる単語や成句をすべて網羅したものということになる．その意味において，「辞書」という概念と大差はない．しかし，語彙意味論においてレキシコンというときには，一般的な意味での辞書よりもむしろ，人間の内在的な語彙知識を指すことが多い．その意味において，「心的辞書」(mental lexicon) という呼ばれ方をすることもある．

　一方，そのような意味でのレキシコンは存在しないという考え方もある．この考え方によると，私たちが語の意味を理解するときには，言語固有の知識ではなく，私たちが事物全般についてもっている知識を利用するというものである．このような人間の知識全般を，レキシコンに対して「百科事典」(encyclopedia)（あるいは「世界知識」(world knowledge)）と呼ぶ人もいる．人間が様々な知識を動員して日常生活を送り，諸々の事柄を知覚したり理解したりすることは自明のことであるので，言語の理解についても同じ知識を用いて行っていると考えることは自然であろう．この考えにしたがえば，言語固有の特別な知識としてのレキシコンを想定する必要はないということになる．

　レキシコンを想定するアプローチと百科事典を想定するアプローチの違いを，Langacker (2008: 39) は，「辞書意味論」(Dictionary Semantics) と「百科事典意味論」(Encyclopedic Semantics) と呼んで区別している．前者は，

---

[1] レベルに分けるということは，語の意味が他のレベルから完全に孤立していることを意味しているわけではない．また，必ずしも語の意味をもとに文や発話の意味が決定されているとは限らず，多くの研究者は，異なるレベル間で相互作用が起こることを認めている．

レキシコンが言語の使用に特化した知識として，他の知識体系から独立して想定されている．これに対して，後者は，言語使用以外に用いられる様々な知識体系が複層的に成立しており，言語話者はこの一般的な知識体系を利用して言語を理解するというもので，認知言語学における語彙意味論は，こちらを想定している．同様の考え方は，語用論，特に最近の語彙語用論 (lexical pragmatics) と呼ばれる立場とも共通している (Wilson and Carston (2007))．ただし，このような考え方自体は決して新しいものではなく，意味論においては「意味の用法説」と呼ばれる考え方に連なる見方である (国広 (1982))．

レキシコンか百科事典かという考え方の違いによって，語彙意味論の理論には2つの方向性の違いがあると述べたが，念のためにいうと，レキシコンを想定するアプローチにおいて，百科事典的な知識の存在や，そのような知識によって語の意味の理解が行われるということが否定されたり，無視されたりしているわけではない．この点は後で触れることになる．

次に，語彙意味論のモデルを区分するもうひとつの相違点を見てみよう．それは，語の意味そのものをどのように捉え，どのように分析するかということである．特に重要なのは，語の意味を適切な構成要素に分解して構成的に捉えることができると考えるか，あるいは，語の意味は全体的な体系において他の語との関係性によって捉えるべきであると考えるかの違いである．前者を構成論的なアプローチ (componential approach),[2] 後者を全体論的 (holistic approach) あるいは関係論的なアプローチ (relational approach) という (Cruse (2010))．[3]

語彙意味論のモデルは，意味をどのようなものとして捉えるかによって，それぞれの分析方法が異なり，それによってアプローチのしかたが異なる．しかし，注意しなければならないのは，アプローチの違いは，しばしばどちらにより重心を置くかという問題であり，必ずしも完全に排他的なものではないことである．語の意味を個別に構成素に分解して分析するといっても他

---

[2] compositional approach ともいう．
[3] 全体論的なアプローチと関係論的なアプローチは必ずしも同一ではないが，ここでは，構成論的なアプローチに対立するものとして1つの括りに入れている．語彙意味論のアプローチについてより詳細な議論は Geeraerts (2010) などを参照のこと．

の語との関係性をまったく否定するわけではないし，逆に，関係論的な捉え方が個々の語の意味に含まれる構成要素を無視するわけではない．しかし，ごく一般的にいえば，レキシコンの存在を想定するアプローチは構成論的な考え方を肯定する傾向にあり，百科事典的知識を基盤として語の意味を分析しようとするアプローチは全体論ないし関係論的な見方をする傾向にある．

2. レキシコンと構成論的アプローチ

以上のことを踏まえた上で，本書における語彙意味論のモデルないしアプローチが全体的にどのような位置に置かれるかを述べておきたい．本書に収められた論考のほとんどは，言語知識としてレキシコンを想定し，かつ意味分析に関して構成論的アプローチをとっているといってよい．[4] この語彙意味論のアプローチは，元を辿れば，1980年代の生成文法理論の進展に対応するかたちで発展してきた動詞の意味の研究から派生してきたものであり，生成文法的言語モデルを基盤とする言語学においては，語彙意味論といえばこの立場を指すといってよいだろう．

ごく初期の段階から80年代の理論まで，生成文法理論ではレキシコンに登録された語彙項目の情報が統語構造を決定するという基本的な考え方を採用してきた．このようなアプローチでは，理論的な基盤として文法のシステムの基底に語彙情報の供給源としてのレキシコンの存在が想定され，語の意味が基本的な構成要素に分解されることによって様々な文法現象の説明が可能になると考えられてきた．Chomsky (1981) では，「投射原理」(projection principle) と呼ばれる原理によって，語の意味が文全体の構造を決定する仕組みが保証され，語彙情報が文法全体のガイドライン的な役目を果たしていた．このような文法システムの設計思想を背景にして現れた語彙意味論のモデルでは，特に「文法に関与する (grammatically relevant) 意味情報」を分析の対象とすることが，最重要の課題とされた (cf. Levin and Rappaport (1995))．レキシコンからの入力が統語構造を決定するという生成文法のモデルでは，レキシコンに記載される語彙情報は統語に関与する属性に限定されていたのである．

---

[4] そうでないものもあるが，その点については各章を紹介するときに言及する．

限定的レキシコンを想定する語彙意味論のモデルでは，文法に関与する意味属性がどういうものか，そしてそれは，語の統語的ふるまいをどのように制限するかといった問題などが議論の中心となる．このようなモデルにおいては，たとえば動詞の限界性 (telicity) は文法的な制約としてはたらくが，「色」についての意味属性 (paint, color, bleach, redden, stain などが共有する性質) は統語的ふるまいを左右しないため，前者のみが分析の対象とされるのである (たとえば Rappaport-Hovav and Levin (1998) など).

3. 語彙分解

構成論的なアプローチは，語の意味を基本的な要素に分解するという方法論を採用するが，これを一般に「語彙分解」(lexical decomposition) という．語彙分解という考え方は，その元を遡れば，1930 年代の構造主義言語学における音素論の分析手法に倣ったものである．言語の基本的構成単位である音素をさらに「弁別素性」(distinctive feature) に還元するという考え方と平行的に，語の意味を構成素 (素性) に還元するという考え方が生まれたのである．

語彙分解が文の意味解釈に用いられた初期の分析として Katz and Fodor (1963) があげられる．この研究は，生成文法の標準理論における意味論のあり方を論じたものであり，レキシコンにおいて語彙項目に指定された意味素性が統語構造に沿ってボトムアップに合成されるしくみ (投射規則) が示された．また，McCawley (1968) は，「生成意味論」(Generative Semantics) という文法モデルにおいて，たとえば kill という動詞が [CAUSE [BECOME [NOT [BE ALIVE]]]] のように構成された意義素から成る構造から派生するという分析を示し，その後の動詞の語彙分解による分析の基礎を作ったといえる．

構成論的なアプローチによる語彙意味論の研究は，その後，80 年代から 90 年代にかけて多くの理論を生み出した．Jackendoff (1983, 1990) の Conceptual Semantics, Foley and Van Valin (1984) の Role and Reference Grammar, Wierzbicka (1996) の Natural Language Semantics, Pustejovsky (1995) の Generative Lexicon などは，レキシコンの構成や百科事典的知識との関わり方に見解の相違はあるものの，大きな括りでは基本的に語彙分解

を用いた語彙意味理論を組み込んだ文法モデルだといえる。[5]

先述のとおり生成文法理論の枠組みにおける語彙意味論では，レキシコンから統語構造に語彙情報を投射するという考え方に基づき，「文法に関与する意味情報」を研究の対象としてきた．この仮定の下で動詞の意味情報として最も重要だと考えられたのが，項構造（あるいは θ 枠（θ-grid））と呼ばれる情報であった．項構造は，動詞が文中でその意味を充足させるために，項としてどのような要素を表す必要があるかをレキシコンで個々に指定したものである．[6] この情報は，次のように，VP の外に具現化される外項は VP 内に具現化される内項とは区別して記載され，それらが文において主語，目的語などの文法要素として現れると考えられたのである．

 (1) break: <AGENT, THEME>

このような項構造を想定する語彙意味論では，動詞の表す意味，すなわち，動詞が表す出来事に関する情報の中核部分は，どのような意味役割を担う項をどのような形で充足するかによって捉えられると考えられているのである．

しかし，このような単純な意味の投射理論は，少し複雑な現象に遭遇するとすぐに行き詰まる．例えば，load という動詞には，まず (2) のような項構造が想定できるが，その項構造に対応して (3) に示すような 2 通りの統語構造が認められる．

 (2) load: <AGENT, THEME, LOCATION>
 (3) a. John loaded$_1$ hay onto the wagon.
    b. John loaded$_2$ the wagon with hay.

このように 1 つの動詞の意味表示に対し，2 つ以上の統語構造の実現形が認

---

 [5] 語彙分解的なアプローチに対して，語義の還元性を否定する全体論的アプローチとして Fodor (1983) などがある．また，認知言語学の語彙意味論も，先に述べたように構成論的な（あるいは還元的な）見方はしていない．

 [6]「項構造」とは，正確には項の意味役割には言及せず，外項・内項の区別，また場合によっては内項を，直接内項とどのような前置詞を介して具現されるかを示した上での間接内項との区別のみを記載するあくまでも「統語的な」語彙素性であるが，広くは各項の意味役割も明示した形を指して項構造と呼ばれている．

められるような現象を「構文交替」(alternation) という．構文交替はある意味をもつ動詞が2種以上の異なる項の具現化のパターン（実現形式）を示す現象として見ることができる．しかし，(2) のような項構造をもつ動詞がすべて同様の構文交替を起こすわけではないので，項構造から自動的に構文交替の可能性を予測することはできない．どのような意味の動詞が当該の交替に関われるのかを説明する動詞の意味論が別途必要となってくる．また，そもそも2つの構文は，それぞれが表す意味が全く同じとはいえないので，同じ項構造で捉えて良いのかという疑問も生じる．以上のようなさまざまな問題から，たとえ文法に関与する意味情報に限定して語彙意味を扱うとはいっても，項構造のみで統語現象に反映される動詞の意味すべてを表すことには無理があることが明らかになってきた．

　そこで，特に動詞の意味と構文形式の関係を捉えようとする生成文法を背景にした分析では，動詞の意味をより深くさらに精密に分解する試みが提案され，それが主流になった．これが Jackendoff (1983, 1990) が提唱した「語彙概念構造」(lexical conceptual structure (LCS)) を用いた語彙分解による語彙意味論で，彼は LCS から項構造を経ずに直接統語構造と対応させる文法モデルを提案した．

　LCS によって語彙分解を行うと，(3) にあげた2つの動詞はそれぞれ次のように表すことができる．

(4) a.　$load_1$: [x CAUSE [y BECOME [y BE IN (z)<u>$_{PLACE}$</u>]]]
　　 b.　$load_2$: [x CAUSE [z BECOME [z BE IN (*STATE*)]]]
　　　　　BY MEANS OF [x CAUSE [y BECOME [y BE IN
　　　　　(z) $_{PLACE}$]]]

(4) は $load_1$ と $load_2$ が基本的に異なる意味であることを表している．(4a) の $load_1$ が表しているのは，ある場所への物の移動である（下線部の [BE IN (z) $_{PLACE}$] は物体 y の位置を表している）．これに対し，(4b) では $load_2$ が対象 z に状態変化を生じさせること（下線部の [BE IN (*STATE*)] は，変化結果の状態を表している）を表すものであり，さらに，手段（BY MEANS OF）を加えることによって，物体 y の z への移動によってその対象 z の状態変化を引き起こすのだという，より複雑な意味を表している．つまり，(3) に示す2用法における load をそもそも意味の異なる別の動詞として捉

えるという考え方である（ただし，後者は前者の意味を含んでいることによって関係づけられることに注意）.[7] このようにLCSを想定することによってはじめて，構文交替の可能性も，構文交替によって生じる意味の違いも説明できることになる．

　LCSを分析手段として利用する語彙意味論は，先に述べたように，構成論的なアプローチに分類される語彙意味論であるが，同時に，そこで想定されているレキシコンは「文法に関与する意味情報」だけを記載した，非常に限定的な情報からなるレキシコンであるといえる．動詞の意味として記述され，レキシコンに記載されるのは(4)に示したような構造だけである．すなわち，LCSを構成する要素だけがレキシコンを構成すると考えられるのである.[8] LCSの構成素のうち，多くの語彙項目に共通する構造を形成する要素（(4a)で [x CAUSE [y BECOME [y BE IN (z)$_{\text{PLACE}}$]]] の部分）は構造的要素と呼ばれる．これに対して，定項または認識的要素と呼ばれる要素（(4b)における [$STATE$] を具体的に表す要素）は語彙項目固有の意味を表すものとして位置づけられる．この部分が表しているのは，言語使用者がその動詞を具体的に用いる際に参照する知識であるということになる．これは，言い換えれば，言語使用者のもつ「文法に関与する意味情報」以外のすべての知識を包含し，その情報は先に述べた百科事典的知識にも及ぶことになる．つまり，このアプローチにおいて想定されている項構造やLCSのような意味記述では，基本的には各々の語彙項目に共通する構造的意味を取り出して記載するという方法がとられているのである．しかし，それだけで文法に関与する語彙情報をすべて表すことができるかどうかという点に関しては議論のあるところである．

　これに対して，百科事典的知識を，より積極的に文法に関する情報としてレキシコンの表示に取り入れようとするのが生成語彙論（Generative Lexicon）のクオリア構造（qualia structure）である（Pustejovsky (1995)）．生成語彙論では，クオリアには，形式役割（formal role），構成役割（constitutive role），主体役割（agentive role），目的役割（telic role）の4つの区

---

　[7] すなわち，loadは多義的な動詞であるということを表している．
　[8] ここでの議論は語の意味に限っているが，他にレキシコンにおいて指定されると考えられる情報（たとえば音韻的な情報や品詞を決定する情報）もある．

分が想定されており，語彙表示としては次のように表される．

(5) Lexical entry

$$\begin{bmatrix} \textbf{Argument Structure}: (x, y) \\ \textbf{Event Structure}: e1, e2 \\ \textbf{Qualia Structure}: \begin{bmatrix} \text{Formal role} = F(x, y) \\ \text{Constitutive role} = C(x, y) \\ \text{Agentive role} = A(x, y) \\ \text{Telic role} = T(x, y) \end{bmatrix} \end{bmatrix}$$

形式役割は事物の属性，構成役割は部分と全体の関係などを表し，この2つは他の語彙項目との関係性を表す働きをする．また，主体役割は事物の原因や起源，目的役割は機能などを表し，両者は基本的に事象的な概念を表す．いずれも項構造やLCSでは捉えきれない百科事典的な知識を語彙表示の中に取り入れるための手段である．

項構造やLCSを用いたアプローチとクオリア構造を用いたアプローチは意味の構成論的な捉え方と合成的な意味構築のやり方において共通しているので，互いに排他的な関係にあるわけではない．本書では，いくつかの論考でクオリア構造を語彙表示として導入することによって，LCSなどによる構造的意味記述を補完し言語現象の説明に積極的に利用しようとする試みが提案されている．

4. 構成論的アプローチによる語彙意味論の主な問題

4.1. 様態・結果の相補性の仮説

前に述べたように，LCSによって動詞の意味構成素を明示的に記述する主な目的は，その記述された情報によって，ある動詞がどのような構文に生起するかといった，統語的な特性（ふるまい）を説明し，予測することである．そのような目的をもった研究の中で，近年特に注目を集めているのが「様態・結果の相補性の仮説 (manner/result complementarity)」である (Rappaport-Hovav and Levin (1998, 2001), Levin and Rappaport Hovav (2013) など)．この仮説によると，状態動詞以外の動詞（すなわち，行為や出来事を表す動詞）は，様態動詞と結果動詞のいずれかに分類される，とい

うものである.本書にはこの問題に取り組んでいる論文が複数含まれているので,前もってこの仮説について少し説明しておこう.様態動詞と結果動詞の例としてあげられているものを次に列記する.

(6) a. 様態動詞:nibble, rub, sweep, flutter, laugh, run, swim, ...
    b. 結果動詞:clean, empty, fill, freeze, kill, melt, arrive, die, ...

両者の構文上の相違として,例えば (7) の対比に見られるように,結果動詞は様態動詞と違って対象物を背景化して目的語を省略することができないことや,(8) に見られるように,動詞が選択しない目的語を取るような結果構文(いわゆる強い結果構文(Washio (1997)))には結果動詞が本来生起しないことが観察される.

(7) a. Leslie swept. (様態動詞)
    b. *Kelly broke. (結果動詞)
(8) a. Cinderella scrubbed her fingers to the bone. (様態動詞)
    b. *The clumsy child broke his knuckles to the bone.[9] (結果動詞)

Rappaport-Hovav and Levin は,様態動詞と結果動詞の生起環境の違いは,それぞれの LCS が構造的に異なることによって生じると主張している.

その違いとは次のように考えられている.先に述べたように,LCS の構成素は,語彙項目に共通する構造を形成する要素(構造的要素)と語彙項目固有の意味を表す要素(定項または認識的要素)からなるとされている.このうち,定項ないし認識的要素を,Rappaport-Hovav and Levin は「語根」(root) と呼び,それぞれの語を他から区別する固有の語彙素と考えている.様態動詞と結果動詞の違いは,その語根が LCS 上の様態を表す位置に挿入されるか,結果を表す位置に挿入されるかの違いであるという.たとえば,sweep(様態動詞)と break(結果動詞)の違いは次のように表される.

(9) a. [x ACT<*sweep*>$_{\text{MANNER}}$]
    b. [[x ACT] CAUSE [BECOME [y BE IN (*break*)$_{\text{RESULT}}$]]]

---

[9] (8b) が非文であるのは,子供が何かを壊して,その結果,手に怪我を負ったという解釈を想定してのことである.この場合 his knuckles は break の行為の直接の対象ではないことに注意されたい.

動詞の LCS 内の語根の挿入位置としてこのいずれかの可能性しか認めないという制約が働いていると仮定すれば，結局次のような両方の位置を同時に満たすケースは排除されることになる．

(10) *[[x ACT<*root*> MANNER] CAUSE [BECOME [y BE IN (*root*) RESULT]]]

これが様態動詞と結果動詞が構文上，相補的な分布をなす理由であるとされる．

　この仮説は動詞語彙に非常に強い制約を課すことになるが，現在のところ多くの議論が進行中で，一定の結論に至っているとは言い難い．この仮説には，留意すべき点がいくつかある．1つは，この一般化は単体の動詞（語根）に関する仮説であること．英語の動詞語彙の分析がベースになっているので，英語にほとんどない複合動詞や連結動詞などはこの仮説の対象外である．また，様態と結果に両義的に分析される動詞は，異なる用法をもつ多義的動詞といえる．多義性とは (9a, b) のいずれにも分析され得るということであり，(10) のような構造が存在することを意味しない．したがって，仮説に対する直接的な反例にならない．現在，語彙意味論的な手法によってこの仮説の妥当性を検証する研究がある一方で（Beavers and Koontz-Garboden (2012)），統語論的なアプローチによる代案も提示されている（Mateu and Acedo-Matellán (2012)）．

4.2. 事象フレームの類型論

　様態・結果の相補性仮説は，単一の動詞語根が，様態と結果を同時に語彙化することができないことを規定したものであった．これとはまったく違うアプローチでありながら，結果的に様態・結果の相補性と呼応する仮説が Talmy (2000) の研究によって示されている．これが「事象フレームの類型論」(event frame typlogogy) である．

　Talmy は，言語使用者が，ある出来事を1つの文で表現しようとするとき，動詞とそれに付随する要素がそれぞれどのような意味要素を担うかという観点から構文の分析を行った．Talmy の用語では，出来事がひとまとまりの文で表されることを「事象のフレーム化」(event framing) というが，たとえば，物の移動という出来事を1つの事象フレームとして捉えた場合，移動

物や移動の経路,移動の様態などがそれを構成する主な要素として文の中の要素として表現される.このとき,移動という事象フレームの中核的要素は「経路」(path) であり,経路は必ず文の構成素として表現されなければならないと考えられている.このように仮定した上で,Talmy は,経路が動詞によって表現されるパターンを好む言語と,経路が動詞の付随的要素(衛星 (satellite))で表現されるパターンを好む言語の 2 種類があることを指摘した.(11a) のような文では,動詞が様態を表し,中核要素の経路を衛星である前置詞句が表しているので,英語は衛星枠付け言語といわれ,それに対応する (11b) のスペイン語では,経路が動詞に表現されているのでスペイン語は動詞枠付け言語だと考えられている.

(11) a. The bottle floated into the cave.
    b. La botella entró   glotando a la   cueva.
       the bottle enter-PAST floating to the cave
      'Lit. The bottle moved in the cave, floating.'

(Talmy (2000: 227))

この事象フレームの違いを,先に述べた様態と結果の相補性との関係で見ると,Talmy が経路を表す動詞としているものは,必ず行き先を含意するので,結果動詞であると考えられる.だとすれば (11b) の動詞枠付けパターンは,結果(=経路)動詞を用いたパターンであり,(11a) の衛星枠付けパターンは,移動構文に様態動詞を用いたパターンと見なすことができる.これを一般的なスキーマとして表す次のようになる.

(12)

	動詞	衛星	その他
動詞枠付けパターン	結果/経路		様態
サテライト枠付けパターン	様態	結果/経路	

すなわち,動詞枠付けパターンは,結果/経路動詞を選択することによって成立し,衛星枠付けパターンは,様態動詞を選択することによって成立する.様態・結果の相補性仮説がいうように,様態と結果が 1 つの動詞に共存しないとすれば,この 2 つのパターンが分けられることは相補性からの帰結と考えることができる.

4.3. 複合動詞

　日本語では，2つの動詞を形態的に結びつけて1つの動詞表現として用いる複合動詞が非常に豊かに発達している．語彙意味論のアプローチによる日本語複合動詞の研究として代表的なものに影山 (1993) がある．影山は，複合動詞を「統語的複合動詞」と「語彙的複合動詞」に分け，前者における動詞と動詞の結びつきが統語的には補文関係にある独立した動詞であるのに対し，後者を構成する2つの動詞は統語上は1つの動詞として機能することを示した．さらに，語彙的複合動詞を構成する動詞の項構造のタイプによって，組み合わせに制限があることを「他動性調和の原則」という一般化で示した．

　影山の研究は，構成論的な語彙意味論の手法を用いているが，この段階での分析は項構造を動詞の意味表示として想定したものであった．さらにその後，由本 (2005) などが，語彙分解による動詞の意味分析を複合動詞に適用し，語彙的複合動詞を形成する動詞の組み合わせを LCS の合成パターンとそれに課される意味制約によって説明する議論を展開している．たとえば，「噛みつく」は「噛む」と「つく」の LCS が (13) に示すようなかたちで合成されたものと分析される (ibid.: 120)．

(13)　噛みつく：$[[x_i] \text{ CONTROL } [[x_i] \text{ ACT ON } [y_j]]] +$
　　　$[[x_i] \text{ CONTROL } [[x_i] \text{ CAUSE } [\text{BECOME } [[x_i] \text{ BE}$
　　　　　　　　　　　　　　　　　　　　　　　　$[\text{AT } [y_j]]]]]$
　　$\Rightarrow \begin{bmatrix} [[x_i] \text{ CONTROL } [[x_i] \text{ CAUSE } [\text{BECOME } [[x_i] \text{ BE} \\ \text{\hspace{10em}} [\text{AT } [y_j]]]]] \\ \text{BY } [[x_i] \text{ CONTROL } [[x_i] \text{ ACT ON } [y_j]]] \end{bmatrix}$

　語彙分解による複合動詞の分析は，合成される LCS によって複合動詞の意味関係がどこまで予測可能であるか，「他動性調和の原則」のような複合動詞形成の制約を説明できるか，さらに言語間の差異や統語的複合動詞と語彙的複合動詞の違いを意味構造からどこまで捉えられるかなどが問題になる．

4.4. 語彙アスペクト

アスペクトも構成論的な語彙意味論のアプローチによって多くの研究成果が得られてきた研究分野である．本書に収められた論文にも語彙アスペクトを扱ったものが多い．語彙アスペクトとは，動詞の表す状態や出来事を，それが時間軸に沿ってどのように展開するかという観点から見た見方である．もっとも広く受入れられているアスペクトの分析は，(14) にあげる 3 つの意味成分によって，アスペクトを (15) にあげる状態 (state)，活動 (activity)，達成 (accomplishment)，到達 (achievement) の 4 タイプに分ける Vendler (1967) に倣った分析である．

(14) a.　[±Dynamic]：動的 (dynamic) ／静的 (static)
　　 b.　[±Punctual]：瞬間的 (punctural) ／継続的 (durative)
　　 c.　[±Telic]：限界的 (Telic) ／非限界的 (Atelic)

(15)

	dynamic	punctual	telic
状態 (State)	−	−	−
活動 (Activity)	+	−	−
達成 (Accomplishment)	+	−	+
到達 (Achievement)	+	+	+

状態は，時間が経過しても動きや変化のない静的な状況である．そのため 3 つの素性のすべてがマイナスになる．活動は状態と異なり，動的 ([+dynamic]) かつ継続的な ([−punctual]) 状況であるが，時間の経過に伴う変化はなく非限界的 ([−telic]) である．これに対して達成と到達は，活動と同じく動的な状況であるが，活動と異なり，場面に変化があり，最終局面で完結する ([+telic])．また，その変化のしかたによって，瞬間的に変化する到達 [+punctual] と，一定の時間をかけて変化し最終局面に至る達成 [−punctual] とが区別される．

(14) にあげた性質（素性）を，LCS を構成する意味述語のアスペクト的性質としても想定することによって，4 つのアスペクト・タイプを LCS の違いによって表示することも可能である．[±Dynamic] は，BE と ACT の対立，[±Punctual] は，ACT と BECOME の対立，[±Telic] は，BECOME の有無による対立というように捉えるわけである．そうすると，アスペクトの 4 つのタイプは次のような構造に対応すると仮定される（それぞれのタイプ

に当たる具体的な動詞の例もあげておく）．

(16) a. 状態（State）　（e.g. be, resemble, have）
    [$_{State}$ x BE ($STATE$)]
b. 活動（Activity）　（e.g. dance, hit, kick）
    [$_{Event}$ x ACT (ON y)]
c. 到達（Achievement）　（e.g. arrive, appear, die）
    [$_{Event}$ x BECOME [x [$_{State}$ BE ($STATE$)]]]
d. 達成（Accomplishment）　（e.g. build, break, put）
    [$_{Event}$ x CAUSE [$_{Event}$ BECOME [y [$_{State}$ BE ($STATE$)]]]]

このようにしてアスペクト・タイプを表示した LCS を「事象テンプレート」(event template) と呼ぶことがある（Rappaport-Hovav and Levin (1998)）．事象テンプレートとは，動詞のアスペクトの基本構造であり，この基本構造に語に固有の情報を加えることによって個々の動詞の LCS が形成されると考えられている．

4.5. レキシコンから統語へ

ここまで，構成論的アプローチによって，語の意味が構成素に分解され，それが LCS として表示されることによって，意味が捉えられることを見てきた．LCS すなわち語彙概念構造はその名前が示す通り，レキシコンにおける構造表示として考えられていた．しかし，その構造には限りなく統語構造，すなわち句構造に近いものがある．Chomsky (1995) は，他動詞（使役動詞）の統語構造として VP の上位にさらに v (little verb) の投射を重ねる，いわゆる分裂 VP 構造を提案し，動詞句の構造を精緻化する提案を行った．この提案の重要な意義は，前節で見たレキシコンにおける動詞の語彙分解に相当する計算が統語部門においても可能になったことである．これを具体的に見てみよう．(17a) に示す break の LCS は，ほぼ同じ情報が，分裂 VP 構造による 2 層の動詞句によって捉えられているのである．分裂 VP 構造では，下位の V に BREAK が相当し，上位の v に CAUSE が相当すると見なすことができる．対応関係を示すと次のようになる．

(17) a. [x CAUSE [y BECOME [y BE IN (*break*)]]]
　　b.
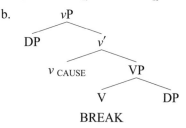

　これによって従来のレキシコンと同じ情報が統語部門で表示できることになる．分裂 VP 構造は統語分析においても活用できる構造であるので，レキシコンにおける LCS の表示を廃止することによって余剰性を排除することができると考えられている．この結果，文法モジュールとしてのレキシコンは不要になる．レキシコンが統語構造の構築に必要な意味情報だけを表示するものだとすれば，その構造表示をレキシコンにおいて想定する理由はなくなるからである．先に，レキシコンの存在を想定する構成論的なアプローチという括りで，生成文法理論に対応する語彙意味論のモデルを特徴付けたが，現在のミニマリズムと呼ばれる生成文法理論では限定的なレキシコンの存在は否定されている．

　しかし，語彙の意味情報にはこのような構造表示によって表しきれないより豊かで複雑な情報があるのではないだろうか，というのが多くの「語彙意味論」を専門とする研究者の考えであり，本書に収められている論文の多くがそのような考え方に基づくものである．本書では，この問題をめぐって今後の語彙意味論がどのように発展していくべきかを考える契機になることを狙って，敢えてミニマリズムの立場から語彙の意味を捉えようとする研究者にも寄稿をいただいている．

5. 各章の紹介

構文交替

　第 1 章の丸田論文は，英語の評価形容詞を用いた構文交替の問題を取り上げ，同一の評価形容詞が生起する 2 つの異なる構文を，語彙意味論の観点から態の交替として捉える分析を提示している．同じく，構文の交替現象を取

り上げた第2章の工藤論文は，従来の分析で主にLCSに基づいた項の具現化として論じられることの多かった使役自他交替と場所格交替について，生成語彙論 (Generative Lexicon) のクオリア構造を用いた分析を提案している．

複合動詞

複合動詞の意味分析については，第3章岸本論文，第4章于論文，第5章史論文が考察を行っている．岸本は，日本語の複合動詞のうち，後項動詞として「残す」と「忘れる」をとるものが前項動詞の表す出来事の不成立を表すことから，それらの後項動詞が意味構造上は，一種の演算子として作用することを論じている．同じく日本語の複合動詞を対象として，史は，語彙的複合動詞に自他交替が起こりにくい事実を取り上げ，語彙概念構造の合成によってその要因を説明する．于は，中国語の結果複合動詞における項の具現化を取り上げ，LCSを用いた分析によって，目的語に動作主の解釈が生じる事実を説明している．

語彙アスペクト

語彙アスペクトの問題は，第6章中谷論文，第7章岩本論文，第8章小川論文，第9章竹沢論文の4編の論考において議論されている．中谷は，語彙アスペクトのうち，達成と到達を特徴づける特性として従来想定されてきた，行為と結果の連鎖や瞬間性といった意味特性を「複動演算子」を用いて説明する代替案を提示している．岩本は，日本語の「ている」構文や中国語の「着」構文で生じる，事象の持続解釈について，事象構造とクオリア構造を用いた分析によって説明を試みている．小川は，日本語の「V+てしまう」「V+ている」のようなアスペクト表現において，これらの表現がアスペクト機能範疇として文法化していることを具体的な証拠に基づいて論じ，最近の生成文法で想定されているカートグラフィーを用いた説明を与えている．竹沢は，日本語の「{やせて／細く}見える」のような認識動詞構文に見られるアスペクト的な特性を，統語構造にコピュラ節とアスペクト節を想定する統語的分析によって説明する提案を行っている．

様態・結果の相補性の仮説

「様態・結果の相補性の仮説」を取り上げた論考は，第10章臼杵論文，第11章境論文，第12章江口論文の3編である．先に述べたように，様態・結果の相補性とは，動詞のLCS（事象構造）において，単一の動詞は様態ないし結果のいずれかを具現化するというものであった．しかし，この仮説にはいくつか反論が提示されており，その中には様態と結果の両方を同時に表現する動詞があるとの指摘がある．臼杵と境の論考は，そのような問題を再考している．臼杵は，殺害動詞と料理動詞の動詞群がこの相補性の制約に例外的である理由を考察し，さらに日本語においてもこの仮説が成立するかを検討している．境は同じ問題に異なるアプローチから取り組んでいるが，名詞転換動詞の意味特性をクオリア構造を用いて記述することにより，様態と結果が同時に含意されるような動詞の特性を検討している．様態・結果の相補性仮説は，基本的には単一言語の語彙の問題である．しかし，4.2で見たとおり通言語的な問題に展開させると，Talmyの事象フレームの類型論と重なり合う問題が生じる．江口の論考は，様態・結果の相補性仮説と事象フレームの類型論と関係を論じている．

事象フレームの類型論

さらに，事象フレームの類型論は，第13章秋田論文，第14章斎藤論文，第15章スプリング論文において取り上げられている．事象フレームの類型論は，言語ごとに経路（この場合の経路は着点も含むので，様態と結果という2項対立においては，結果として捉えてよい）が動詞に語彙化されるか，動詞以外の述語要素（衛星）に語彙化されるかという観点からの分類である．そういう意味では，経路表現の語彙化の類型とも言える．秋田は，もう一方の要素である様態が動詞に語彙化される要因を様態の典型性という概念から探り出し，英語の動詞語彙および各言語の様態動詞の語彙から量的な分析を経て論証している．斎藤は，状態変化事象の表現において，移動事象よりも類型タイプへの偏向が見られない事実を踏まえ，動詞枠付け型と衛星枠付け型には，意味機能的な差異があることを論じている．スプリングは，事象フレームの類型論が第二言語習得において有効な仮説となり得るか，すなわち，言語タイプの違いは習得に影響するかを実験によって明らかにしようとしている．

最後に，語彙意味論のアプローチによって，個別の現象を取り上げたものとして，第16章の由本，伊藤，杉岡による論文と第17章の小野論文がある．由本，伊藤，杉岡は，日本語の「ひとつまみ，ひと刷毛」に見られる「ひと」という表現が，個体と事象を測り取る働きを持つことを名詞のクオリア構造と語彙アスペクトの観点から分析している．小野の論考は，日本語に極めて生産性の高い重複語形成が見られることを指摘した上で，語彙化した既存の重複語との異同をスケール性やプロトタイプ性によって説明している．

参考文献

Beavers, John and Andrew Koontz-Garboden (2011) "Manner and Result in the Roots of Verbal Meaning," *Linguistic Inquiry* 43, 331-369.

Beth Levin and Malka Rappaport Hovav (2013) "Lexicalized Meaning and Manner/Result Complementarity," *Studies in the Composition and Decomposition of Event Predicates*, ed. by Boban Arsenijević, Berit Gehrke and Rafael Marín, 49-70, Springer, Berlin.

Chomsky, Noam (1981) *Lectures on Government and Binding,* Foris, Dordrecht.

Chomsky, Noam (1995) *The Minimalist Program*, MIT Press, Cambridge, MA.

Cruse, Alan (2010) *Meaning in Language: An Introduction to Semantics and Pragmatics*, 2nd ed., Oxford University Press, Oxford.

Foley, William A. and Robert D. Van Valin, Jr. (1984) *Functional Syntax and Universal Grammar*, Cambridge University Press, Cambridge.

Fodor, Jerry (1983) *The Modularity of Mind*, MIT Press, Cambridge, MA.

Geeraert, Dirk (2010) *Theories of Lexical Semantics*, Oxford University Press, Oxford.

Jackendoff, Ray (1983) *Semantics and Cognition*, MIT Press, Cambridge, MA.

Jackendoff, Ray (1990) *Semantic Structures*, MIT Press, Cambridge, MA.

影山太郎 (1993) 『文法と語形成』ひつじ書房，東京．

Katz, Jerald. J. and Jerry Fodor (1963) "The Structure of a Semantic Theory," *Language* 39, 170-210.

国広哲弥 (1982) 『意味論の方法』大修館書店，東京．

Langacker, Ronald W. (2008) *Cognitive Grammar: A Basic Introduction*, Oxford University Press, Oxford.

Levin, Beth and Malka Rappaport Hovav (1995) *Unaccusativity: At the Syntax-Lexical Semantics Interface*, MIT Press, Cambredge, MA.

Lyons, John (1995) *Linguistic Semantics: An Introduction*, Cambridge University

Press, Cambridge.

Mateu, Jaume and Victor Acedo-Matellán (2012) "The Manner/Result Complementarity Revisited: A Syntactic Approach," *Syntax and Semantics 38: The End of Argument Structure?*, ed. by M. C. Cuervo and Y. Roberge, 209-228. Emerald Group Publishing, New York.

McCawley, James D. (1968) "Lexical Insertion in a Transformational Grammar without Deep Structure," *Chicago Linguistic Society* 4, 71-80.

Pollard, Carl and Ivan Sag (1987) *Information-based Syntax and Semantics*, CSLI Publications, Stanford. [郡司隆男(訳) (1994)『HPSG 入門：制約にもとづく統語論と意味論』産業図書.]

Pustejovsky, James (1995) *The Generative Lexicon*, MIT Press, Cambridge, MA.

Rappaport Hovav, Malka and Beth Levin (1998) "Building Verb Meanings," *The Projection of Argument Structures: Lexical and Compositional Factors*, eds. by Miriam Butt and Wilhelm Geuder Stanford, 97-134, CSLI Publications, Stanford.

Rappaport Hovav, Malka and Beth Levin (2010) "Reflections on Manner/Result Complementarity," *Lexical Semantics, Syntax, and Event Structure*, eds. by Malka Rappaport Hovav, Edit Doron and Ivy Sichel, 21-38, Oxford University Press, Oxford.

Talmy, Leonard (2000) *Toward a Cognitive Semantics, Volume II: Typology and Process in Concept Structuring*, MIT Press, Cambridge, MA.

Vendler, Zeno (1967) *Linguistics in Philosophy*, Cornell University Press, Ithaca, NY.

Washio, Ryuichi (1997) "Resultatives, Compositionality and Language Variation," *Journal of East Asian Linguistics* 2, 45-90.

Wilson, Deirdre and Robyn Carston (2007) "A Unitary Approach to Lexical Pragmatics: Relevance, Inference and Ad hoc Concepts," *Pragmatics*, ed. by Noel Burton-Roberts, 230-259, Palgrave, New York

Wierzbicka, Anna (1996) *Semantics: Primes and Universals*, Oxford University Press, Oxford.

由本陽子 (2005)『複合動詞・派生動詞の意味と統語——モジュール形態論から見た日英語の動詞形成』ひつじ書房，東京．

第 1 章

評価形容詞の語彙意味論を巡って[*]

丸田　忠雄

東京理科大学

1. はじめに

英語には，たとえば (1) に示した与格交替 (dative alternation) や (2) の場所格交替 (locative alternation) など，様々な構文交替現象が見られる (cf. Levin (1993))．

(1) a.　Bill sent a package to Tom.
    b.　Bill sent Tom a package.
(2) a.　Jack sprayed paint on the wall.
    b.　Jack sprayed the wall with paint.

上の (a)，(b) 文は意味がほぼ等しく，また一定の相関パターンも認められ互いに関連しているように見える．この関係を捉える標準的な方法には 2 つあり，1 つは統語操作によるアプローチがある．たとえば (1) の二重目的語構文と与格構文の対では，与格構文を基に二重目的語構文を導く方式 (Larson (1988), Baker (1997) など) と，後者から前者を派生させる方式 (Aoun and Li (1989) など) の 2 通りの方法があり，結果的に 2 つの異なる

---

[*] 本章は Maruta (2013)，および「評価形容詞の語彙意味論を巡って」(丸田忠雄) (2013 年 11 月 10 日開催の日本英語学会第 31 回大会シンポジウム「語彙意味論の可能性を探って」にて口頭発表) の内容を大幅に改訂したものである．シンポジウムの司会者 由本陽子氏，講師 小野尚之氏，中谷健太郎氏，コメンテーターの竹沢幸一氏には，この間貴重なコメントなどを頂いた．また中村捷氏からは草稿の段階で多くの重要な助言を頂戴した．これらの方々に記して感謝を申し上げたい．

文が導き出され両者の関係が説明される.もう1つの説明方式は,意味構造から統語構造への写像に注目するもので,構文交替 (diathetic alternation) として知られている.たとえば,動詞など述語の意味が統語構造を決定するとする語彙意味論仮説では,語彙概念構造 (lexical conceptual structure: LCS) レベルで語彙規則 (lexical rule) を仮定し2つのLCSの関連性を捉えたり (Pinker (1989) などの与格交替の説明),ダイナミックに1つのLCSから別のLCSを導いたりする.後者の代表的な説明例としてはRappaport and Levin (1988) の場所格交替の分析があげられる.彼らは (2) の交替を説明するために語彙的従属化 (lexical subordination) と呼ばれる語彙規則を立て,移動を表す基本LCS^1を基に,これを状態変化を表すLCSの中に「手段」として埋め込んだLCS^2を導き出す.

(3) LCS^1: [x cause [y to come to be at z]] → LCS^2: [x cause [z to come to be in STATE]] BY MEANS OF [x cause [y to come to be at z]]

LCS^1, LCS^2にリンキング規則が適用され,異なる統語的実現 (2a, b) が達成され交替が説明される.本章ではこのような語彙意味論的アプローチを採用して形容詞構文の交替現象の議論を展開していく.

語彙意味論からの様々な構文交替の分析は,この理論の登場以来4半世紀に亘って集中的に行われ,多くの重要な成果を生み出してきた.しかしながらこの間を振り返ってみると,分析される語彙意味はもっぱら動詞に偏っており,もう1つの重要な文法範疇である形容詞の研究は散発的にしかなされてこなかったことに気づく(少数の研究例として Stowell (1991), Bennis (2000, 2004), Cinque (2007) などがあげられる).

形容詞も動詞と同様,語彙意味・項構造をもち,文構造を規定する.事実,以下で見るように,一定の形容詞について,その意味が決定的に関わる重要な構文交替現象が確かにある.本章はこのような動詞・形容詞間の関心の不均衡を是正し,形容詞語彙意味論にもスポットライトを当てるべく,「評価形容詞」を取り上げ,これらが示す特有の構文交替を語彙意味論の観点から説明することを試みる.

本章で展開される議論は,フランス語の「評価形容詞」に関して独立的になされてきた Paykin et al. (2013) とアイデア面で共通する部分がある.一方,本章は彼らとは異なる提案も行う.以下では,彼らのアイデアとの比較

対照も交え，本章独自の理論を提示していきたい．

次節では，評価形容詞に関する先行研究を概観する．3節では 'do wisely' 構文を軸に評価形容詞の精密意味論について，とりわけその意味表示にDO要素が含まれているとする提案を行う．4節では，評価形容詞にみられる構文交替を語彙的な「態」のシフトという観点から捉えてみる．5節では評価形容詞に付随する「評価」の意味がどのように項構造に表示されるか，また6節ではその統語的な反映が提示される．

2. 評価形容詞

2.1. 評価形容詞と構文交替パターン

本章が取り上げる形容詞の交替現象は次に示されるものである．

(4) a. John was *clever/mean* to punish the dog.
　　b. It was *clever/mean* of John to punish the dog.
(Stowell (1991))

(5) a. Alex was wise to roll the horse back onto the dock.
　　b. It was wise of Alex to roll the horse back onto the dock.
(Wilkinson (1970))

一定の形容詞には (4a, b), (5a, b) に見られるように，[NP be ADJ to do] ⇄ [It be ADJ of NP to do] の相関型がある．[1] このような交替を示す形容詞類の本格的な統語的・意味的分析は Wilkinson (1970) に始まるが，彼はこれらを W 類形容詞 (class W adjectives) と名付けた．以下はその例である．

(6) wise, smart, kind, stupid, brave, rash, foolish, cowardly, *etc.*

(6) の形容詞は，他にもいくつかの名称で呼ばれている．Stowell (1991), Bennis (2000, 2004) では心的属性 (mental property; 以下 MP と略称) 形容詞，Landau (2006) では評価形容詞 (evaluative adjectives; 以下 EA と略称)

---

[1] Bolinger (1977) では，(4), (5) の形容詞が (a), (b) において厳密には互いに異なる意味を表し，したがってパラフレーズ関係をなさず，また一方にのみ生起する形容詞もあり，構文交替現象ではないと主張する．

という名称が用いられている.² 本章では, (6) の形容詞を特徴づける重要な意味の1つが「評価」であることから, 以下では評価形容詞 EA という術語を採用していく.

なお EA の「評価」の意味的側面およびもう1つの事象的な「行為」という意味がどのように語彙的に表示されるかについては5節で触れる.

2.2. 心的属性か「評価」か

本章では, Stowell (1991), Bennis (2000, 2004) が用いる心的属性という術語は (6) の形容詞の意味を正確に特徴づけるものではないと考える. MP とは,「賢明さ (cleverness)」や「卑劣さ (meanness)」など典型的に人に保有される属性をいう. Stowell は, 上の形容詞は [+sentient] な項 ((4), (5) の *John, Alex*) に一定の MP を帰属させるように働くという. しかしながら以下のような例から窺えるように, このような分析には問題がある.

(7) a. It is *a noble deed* of you to try and free that poor girl from the clutches. (≒ It is noble of you to try ...)
b. It was *a cowardly act* of her to say what she did abroad. (≒ It was cowardly of her to say what she did abroad.)
c. It was *a mean trick* of you to heal and then suddenly break again. (≒ It was mean of you to heal and ...)

(7) は述部が AP ではなく NP という違いがあるが, (4), (5) の (b) 文に対応する型をとっている. ここでは叙述的 NP は行為名詞で, 人物の心的性質を特徴付けるものではない. むしろそれらは, 形容詞の修飾によりある行為がどのように評価されたものなのか (たとえば,「貴い行為」など) を述べている.

本章は (7) の形容詞の用法を (4), (5) にも拡張し, 後者の形容詞も, 意味レベルでは個体ではなく事象を叙述するものと分析する.

---

² Landau (2006) ではこの類のさらに包括的なリストが挙げられている.
rude, mean, clever, smart, nice, kind, silly, imprudent, impolite, generous, courteous, cruel, mad, mischievous, considerate, humane, pretentious, humble, modest, charming, sadistic, masochistic, intelligent, stupid, dumb, idiotic, noble, cunning, farsighted, skillful, selfish, crazy, foolish

2.3. EA は何を叙述しているのか

以下では Landau (2006) にならい，(4a), (5a) を基本構文 (basic adjectival construction) と仮定し，その EA を BasA と略称する．一方，(4b), (5b) はその派生構文 (derived adjectival construction) と考えられることから，この文の EA を DerA と呼ぶ．[3]

DerA について，Bolinger (1977: 135f.) は次の特異な特徴を指摘している．すなわち (8a) は，(8b) のように 2 つの要素が合成されたもので，*foolish* は人物 *Mary* と彼女の行為を同時に叙述しているという．

(8) a. It was foolish of Mary to go there.
 b. (i) [It was foolish] (It=to go there) & (ii) [foolish of Mary]
             (Bolinger (1977: 135))

事実，たとえば *foolish* は 'a *foolish* man/deed' のように，ある人物が「愚か」であるとも，行為を修飾してそれが「愚かだ」ったとも，両用に用いることができる．Bolinger と同様の所見は Wilkinson (1970) でも共有されている．しかし同文内で 1 つの述語が 2 つの主語を同時に叙述することは理論上不可能なことから，彼らの直観は単純には受け入れられない．本章は以下で，EA は 2 層の意味構造をもつと主張する．1 層目は *Mary* に関わる動作関係を述べる．2 層目が，事象を表す *to go there* について叙述（評価）が行われているとする．すなわち，(8b) (ii) *foolish of Mary* は，Bolinger のように *Mary* の属性（愚かであること）を述べるものではなく，むしろ述語と動作主の関係を表し，'(the act) was foolishly done by Mary' とパラフレーズされると主張する．この議論は 3 節で展開される．

本章は BasA 構文 (9b) についても，(9a) のような属性記述的な意味は含まれていないと考える．

(9) a. Feynman is stupid.
 b. Feynman was stupid to dance like that.

(9b) には，*Feynman* に一時的な性質 'stupidity' を帰する意味はなく，むし

---

[3] Wilkinson (1970) は，逆に (4b), (5b) を基本形とし，(4a), (5a) は *of* NP の NP が繰り上げられ派生したという立場をとる．

ろ *Feynman* の行為 'Feynman acted stupidly', さらにはその行為の「評価」を述べていると以下で主張する。[4]

3. EA の精密意味論

BasA, DerA の意味は複層的であると本章は主張するが、本節ではパラフレーズ関係にある 'do wisely' 構文から、保有されている DO 要素と「態」の側面を明らかにしたい。

3.1. 'Do wisely' 構文

評価形容詞は *wisely, stupidly, foolishly* のように動詞を修飾する、対応する *-ly* 副詞をもつ。Wilkinson (1970) によれば、(5a, b) は 'do wisely' 構文 (10) と意味がほぼ等しいという。

(10)　Alex did wisely to roll the horse back onto the dock.

BasA 構文と 'do wisely' 構文との近似パラフレーズ関係から 2 つの点が窺える。1 つは、*wise* は単純に個体の属性を述べるものではないという点、2 つ目は *wise* には 'do' という動詞要素が含まれているのではないかという点である。このような *wise* の意味側面は '*in* V-*ing*' 補部をとる *wise* にも見られる (*in* V-*ing* は含まれている DO を指定している)。

(11) a.　Max was wise in leaving.
　　 b.　≒ Max did wisely in leaving.

さらに 19 世紀の古風な英語では、(10) の受動版ともいえる構文がある。

(12) a.　It was, indeed, wisely done of them to decline this question,
　　　　　　　　　　　(*The Theological Works of Isaac Barrow* 1830)

---

[4] 同様の趣旨はすでに 安井・秋山・中村 (1976: 131) でも明確に述べられている。
　(i) a.　The man is kind.
　　　b.　The man was kind to help us out of the mess.
(ib) には、*the man* の行為についての一時的判断が表されているだけで、(ia) のような「親切な人」という含意はないと彼らは明言する。

b. Wherefore it was wisely done of him to take hostages for his better security, his army being upon return, and better loaden than when it came forth;

(*History of the World. Book II*, Chap. XXII 1829)

さて，'do wisely' 構文と 'It was wisely done' 構文が能動文 – 受動文の関係にあるように見受けられるが，もしそうだとすると，(4), (5) の (a), (b) の交替も態 (voice) が関わっている構文交替であると類推できるかも知れない．

この態との関連で注目すべきは，Paykin et al. (2013) によるフランス語における EA 構文の分析である．

(13) a. Pierre est imprudent de conduire aussi vite.
'Peter is rash to drive so fast.'
b. C'est imprudent de la part de Pierre de conduire aussi vite.
'It is rash (on the part) of Peter to drive so fast.'

彼らは，(13a, b) には能動・受動の態の転換による構文型の交替が関わっていると主張する．さらに興味深いことに，フランス語でもほぼ同義の 'faire sagemant' (=do wisely) 構文およびその受動型が見られる点である．

(14) a. Tu fais sagement/bien de refuser de répondre.
'You do wisely/well to refuse to reply.'
b. C'est sagement/bien fait à toi de refuser de répondre.
'It is wisely/well done of you to refuse to reply.'

彼らはこのようなデータから，BasA と共に生起する *être* 'be' を，Agent を外項とし，不定詞句を内項としてとる 2 項動詞と見なし，形容詞はこの *be* 動詞（軽動詞と捉える；4.4 節参照）の修飾要素と分析する．一方 DerA 構文では，*be* 動詞の態が受動へと質転換していると主張する．このような態の観点からの構文交替の分析は 4 節で展開される．

3.2. EA に含意される DO 要素

前節では EA と共起する *be* 動詞は動作主をとるとする Paykin et al. (2013) の分析をみた．本節では，このいわゆる 'agentive' *be* についてのこ

れまでの関連する議論を振り返ってみたい.

　Ross (1972) では, すべての行為動詞 (verbs of action) には基底構造で抽象的な上位動詞 DO が提案されている. たとえば (15a) は (15b) のような構造をもつ.

(15) a. Frogs produce croaks.
　　　b. [DO frogs [produce frogs croaks]]

この DO は *try* のように義務的コントロールが課され, かつ行為を表す不定詞句を目的語としてとる 2 項動詞であるが, 通例は後者の埋め込み節の動詞に取って代わられ音形として具現されることはない. しかしながら, 一定の特殊構文では DO がそのまま実現されることがある.

(16) a. You've bungled a lot of hands, Goren, but fortunately Jacoby has *done* so too.
　　　b. What I *did* then was call the grocer.

(16a) では 'do so' 置換がみられ, (16b) は疑似分裂文で, Ross によれば, ここでの do の出現は基底の DO の反映であるという. 一方, 対応する [+stative] の動詞については, このような DO の出現は許されない.

(17) a. *You've known a lot of answers, George, and Harry has *done so* too.
　　　b. *What I *did* then was be in Boston.

　Dowty (1979: 115) では, このような DO の存在が, [−stative] の形容詞・名詞についても示唆されている. これらの述語は進行相 (*be* + *be*-ing AP/NP) をとるが, *-ing* が付加された *be* が DO の現れであるという.

(18) John is *be*ing polite/careful/a hero/an obnoxious bastard.
　　　(=John is ACTing polite/careful/like a hero/like an obnoxious bastard.)

なお Partee (1977) ではこの *be* を, [+stative] な *be* と区別して, 'active *be*' と呼ぶ.

　さらに DO が顕在化している例として, 次の 'do support' 構文をみてみよ

う．

(19) a.　Careful! No *don't* be silly Amy.（=Don't act silly.）
　　b.　*Don't* be stupid Stuwart!（=Don't do something stupid.）

(Payne (2010: 271))

(20)　（学校を終えた子供に訊ねて）（?)*Did* you be good today?

(Becker (2002))

否定命令文の 'don't' の出現はよく知られた現象である．また *do* 疑問文 (20) は Becker (2004) によれば，完全には文法的ではないが，与えられた文脈のもとでは意味をなすという．[5]

Partee (1977), Dowty (1979), Paykin et al. (2013) などのように，*be* 動詞に DO の意味をもつ異種（[−stative] の形容詞と共起する）を認めるべきか，形容詞の語彙にその意味を帰すべきかは議論の余地があるところである．本章では，Arche (2006) に従い，後者の立場をとることにする．すなわち，EA は少なくとも状態的な属性叙述の用法と [−stative] の述語（動作を含意し DO 要素を含む）に多義的であると仮定する．DO が形容詞に含まれるとする立場は BasA の名詞化からも裏付けられる．たとえば cruelties, imprudences, stupidities, rudenesses, sillinesses などは，結果出来事を表すことができ，EA に事象性が含まれていることを示す（Arche and Marín (2014))．

では DO 要素をもつ EA はいかなる環境に現れることができるのだろうか．Arche (2010) によると，いわゆる 'affected Goal' (Stowell (1991)) を表す *to*-PP が現れる場合，一般に形容詞の意味はその主語（動作主）の行為を表すという．

(21)　John was cruel/mean/kind *to* Bill.
　　　（⊃ John did something cruel/mean/kind to Bill.）

---

[5] Payne (2010: 272) では，12 歳の少女が，2 つの *be* を形態的に区別して用いている場面が紹介されている．
　(i) He is not silly; he just *be's* silly when he's around girls.
この子は，[+stative] *be* は不規則変化形を用いるが，[−stative] *be* については be's /bíz/ と規則変化させて区別している．

さらに Stowell (1991) は，(22a) のように EA が [+sentient] な単項をとるときは個体レベルの述語であるが，(22b, c) のように不定詞句を選択するときには事象的な意味を獲得するという．さらに不定詞句は Event 項の現れであるとする．

(22) a. John was clever.
b. John was clever to leave the party.
c. It was clever of John to leave the party.

3.3. BasA の語彙意味論

本章は，(22b, c) の EA の1つの意味階層は DO を含んだ 'do something in EA-way' のような内容をもち，語の名称は様態部の EA により決定されると仮定する．[6] DO の目的語は予め語彙的に編入されている不定の定項 (something) で，不定詞句は，この行為を具体的に指定する項付加詞 (argument adjunct) と分析する．項付加詞とは付加詞と項の中間の性質をもつ文要素で，Grimshaw (1990) によれば，受動文の by 句が典型的な例であるという．By 句は統語的には随意的であるが，意味的には受動化で抑圧された外項（動作主）と関連づけられるという点で同時に項的な性質も担っている．By 句が具現されることにより，潜在化している動作主が指定される．EA の不定詞句も，語彙中の不定の意味的定項を具体的に明示する要素と仮定することにする．

3.4. Act 分析

Wilkinson (1970) は，EA 構文の不定詞句はすでに起こったことを表していることから，EA を叙実的述語 (factive predicate) と見なす．

(23) a. Bernie was wise to run away from the bear.
b. Bernie wasn't wise to run away from the bear.

(23b) では，(23a) 同様，不定詞句が表す事象の真が前提されており，否定

---

[6] (10) の 'do wisely' 構文はこの複合的意味を反映した分析的構文と言えるかもしれない．

辞の作用は受けない．しかし Wilkinson は，この不定詞句に 'fact' 分析 (the fact that S) (Kiparsky and Kiparsky (1970)) はとらない．'Fact' は，事象一般を表すことができ，したがって the fact that he resembles his horse のように [+stative] な補部とも共起できるが，一方 EA は (24) におけるように，このような不定詞句を許さないからである．

(24) *Glimp was clever/kind/stupid to *resemble* his horse.

他方 Wilkinson は，EA の不定詞句は 'action' というメタ的な意味カテゴリーに属するとし，この意味と叙実性の2点を導くために，不定詞句の主要部が 'act' である [the act [PRO to do]] のような分析を提案する（主要部 'act' は後に削除される）．この分析から 'act' と意味的に整合しない不定詞句を含む (24) の非文性が帰結する．[7]

このような分析は今となっては時代遅れではあるが，その趣旨は依然として考慮に値する．本章では，BasA の語彙意味が 'do something in EA-way' であると分析し，不定詞句は定項 'something' を具体的に指定した項付加詞であるとした．したがって不定詞句は行われた行為 (what was done)，たとえば (23) では Bernie's act/deed を表すことが帰結し，Wilkinson の Act 分析の趣旨とも一致する．また 3.2 節で見た，EA の名詞化形 (stupidities など) がもつ結果出来事の意味も帰結する．

4. DerA と語彙的な態

本章は (4), (5) に見られる構文交替現象の背後に語彙的な態の交替があると仮定するが，本論に入る前に語彙的な態について簡単に触れてみたい．

---

[7] さらに同じ理由で受動態の不定詞句も排除される．
 (i) ?*Tom was stupid to be flattened by John's blow.
  (ただし，'to let himself be flattened' の読みだと OK になる．)
                (Wilkinson (1976))
関連してもう一点付け加えると，次例は，不定詞の PRO が Agent とは解釈できないので，Act 分析にとり問題となる．この問題については別稿に譲りたい．
 (ii) John was stupid to fall into that ditch.   (Rivière (1983))

4.1. 語彙的な態

　伝統的には，態 (voice) とは動詞形に反映される文法カテゴリーの1つであり，行為を動作主側から捉えるか（能動文），被動作者から捉えるか（受動文）という視点の変化をもたらす．英語では -en 形態素が基体動詞に付加し語順の変更を引き起こす．一方構文型交替，すなわち 'Diathetic Alternation' は，文法形式に依らず語の意味と項の統語的写像の関係によって起こる交替である．

　語彙的な態転換との関連で，たとえば英語の中間構文 (middles) を取り上げてみよう．英語では中間態 (middle voice) という文法カテゴリーは存在しないが，意味的には (25b) のように「主語自身に変化が及ぶ」という，この態がもたらす意味が反映された中間構文は存在する．この構文にも，語彙意味レベルでの態のシフトが起こった，という観点からの再考が可能に思われる．

(25) a. The butcher cuts the meat.
　　 b. The meat cuts easily.

また感覚動詞の *feel* に見られる以下の交替 (26a, b) も，(26a) では感覚主体の観点から，(26b) では刺激の方から事態が捉えられているという，視点のシフトと項の異なる統語的実現があり，広い意味で語彙的な態の交替と捉えられる可能性がある．

(26) a. I feel cold.
　　 b. The air feels cold.

また形容詞でも，*fit, ready* など能動・受動両用の「態」意味で用いることができるものがある (Fischer (2001))．

(27) a. He is fit to serve as a captain in the army.
　　　 fit[1] 'appropriate, capable'; 態 = **active**
　　 b. Your room is not fit to be seen.
　　　 fit[2] 'suitable'; 態 = **passive**
(28) a. I am ready to suffer torments.
　　　 ready[1] 'willing, showing readiness'; 態 = **active**

b. Your car is ready to be picked up.

ready² 'made ready, ready to be used'; 態 = **passive**

(Fischer (2001: 231))

上の (27b) (27b) では形容詞は語義注釈に示されているように，能動から受動へと意味的な態がシフトし，それに連動して補部も受動態に牽引されていると考えられる．

4.2. DerA の態

上で，DerA 構文と近似パラフレーズの関係にある 'It is ADV done' 構文との連関性を指摘し，前者が BasA 構文の受動変種ではないかと示唆した．その証拠に，形態，意味とも明らかに受動性を表す複合語述語が DerA 構文をとっている例がある．このような例からも，一般に DerA 構文中の形容詞の語彙的態が受動的であることが窺える（下線筆者）．

(29) a. Even in the face of graphic television pictures showing the bloodshed in Gaza City after weeks of Hamas rocket attacks compelled Israel to act in self-defense, it was <u>ill-judged</u> of Mr Ward to tweet: "The big question is—if I lived on Gaza would I fire a rocket?—probably yes." (*Yorkshire Post* July 24, 2014)

b. It was <u>well done</u> of Sophie to turn around Leah's criticism with seeming agreement.

(*The Prince of Ravenscar* 2011, Catherine Coulter)

c. It was <u>ill-advised</u> of Bernie to actually mention the five minutes of economic sunshine.

(Herbst, Heath, Roe and Götz (2004: 402))

(29) の DerA 構文で，形容詞がとっている過去分詞形という形態またそれらの意味 ill-judged ≒ *done* without judgement (*OED*); well-done ≒ skillfully or rightly *performed* or *executed* (*OED*); ill-advised ≒ *done* without wise consideration or deliberation (*OED*) から，他のレギュラーな DerA も受動性をもつと敷衍できる．

また DerA 構文が受動の意味を包含する点は以下の *OED* の記載にも見られる．

(30) a. It was kind of you to help him.
   b. = It was a kind act or thing *done by you* to help him.

(30a) に与えられたパラフレーズ (30b) から，*of* 句が受動文の *by* 句の意味を表すことがわかる．

4.3. *Of* 句の動作主性

(30a) では，*kind* が行為を叙述する受動述語 (kindly done) として働き，*of* 句は受動文の動作主を表す *by* 句に相当することを見た．後者の点についてさらに，斎藤 (1952: 88) では DerA と共起する *of* が「行為の主体」を示すこと，さらに Bolinger (1977: 141f.) でも，この *of* を 'ergative *of*' と呼び，動作主性を表すことが指摘されている．古風ではあるものの，*of* が受動文の動作主の標識として用いられることは斎藤 (1952) や手元の英和辞書にも記載されている．

(31) a. He was seen of all the apostles.
   b. The gracious Duncan was pitied of Macbeth.

(斎藤 (1952: 88))

(32) a. being warned *of* God in a dream
   b. He is beloved *of* all.
   c. be tempted *of* the Devil
   d. He is despised and rejected *of* men.

(研究社『新英和大辞典』)

またインターネット上を探すと，最近のアメリカのオンライン・ジャーナルなどで，*of* の代わりに *by* を用いた例も散見される（下線筆者）．

(33) a. "It was rough for us because we were cheering and excited because we thought we had won the game," said Florida's Brittany Dashiell, who had four goals. "It's unfortunate but it was smart by Syracuse to call the stick check."   (*Newsday* May 26, 2012)
   b. "It was pretty stupid by that player to think he can do that. But you know, bad play, bad decision by both teams," Grant said.

(*CBS Minnesota* January 6, 2012)

c. But it was foolish and shortsighted, by all involved, to allow it to become such a public and widely covered bone of contention.

(*ESPN* May 29, 2014)

さらには *by* と同様動作主を表す *on the part of* (e.g. This was a misjudgment on the part of the government.）が用いられている例も並行して見られる（下線筆者).

(34) a. It was selfish (on the part) of John to demand the best seat.

(Landau (2006))

b. Producers Damon Lindelof and Carlton Cuse have said there will be no"Lost"spin offs or movies after the series ends. "I thought it was right and wise on the part of the writers to end it," said actor Michael Emerson. "I like the idea of raising the stakes by wrapping it up and not flogging it into obscurity."

(*Daily News* February 1, 2010)

c. It was foolish, however, on the part of the regime to think that simply allowing Palestinians exit into Egypt for a few days would rid Egypt of its responsibility towards the Palestinians under the present conditions. Much, much more needs to be done.

(*Wide Asleep in America* January 1, 2010)

4.4. 語彙的な態の交替

上で (5a) が (10) の 'do wisely' 構文にパラフレーズできることを見た．また DerA 構文中の形容詞が受動的な意味をもつことを示唆するデータもあげた．このようなことから，(4), (5) の (a), (b) は，語彙的な態のシフトに由来する2つの項構造からもたらされる2つの統語的変種と仮定してみよう．(4a), (5a) の構文が能動文で，(4b), (5b) の 構文が対応する受動文ということになる．EA の態素性の交替により，非能格性が非対格性へと転換し，主語に与えられる意味役割 Agent が吸収される．受動化のもう1つの側面，対格 (accusative case) の吸収については，EA の内項が定項として語

彙に編入されているので統語的な現象は生じない。[8] 3.3 節では，不定詞句はこの定項を指定する項付加詞であると提案した．

以下では本章の態分析との関連で，さらに Paykin et al. (2013) におけるフランス語の EA 構文の交替についての分析を見てみたい．

(35) a. Pierre serait sage de refuser de répondre.
'Peter is wise to refuse to reply.'
b. (De) refuser de répondre serait sage de la part de Pierre.
'To refuse to reply is wise of Peter.'

(35a, b) では主語と不定詞句が，あたかも能動文 – 受動文に見られるように語順転換している．この点から彼らは，ここには態の交替による構文型の交替が起こっていると分析する．また，(35b) に外置が適用されたものが (36) であるとする．

(36) Ce serait sage de la part de Pierre de refuser de répondre.
'It is wise (on the part) of Peter to refuse to reply.'

彼らは，être 'be' は一種の軽動詞（ミニマリストの枠組みでは ν に相当）で EA はそれに付加した修飾要素と分析する．さらに Paykin et al. は両者が複合述語を構成し，外項（(35a) の主語：動作主）と内項（不定詞句）の 2 項をとるという．このような分析は Partee (1977) の 'active be' の考え方とも一致する．ただし不定詞句を内項とする点は本章の分析とは異なっている．この点については次節で触れる．

(35b) は (35a) の能動の être に形態素付加の伴わない態シフトが起こり，項の配列が変更された派生形で，また (36) の de la par de 'on the part of' は動作主を示す標識である．さらに以下 (37) の faire ADV 'do ADV' 変

---

[8] BasA 構文には AP の代わりに叙述的 NP が用いられた変種 (ib) も可能である．一方，受動版の (ic) は許されない．
  (i) a. You were foolish to spend so much.
      b. You were a fool to spend so much.
      c. *It was a fool of you to spend so much.
これは 'a fool' が本来主語に人（動作主）を選択する述語で (cf. John was being a fool.)，受動性への転換を受けないとして説明できる．

種は，v 位置の être の代わりに別の軽動詞 faire と，EA に対応する副詞が挿入されて生成されたパターンであるという．

(37) a. Tu fais sagement/bien de refuser de répondre.
'You do wisely/well to refuse to reply.'
b. C'est sagement/bien fait à toi de refuser de répondre.
'It is wisely/well done of you to refuse to reply.'

ここで (36) と異なる点は，(37b) で動詞 faire が明示的な受動形 fait 'done' を取っている点である．したがって，(37a, b) のペアは通常の能動態/受動態のパターンとなる．

以上フランス語の類似構文とその分析を見たが，本章のアイデアが孤立したものではなく，他言語でも独立的に提案されていることを紹介した．

5. EA の意味の多層性

前節で Paykin et al. (2013) では，EA が be 動詞と複合し，動作主項を外項とする他動詞と分析されることを見たが，彼らの提案には EA の意味のもう1つの側面である「評価」がどのように EA の語彙意味，統語構造に反映されるのかについては何も述べられていない．本節ではこの点も含めた EA の多層的な意味を考察してみたい．

上では，EA の中心的意味の1つは Stowell (1991) などがいう心的属性ではなく，「評価」であると言った．評価者は話者・著者という語用論的な主体であり，文中に実現されることはない．

EA の評価の意味を考えるとき，近似パラフレーズ関係にある 'do wisely' 構文は参考になる．

(38) a. Alex was wise to bring turnips.
b. Alex did wisely to bring turnips.

(38a) に対する (38b) のパラフレーズ文から逆算すると，(38a) の BasA 文にも 'Alex was wise' ではなく，'Alex did wisely' が含意されていることが窺える．すなわち (38a) に含まれる評価は Alex's deed に対するものと考えられる (i.e. Alex's deed was (considered) wise.)．

そうすると *wise* には DO と評価の 2 つの意味が同時に含まれているといえる．ではこのような複層的な意味はこれまでどのように表示されてきたのであろうか．たとえば Jackendoff (1990) で意味役割の 2 層アプローチ (two-tier approach) が提案された．この立場では意味役割は Thematic Tier と Action Tier の 2 つの階層をなしており，その結果 1 つの項が 2 つの意味役割をもつことを許している．

(39) Peter　　　threw　　the ball.
　　　Source　　　　　　　Theme　　　　Thematic Tier
　　　Actor　　　　　　　 Patient　　　 Action Tier

(39) にはボールの移動と，動作主・被動作者が関わる行為の 2 つの出来事が含まれ，項はそれぞれの層で意味役割をもつ．このような意味の多重性は語彙意味論ではより明示的に打ち出されている．たとえば (40a) の *break* に与えられている (40b) の LCS (Pinker (1989: 198)) をみてみよう．

(40) a. John broke the vase.
　　　b. break: [x ACT ON y] CAUSE [y BECOME BROKEN]

ここでは，*John* の行為と the vase の変化という 2 つの下位事象が因果関係をとって表示されている．

　本章は提示・説明上の手段として Jackendoff (1990) の 'Two-Tier' アプローチを援用し，EA の意味の重層性を以下のように表示してみる．

(41) John[1]　was　*stupid*　PRO[1] to make that question[9]
　　　Agent　　　　　　　［項付加詞］　　Action Tier
　　　　　　　　　　　　　 Theme　　　　　Thematic Tier

すなわち，*stupid* は Action Tier では 'do X' (X=[PRO making that question])，Thematic Tier では 'X is (considered) stupid' (なされた事象の評価) の 2 つの意味階層をもっていると分析する．[10]

---

[9] この不定詞句は *stupid* に編入している定項と意味的に関係付けられる．

[10] この語彙に編入された X 項を Davidson (1967) の事象項 (event argument) と見なすこともできる．Davidson 流の論理形式で (41) の意味を表示すると，∃ e [MAKE (e, John,

6. DerA 構文の統語構造

本章は語彙意味論仮説に基づく EA 構文の分析であり，統語分析については詳細には立ち入らないことにするが，以下で基本的な考え方だけを提示したい．

6.1. 不定詞句の統語的資格

本章は，不定詞句を EA の語彙中に編入されている定項（=ACT）と関連付けられる項付加詞と分析した．一方 Paykin et al. (2013) では，不定詞句は，複合動詞 [$_v$ être + EA] の内項でありこの述語の同族目的語 (cognate object) であると分析されている．同族目的語には (42a) のように副詞と同義なものと，(42b) のように自動詞の典型的な同族目的語（たとえば *sing a song* の *song* など）の動作の下位語 (hyponym) を表すものの 2 種類がある (Pereltsvaig (1998))．後者は，動詞の意味から選択が限定され，どのような NP が可能かある程度予測可能である．

(42) a. Mary smiled *a charming smile.* (=Mary smiled *charmingly.*)
　　b. Sara sang *a ballad/an aria.*

意味的には (42b) では，本来の同族目的語 'song' の下位語 'a ballad,' 'an aria' が用いられ，歌われた歌の指示がより狭く限定されている．彼らは，EA のとる不定詞句は (42b) タイプの同族目的語で，意味的な機能としては *être*+EA が内包する行為を具体的に指定するという．

含意されている行為のさらなる指定という不定詞句の担う意味機能は本章の主張と一致するが，その内項としての統語的資格については問題がありそうだ．

紙幅の関係で詳述はできないが，2 点だけ指摘しておこう．不定詞句が補部か付加詞か判定するテストに CED (Condition on Extraction Domain) 効

---

that question) & STUPID (e)] となる（e は事象項で，不定詞句はその統語的な現れにあたる）．この立場では Syntax から LF への派生で EA 構文の複層的意味が導かれる.

　Stowell (1991) も EA に Davidson 流の事象項（外項）を認める立場をとる．BasA 構文の不定詞句や (i) の 'action-denoting argument' はこの統語的反映とする．

　　(i) Punishing the dog was clever/mean (of Bill).

果がある．すなわち CED は，不定詞句が補部であれば，その句内からの諸要素（NP, PP, 付加詞）の抜き出しに文法的な差異を引き起こさないが，他方，不定詞句が付加詞の場合は，この句内からの抜き出しに際して要素の統語的資格により文法性の違いを生む．Stowell (1991) はこのテストを用いて不定詞句の資格を調べている．

(43) a.　Who$_i$ is John eager [to talk to t_i]?
　　 b.　To whom$_i$ was John eager [to talk t_i]?
　　 c.　When was John eager [to eat dinner t_i]?

(43) で eager の補部内からの NP, PP, 付加詞の抜き出しはみな文法的である．そこで，もし Paykin et al. が言うように，BasA 構文で不定詞句が [$_v$ be+EA] の内項，すなわち補部であれば，この句内からの抜き出しには CED 効果がないと予測される．しかし Stowell が指摘しているように，(44) から明らかなように実際にはこの効果が見られる．さらに (45) は様態副詞の抜き出しに対する Kertz (2006) の判断である．

(44) a.　　Who$_i$ was John stupid [to talk to t_i]?
　　 b. %?To whom$_i$ was John stupid [to talk t_i]?
(45) ?How is John smart to respond? Favorably.
　　　　　　（%? 記号は，話者の中には？と判断する人もいることを表す．）

(44a, b) で NP と PP の抜き出しに文法性の差があること，さらに (45) で島の効果がみられることは，不定詞句が主節述語の真の補部（内項）ではないことを示唆している．

　さらに BasA 構文での随伴現象（pied-piping）をみてみよう．

(46) a.　How stupid was Bill to leave town?
　　 b.　*How stupid to leave town was Bill?

(Stowell (1991))

(46b) から明らかなように，不定詞句が BasA に随伴すると非文が生ずる．これは，不定詞句が BasA が作る最大投射範疇内にはないことを示している．すなわち不定詞句は内項とは言えない．またそもそも，Paykin et al. が主張するように，[be+EA] が複合的な動詞を形成しているならば，どうして

(46a) のように両者が分離できるのか説明がつかない．

6.2. EA 構文における不定詞句の義務性

EA 構文では，不定詞句の選択が義務的である．

(47) *It was wise of Rollo.（ただし it が指示的であれば文法的）

(Wilkinson (1970))

これは (41) の Thematic Tier から説明される．不定詞句は Theme 項（評価の対象）なのでその統語的現れが強制される．もし不定詞句が実現されないと，この層で θ 基準の違反が生ずることになる．すなわち，'X is considered wise' の X 項（評価対象）が統語的に実現されておらず，文は EA 構文としては意味を成さない．

同様に *Mike was wise.* のような文も評価対象を表す項を欠き BasA 構文としての資格を欠く．この場合 wise は Mike の属性を述べる個体レベルの形容詞となる．

ここで 1 つ矛盾が生ずる．上で不定詞句は項付加詞であると述べ，6.1 節で付加詞位置に生ずると主張した．一方 Thematic Tier ではこの句は項の資格をもつとされ統語的実現が要請される．しかし，もし項であればこの句は付加詞位置ではなく項位置（通例述語の補部）に現れるはずだ．この問題については，外項／内項の区分で説明できる．評価の対象は Thematic Tier で主語（叙述の対象）である．よって外項と考えるのが自然だ．そうすると少なくとも補部位置には生起せず，6.1 節の CED 効果が帰結する．[11]

6.3. DerA 構文の変種

本節では (48) の DerA 構文およびその変種の統語的派生を考察したい．Wilkinson (1970), Paykin et al. (2013) は，(48a) は (48b) の主語が外置されて派生したとする．

(48) a.　It was wise of John to run away from the bear.
　　　b.　To run away from the bear was wise of John.

---

[11] Stowell (1991) も，不定詞句（=事象項）の外項性から CED 効果を説明する．

本章の分析では，これとは異なり，態シフトを受けた受動形容詞 wise は，まず語彙の反映として次の基底構造が定義される．

(49) [e] was wise of John to run away from the bear.

拡大投射原理から [e] の位置に形式主語が挿入されれば，DerA 構文に実現され，不定詞句が同位置に移動すれば (48b) がえられる．仮に [e] に任意の名詞句や that のような指示詞が挿入されても，これらに付与される θ 役はないので，θ 基準の違反が生ずる．

一方 (50a, b) の動名詞句，指示詞は，(49) の不定詞句と同じ付加位置に基底生成させる．この位置に留まれば格理論の違反が生ずる．一方，主語位置に移動して主格が付与され格理論の違反を回避したものが (50a, b) である．

(50) a. Leaving early was wise of John.
b. That was wise of John.

6.4. *Of* 句の随意性

DerA 構文の統語的諸相の議論の最後に of 句の随意性を見てみたい．上で of 句は降格された動作主で，受動文の by 句に相当すると分析した．すると by 句と同様その統語的実現は随意的と予測される．これは正しい．

(51) a. It was clever/mean (of John) to punish the dog.
(Stowell (1991))
b. The act of your leaving was wise/smart/kind.
(Wilkinson (1970))

以上簡単ではあるが，EA の基本的な統語的側面を論じた．

7. 結論

本章は (4), (5) の (a), (b) 間の関係を，EA の態性のシフトによる構文交替として捉えた．(4a), (5a) の主語である人物は，BasA による属性記述の対象ではなく，BasA が含意する行為の動作主として働いている．(4a),

(5a) は能動的な BasA の統語的実現形で，(4b)，(5b) がその受動変種の写像形である．また EA の意味構造は複層的で，動作の意味層に加え，なされた行為，すなわち事象についての評価を表すレベル (Thematic Tier) があると主張した．このレベルが不定詞句の義務的生起に反映される．ではこの分析と (8a) について Bolinger (1977) がもつ直観，すなわち (8a) の DerA wise が Mary の属性を述べること，はどのように整合するのだろう．本章は後者の直観は，事象に対する叙述（評価）から生ずる含意によるものだと考える．すなわち Mary が主体の事象が賢明なものであれば，必然的にその事象時に Mary も賢明であるという推論が帰結するからである．

参考文献

Aoun, Joseph and Yen-hui Audrey Li (1989) "Scope and Constituency," *Linguistic Inquiry* 20, 141-172.

Arche, María J. (2006) *Individuals in Time: Tense, Aspect and the Individual/Stage Distinction*, John Benjamins, Amsterdam.

Arche, María J. (2010) "On Agentive Copular Clauses," ms., University of Greenwich.

Arche María J. and Rafael Marín (2014) "Edgy Nominalizations," *WCCFL* 32, 21-30.

Barker, Chris (2002) "The Dynamics of Vagueness," *Linguistics and Philosophy* 25, 1-36.

Baker, Mark C. (1997) "Thematic Roles and Syntactic Structure," *Elements of Grammar: Handbook of Generative Syntax*, ed. by Liliane Haegeman, 73-137, Kluwer, Dordrecht.

Becker, Misha (2004) "*Is* Isn't *Be*," *Lingua* 114, 399-418.

Bennis, Hans (2000) "Adjectives and Argument Structure," *Lexical Specification and Insertion* (Current Issues in Linguistic Theory 197), ed. by Peter Coopmans, Martin Everaert and Jane Grimshaw, 27-69, John Benjamins, Amsterdam.

Bennis, Hans (2004) "Unergative Adjectives and Psych Verbs," *The Unaccusativity Puzzle: Studies on the Syntax-Lexicon Interface* (Oxford Studies in Theoretical Linguistics 5), ed. by Artemis Alexiadou, Elena Anagnostopoulou and Martin Everaert, 84-114, Oxford University Press, Oxford.

Bolinger, Dwight (1977) *Meaning and Form*, Longman, New York.

Cinque, Guglielmo (2007) *The Syntax of Adjectives: A Comparative Study* (Linguistic Inquiry Monographs 57), MIT Press, Cambridge, MA.

Davidson, Donald (1967) "The Logical Form of Action Sentences," *The Logic of Decision and Action*, ed. by Nicholas Rescher, 81-95, Pittsburgh University Press, Pittsburgh.

Dowty, David (1979) *Word Meaning and Montague Grammar*, Reidel, Dordrecht.

Fischer, Olga (1991) "The Rise of the Passive Infinitive in English," *Historical English Syntax*, ed. by Dieter Kastovsky, 141-188, Mouton de Gruyter, Berlin.

Grimshaw, Jane (1990) *Argument Structure*, MIT Press, Cambridge, MA.

Herbst, Thomas, David, Heath, Ian Roe, and Dieter Götz (2004) *A Valency Dictionary of English: a Corpus-Based Analysis of the Complementation Patterns of English Verbs, Nouns and Adjectives*, Topics in English Linguistics 40, de Gruyter, Amsterdam.

Jackendoff, Ray (1990) *Semantic Structures*, MIT Press, Cambridge, MA.

Kertz, Laura (2006) "Evaluative Adjectives: An Adjunct Control Analysis," *WCCFL* 25, 229-235.

Kiparsky, Paul and Carol Kiparsky (1970) "Fact," *Semantics*, ed. by Danny Steinberg, and Leon Jakobovits, 345-369, Cambridge University Press, Cambridge.

Landau, Idan (2006) "Ways of Being Rude," ms., Ben Gurion University.

Larson, Richard K. (1988) "On the Double Object Construction," *Linguistic Inquiry* 19, 335-391.

Levin, Beth (1993) *English Verb Classes And Alternations: A Preliminary Investigation*, University of Chicago Press, Chicago.

Levin, Beth and Tova R. Rapoport (1988) "Lexical Subordination," *CLS* 24:1, 275-289.

Maruta, Tadao (2013) "Diathesis Alternation Exhibited by Evaluative Adjectives," 『東京理科大学紀要（教養編）』45 号, 113-127.

Partee, Barbara (1977) "John is Easy to Please," *Linguistic Structures Processing*, ed. by Antonio Zampolli, 281-312, North-Holland, Amsterdam.

Paykin, Katia, Fayssal Tayalati et Danièle Van de Velde (2013) "Adjectifs d'évaluation de Comportement," *Lingvisticæ Investigationes* 36, 20-55.

Payne, Thomas E. (2010) *Understanding English Grammar: A Linguistic Introduction*, Cambridge University Press, Cambridge.

Pereltsvaig, Asya (1998) "Two Classes of Cognate Objects," *WCCFL* 17, 537-551.

Pinker, Steven (1989) *Learnability and Cognition: The Acquisition of Argument Structure*, MIT Press, Cambridge, MA.

Rappaport, Malka and Beth Levin (1988) "What to Do with Theta-Roles," *Thematic Relations: Syntax and Semantics* 21, ed. by Wendy Wilkins, 7-36, Academic Press, New York.

Rivière, Claude (1983) "Modal Adjectives: Transformations, Synonymy, and Complementation," *Lingua* 59, 1-45.

Ross, John R. (1972) "Act," *Semantics of Natural Languages*, ed. by Donald Davidson and Gilbert Harman, 70-126, Reidel, Dordrecht.

斎藤秀三郎, 松田・福松(編訳) (1952)『前置詞用法詳解　斎藤英文法研究シリーズ』, 吾妻書房, 東京.

Stowell, Timothy (1991) "The Alignment of Arguments in Adjective Phrases," *Perspectives on Phrase Structure: Heads and Licensing* (Syntax and Semantics 25), ed. by Suzan Rothstein, 105-135, Academic Press, New York.

Wilkinson, Robert (1970) "Factive Complements and Action Complements," *CLS* 6, 425-444.

Wilkinson, Robert (1976) "Modes of Predication and Implied Adverbial Complements," *Foundations of Language* 14, 153-194.

安井稔・秋山怜・中村捷 (1976)『現代の英文法 7　形容詞』, 研究社, 東京.

第 2 章

構文交替と項の具現化
―生成語彙論的アプローチ―*

工藤　和也

龍谷大学

1. はじめに

　言語には意味と形式がある．かつて Bolinger (1977) は言語の意味と形式は 1 対 1 に対応していると述べ，Hale and Keyser (1987) は動詞が生起可能な構文はその動詞の意味によって予測可能であると主張した．これらの考え方はその後の語彙意味論研究の基本的なテーゼとなっており，Levin (1993) は，統語的に共通の振る舞いを示す動詞群はその基本的な意味も共有しているという経験的な観察から，意味に基づく動詞クラス (verb class) を提案している．

　このような意味と形式の密接な親和性を強調する言語理論にひときわ重要な問題を提起してきたのが，いわゆる構文交替現象である．構文交替では，特定の述語の項の具現化の様式が変化し，同一の述語から 2 つ以上の異なる構文形式が現れる．例えば，(1) の使役自他交替 (causative/inchoative alternation) では，外項の統語的な具現化の有無が交替し，(2) の場所格交替 (locative alternation) では，2 つの内項の統語的な資格が交替している．

(1) a.　Janet broke the cup.
　　b.　The cup broke.　　　　　　　　　　　　(Levin (1993: 29))

---

* 本章は関西言語学会第 35 回大会（2010 年 6 月 26 日，京都外国語大学）で口頭発表した「構文交替と選択写像仮説」に加筆・修正を施したものである．発表に際してコメントを頂いた KLP（関西レキシコンプロジェクト）のメンバーの皆様，編者の由本陽子先生，小野尚之先生，また本書の匿名の査読者の方々に感謝申し上げたい．本章における不備・誤りはすべて筆者個人の責任である．

(2) a. Jack sprayed paint on the wall.
    b. Jack sprayed the wall with paint.　　　　　(Levin (1993: 46))

　語彙意味論の研究において，これらの構文交替が問題となるのはおもに次の2点についてである．1点目は，構文交替に現れる各構文の意味の違いである．もし言語の意味と形式が1対1に対応するという見方が正しければ，構文交替の各構文にはそれぞれ何らかの異なる意味が存在するはずである．2点目は，各構文に現れる動詞が1つの語彙項目 (lexical item) とみなされるか否かである．もし仮に各構文の動詞の表す意味が何らかの形で異なっているとすれば，今度はそれらの関係性を明らかにしなくてはならない．より大きな視点から言えば，前者は言語の意味と形式の接点の問題であり，後者は人間言語のレキシコンのあり方の問題である．

　本章の目的は，これらの問題について，先行研究の議論を整理し，Pustejovsky (1995) の生成語彙論の枠組みから理論的に新たな提案を試みることである．さらに，構文交替に関する日英語の語彙の比較や子供の発話間違いなどの観察を通して，生成語彙論が仮定する事象の主辞性 (event-headedness) という概念が，項の具現化に関する言語間の差異を捉える一種のパラメターの機能を果たしている可能性を指摘する．

2. 先行研究とその問題点

　語彙意味論の研究では，(1) や (2) のような構文交替に対して，これまで大きく分けて3つのアプローチが取られてきた．1つ目は，交替する2つの構文の動詞を特定の語彙規則によって結びつけるアプローチ (Rappaport and Levin (1988), Levin and Rappaport Hovav (1995))，2つ目は，交替する2つの構文の動詞にそれぞれ別個の意味構造を仮定するアプローチ (Maruta (1997))，3つ目は，交替する2つの構文において動詞の意味構造と統語構造との対応関係に多様性を認めるアプローチ (Pustejovsky (1995)) である．

　まずは1つ目のアプローチから見てみよう．Levin and Rappaport Hovav (1995) は，(1) の使役自他交替について，(1b) の自動詞文は (1a) の他動詞文から派生すると主張し，(3) に示す語彙的束縛 (lexical binding) という

語彙規則を提案している．

 (3) a. [[x DO-SOMETHING] CAUSE [y BECOME *BROKEN*]]
    ↓
  b. [[Ø DO-SOMETHING] CAUSE [y BECOME *BROKEN*]]
         (Levin and Rappaport Hovav (1995: 108))

語彙的束縛は，(3a) のような他動詞の意味構造から外項を抑制し (x → Ø)，項構造に連結されないようにすることによって，(3b) の自動詞の意味構造を派生する語彙規則である．ここでは，動詞の基本的な意味は同じながら，語彙規則の適用によって項の統語的な具現化の有無だけが交替すると考えられている．
 一方，(2) の場所格交替については，Rappaport and Levin (1988) が (4) に示す語彙的従属化 (lexical subordination) という語彙規則を提案している．

 (4) a. [x cause [y to come to be at z]] →
  b. [[x cause [z to come to be in STATE]] BY MEANS OF [x cause [y to come to be at z]]]
          (Rappaport and Levin (1988: 26))

場所格交替の各構文では，(2a) が《主題の移動》を表し，(2b) が《場所の状態変化》を表すという認知的な意味の違いがしばしば指摘されているが，Rappaport and Levin は，(2b) の構文が持つ，《主題の移動》の結果，《場所の状態変化》が起こったという意味的な関係と，語彙概念構造における結果事象内の第 1 項目が動詞の直接目的語になるという統語的な条件の両方を説明するためには，(4b) のような大きな意味構造の組み換えが必要だと主張している．要するに，語彙的従属化は，場所格交替における構文間の意味の違いと項の具現化の交替を 1 つの語彙規則によって捉えようとしたものである．
 しかしながら，このような語彙規則によって両構文を結び付けるアプローチには理論的に大きな問題点がある．それは，語彙規則の適用条件に，独立に動機づけられた根拠がないということである．よく知られているように，構文交替には特定の意味クラスの動詞のみが参与し，たとえ語彙規則の対象

となりうる意味構造を持っている動詞でも自由に構文が交替するわけではない．例えば，(5) に挙げる put は，典型的に (4a) のような使役的な主題の位置変化を表す動詞だが，使役自他交替にも場所格交替にも参与しない．

(5) a. I put (the) books on the table.
b. *The books put on the table.
c. *I put the table with (the) books.　　　　　　(Levin (1993: 111))

これは，適切な制約をかけない限り，語彙規則が構文交替に関して過剰生成を引き起こすことを意味している．このことに関して，Pinker (1989) は，レキシコンの内部で適用される語彙規則は，《使役》や《位置変化》のような大まかな意味クラスではなく，《働きかけ》や《接触》のようなより細かな意味素性を基準にすると主張しているが，単にそのような基準を列挙するだけでは，語彙規則の適用可能性に関する説明的妥当性を満たすことはできない．

このような語彙規則によって両構文を結び付けるアプローチに対して，Maruta (1997) は，Jackendoff (1990b) の概念意味論の考え方を応用し，場所格交替に参与する動詞について，あらかじめ (6c) と (7c) のような別個の意味構造を仮定している．

(6) a. Bill loaded hay onto the truck.
b. Martha put the book onto the counter.
c. [CAUSE ([　]$_i$, [GO ([　]$_j$, [TO ([　]$_k$)])])]
　　　　　　　　　　　　　　　　　　　(Maruta (1997: 102))
(7) a. Bill loaded the truck (with hay).
b. Harry buttered the bread (with cheap margarine).
c. [CAUSE ([　]$_i$, [INCH [BE ([CONSTANT], [ON [　]$_j$])]])]
　　　　　　　　　　　　　　　　　　　(Maruta (1997: 103))

Maruta によると，(6a) の load は (6b) の put と同じ意味構造を持っており，(7a) の load は (7b) の butter と同じ意味構造を持っている．意味構造が同じであるので，両ペアでは対応する統語構造も同じになる．(6c) と (7c) の意味構造には CAUSE 以外に共通の関数はなく，Maruta は，場所格交替を，一部の動詞がたまたま (6c) と (7c) の 2 つの意味構造を併せ持つ

ことによって起こる偶発的な現象と結論付けている.

なるほど，Maruta のように場所格交替動詞に初めから異なる2つの意味構造を付与しておけば，語彙規則の適用条件に悩まされることはない．また，意味構造が異なるのであれば，対応する統語構造が異なるというのも語彙意味論では自然な考え方である．

ところが，場所格交替については，このように特定の動詞に対して可能な語義を列挙するだけでは説明のつかない経験的事実がいくつか指摘できる．例えば，(8) と (9) が示すように，場所格交替動詞の load は，結果事象の取り消し可能性について，両構文でまったく同じ振る舞いを示す ((8b) と (9a) は Beavers (2006: 48) から引用).

(8) a. #John loaded the hay onto the wagon, but none of the hay moved.
   b. #John loaded the hay onto the wagon, but the wagon was empty afterwards.
(9) a. #John loaded the wagon with the hay, but none of the hay moved.
   b. #John loaded the wagon with the hay, but the wagon was empty afterwards.

要するに，場所格交替動詞は，いずれの構文に生起した場合でも，《主題の移動》と《場所の状態変化》の2つの結果事象を論理的に含意しているのである．Maruta の提案する意味構造では，このような構文間の相互含意の関係を説明することは難しい．また，Carlson and Tanenhaus (1988) は，Bill loaded the truck {with bricks/onto the ship}. のような袋小路文を用いた言語処理実験から，場所格交替動詞には項の主題役割に関する曖昧性 (thematic ambiguity) はあっても，意味の曖昧性 (sense ambiguity) はないと主張している．Maruta のように構文ごとに別個の意味構造を仮定するという考え方は，場所格交替動詞に意味の曖昧性を認めるという主張に他ならず，このような先行研究の実験結果とも相容れない．

構文交替に生起する動詞を特定の語彙規則で結び付けたり，初めから2つの異なる意味構造を仮定したりするアプローチに対して，まったく異なる視点を提供しているのが Pustejovsky (1995) の生成語彙論の考え方である．Pustejovsky は，構文交替に参与する動詞について，動詞の意味構造は共通ながら，そこから統語構造に項を写像する方法にいくつかの選択肢があると

主張している.例えば,Pustejovsky が仮定する動詞 break の意味構造(彼の用語では「クオリア構造」)は次のようなものである.[1]

(10) break

$$\left[\text{QUALIA} = \begin{bmatrix} \text{FORMAL} = \text{broken (e2, y)} \\ \text{AGENTIVE} = \text{break\_act (e1, x, y)} \end{bmatrix} \right]$$

(Pustejovsky (1995: 80))

生成語彙論の考え方にとって,特に重要なのが事象の意味関係である.(10) のように,使役事象を表す動詞 break には起因事象を表す e1 と結果事象を表す e2 の2つの下位事象が含意される.e1 には x と y の2つの項が含まれ,おおむね「x が y に働きかける」という意味を表す.一方,e2 には y 項のみが関与しており,e1 の結果,「y が broken という状態になった」という内容が叙述される.

ここで,Pustejovsky は,意味構造から統語構造への写像に関して,次の2通りの方法が可能であるとしている.

(11) a. Q_i: R (e1, x, y) → x: SUBJ, y: OBJ
 b. Q_j: P (e2, y) → y: SUBJ (Pustejovsky (1995: 101))

(11a) では,x と y の2つの項を含む e1 が統語構造へ写像され,それぞれ x が主語,y が目的語となる.一方,(11b) のように y 項のみを含む e2 が統語構造へ写像されると,そのまま y が文の主語となる.生成語彙論の考え方によれば,意味構造から統語構造へ写像されるのは事象構造で主辞 (head) とみなされる事象のみで,その他の事象はそこに含まれる項とともに意味構造内で背景化 (shadowed) される (Pustejovsky (1995: 191)).(10) の break の意味構造では,e1 と e2 のいずれの下位事象も語彙的には主辞でないと仮定されているため,どちらの事象を統語構造に写像してもよく,結果として使役自他交替が起こることになる.

意味構造から統語構造への写像を事象の主辞性によって決定するという考

---

[1] 生成語彙論が仮定する語彙意味表示には「クオリア構造」のほかに「事象構造」,「項構造」,「語彙継承構造」の3つが含まれるが,紙幅の都合上,本章では後の議論と関係のあるクオリア構造のみを示すことにする.

え方の利点は,動詞が構文交替に関わるかどうかをあらかじめ語彙的に指定できる点にある.例えば,kill という動詞は使役自他交替には参与せず,他動詞形しか持たないが,Pustejovsky によれば,それはこの動詞が (10) のような使役の事象構造を持ち,かつ e1 が語彙的に主辞的な事象となるからである (Pustejovsky (1995: 102)).e1 が主辞的な事象となると,それが義務的に統語構造へ写像される事象として選択されるので,動詞が自他交替を起こす余地がなくなる.このことは構文の意味に合わせて動詞の意味構造を変化させる必要がないことを意味しており,構文交替に参与する動詞の意味構造を共通のものと考えることによって,構文間の論理的含意関係も正しく捉えることができる.

このように,Pustejovsky の生成語彙論の提案は,先の 2 つのアプローチに比べていくつかの優れた点を含んでいるが,このアプローチにも問題がないわけではない.中でももっとも重大だと思われるのは,Pustejovsky が意味構造から統語構造への写像に関して,「主語」や「目的語」といった文の構成要素に言及している点である.言うまでもなく,これらの概念は人間の言語知識にとって根源的なものではなく,統語構造における各項の表層的な文法関係を記述したものに過ぎない.そのような概念をシステムの中核に採用することには理論的に大きな問題があると言わざるを得ない.生成文法に基づく語彙意味論の研究では,表層の構文形式に拘わらず,その背後にある統語構造と意味構造との対応関係を問題にしているのであり,The vase broke. のように表層では主語として機能している the vase が,基底では動詞の目的語として規定されるという観察(いわゆる「非対格性の仮説」(Perlmutter (1978)))などの先行研究の重要な知見を見過ごしてはならない.

また,経験的にも,Pustejovsky の提案は場所格交替に応用することができないという欠点がある.場所格交替には動作主 (x),主題 (y),場所 (z) の 3 項が論理的に関与しており,これを上記のような方法で捉えようとすると,(12) のような複雑な意味構造と (13) のような新たな連結規則が必要になってくる.

(12) a
$$\left[\text{QUALIA} = \begin{bmatrix} \text{FORMAL} = a\_\text{result}(e2, x, z, y) \\ \text{AGENTIVE} = a\_\text{act}(e1, x, y, z) \end{bmatrix} \right]$$

(13) a.　Q_i: R (e1, x, y, z) → x: SUBJ, y: OBJ, z: OBL
　　　b.　Q_j: P (e2, x, z, y) → x: SUBJ, z: OBJ, y: OBL

Pustejovsky 自身はこれまで場所格交替については議論していないが，(12)のような意味構造は彼が提唱するクオリア構造の定義に合致しないと思われるし，何よりも (13) のように場所格交替における各構文の斜格目的語を同等に扱うことには大きな問題がある．なぜなら，Fraser (1971) などが指摘しているように，場所格交替において，場所句が目的語になる構文での主題句の統語的な具現化はおおむね随意的だからである．

(14) a.　He loaded the hay *(onto the truck).
　　　b.　He loaded the truck (with hay).

(13) の連結規則では，このような項と付加詞の違いは説明できない．繰り返しになるが，このような問題は，このアプローチが「主語」や「目的語」などの表層的な文法関係を理論の中核として採用していることから生じるものである．

3. 項の具現化と構文交替

3.1. 述語のクオリア構造と項の選択的写像

　本節では，2節で見たそれぞれのアプローチの問題点を克服し，使役自他交替や場所格交替などの構文交替現象を説明できる新たな語彙意味理論の提唱を試みる．
　ここで先行研究の問題点を整理しておくと，場所格交替のように構文間の論理的含意関係が変わらない構文交替については，生成語彙論のような単一の意味構造による説明が妥当であるが，意味構造から統語構造への写像については，より詳細な統語構造に言及した普遍的な連結規則が必要である．したがって，本節で提案する意味構造および写像の仕組みは，Pustejovsky のクオリア構造を一部修正し，さらに独自の連結規則を提案するものとなる．
　まずは述語のクオリア構造から見てみよう．Pustejovsky はこれまで述語のクオリア構造についてあまり明確に定義していないが，主体役割には述

が表す事態の原因となる起因事象が含まれ，形式役割には述語が表す事態に論理的に含意される結果事象が含まれるという認識は，その後の生成語彙論の研究（例えば，小野（2005））でもおおむね共通している．本章では，さらに，目的役割には述語が表す事態の典型的な目的となる事象が含まれ，構成役割には述語が表す事態に論理的に参与する項が含まれると規定しておく．つまり，述語のクオリア構造における主体役割，形式役割，目的役割はいずれも事象を表し，主体（原因）→形式（結果）→目的（目的）という一連の行為連鎖を形成する．また，本章では，これらのクオリア役割の述語にJackendoff (1990b) や影山（1996）などの概念意味論で仮定されている意味関数を用いることにする．これは，従来，語彙概念構造から項構造への項の連結を説明するために提案されたものであり，これにより，クオリア構造から統語構造への項の写像をより直接的な操作として扱うことができるようになる．[2]

具体的に言うと，本章で提案する動詞 break の語彙意味表示は次のようなものである．

(15) break
$$\begin{bmatrix} \text{QUALIA} = \begin{bmatrix} \text{CONST} = \text{arg}(x, e1) \\ \phantom{\text{CONST} =}\text{arg}(y, e2) \\ \phantom{\text{CONST} =}\text{arg}(\text{broken}, e2) \\ \text{FORMAL} = \text{be}(e2^*, y, \text{broken}) \\ \text{AGENTIVE} = \text{act}(e1, x) \end{bmatrix} \end{bmatrix}$$

break などの使役事象を表す動詞には e1 と e2 の2つの下位事象が含まれるという考え方は先行研究と共通している．起因事象に当たる主体役割は「誰かが（何らかの）行為を行う」というものであり，「誰か」に当たる動作主項 (x) と事象項 (e1) が《行為》を表すクオリア述語 (act) によって束縛され

---

[2] ただし，本章の提案は動詞の意味構造における事象構造や項構造の独立性を否定するものではない．特に，状態変化使役などの複雑事象における下位事象間の関係性を明示するためにも，事象構造などの意味表示は別途必要なものと考える（査読者の指摘による）．

る.³ 一方，結果事象に当たる形式役割は「何かが壊れた状態にある」という
ものでで，「何か」に当たる主題項 (y) に加え，「壊れた」(broken) という定
項 (constant) が事象項 (e2) とともに《状態》を表すクオリア述語 (be) に
束縛される．ここで，定項を含む e2 は動詞 break の中核的な意味を担って
いると考えられるため，語彙的に主辞的な事象（以下，*印で示す）として指
定されている（このことについては後述する）．なお，構成役割の arg は述語
の項と事象とを結びつける関数であり，arg (x, e1) で「項 x が事象 e1 に含
まれる」という関係を表すものとする（紙幅の都合上，以下，構成役割は省
略する）．

次に，本章が仮定する意味構造から統語構造への写像の仕組み（連結規則）
は (16) のようなものである．（なお，本章では，統語構造のモデルとして，
Chomsky (1995) の二重動詞句構造を採用している．）

(16) a.　Q_A: R (e, x) → [$_{vP}$ x [$_{v'}$ v VP]]
　　　b.　Q_F: P (e, y, z) → [$_{VP}$ y [$_{V'}$ V z]]

(16a) は，主体役割に含まれる事象項以外の項 (x) が統語構造における vP
の指定部に基底生成されることを示しており，(16b) は，形式役割に含まれ
る事象項以外の項 (y と z) がそれぞれ VP の指定部と V の補部に基底生成
されることを示している．Pustejovsky の連結規則との大きな違いは，意味
構造が「主語」や「目的語」などの表層的な文法関係ではなく，「vP/VP の指
定部」や「V の補部」などの統語的な基底生成位置に直接対応していること
である．つまり，本章の提案する連結規則では，主体役割の項は vP 内に，形
式役割の項は VP 内に写像されることがあらかじめ規定されており，意味構
造内での項の配列がそのまま統語構造における各項の階層関係に反映すると
いう点で，Baker (1997) の絶対的 UTAH (absolute UTAH) の考え方に近
い．

さらに，本章でも Pustejovsky (1995) の選択的写像の仕組みを採用する．
すなわち，クオリア構造に記載されている下位事象のうち，主辞とみなされ

---

³ 本章では，break の主体役割に y 項を含めない．これは「壊す」という行為を行う際に，
必ずしも壊れる対象に直接働きかける必要はないという意味的な観察によるものである（詳
しくは影山 (1996: 69) を参照）．

る事象のみが選択的に統語構造へと写像され，残りの事象はそこに含まれる項とともに意味構造内で背景化されると仮定する．ただし，Pustejovsky との違いは，事象が主辞性を帯びるか否かは下位事象単位で決まるという点である．つまり，(16a) と (16b) の連結規則は語彙部門と統語部門との接点においてそれぞれ独立に機能すると考えられるので，同じクオリア構造内の複数の下位事象が同時に統語構造に写像されることも原理的には可能となる．

これらの仮定に従い，(15) の break の意味構造をそのまま統語構造に写像すれば，(17c) のような非対格自動詞構造になる．

(17) a. The cup broke.
 b. Q_A: act (e1, x) → *shadowed*
    Q_F: be (e2*, y, broken) → [$_{VP}$ y [$_{V'}$ V broken]]
 c. [$_{VP}$ the cup [$_{V'}$ V broken]]⁴

一方，break の他動詞構造は，(18) のように e1 と e2 の両方の下位事象が統語構造に写像された場合に派生する．

(18) a. Janet broke the cup.
 b. Q_A: act (e1*, x) → [$_{vP}$ x [$_{v'}$ v VP]]
    Q_F: be (e2*, y, broken) → [$_{VP}$ y [$_{V'}$ V broken]]
 c. [$_{vP}$ Janet [$_{v'}$ v [$_{VP}$ the cup [$_{V'}$ V broken]]]]

要するに，break が自動詞として現れるか他動詞として現れるかは，語彙的に主辞の指定を受けている e2 に加えて，e1 も主辞とみなし，統語構造に写像するか否かの選択による．この選択的写像の仕組みでは，構文間の論理的含意関係は各動詞の意味構造から明らかであり，自動詞と他動詞を変換する語彙規則も，両者をレキシコンに別個の語彙項目として登録する必要もない．

では，(18) の他動詞の派生で，主体役割の e1 に事象の主辞性を認める根

---

⁴ 統語的に具現化された定項の扱いについては，いくつかの可能性があると思われる．1つは，定項が V に編入し，動詞の一部になるという可能性である (cf. Hale and Keyser (1993))．もう1つは，V と定項の関係を参照して音韻部門で語彙挿入が行われるという可能性である (cf. Halle and Marantz (1993))．本章では，この点については立ち入らないこととする．

拠は何であろうか．Pustejovsky (1995) 以来，生成語彙論の研究において事象の主辞性という概念はたびたび採用されているが，何をもって主辞的な事象とみなすかについては，これまで特に積極的な議論がなされていない．そこで，本章では，英語における事象の主辞性について，仮に次のように規定することを提案したい．

(19) 事象の主辞性
述語のクオリア構造に含まれる下位事象は次のいずれかの条件に当てはまる場合に主辞とみなされる．
(i) その下位事象が定項を含む．
(ii) その下位事象内の項の内容が語彙的に指定される．
(iii) その下位事象が意味的あるいは語用論的に焦点化される．

直感的に言うと，これらの条件は，いずれも語彙的あるいは語用論的にある下位事象がその動詞の中核的な意味を担っているとみなせるかどうかの基準である．例えば，状態変化動詞の break にとって，その動詞が表す事態の結果状態（broken）は，その動詞の意味を決定付けるものであるから，定項を含む事象が主辞とみなされるのは当然である．同様に，ある下位事象内の特定の項が語彙的に指定されるのであれば，それもその動詞の意味を特徴付ける大きな要因となる．さらに，語彙的に特定の項を含んでいなくても，意味的あるいは語用論的にある下位事象の内容に焦点が当たっているのであれば，それもその場面での動詞の意味を際立たせるものと考えられるので，主辞とみなしてもよいと思われる．生成語彙論の重要な仮定の1つは，このような文脈情報や百科事典的な知識までもクオリア構造という語彙のレベルに組み込むということである．

実際，これらの条件は，先行研究で観察されている英語の項の具現化の様式を捉えるのに有効であると思われる．例えば，(19i) の条件は，(20) のような様態動詞（manner verb）と結果動詞（result verb）の目的語の具現化に関する随意性の違いを説明できる．

(20) a. Leslie swept. (cf. Leslie swept the floor.)
b. *Kelly broke. (cf. Kelly broke the dishes.)
(Rappaport Hovav and Levin (1998: 102))

(15) で見たように，結果事象に定項を含む break では e2 の写像が義務的となり，付随して目的語の統語的具現化が必須となる．一方，特定の行為の結果を含意しない sweep では，形式役割に定項を含まないため，目的語の統語的具現化は随意的である．[5]

また，(19ii) の条件は，break 同様，目的語の状態変化を含意する cut や saw などの動詞で，動作主を抑制した自動詞用法が許容されないことを説明できる．

(21) a. Margaret cut the bread.
b. *The bread cut.   (Guerssel et al. (1985: 49))

Guerssel et al. (1985) によると，cut はその語彙的な意味として動作主による鋭利な刃物 (sharp edge) の使用を含意する．したがって，(22) のように，動詞 cut の意味構造には道具を表す i 項が付加的な項として起因事象である主体役割に組み込まれていると考えられる．[6]

(22) cut
$$\left[\text{QUALIA} = \begin{bmatrix} \text{FORMAL} = \text{be } (e2^*, y, \text{cut}) \\ \text{AGENTIVE} = \text{act } (e1^*, x, i) \end{bmatrix} \right]$$

このことにより，cut の主体役割は項の指定による主辞の扱いを受けるので，動作主を含む e1 の写像が義務的となり，結果として使役自他交替が起こら

---

[5] なお，本章の提案する項の具現化の方式で sweep の統語構造を派生するためにはおおよそ次のような意味構造が必要である．
(i) sweep
$$\left[\text{QUALIA} = \begin{bmatrix} \text{FORMAL} = \text{on } (e2, x, y) \\ \text{AGENTIVE} = \text{act } (e1^*, x, i) \end{bmatrix} \right]$$
sweep の他動詞用法は e2 が統語的に具現化した上で，VP 指定部の x 項が vP 指定部の x 項との同一指標によりゼロ代名詞化した場合に派生すると考えられる．Kudo (2010) は，このようなゼロ代名詞を伴う項の具現化の様式を walk などの自己推進型移動動詞 (self-propelled motion verb) の分析に用いている．(i) のような意味構造は hit や kick などの働きかけ動詞一般に適用できるものと思われるが，この意味構造および統語構造の妥当性については稿を改めて検討したい．

[6] cut の道具項が主体役割に組み込まれることについては Kudo (2010) を参照されたい．なお，i 項が鋭利な刃物でなければならないという意味の指定は項構造のレベルで行われるものと考えられる．

ないことになる.[7]

最後に, (19iii) の条件は, 本来的には使役自他交替を許す動詞でも, 用いられる文脈によっては自動詞文が成立しないことを説明できる.

(23) a. He broke {his promise/the contract/the world record}.
b. *{His promise/The contract/The world record} broke.
(Levin and Rappaport Hovav (1995: 85))

すでに見たように, break は本来, 使役自他交替を許す動詞であるが, (23) のような動作主が主体的に関与することによってのみ状態変化が達成されると考えられる文脈では, 自動詞化が起こらない. これは break が特定の目的語を取る場合に, 動作主の働きが際立ち, 意味的に焦点化されるためである (影山 (1996)). 動作主の行為が焦点化されるということは, すなわち, 起因事象である主体役割が主辞性を帯びるということである. したがって, そのような文脈では break でも動作主を抑制した自動詞文は成立しない.

このように, 事象の主辞性に関して (19) の条件を独立に仮定することによって, 動詞の項の具現化の義務性を捉え, さらには使役自他交替の可否を説明することが可能となる. 次節では, さらに, この事象の主辞性に基づく項の選択的写像の仕組みが場所格交替にも有効であることを示す.

3.2. 場所格交替における項の具現化の交替

3.1 節で提案した述語のクオリア構造と項の選択的写像の仕組みは, そのまま場所格交替にも応用できる.

まず, 場所格交替に参与する動詞 spray のクオリア構造は次のようなものであると考えられる.

(24) spray
$$\begin{bmatrix} \text{QUALIA} = \begin{bmatrix} \text{FORMAL} = \text{move } (e2^*, y, z) \\ \phantom{\text{FORMAL} =} \text{be } (e3^*, z, \text{sprayed}) \\ \text{AGENTIVE} = \text{act } (e1, x) \end{bmatrix} \end{bmatrix}$$

---

[7] 本章では (16a) の連結規則を仮定しているので, i 項はそのままでは統語的に具現化されない. この i 項は, 後で述べるシャドウ項と同様に付加詞として具現化するか, もしくは動作主項が抑制された時に代わりに vP 指定部に生成されて, The knife cut the bread. のような道具主語構文を派生することになる (詳しくは Kudo (2010) を参照).

主体役割は，これまで通り，起因事象となる動作主の行為と考えてよいだろう．次に，形式役割だが，(8) と (9) で見たように，場所格交替動詞は《主題の移動》と《場所の状態変化》の2つの結果事象を論理的に含意するので，形式役割にはその2つの下位事象がどちらも語彙化されていると考えておく．

ここで注意しなければならないのは，場所格交替動詞にとって，この2つの結果事象はいずれも主辞的な事象とみなされることである．spray や load などの場所格交替動詞は，いずれも主題を表す結果名詞から動詞化された名詞転換動詞であり (Clark and Clark (1979))，主題項の意味内容があらかじめ特定されている．したがって，e2 は，(19ii) の条件により，語彙的に主辞の指定を受ける．また，結果状態に定項を含む e3 も，(19i) の条件により，語彙的に主辞の指定を受ける．つまり，場所格交替動詞が語彙的に有している特異性とは，動詞が2つの結果事象を語彙的に含意することと，その2つの結果事象がいずれも統語構造への義務的な写像の候補になるということである．

しかし，Chomsky (1995) を始めとする今日の極小主義統語論 (minimalist syntax) の仮定する統語構造には，形式役割に対応する動詞句の投射 (VP) は1つしかない．中には，統語構造における動詞句の投射を拡大する議論もあるが (Ramchand (2008))，自然言語における文法的な項の最大数がいずれも"3"である事実や，Williams (1981) 以来の外項と内項の区別，さらには Baker (1997) の UTAH に代表される基底統語位置における各項の階層関係などを考慮した場合，動詞句の構造をこれ以上に拡大することに実質的な意義があるとは思えない．したがって，本章では，語彙的に主辞の指定を受けている spray の e2 と e3 のうち，どちらか一方をさらに選択して，統語構造に写像する仕組みを考えることにしたい．

ここで参考になるのは，場所格交替の各構文の意味の違いである．Anderson (1971) 以来，多くの先行研究が指摘しているように，場所格交替の各構文では，目的語に選択された項にのみ，その項が動詞の表す事態によって全体的に影響を受けたという全体的解釈 (holistic interpretation) が生じる．

(25) a. #John loaded the hay onto the wagon, but left some hay to fill the truck.

b. John loaded the hay onto the wagon, but left some space for the grain. (Beavers (2006: 48))
(26) a. John loaded the wagon with the hay, but left some hay to fill the truck.
b. #John loaded the wagon with the hay, but left some space for the grain. (Beavers (2006: 48))

ただし，この解釈があくまで語用論的な意味の違いであることには注意しておく必要がある (Jeffries and Willis (1984))．例えば，全体的解釈は文脈によっては容易に取消しが可能である．

(27) Kim loaded the car with the books, but did not fill the driver's seat. (Beavers (2006: 52))

これらのことから，場所格交替で統語構造へ写像される事象として選択された結果事象には何らかの語用論的な焦点が当たっていると仮定してみよう．すると，場所格交替では，どちらも語彙的に主辞の指定を受けている spray の e2 と e3 のうち，さらに語用論的な焦点が与えられた下位事象が，(19iii) の条件により，他方に比べてより相対的な主辞性を帯びて，統語構造に写像される事象として選択されていると考えられる．以下では，このような焦点が当てられた結果事象を (19) の条件に 2 つ当てはまるという意味で「**」で表示することにし，場所格交替におけるそれぞれの構文の統語的な項の具現化の様式を (28) と (29) に示す．[8]

(28) a. Jack sprayed paint on the wall.
b. Q_A: act (e1*, x) → [$_{vP}$ x [$_{v'}$ v VP]]
Q_F: move (e2**, y, z) → [$_{VP}$ y [$_{V'}$ V z]]
Q_F: be (e3*, z, sprayed) → *shadowed*
c. [$_{vP}$ Jack [$_{v'}$ v [$_{VP}$ paint [$_{V'}$ V on the wall]]]][9]

---

[8] 議論の便宜上，ここでは主体役割も具現化した他動詞形で示すが，break 同様，文脈的な条件が整えば，spray の非対格自動詞用法（例：Water sprayed into the air.）も可能である．

[9] (28c) で，場所句が前置詞句で具現化される理由は，この項が move という意味関数によって選択されているからだと考えられる．すなわち，移動の着点として選択される項は，厳密には場所 (location) ではなく経路 (path) を表すため，統語的には前置詞が必要となる

(29) a. Jack sprayed the wall with paint.
　　b. Q_A: act (e1*, x) → [$_{VP}$ x [$_{V'}$ v VP]]
　　　 Q_F: move (e2*, y, z) → *shadowed*
　　　 Q_F: be (e3**, z, sprayed) → [$_{VP}$ z [$_{V'}$ V sprayed]]
　　c. [$_{VP}$ Jack [$_{V'}$ v [$_{VP}$ the wall [$_{V'}$ V sprayed]]]]

ここですぐに気付くことは，(29c) の統語構造には主題項の paint が具現化されていないということである．すでに見たように，(29a) で with 句によって表される主題項の統語的な具現化は随意的である．しかしながら，主題項が動詞 spray の語彙的な意味に深く関与していることは明らかである．Pustejovsky (1995) は，このような述語の意味構造には組み込まれているものの統語構造には具現化されない項をシャドウ項 (shadow argument) と呼んでいる．シャドウ項は，意味構造上ですでにその存在が保証されているので，(30) のように，主に談話上の要請によってのみ文内に登場する．

(30) Mary buttered her toast (with margarine/*with butter).
(Pustejovsky (1995: 65))

Jackendoff (1990b) は，このような項の統語的具現化について，*with*- 主題付加詞規則 (*with*-theme adjunct rule) という特別な語彙規則を提案しているが，本章の枠組みでは同じことを次のように言うことができるだろう．

(31) シャドウ項の具現化
　　述語のクオリア構造に含まれる項で，意味構造から統語構造への写像に関して背景化された項は，談話情報を補うために付加詞として具現化できる．

これにより，(14) で述べた項と付加詞の区別に関する問題が解決し，場所格交替における項の具現化の交替について一通り説明したことになる．[10]

(詳しくは Jackendoff (1990b) を参照)．
　[10] 場所格交替における 2 つの内項の統語的な階層関係は，束縛代名詞 (bound pronoun) を用いた次のようなテストで確かめることができる．
　　(i) a.　I loaded every book$_i$ into its$_i$ proper box.
　　　 b.　*I loaded its$_i$ proper contents into every box$_i$.　　(Jackendoff (1990a: 432))

4. 語彙知識のパラメターとしての事象の主辞性

4.1. 日英語の語彙の比較

3節では，事象の主辞性に基づく項の選択的写像の仕組みが，項の具現化のみならず，構文交替を説明する有効な道具立てになることを主張した．本節では，この事象の主辞性という概念が，我々の語彙的な知識の中で，言語間の変種を司る一種のパラメターとして機能していると思われる事例を検討する．

まず，場所格交替に関わる日英語の語彙の比較から始めてみよう．Levin (1993) の動詞分類によると，英語には，場所格交替を引き起こす「塗装」(spray型) や「積載」(load型) を表す動詞のほかに，(2a) の構文にしか生起しない「設置」(put型) や「注入」(pour型) を表す動詞や，(2b) の構文にしか生起しない「被覆」(cover型) や「充満」(fill型) を表す動詞などがある．

(32) a. Tamara poured water into the bowl.
     b. *Tamara poured the bowl with water.　　(Levin (1993: 51))
(33) a. *Bill filled water into the tank.
     b. Bill filled the tank with water.　　(Jackendoff (1990b: 159-160))

興味深いのは，これらの動詞に意味的に対応する日本語の動詞との比較である．日本語でも，英語の場所格交替と同様の構文交替現象が見られることは以前から指摘されているが，日本語では英語の spray/load 型に対応する動詞のほかに，cover型や fill型に対応する動詞の中にも場所格交替に参与するものが存在する．[11]

  (ii) a. I loaded every box$_i$ with its$_i$ proper contents.
      b. *I loaded its$_i$ proper box with every book$_i$.　　(Jackendoff (1990a: 432))
 [11] 場所格交替に参与する日本語の動詞は，単純動詞だけでなく，「山盛りにする」のような N-V 型複合語に由来するものや「敷き詰める」のような V-V 型複合動詞になっているものもある（詳しくは岸本 (2001) を参照）．

(34) a. 太郎はグラスに水を注いだ.
　　　b. *太郎は水でグラスを注いだ.
(35) a. 花子はグラスに水を満たした.
　　　b. 花子は水でグラスを満たした.

(34) の「注ぐ」は，英語の pour と同じく，主題句を目的語に取る構文にしか生起しないが，(35) の「満たす」は，英語の fill が場所句を目的語に取る構文にしか生起しないのとは対照的に場所格交替に参与する.

　問題はこのような日英語の差異をどのように捉えるかである．一般に，言語間で似たような意味の動詞の統語的な振る舞いが異なる場合，その言語に特有の何らかの語彙的な性質によって問題を回避しようとすることがしばしば行われる．しかし，日英語で，「注ぐ」と pour，あるいは，「満たす」と fill の概念的な意味が異なるという積極的な証拠は見当たらない．そうすると，むしろ，両者の違いは，両言語における意味構造と統語構造との対応付けの問題に還元すべきである．結論から先に言うと，本章では，この日英語の項の具現化に関する差異は，両言語における事象の主辞性の扱いの違いから生じていると主張する.

　まず，英語の pour が (32a) の構文にしか生起しない理由は至って単純である．次の例が示すように，英語の pour は，結果事象として《主題の移動》しか含意していない.¹²

(36) a. #Tamara poured water into the bowl, but none of the water moved.
　　　b. Tamara poured water into the bowl, but the bowl was empty (because it had a hole in it).

したがって，pour の意味構造には，そもそも《場所の状態変化》に当たる結果事象が含意されていないので，場所句を目的語に取る構文は選択できない．日本語では，「切っても切れない」式の表現（影山 (1996)）が許容されるため，そもそも結果の取り消し可能性のテストが有効ではないが，「注ぐ」に関しても同様の理由で (34b) が非文になるものと推測できる.

　一方，英語の fill が (33a) の構文に生起しない事情は少し複雑である．な

---

¹² (36) と (37) の例文および容認度判断は Mebed Sharif 氏にご教示頂いた.

ぜなら，結果状態の取り消し可能性のテストから判断する限り，英語の fill も，場所格交替動詞と同じく，《主題の移動》と《場所の状態変化》の両方の結果事象を論理的に含意していると考えられるからである．

(37) a. #Bill filled the tank with water, but none of the water moved.
b. #Bill filled the tank with water, but the tank was empty (because it had a hole in it).

つまり，fill が主題句を目的語に取る構文に生起しない理由を，単純にこの動詞が《主題の移動》に関する結果事象を含意していないからと片付けることはできない．むしろ，fill 型の動詞が (33a) の構文に生起しない理由は，このタイプの動詞が《主題の移動》に関する結果事象を統語構造へ写像する下位事象として選択できないからだと考えられる．

では，なぜ fill 型の動詞で《主題の移動》に関する結果事象を統語構造に写像できないのであろうか．それは，これらの動詞が《場所の状態変化》を表す結果事象を語彙的に焦点化しているからである．fill という動詞の中核的な意味は「ある場所（容器）を物で一杯にする」ということである．言い換えると，fill の持っている動詞固有の意味として，場所句の全体性があらかじめ含意されている．つまり，spray や load では《場所の状態変化》の事象を語用論的に焦点化することによって得られていた場所句の全体的解釈が，fill では初めから語彙的に達成されているのである．このため，fill は《主題の移動》と《場所の状態変化》の両方の結果事象を含意しているにもかかわらず，《場所の状態変化》の事象を統語構造へ写像する選択しか取れず，場所句を目的語に取る構文にしか生起しないのだと考えられる．[13]

このように考えると，日本語の「満たす」が場所格交替に参与する理由も，おのずと明らかになる．先に述べたように，英語の fill と日本語の「満たす」が概念的意味において異なっているとは考えにくい．したがって，日本語の「満たす」にも《主題の移動》と《場所の状態変化》の両方の結果事象が語彙

---

[13] 場所句を目的語に取る構文にしか生起しない動詞には，fill や cover などの物理的な全体性を含意する動詞の他にも，「装飾」を表す decorate や「汚染」を表す litter などがあるが，これらの動詞では，物理的な全体性ではなく，心理的な場所句の評価（価値の上下）が含意されており，その意味で《場所の状態変化》に意味的な焦点があると考えられる．

的に含意されていると考えるのが妥当だろう．そうだとすると，両者が異なっている点は，意味構造から統語構造への写像のあり方にあることになる．具体的に言うと，日本語の「満たす」では，上で述べた場所句の全体性を根拠にする事象の主辞性が欠けているのである．そう考えると，なぜ「満たす」が「塗る」と同様に場所格交替に参与するのかが説明できるようになる．3.2 節で述べたように，場所格交替が起こる条件は，動詞が《主題の移動》と《場所の状態変化》の両方の下位事象を語彙的に含意していることと，その両方の下位事象が同等の主辞性を帯びて統語構造への写像の選択肢となりうることである．日本語の「満たす」は，英語の fill が持つような語彙的な意味による《場所の状態変化》の焦点化のプロセスが欠けているので，この両方の条件を満たし，場所格交替に参与するのである．

　もちろん，この説明が成立するためには，なぜ英語の fill では《場所の状態変化》の事象に語彙的な意味によって主辞が与えられるのに対し，日本語の「満たす」ではそれが起こらないのかという疑問に答えなければならない．本章では，このことについて十分に論じる余裕はないが，その答えのヒントは，両言語の事態認知様式の違いにあるように思われる．影山 (1996) によると，スル型言語の英語は《行為》→《変化》→《結果状態》という一連の行為連鎖において，《行為》の部分に話者の視点があり，そこから因果関係に沿って《結果状態》を注視する認知的な傾向がある．一方，ナル型言語と言われる日本語では，話者の視点は《変化》の事象にあり，そこから《行為》と《結果状態》の両方向を見つめなければならない．したがって，日本語は英語と比べて事態の最終的な結果状態に意味的な焦点を見出しにくい状況にある．もしこのような言語間の事態認知様式の差異がそれぞれの言語の語彙的な意味の領域にまで浸透しているとすれば，日英語の事象の主辞性の取り扱いの違いについて，一応の説明を与えることができるかもしれない．

4.2.　子供の発話間違いと方言差

　次に，個別言語内での事象の主辞性の扱い方の違いに目を向けてみよう．
　Bowerman (1982) は，英語母語話者の子供の語彙習得過程において，pour 型の動詞を場所句を目的語に取る構文で用いる (38) のような間違いよりも，fill 型の動詞を主題句を目的語に取る構文で用いる (39) のような間違いの方が頻度が高いことを報告している．

(38) a. Mommy, I *poured* you […] with water.
b. I don't want it because I *spilled* it of orange juice.

(Bowerman (1982: 338))

(39) a. Can I *fill* some salt into the bear?
b. I'm going to *cover* a screen over me. (Bowerman (1982: 338))

同様の頻度の違いは，Gropen et al. (1991) による発話実験においても指摘されている．Gropen et al. によると，2歳半から6歳までの子供に「女性がグラスに水を注いでグラスを一杯にする」という一連の事態をいくつかの絵を用いて提示し，その状況を言葉で説明させたところ，*pour the glass with water* のような非文法的な発話を行った子供は48人中2人しかいなかったのに対し，*fill water into the glass* のような非文法的な発話を行った子供は30人もいたという．Gropen et al. は，このような間違いの頻度の違いについて，子供が fill という結果動詞の意味を pour のような様態動詞の意味と混同しているからだと説明している．

これらの観察について，本章で仮定している事象の主辞性に基づく項の具現化の仕組みでは自然な説明が与えられるだろう．

まず，pour 型の動詞を場所句を目的語とする構文で用いる間違いが少ないのは，pour 型の動詞が《場所の状態変化》を表す結果事象を含意しないということをほとんどの子供が正しく学習するからだと考えられる．すなわち，このタイプの間違いは，子供の語彙習得過程における純粋なエラーといえる．

一方，fill 型の動詞を主題句を目的語とする構文で用いる間違いが多いことについては，前節で見た日本語の「満たす」の観察が参考になる．Gentner (1978) によると，子供は一般に《状態変化》に関わる意味を習得するよりも前に，《移動》や《位置変化》に関わる意味を習得する．英語の事態認知のプロセスが《行為》から《変化》，《結果状態》へと一連の行為連鎖の順に行われるとする影山 (1996) の考察も考慮すると，英語母語話者の子供が，fill が《場所の状態変化》を含意することを学習する前に，その前提として，《主題の移動》を含意することをすでに知っているとしても何ら不思議ではない．もしそうであるならば，ある時期の英語母語話者の子供が fill を文法的に誤った形で使うという事実は，彼らにとって fill が日本語の「満たす」

と同じように用いられているだけであるということを示唆する．要するに，この場合，大人と子供の文法で異なっている点は，日英語の fill と「満たす」の違いと同じく，《場所の状態変化》に関わる事象が，《主題の移動》に関わる事象と比べて相対的な主辞性を帯びるか否かにあると考えられるわけである．つまり，ここでは，事象の主辞性が，子供の語彙習得過程で学ばれるような一種の文法知識として理解できるようになる．

なお，このような現象は，子供の発話間違いだけに見られるわけではない．岸本 (2001) が指摘しているように，方言によっては，fill 型の動詞を主題句を目的語とする構文で用いる大人の話者もいくらか存在する．岸本は，これを pour 型の文型からの類推ではないかと述べているが，重要なことは，そのような話者であっても pour 型の動詞を fill 型の構文で用いるようなことはないということである．つまり，ここにも日英語の語彙の比較や子供の発話間違いで観察されたものと同様の文法的なギャップが存在しているのである．

ここでの議論がある程度的を射ているとすると，ここから導かれる結論は次のようなものである．まず，構文交替に見られる言語間（ここで言う「言語」には方言や個人言語も含む）の違いは，その言語間で動詞の意味構造や連結規則が異なっているということではなく，それぞれの言語において意味構造から統語構造へと写像される事象の選択の方策が異なっているということである．そして，その事象の選択を司っている要因が生成語彙論の仮定するところの事象の主辞性であるとすれば，それが言語間の変種を捉える一種のパラメーターとして，また，子供の語彙習得過程で学習可能なある種の文法知識として言語内に存在している可能性が示唆される．

5. おわりに

本章は，生成語彙論の立場から，事象の主辞性に基づく選択的な項の具現化という考え方によって，言語の意味と形式の接点を捉える新たな理論的枠組みを提供することを試みた．また，構文交替に関する言語間の差異や習得的側面を説明する方法として，生成語彙論が仮定する事象の主辞性という概念を，文法内における一種のパラメーターとして捉え直す可能性を指摘した．

ここで，冒頭で述べた構文交替に関する語彙意味論の2つの論点につい

て，本章での結論を述べておこう．まず，第一の点については，部分的にBolingerの主張を擁護することになる．つまり，構文交替における各構文は，その論理的な含意関係は変わらない場合でも，それが文脈的に持つ意味はそれぞれ異なっていることが示された．これは言語の意味と形式の厳密な対応関係を維持するものであり，構文間の派生関係を否定するものである．そして，第二の点については，生成語彙論の枠組みでは，論理的含意関係が変わらない動詞はすべて単一の語彙項目として扱うことができることが示された．これは，構文交替のように特定の動詞の項の具現化の様式が交替する場合においても，特別な語彙規則や別個の意味構造を仮定する必要がないことを意味しており，意味の構成性や創造性に基づいたより経済的なレキシコンの構成が期待できるものである．

最後に，本章のもっとも重要な帰結は，意味と形式の不均衡を示した点にある．特に，構文交替に見られるような，動詞の意味構造には含意される事象が統語構造には写像されないことがあるという観察は，意味構造と統語構造との非画一性を主張することにつながる．このような考え方は，言語能力として生得的に与えられる統語構造に比べて，認知能力に基づいて後天的に習得される意味構造が豊富かつ複雑であるとするDowty (1991)やBaker (1997)などの研究とも符合するもので，今後の語彙意味論の研究においてさらに追究されるべき重要なテーマであると思われる．

参考文献

Anderson, Stephen (1971) "On the Role of Deep Structure in Semantic Interpretation," *Foundations of Language* 7, 387-396.

Baker, Mark C. (1997) "Thematic Roles and Syntactic Structure," *Elements of Grammar: Handbook of Generative Syntax*, ed. by Liliane Haegeman, 73-137, Kluwer, Dordrecht.

Beavers, John T. (2006) *Argument/Oblique Alternations and the Structure of Lexical Meaning*, Doctoral dissertation, Stanford University.

Bolinger, Dwight (1977) *Meaning and Form*, Longman, London.

Bowerman, Melissa (1982) "Reorganizational Processes in Lexical and Syntactic Development," *Language Acquisition: The State of the Art*, ed. by Eric Wanner and Lila R. Gleitman, 319-346, Cambridge University Press, Cambridge.

Carlson, Gregory N. and Michel K. Tanenhaus (1988) "Thematic Roles and Language Comprehension," *Thematic Relations, Syntax and Semantics* 21, ed. by Wendy Wilkins, 263-288, Academic Press, New York.

Chomsky, Noam (1995) *The Minimalist Program*, MIT Press, Cambridge, MA.

Clark, Eva V. and Herbert H. Clark (1979) "When Nouns Surface as Verbs," *Language* 55, 767-811.

Dowty, David (1991) "Thematic Proto-Roles and Argument Selection," *Language* 67, 547-619.

Fraser, Bruce (1971) "A Note on the *Spray Paint* Cases," *Linguistic Inquiry* 2, 604-607.

Gentner, Dedre (1978) "On Relational Meaning: The Acquisition of Verb Meaning," *Child Development* 49, 988-998.

Gropen, Jess, Steven Pinker, Michelle Hollander and Richard Goldberg (1991) "Syntax and Semantics in the Acquisition of Locative Verbs," *Journal of Child Language* 18, 115-151.

Guerssel, Mohad, Kenneth Hale, Mary Laughren, Beth Levin and Josie White Eagle (1985) "A Cross-Linguistic Study of Transitivity Alternation," *Papers from the Parasession on Causatives and Agentivity*, CLS 21, Part 2, 48-63.

Hale, Kenneth and Samuel J. Keyser (1987) "A View from the Middle," *Lexicon Project Working Papers* 10, Center for Cognitive Science, MIT.

Hale, Kenneth and Samuel J. Keyser (1993) "On Argument Structure and the Lexical Expression of Syntactic Relation," *The View from Building 20: Essays in Linguistics in Honor of Sylvain Bromberger*, ed. by Kenneth Hale and Samuel J. Keyser, 53-109, MIT Press, Cambridge, MA.

Halle, Moris and Alec Marantz (1993) "Distributed Morphology and the Pieces of Inflection," *The View from Building 20: Essays in Linguistics in Honor of Sylvain Bromberger*, ed. by Kenneth Hale and Samuel J. Keyser, 111-176. MIT Press, Cambridge, MA.

Jackendoff, Ray (1990a) "On Larson's Treatment of the Double Object Construction," *Linguistic Inquiry* 21, 427-456.

Jackendoff, Ray (1990b) *Semantic Structures*, MIT Press, Cambridge, MA.

Jeffries, Lesley and Penny Willis (1984) "A Return to the *Spray Paint* Issue," *Journal of Pragmatics* 8, 715-729.

影山太郎 (1996)『動詞意味論』くろしお出版,東京.

岸本秀樹 (2001)「壁塗り構文」『日英対照 動詞の意味と構文』影山太郎(編), 100-126, 大修館書店, 東京.

Kudo, Kazuya (2010) *Argument Realization and Alternations: A Theoretical Investigation on the Syntax-Lexical Semantics Interface*, Doctoral dissertation, Kwansei

Gakuin University.

Levin, Beth (1993) *English Verb Classes and Alternations: A Preliminary Investigation*, University of Chicago Press, Chicago.

Levin, Beth and Malka Rappaport Hovav (1995) *Unaccusativity: At the Syntax-Lexical Semantics Interface*, MIT Press, Cambridge, MA.

Maruta, Tadao (1997) "The Syntax and Semantics of *Spray/Load* Verbs," *Verb Semantics and Syntactic Structure*, ed. by Taro Kageyama, 97-114, Kurosio, Tokyo.

小野尚之 (2005)『生成語彙意味論』くろしお出版, 東京.

Perlmutter, David (1978) "Impersonal Passives and the Unaccusative Hypothesis," *BLS* 4, 157-189.

Pinker, Steven (1989) *Learnability and Cognition: The Acquisition of Argument Structure*, MIT Press, Cambridge, MA.

Pustejovsky, James (1995) *The Generative Lexicon*, MIT Press, Cambridge, MA.

Ramchand, Gillian C. (2008) *Verb Meaning and the Lexicon: A First-Phase Syntax*, Cambridge University Press, Cambridge.

Rappaport, Malka and Beth Levin (1988) "What to Do with θ-Roles," *Thematic Relations, Syntax and Semantics* 21, ed. by Wendy Wilkins, 7-36, Academic Press, New York.

Rappaport Hovav, Malka and Beth Levin (1998) "Building Verb Meanings," *The Projection of Arguments: Lexical and Compositional Factors*, ed. by Miriam Butt and Wilhelm Geuder, 97-134, CSLI Publications, Stanford.

Williams, Edwin S. (1981) "Argument Structure and Morphology," *The Linguistic Review* 1, 81-114.

第 3 章

出来事の不成立を表す複合動詞について[*]

岸本　秀樹

神戸大学

1. はじめに

　中国語・韓国語をはじめアジアの諸言語において，複数の動詞が形態的にひとまとまりになって現れる複合動詞構文が存在することが報告されている．複合動詞は，日本語においても顕著に現れ，日本語の述語形成の特徴の1つであるとみなされる．日本語の複合動詞は，文法および語形成・レキシコンなどさまざまな見地・理論的立場から研究されている．

　日本語の複合動詞の研究は，アジアの言語の複合動詞の研究のなかで，おそらくもっとも進んでいると思われる．日本語の複合動詞研究の大きな成果としては，影山 (1993) によって提案された，いわゆる「統語的複合動詞」と「語彙的複合動詞」の区別があげられるであろう．複合動詞構文は，節に複数の動詞（典型的には 2 つの動詞）が現れる構文を指すが，そこに含まれる動詞は，統語的か語彙的かという複合動詞のタイプによって異なる性質を示すという考え方である．まず，「語彙的複合動詞」は，文字通り，動詞が複合されて節の中に現れるタイプのもので，統語的には一語の動詞として振る舞うという特徴がある．これに対して，「統語的複合動詞」は，形態的には 1 つのまとまりをなしているが，統語的にはそれぞれが独立の動詞として働くと考えられている．

　複合動詞は，その構成素となる動詞にさまざまな意味を表すものが現れるが，本章では，特に，前項動詞の表す出来事の不成立を指定する「残す」や

---

[*] 本章の内容に関して，査読者および編者の由本陽子氏より多くの有益なコメントをいただいたことに感謝したい．なお，本章の不備はすべて著者の責任である．

「忘れる」を後項動詞に含む複合動詞をとりあげる．[1]「残す」や「忘れる」が（統語的）複合動詞の後項動詞として現れた場合には，後項動詞が前項動詞の意味構造全体を作用域にとる演算子として働き，前項動詞が表す出来事が成立しないという意味を指定すると提案する．そして，そのことが起因となって，このタイプの複合動詞の特殊な振る舞いが生じるということを論じる．

本章の議論は以下のように進める．まず，第2節において，複合動詞の分類およびその特徴を概観する．次に，第3節において，出来事の不成立の意味を表す複合動詞の特殊な振る舞いについて観察した上で，このタイプの複合動詞が特殊な振る舞いをするのは，後項動詞が演算子として，前項動詞が表す出来事の不成立の意味を加えるためであるということを論じる．第4節においては，「残す」「忘れる」が出来事の不成立を指定しないケースがあることを示す．そして，複合動詞が出来事の不成立を表す場合と表さない場合の違いについて考察する．第5節は本章の結論である．

2. 複合動詞の特徴と分類

複合動詞構文は，1つの節に複数の動詞が現れる構文であるが，形態・統語的に異なる性質を示すものがいくつかある．特に，日本語の複合動詞には，統語的な構造が基本的に異なると考えられる「語彙的複合動詞」と「統語的複合動詞」の2種類が存在することは，日本語の研究において広く認められた見解であると考えられる（これと異なる考え方については，例えば，斎藤 (2014) を参照）．以下では，この2つのタイプの複合動詞の性質について概観する．

まず，「語彙的複合動詞」には，「取り付ける」「走り込む」などがあり，これらの動詞は，複雑な形態をもつものの，統語的には一語として機能するという特徴がある．また，このタイプの複合動詞は，統語的に一語となっているため，全体がレキシコンに登録されており，その動詞の組み合わせが限られ

---

[1] 「損ねる」「遅れる」「そびれる」「落とす」「あぐねる」のような動詞も行為や出来事の不成立の意味を表すことができるが，前項動詞との組み合わせが意味的にかなり制限されており，また，生産性にかなりの違いがある．本章では，後項動詞に対して課す意味的な制約がはっきりしており，かつ，生産性が高くテストフレームがつくりやすい「忘れる」「残す」の複合動詞の振る舞いについて考察する．

ている．そして，語彙的なギャップがあることが多い．これに対して，「統語的複合動詞」は，統語的に複雑な構造，すなわち，統語的には前項動詞が後項動詞に埋め込まれている構造をもつ．したがって，統語的複合動詞は，後項動詞の表す意味により，動詞の組み合わせに対する制約が課せられることもあるが，その制約を満たす限りにおいて，基本的に自由に動詞を組み合せることができるという特徴を示す．

　もちろん，どの複合動詞がどのタイプに属するのかについては，一見しただけではすぐに判断できないので，何らかのテストを当てはめてその区別を判断することが必要になる．これらの複合動詞のクラスの違いは，統語的に見た場合に一語となっているか，それとも，個々の動詞が統語的に可視的となっている（別々の動詞として機能する）かの違いに帰結することができる．一般に，統語操作は，語の一部に対して適用することができないという「語彙的緊密性（lexical integrity）」の原理が当てはまる（Anderson (1982) などを参照）．したがって，複合動詞の一部をなす動詞に対して統語操作が可能かどうか（すなわち，語の一部に対してその操作が可能かどうか）を見ることにより両者の違いが判断できる．[2]

　具体的には，日本語の語彙的複合動詞と統語的複合動詞の区別は，(1) であげられている操作（主に動詞の置き換え）が前項動詞に対して可能であるかどうかによって判断されることが多い（Kageyama (1989), 影山 (1993), 柴谷 (1978), 久野 (1978) など）．

(1) a.　主語尊敬語化
　　b.　「そうする」の置き換え
　　c.　受身化
　　d.　「動詞的名詞+する」の置き換え

(1) にあげられている操作は，一般に統語的な操作，つまり，統語部門でかけられる文法操作であると考えられる．これらの操作の可能性が2つのタイプの複合動詞でどのように異なるかを簡単な例（「書き始める」と「書き込

---

[2] 語彙的緊密性の原理は，語形成の研究において頻繁に引用される原理であるが，かなり例外が観察されることも事実であり，どの程度成り立つかについてはさまざまな議論がある．

む」）で示すと，(2) のようになる．

(2) 　　統語的複合動詞　　　　　語彙的複合動詞
　　a. お書きになり始める　　＊お書きになり込む
　　b. そうし始める　　　　　＊そうし込む
　　c. 書かれ始めた　　　　　＊書かれ込む
　　d. 執筆し始める　　　　　＊執筆し込む

統語的複合動詞「書き始める」とは異なり，語彙的複合動詞「書き込む」の前項動詞には，語彙的緊密性の原理により，統語操作がかけられない．したがって，この両者の間では，(2) のような容認性の違いが生じる．ただし，(1) であげた操作には，それぞれ独自の制約がかかることがあり，すべてのテストで同じ結果が必ずしも得られないことがある．その場合，1 つのテストだけでは必ずしも統語的複合動詞と語彙的複合動詞の区別が正確に判定できず，複数のテストを併用することが必要になる．

　ここで注意しなければならないのは，(2) の例では，(1a) から (1c) の操作が前項動詞に適用されているという点である．なお，これらの操作は，後項動詞に適用されても同じような分布を示すということを予測するが，実際には，そのような操作を行った場合，後項動詞単独に対してかけられたものか複合動詞全体に対してかけられたものかを区別できない．例えば，受身の「書き始められる」では，後項動詞に受身操作をかけている可能性，および，複合語全体に受身操作をかけている可能性がある．複合語全体にかかる操作では，語彙的緊密性を判断することにならず，基本的に統語的複合動詞でも語彙的複合動詞でも容認される結果が得られる．例えば，「お書き始めになる」や「お書き込みになる」のような尊敬語化では，主語尊敬語化が複合動詞全体にかかっていると判断されるため，少なくともこの例においては主語尊敬語化の操作が語彙的緊密性の違反を引き起こさず，統語的複合動詞と語彙的複合動詞で容認性に違いが出ない．

　(2d) のテストは文法的な操作が関わっていないと考えられないこともないが，Kageyama (1993), Kishimoto (2006) などが議論しているように，動詞的名詞 (verbal noun) は，本来「する」とは独立して生起し，名詞編入に

よって「を」格のない形式が成立すると考えられる。[3] そうすると，動詞的名詞が「する」と直接結合する形は統語的に派生されることになる（影山 (1999) も参照）。この考え方によれば，例えば，「制作する」は，最初は「制作を＋する」のような形で現れる。しかし，最終的には，統語的な名詞編入によって「制作する」が派生される。そうすると，「制作し始める」のような複合動詞は統語的な操作によって派生されなければならないことになる。したがって，「動詞的名詞＋する」が前項動詞に生起する複合動詞は，必然的に，統語的複合動詞となるのである。このような理論的な動機付けとは別に，一般に，複合動詞は単純な形の和語動詞が2つ組み合わされることによって形成される。語彙的複合動詞の場合には，形態と統語の両方で，厳密な意味での複合が起こっているので，ここで述べている制約が必ず守られることになる。しかし，統語的複合動詞の場合には，統語レベルでの複合が起こっているわけではなく，前項動詞が後項動詞の補部として埋め込まれている。そのため，統語的複合動詞では「動詞的名詞＋する」の形式をもつ動詞が（前項動詞として）現れてもかまわないのである。

ここで，語彙的複合動詞および統語的複合動詞で表される意味関係について見てみる。語彙的複合動詞の中に現れる動詞の間の意味関係については，いくつかの分類が提案されている。その中でも，由本 (2005) では，(3) のようなものが認定されている。

(3) a. 並列関係（e.g. 驚きあきれる，忌み嫌う，恋い慕う）
   b. 付帯状況・様態（e.g. 持ち寄る，遊び暮らす）
   c. 手段（e.g. 切り倒す，勝ち取る，言い負かす）
   d. 因果関係（e.g. 遊びくたびれる，溺れ死ぬ，焼け死ぬ）
   e. 補文関係（e.g. 見逃す，書き落とす）

まず，「並列関係」にある語彙的複合動詞は，前後の動詞が同じような意味をもち，並置されている。次に，複合動詞が「付帯状況・状態」を表す場合，前項動詞が，後項動詞の表す事態に対するより詳細な状況あるいは事態を指定する。また，「手段」を表す場合，前項動詞が後項動詞の表す出来事を達成

---

[3] 本章では，Verbal Noun を「動詞的名詞」として言及するが，「動名詞」と呼ばれることもある．

するための手段を表す．「因果関係」を表す場合，前項動詞の表す事態が後項動詞の事態を引き起こすという関係を表す．最後に，「補文関係」を表す場合，前項動詞の意味に対して，完了・中断・習慣などのアスペクト的な意味を付け加える．もちろん，これが語彙的複合動詞の唯一の分類の可能性ではなく，この他にもいくつかの意味分類が提案されている (Matsumoto (1996), 姫野 (1999) なども参照).

次に，統語的複合動詞に課される制限は，基本的に後項動詞の意味からくる選択制限によるものであり，それを満たしている限りにおいて，動詞を基本的に自由に組み合わせることができると言ってよい．統語的複合動詞に関しては，後項動詞を基準にいくつかの意味分類ができる．影山 (1993) によると，統語的複合動詞の後項動詞は以下のようなタイプに分かれる．

(4) a. 始動 (-始める, -だす, -かける)
　　b. 継続 (-続ける, -まくる, -まわる)
　　c. 完了 (-終える, -終わる, -尽くす, -きる, -通す, -抜く)
　　d. 未遂 (-損ねる, -そびれる, -忘れる, -誤る, -あぐねる, -残す)
　　e. 過剰 (-すぎる)
　　f. 再試行 (-直す)
　　g. 習慣 (-つける, -慣れる, -飽きる)
　　h. 相互行為 (-合う)
　　i. 可能 (-得る)

(4) の分類は，後項動詞が前項動詞に対してどのような意味を指定しているかということで分けられている．これは，統語的複合動詞が一般に，前項動詞の表す出来事あるいは事態がどのような状況にあるかということを後項動詞が指定するという特徴をもっていることに着目した分類である．

統語的複合動詞の意味関係は，従来からしばしば指摘されてきたコントロールと上昇という区別と相関関係がある (Shibatani (1973), 影山 (1993), Koizumi (1999), 岸本 (2009), Oprina (2010, 2014) など). 上昇構文をとるタイプの後項動詞は，始動・継続・過剰の3つのいずれかの意味を表す．そしてコントロールタイプの後項動詞は，基本的に，それ以外のものが当てはまる．統語的な違いとしては，後項動詞が主語として動作主あるいは経験者を選択するかどうかという違いに集約される．上昇構文とコント

ロール構文を区別するのに，一番わかりやすいのは，「閑古鳥が鳴く」のような文イディオムを埋め込んで，イディオムの意味が保持されるかどうかを見ることである．

(5) a. 閑古鳥が鳴き {始めた／続けた／過ぎた}．
    b. *閑古鳥が鳴き {終わった／直した／慣れた}．
    c. *閑古鳥が鳴き {忘れた／残した}．

文イディオムの解釈が埋め込みによって保持されるか否かは，それぞれのタイプの複合動詞の統語構造が反映している (Carnie (2006))．これは，上昇構文では主語が前項動詞に選択され，コントロール構文では後項動詞が主語を選択する構文をつくるからである．具体的に言うと，複合動詞の後項動詞がコントロール動詞の場合，コントロール動詞が主語に対して意味役割を与える．文イディオムは，部分から意味を構築することができない非構成的な意味をもち，文全体で1つの独自の意味を表す表現になる．そのため，文イディオムの主語に意味役割が与えられる場合には，主語に構成的な意味をもつことが要求されイディオムの一部となることができない．したがって，(5b) や (5c) のようなコントロール構文の例においては，文イディオムを埋め込んでも，イディオムの解釈が得られないのである．これに対して，後項動詞が上昇動詞の場合には，後項動詞は主語に意味役割を与えない．したがって，主語と動詞が一体となったイディオムは，(5a) のように上昇動詞に埋め込むことができるのである．なお，本章で議論することになる前項動詞の表す出来事の不成立を指定する「忘れる」「残す」を含む複合動詞も（統語的複合動詞を形成する場合には）コントロールタイプに分類される．[4]

より最近では，Kageyama (2014) がいわゆる「動詞 - 動詞」の連鎖に，語彙的なもの (Type 1, Type 2) と統語的なもの (Type 3, Type 4) が存在することを議論している．語彙的な動詞連鎖の Type 1 と Type 2 の違いは，後項動詞が項に対して意味関係を指定する主題関係複合動詞であるか（例えば，

---

[4]「終わる」は，コントロール動詞に分類されるが，それでも「ベルが鳴り終わる」のように無生物主語をとることもある．Pustejovsky (1995) が議論しているように，無生物主語をとる動詞でも，その主語が擬似動作主であると認定される場合にはコントロール構文に現れることが許される．「終わる」は，このような擬似動作主を選択する動詞を前項動詞にとることができるタイプのコントロール動詞であると考えられる．

「叩き割る」), それとも単にアスペクトを指定するアスペクト複合動詞であるか(例えば,「焼き上げる」)によって区別される(影山 (2013) も参照). Type 3 は,統語的複合動詞であるが,そのサブタイプとして,語彙的複合動詞で区別された,主題関係複合動詞(例えば「読み直す」のように,後項動詞が主題関係を指定するもの),アスペクト複合動詞(例えば「読みかける」のように,後項動詞がアスペクトを指定するもの)という区別がなされている. Type 4 は,いわゆる本動詞と「て」形動詞の組み合わさる複雑述語である(例えば「読んでくる」のような動詞連鎖).本章で議論するタイプの動詞は,その形態的・統語的な特徴から,Type 1, Type 2 あるいは Type 3 に入るものということになる.ただし,本章の議論で重要になるのは,形態や統語のタイプの違いというよりは,複合動詞が全体としてどのような意味を表すかということである.

本節では,特に,語彙的複合動詞と統語的複合動詞の区別を念頭に置きながら,複合動詞の一般的性質について検討した.第 3 節では,後項動詞に「残す」「忘れる」が現れ,出来事の不成立を指定する複合動詞の特性について,具体的に検討・考察を進める.[5]

3. 出来事の不成立を表す複合動詞の特性

複合動詞の性質を概観した前節に続き,本節では,本章の分析の対象となる「忘れる」「残す」が後項動詞として現れる複合動詞について考察を加える.これらの複合動詞において,後項動詞「忘れる」「残す」が出来事の不成立の意味を表す場合には,後項動詞が演算子として前項動詞の意味構造を作用域にとり,出来事の不成立の意味を与えると提案する.「忘れる」「残す」タイプの複合動詞は,その意味的な特性から,付加詞を前項動詞に付加することが許されないことを示す.

---

[5]「残す」には「町が昔の面影を残す」や「五月雨が降り残す」のように無生物主語をとる例がある.後者はおそらく語彙的複合動詞であると思われる.本節で議論する出来事の不成立を表す「残す」は,統語的に埋め込み構造をもつ統語的複合動詞のタイプのものである.

3.1. 「忘れる」「残す」の統語的な特性

　複合動詞の後項動詞として現れた場合，前項動詞の表す出来事の不成立を指定するという機能が果たせる後項動詞は「忘れる」「残す」以外にもいくつかある．似た機能をもつ後項動詞は大きく2つのタイプに分かれることをまず確認しておきたい．

(6) a. 書き間違える，書き損じる，見誤る
b. 出し忘れる，食べ残す，出しそびれる，書き漏らす，見落とす

　大まかに言って，(6a)の「書き間違える」「書き損じる」「見誤る」は，ある種の動作（行為）を行うものの，その実現した結果が予期したものにはならなかったという意味を表す．例えば，「字を書き間違える」という場合，字は書いたものの，正しい字が書けていないという意味を表す．すなわち，(6a)のタイプの複合動詞は，使役事象が記述する行為は成立するものの，被使役事象が成立しないという意味を表すのである．これに対して，(6b)のようなタイプの動詞は，前項動詞が表す行為にすら至らなかったという意味を指定する．例えば，「刺身を食べ残す」という場合，なにかを食べることはしているかもしれないが，結局，刺身については食べる行為すらしていないという意味を表す．つまり，(6b)のタイプの動詞は，被使役事象の完結する事態の成立のみならず，前項動詞が意味の一部として表す使役事象の行為にも至らなかったということを記述するのである．本章では，前項動詞の表す出来事の使役事象と被使役事象がともに不成立になるタイプの複合動詞を「出来事の不成立を表す」複合動詞として言及することにする．このタイプの複合動詞には，以下で議論する「出し忘れる」「食べ残す」のような複合動詞が含まれる．[6]

　「忘れる」「残す」が後項動詞になるタイプの複合動詞構文は統語的に興味深い振る舞いを示す．まず，(7)の2つの複合動詞構文は，前項動詞が表している出来事（使役事象と被使役事象の両方）が不成立になるという事態を

---

[6]「損ねる」は(6a)と(6b)の両方のクラスに入るタイプの後項動詞である．「字を書き損ねる」という場合には，字が書けなかったという意味とともに，書いた字が（何らかの意味で）適正でなかったという意味も表せるからである．「考えあぐねる」は，考えてはいるが，結論が出ないということで，(6a)のタイプに入る．

指す.

(7) a. 彼は手紙を出し忘れた.
b. 真理はおかずを食べ残した.

(7) では,「出し忘れる」と「食べ残す」という複合動詞が現れ,後項動詞「忘れる」「残す」が出来事の不成立の意味を表す.このタイプの構文は,(8) のように,出来事の不成立の意味を保ったまま,前項動詞に「印刷 (する)」のような動詞的名詞をとることができる.

(8) a. 彼はポスターを印刷し忘れた.
b. 彼はポスターを印刷し残した.

先にも見たように,語彙的複合動詞の場合,前項動詞に動詞的名詞が現れることはない.「忘れる」「残す」は,(8) において出来事の不成立の意味を表すことができるので,このタイプの複合動詞は,統語的複合動詞のクラスに入るということがわかる.なお,以下でも議論するが,「忘れる」「残す」の複合動詞は語彙的複合動詞のクラスに入る場合もある.しかし,この場合には,(7) や (8) のような前項動詞の表す出来事が不成立になるという意味を必ずしも表さない.

次に,出来事の不成立を表す「忘れる」「残す」が後項動詞になる複合動詞は,コントロールタイプに分類される.このことは,文イディオムの埋め込みができないということから確認することができる.

(9) a. *この店では閑古鳥が鳴き忘れた.
b. *鷹が爪を研ぎ残した.

(9) で示されているように,文イディオムが「忘れる」「残す」に埋め込まれた場合には,イディオムの解釈が生じない.これは,上昇構文ではなく,コントロール構文において観察される特性である.したがって,(7) の 2 つのタイプの複合動詞構文は,コントロールタイプに分類される.

以降の議論では,前項動詞の記述する出来事が成立しないという意味を指定する (6b) のタイプの複合動詞を形成する「忘れる」「残す」が特徴的に示す現象について考察を進める.そして,「忘れる」「残す」の複合動詞の特殊な振る舞いは,後項動詞がもつ意味によってもたらされることを論じる.

3.2. 「忘れる」

最初に，出来事の不成立を表す「忘れる」が後項動詞として現れる複合動詞について検討する．出来事の不成立を表す「忘れる」が含まれる複合動詞の特殊な振る舞いは，前項動詞への付加詞の修飾の可能性に関して観察される．

コントロールタイプの統語的複合動詞の場合，前項動詞から投射する動詞句が後項動詞の投射する動詞句に埋め込まれていると考えられる．このような埋め込みがある場合，動詞を修飾する付加詞は，前項動詞（および後項動詞）を修飾できると考えられる．実際，通常のコントロール構文では，前項動詞に対してそのような付加詞による修飾が許される．先にも見たように，「忘れる」の複合動詞はコントロール構造をとる．そうすると，「忘れる」の複合動詞でも，動詞を修飾する付加詞の修飾が前項動詞に対して可能なはずである．しかし，前項動詞の表す出来事に対して不成立の意味を付加する「忘れる」「残す」が現れる複合動詞は，この点に関して他のタイプのコントロール動詞とは異なる振る舞いを示す．

付加詞の修飾について見る際には，どちらの動詞を副詞が修飾するのかを判別しやすくするため，後項動詞が具体的な行為を表さない複合動詞について考えるとわかりやすい．まず，(10) のような文で付加詞が前項動詞に対して修飾が可能かどうかについて考えてみることにする．

(10) a. 店員は [品物を包装紙で包み] {終えた／終わった}．
b. 学生は [線を斜めに引き] {終わった／終えた}．
c. 職人は [小麦を粉々につぶし] {終わった／終えた}．

(10a) に現れる「包装紙で」は道具を表す．(10b) の「斜めに」は出来事の様態を表す付加詞，そして，(10c) の「粉々に」は結果を表す付加詞（結果述語）である．これらの付加詞は，「終わる/終える」の前に現れる動詞を修飾することができる．したがって，(10a) は「包装紙で品物を包むことが終わった」，(10b) は「斜めに線を引くことが終わった」，(10c) は「小麦を粉々につぶすことが終わった」という意味を表すことができる．[7] もちろん，このような動詞を修飾する付加詞の生起は，(11) で示されているように，単文で

---

[7] 前項動詞を修飾する意味は，何らかの異なるタイプの行為を引き続き行うというコンテクストを想像すると理解しやすい．

も問題なく許される．

(11) a. 店員は品物を包装紙で包んだ．
b. 学生は線を斜めに引いた．
c. 職人は小麦を粉々につぶした．

「包装紙で」「斜めに」「粉々に」のような付加詞は，(10) の複合動詞の後項動詞を修飾できない．このことは，「*包装紙で {終わった／終えた}」「*斜めに {終わった／終えた}」「*粉々に {終わった／終えた}」のような表現が意味的に逸脱することから確認できる．

(10) の例文に現れている付加詞は，「終える／終わる」の前に現れる前項動詞への修飾が可能であるが，すべての付加詞がこのような振る舞いをするわけではなく，前項動詞への修飾ができないタイプの付加詞もある．例えば，頻度や（出来事の）アスペクトを表す副詞や，時間を表す副詞などは，前項動詞を修飾する解釈を許さない．

(12) a. *彼は [薬を週に 3 回飲み] {終わった／終えた}．
b. *彼女は [(続けて) ずっと新聞を読み] {終わった／終えた}．

(12a) は「薬を週に 3 回飲むことを終了した」，そして，(12b) は「続けてずっと新聞を読むことを終了した」という解釈ができない．統語的には，これらの時間や頻度を表す付加詞は，動詞（あるいは動詞句）を修飾するというよりは，動詞よりも上位に現れる投射が修飾のターゲットとなる．したがって，これらの付加詞は，動詞句の投射のみが現れるコントロール構文の前項動詞を修飾することができないのである．[8]

ここで，「忘れる」タイプの複合動詞の付加詞の修飾について考えると，(10) で前項動詞を修飾することができた付加詞が，「忘れる」の複合動詞に付加された場合，前項動詞への修飾ができなくなる．したがって，(13) の例

---

[8] ただし，(i) のような上昇構文をとる複合動詞に関しては，アスペクトを表す副詞が前項動詞を修飾することも可能である．
(i) a. 彼は [薬を週に 3 回飲み] だした．
b. 彼女は [(続けて) ずっと新聞を読み] だした．
この事実は，前項動詞の構造に動詞句の投射のみならずアスペクトを表す投射が存在することを示唆している（Kishimoto (2015) 参照）．

は容認されない.

   (13) a. *店員は [品物を包装紙で包み] 忘れた.
       b. *学生は [線を斜めに引き] 忘れた.
       c. *職人は [小麦を粉々につぶし] 忘れた.

(13a) は「包装紙で品物を包むことを忘れた」,(13b) は「線を斜めに引くことを忘れた」,そして,(13c) は「小麦を粉々につぶすことを忘れた」という解釈ができない.先にも見たように,このタイプの付加詞の動詞への付加は「忘れる」に埋め込まれていない単文であれば容認される.そして,「*包装紙で忘れた」「*斜めに忘れた」「*粉々に忘れた」のような表現が容認されないことから,このタイプの付加詞が (13) の後項動詞「忘れる」を修飾しないことがわかる.

   しかしながら,前項動詞を含む節を名詞化して「忘れる」の目的語にする構文では,(13) では表すことができなかった意味を表すことができる.

   (14) a. 店員は [品物を包装紙で包む] ことを忘れた.
       b. 学生は [線を斜めに引く] ことを忘れた.
       c. 職人は [小麦を粉々につぶす] ことを忘れた.

(14) では,カギ括弧内にある動詞に対してそれぞれの付加詞の修飾が可能である.つまり,(14a) は「品物を包装紙で包む」,(14b) は「線を斜めに引く」,そして,(14c) は「小麦を粉々につぶす」という付加詞の動詞修飾ができるのである.

   (13) でも,(14) と同じ動詞が「忘れる」の複合動詞の前項動詞として含まれているのであるから,(13) は容認されてもよさそうである.しかし,実際には意味的な逸脱が起こってしまうために,容認されない.それでは,なぜ「忘れる」タイプの複合動詞が前項動詞への付加詞の修飾に対してこのような振る舞いを示すのであろうか.本章では,「忘れる」が演算子として前項動詞の表す出来事の不成立の意味,つまり,前項動詞の表す事態が実現することがないという意味を指定するために,付加詞で前項動詞を修飾することができないと提案したい.

   このことを議論する前に,まず,動詞句を修飾する付加詞は,動詞が表す出来事が成立することが前提となって修飾が可能になっていることを確認し

ておきたい．

(15) a. 店員は品物を包んだ．
b. 店員は包装紙で品物を包んだ．

(15a) と (15b) の 2 つの文を比べた場合に，論理的な包含関係が成立することがわかる．つまり，「包装紙で品物を包む」ということは，「品物を包む」ということを意味する．しかしながら，「品物を包む」ということは，必ずしも，「包装紙で品物を包む」ということを含意しない．このことは，付加詞が動詞の表す出来事に限定を加えているということを意味する．場所の付加詞は出来事が起こる場所を指定し，様態を表す付加詞は出来事の起こる様態を指定するというように，付加詞は動詞の表す出来事を限定する機能があるのである．さらに言えば，これらの付加詞での動詞修飾の可能性は，いずれも動詞の表す出来事が成立するということが前提となっている．しかし，「忘れる」の複合動詞では，前項動詞の表す出来事の成立自体を動詞のレベル（動詞の意味構造のレベル）で否定するために，その要件が満たされず，前項動詞への付加詞の付加が容認されない．つまり，「忘れる」の複合動詞では，付加詞の修飾する動詞句自体は存在するものの，意味的な要因で付加詞が現れることが阻止されるのである．これは，動詞句に動詞句が埋め込まれている構造を「忘れる」のような複合動詞が持っているために生じる現象であると考えられる．ちなみに，文の否定でも，出来事の成立を否定する場合があるが，それは動詞句ではなく，より大きな節単位（あるいは文単位）の否定である．その場合には，付加詞を含んだ表現に対する否定が可能であり，複合動詞で見られるような制約は観察されない．[9]

出来事の不成立の意味を表す「忘れる」は，前項動詞の表す意味構造を否定する（否定の意味を付け加える）という機能をもつ．そこで，「忘れる」の表す出来事の不成立という否定の意味を演算子 $OP_{UNR(=Unrealized)}$ で指定することにする．ここで，「品物を包み忘れる」のような複合動詞について考え

---

[9] 英語で fail, forget は，日本語の「忘れる」「残す」と同じような出来事の不成立の意味を表すことができるが，それがとる補部要素には不定詞や動名詞といった節が現れる．このような場合，日本語の「忘れる」の複合動詞が示すような現象は観察されず，例えば，I forgot [to wrap a box with the cloth]. のように付加詞が補部の動詞を修飾する表現をつくることができる．

ると，この複合動詞は，「包む」という行為を起こすのを忘れることによって，それが指す出来事が引き起こされなかったという意味を表す．これは，後項動詞の表す原因により前項動詞の表す事態が引き起こされなかったという一種の因果関係を表すということで (cf. 由本 (2005))，このことから「忘れる」の複合動詞に対しては，(16) のような意味構造を仮定することができる．[10]

(16) $\left[\begin{array}{l}\text{OP}_{\text{UNR}}\,[[\,\text{x ACT ON y}]_i\,\text{CAUSE}\,[\text{BECOME y BE-AT [WRAPPED]}]] \\ \text{FROM [BECOME [NOT x REMEMBER [} w_i \text{]]]}\end{array}\right]$

(16) において，演算子 OP_{UNR} は，（アンダーラインで示されている）前項動詞の意味構造をその作用域にとり，その意味構造が表す出来事が不成立になるということを指定する．つまり，この演算子は，出来事の成立を否定する働きがあり，そのため，「品物を包み忘れる」は，「品物を包む」行為が開始されなかったという意味を表すのである．

付加詞は動詞の意味構造の関係する部分を修飾する．しかし，修飾するはずの動詞が (13) のように出来事の不成立を表す動詞に埋め込まれた場合，付加詞は，不成立の意味が指定される動詞と意味的な不整合を起こし，その動詞を修飾できなくなる．この現象は，具体的には，以下のように説明できる．まず，道具を表す付加詞である「包装紙で」は使役事象の [x ACT on y] の部分を意味的に修飾する．付加詞「斜めに」や「粉々に」は，被使役事象 [y BECOME BE-AT [DRAWN/BROKEN]] の様態や結果を指定する．しかし，前項動詞の意味構造が表す出来事は，演算子 OP_{UNR} の作用域内に入り実現されないことが指定される．付加詞は動詞が記述する出来事が実現されることが前提となっている場合に動詞に付加できるため，(13) の付加詞はいずれの場合も前項動詞を修飾することができないのである．

ここで見ている現象は，動詞が選択しない付加詞の修飾に関する制限であると考えられる．場所を表す表現でも「忘れる」に埋め込まれた動詞の項（必須要素）となる場合は，その場所句を表出することができるからである．

---

[10] 由本 (2005) は語彙的複合動詞の意味関係について考察し，いくつかの異なる関係を表す語彙概念構造を提示しているが，本章ではそれを統語的複合動詞に援用している．

(17) 彼は [ポストに手紙を投函し] 忘れた．

(17) においては，「投函する」の場所（着点）場所項として「ポスト」が現れてよい．これは，(18) の下線部の意味構造からわかるように，「投函する」の場所項が動詞の意味構造の中に現れるからである．

(18) $\begin{bmatrix} \text{[OP}_{\text{UNR}} \text{ [[x ACT ON y]}_i \text{ CAUSE [BECOME y BE-AT z]]} \\ \text{FROM [BECOME [x NOT REMEMBER [} w_i \text{]]]} \end{bmatrix}$

演算子の OP_{UNR} が下線部で示される出来事の不成立を指定したとしても，付加詞が動詞を修飾する場合とは異なり，「投函する」のとる場所項は，(18) のように，もともと動詞の意味構造によって指定される．そのために，(17) では，場所項を表出することができるのである．[11]

次に，(14) のように，動詞が「こと」節に埋め込まれ，「こと」節が「忘れる」の目的語として現れる場合には，動詞への付加詞の付加が可能になる．「忘れる」が意味するところは，結局，実現しない事態を指すが，この場合，「忘れる」が「こと」節に埋め込まれている動詞と複合するわけではないので，埋め込み節の中での付加詞の追加を排除しない．つまり，(14) の「忘れる」は独立して現れている節の中に含まれる動詞に対して出来事の不成立を指定する演算子として作用しないため，たとえ (14) が全体として出来事の不成立を意味したとしても，「忘れる」は節に埋め込まれた動詞に対する付加詞の修飾に制限をかけないのである．そのため (14) のような文は容認される．

さらに，「忘れる」への埋め込みおよびその前項動詞への修飾語の付加の問題と関連して，次のような壁塗り交替の例を考えてみたい．

(19) a. 彼は壁に赤いペンキを塗った．

---

[11] 「郵便局で手紙を投函し忘れた」のような例では，場所を表す「郵便局で」が「忘れる」に付加されていると考えられる．したがって，この場合には，「郵便局で忘れたのは，手紙を投函することだ」という意味にとることができる．これに対して，(17) の例の「ポストに」は，「忘れる」に付加されているのではない．なぜなら，(17) が表しているのは，「忘れたのはポストに手紙を投函する」ことであって，「ポストに忘れたのは手紙を投函する」ことではないからである．「忘れる」「残す」は OP_{UNR} の作用域にある動詞に対して付加詞の付加を許さないが，「忘れる」「残す」の動詞自体には（意味的な整合性がとれる場合には）付加詞の付加が許される．

b. 彼は壁を赤いペンキで塗った．

「塗る」は，(19) のように「に-を」格パターンと「で-を」格パターンという 2 つの形式をとることが可能な「壁塗り交替動詞」である．本節の議論との関係で「塗る」のような壁塗り交替動詞で興味深いのは，「塗る」が「忘れる」と複合されて複合動詞を作る場合，この 2 つのパターンの文に容認性の違いが生じるということである．

(20) a. 彼は壁に赤いペンキを塗り忘れた．
b. 彼は壁を (*赤いペンキで) 塗り忘れた．

(20) で示されているように，「に-を」の格パターンを持つ形式は許されるが，「で-を」の格パターンを持つ形式では意味的な逸脱が起こる．そして，興味深いことに，(20b) のような文では，「で」でマークされた名詞句を省略すると意味的な逸脱が起こらない．

この 2 つの形式は似た意味を持ち，交替が起こっているので，(20) の事実は，一見，不思議な現象のように思えるかもしれない．しかしながら，Kishimoto (2001) で議論されているように，この 2 つの形式で現れる文が厳密に同じ意味を表しているのではなく，(21) のような状態変化と移動の意味を表すのであれば，この違いを容易に説明することができる（奥津 (1981) も参照）．

(21) a. [x ACT ON y] CAUSE [BECOME y BE-AT z]
b. [x ACT ON y] CAUSE [BECOME y BE-AT [PAINTED]]

まず，(21a) の意味構造は，x が y を z の位置に動かすという移動の意味を表す．「塗る」がこの意味を持つと，意味構造において動作主と場所と対象の 3 つの変項が現れる．これに対して，x が y の状態変化（塗られた状態）をもたらすという (21b) の状態変化の意味構造では，動作主と対象という 2 つの変項が現れる．

「塗る」が（材料の）移動を表す (19a) の意味構造は (21a) になる．この場合には，動作主以外にも，場所と対象が動詞の意味構造によって指定される．そのため，(20a) のように「塗る」が「忘れる」に埋め込まれた場合にもこの場所と対象の 2 つを表出できる．これに対して，状態変化を表す (19b) の

「塗る」の持つ意味構造は(21b)であり,意味構造で指定される項は動作主と(変化の場所を示す)対象の2つだけになる.そして,「で」で表される対象(材料)は,意味構造で項として指定されない付加詞となる.[12] そのために,(20b)の文では,「赤いペンキで」が現れると,本来なら付加詞が追加できない動詞に付加詞が追加されたことになり,意味的に逸脱した文になるのである.

上記の分析では,動詞の意味構造に規定されている項は「忘れる」に埋め込まれている構文で表出が可能であるが,付加詞はそれが可能でないということになる.このことを支持するもう1つの証拠として,(22)のような文を考えてみる.

(22) a. 彼は花瓶を粉々に割った.
　　 b. 彼は花瓶を粉々にした.

(22a)はいわゆる結果構文で,「粉々に」は結果述語として文中に現れている.これに対して,(22b)の「粉々に」は結果述語ではなく,使役動詞「する」の補語として現れている(つまり,(22b)の「粉々に」は「する」がとる項である).(22)の2つの文に現れる「粉々に」のステータスの違いは,これらが意味を変えずに省略できるかどうかで判断することができる.

(23) a. 彼は花瓶を割った.
　　 b. *彼は花瓶をした.

(23)の文の容認性の違いから,(22a)の「粉々に」は付加詞であり,(22b)の「粉々に」は項であることがわかる.そうすると,この2つの文が「忘れる」に埋め込まれた場合,「粉々に」が生起できるか否かについて違いが観察されるということが予測される.実際,(24)のような文では,容認性に違いが現れる.

(24) a. 彼は花瓶を(*粉々に)割り忘れた.
　　 b. 彼は花瓶を*(粉々に)し忘れた.

---

[12] 英語でもこの一般化が当てはまる.Jackendoff (1990)は,状態変化を表す壁塗り構文では,対象が「with-付加詞規則(*With*-Theme Adjunct Rule)」によって追加されると分析している.

「割る」を「忘れる」に埋め込んだ (24a) では「粉々に」を表出すると容認されないが，使役動詞「する」を「忘れる」に埋め込んだ場合には「粉々に」を問題なく表出することができる．実際には，(24b) の「粉々に」は「する」の補語として機能するので，省略すると非文法的になる．

結果述語の叙述が示している重要な点は，ターゲットとなる名詞句が存在するのに，結果述語がそれを修飾することができないということである．結果述語は，動詞句に付加されて，意味的に前項動詞のとる目的語を叙述するはずである．しかし，「忘れる」の複合動詞の場合，後項動詞の「忘れる」が前項動詞の表す出来事の不成立を指定する．したがって，(24a) が示しているように，結果述語は「忘れる」に埋め込まれている前項動詞への付加が許されないのである．

次に，目的語の修飾をするタイプの付加詞について考えることにする．ここで検討するのは，次の2つの文である．

(25) a. 彼は刺身を<u>二切れ</u>食べ忘れた．
b. *彼はさかなを<u>生</u>で食べ忘れた．

(25a) は，数量詞「二切れ」が目的語「刺身」を外部から修飾し，(25b) は「生で」が描写述語として目的語「さかな」を修飾しているが，この2つの文では容認性に違いが観察される．

本章の分析では，付加詞は「忘れる」に埋め込まれた動詞に付加できないないということになるので，(25a) は本分析の反例のように見える．しかし，しばしば議論されるように，数量詞が数量詞遊離によって名詞句の中から取り出されるのであれば，本章の分析の反例とはならないことに注意する必要がある．

(26) 彼は二切れの刺身を食べ忘れた．

まず，「二切れ」は，(26) のように名詞句内で生起すれば認可される．「忘れる」は，演算子として前項動詞「食べる」が表す出来事の不成立を指定するが，この演算子の作用域は動詞のとる項の内部までは及ばないからである．そして，(25a) のような文が成立するのは，(26) のような文でいったん名詞句の中で生起が許された「二切れ」が数量詞遊離によって名詞句の外側に現れてもよいからである．

第 3 章　出来事の不成立を表す複合動詞について　　　　　　91

　これに対して，(25b) の目的語を叙述する描写述語「生で」は，目的語を修飾することができない．「生で」は，文中に表出されると，統語的には動詞に付加される付加詞として機能するために，(25b) では「生で」が現れることが許されないのである．この事実は，描写述語の「生で」が名詞句に付加されて直接修飾するわけではないということを示唆する．実際，(27) の表現が可能でないことから，「生で」は名詞句の中から取り出されたものでないと言える．

　(27) *彼は [生でのさかな] を食べた．

ちなみに，「生の」という表現を使えば，「生のさかな」というように，「さかな」を直接修飾する表現をつくることができる．この場合には，「忘れる」に「食べる」を埋め込んでも問題なく解釈が成立する．

　(28)　彼は [生のさかな] を食べ忘れた．

直接名詞修飾をする「生の」とは異なり，描写述語「生で」は，「忘れる」に埋め込まれた動詞の目的語に対する修飾が許されない．これは，「忘れる」が出来事の不成立を指定する演算子として働くため，描写述語が「食べる」から投射する動詞句に付加できないということを示している．ここでも，ターゲットとなる名詞句が存在するのに，付加詞がターゲットの名詞句を修飾することができないという現象が生じている．

　ちなみに，名詞句に含まれる要素が意味的に動詞を修飾する場合もある．奥津 (2007) で議論されているように，名詞修飾表現は動詞修飾表現と同じ意味にとれることも多い．例えば，「斜めに線を引く」は，「斜めの線を引く」と同じような意味にとれるが，統語的には「斜めの」が名詞句を直接修飾しているのに対して，「斜めに」は「引く」を修飾していることになる．そのために，この 2 つの表現については，「忘れる」の埋め込みで違いが生じる．「忘れる」の複合動詞は，前項動詞に付加詞が直接付加することを阻止するために，「*線を斜めに引き忘れた」は容認されない表現となる．これに対して，「斜めの」は名詞句を修飾するために，「斜めの線を引き忘れた」は容認される表現となる．

　以上まとめると，「忘れる」の複合動詞では，前項動詞に対して付加詞の付加が許されないという現象が生じる．これは「忘れる」が演算子として前項

動詞の意味構造をその作用域にとり出来事の不成立を指定することに起因する．次節では，前項動詞の記述する出来事の不成立を表す機能があるもう1つの動詞である「残す」について検討する．

3.3. 「残す」

前項動詞が記述する出来事の不成立を示すことができる後項動詞には「忘れる」の他にもいくつか存在するが，本節では「残す」を取り上げて，その振る舞いの特徴について考察を加える．「忘れる」とは異なり，「残す」はそれがとることができる前項動詞のタイプに制限がある．まず，出来事の不成立を指定する「残す」の複合動詞は，統語的複合動詞に分類されるということは，(29) (=(8b)) のような例から確認できる．

(29) 彼はポスターを印刷し残した．

先にも議論したように，語彙的複合動詞の前項動詞に，(29) のような「動詞的名詞＋する」の形式が現れることはないため，出来事の不成立の意味を表す「残す」が後項動詞に現れる複合動詞は，統語的複合動詞のクラスに入ることがわかる．

次に，前項動詞と「残す」の組み合わせについては，「残す」が統語的複合動詞を形成するにしても，かなり限られてくるのは事実である．いくつか例を挙げてみると，「残す」は，(30) のように，状態変化を表す動詞を前項動詞にとることができる．

(30) a. ご飯を食べ残す．
　　 b. 仕事をやり残す．
　　 c. 黒板の字を消し残す．

(30) のような状態変化を示す動詞が前項動詞として容認されるのとは逆に，状態変化の意味を含まない動詞の場合は，出来事の不成立の意味を表す「残す」と複合動詞を形成することができない．特に，「残す」は移動の意味を表す動詞（特に，着点をとる移動動詞）とは結合しない．

(31) a. *[東京に行き] 残した．
　　 b. *[テーブルに花瓶を置き] 残した．

第3章　出来事の不成立を表す複合動詞について　　　　　　　93

ここで重要な点は，前項動詞が「残す」と複合され，出来事の不成立の意味を表す統語的複合動詞になると，前項動詞の着点は現れることができないということである．ただし，「残す」は場所をとることがあり，(32) のように，場所項が表出できる場合があることに注意する必要がある．

(32)　彼は皿にご飯を食べ残した．

(32) の「皿に」は「残す」のとる項で，「皿に」は，どの場所に食べ残されたものがあるかを指定しているのであって，前項動詞「食べる」の指定する場所ではない（したがって，「あの皿に残した」という表現は可能であっても「*あの皿にご飯を食べた」とは言えない）．[13] つまり，(32) の場所項「皿に」は，(31) の前項動詞のとる着点とは異なるタイプの付加詞なのである．

出来事の不成立の意味を表す複合動詞に現れる「残す」は，演算子として前項動詞が表す出来事が成立しないことを指定する．(32) の「食べ残す」の例は，意味的には，「ご飯を食べない」という事態が起こったことにより「ご飯がお皿に残る」という事態が生じたという「因果関係」を表すと捉えることができる．したがって，「食べ残す」は，次のような意味構造を持っていると考えることができる (cf. 由本 (2005))．

(33)　$\begin{bmatrix} \text{BECOME [y BE-AT z]} \\ \text{FROM [OP}_{\text{UNR}} \text{ [x ACT ON y] CAUSE [BECOME y BE-AT [EATEN]]]} \end{bmatrix}$

(33) は，「食べる」という x の行為が成立しなかったことによって，y（ご飯）が z（皿）に存在することになったという意味を指定する．(33) の演算子 OP_{UNR} は，「食べる」行為やそれに関わる状態変化が起こらなかったことを示している．さらに，「残す」は単に演算子として働くのではなく，場所を指定する語彙的な意味も保有している．したがって，(33) では，(y が z の位置に残存するという）「残す」の語彙的な意味が上位にある意味構造のBECOME [y BE-AT z] で指定されている．[14]

---

[13]「彼らは洞窟に取り残された」のような表現も，「洞窟」は着点ではなく取り残される場所を指定している．

[14] これは，由本 (2005) が示唆しているように，このタイプの統語的複合動詞の後項動詞は，（主語以外にも）項を選択する項構造をもつ可能性があるということである．

出来事の不成立を指定する「残す」は,「忘れる」とは異なり,前項動詞の表す行為が単に行われなかったということを指定する.(「忘れる」の場合には,行為を行うという意図は持っていたが,最終的には行為が開始されなかったということを指定する.)「忘れる」とは対照的に,「残す」については,行為を行うことが意図されているかどうかについては意味的に指定されない.この「残す」の意味的特徴により,先に見た付加詞の付加制限は,「忘れる」よりも鮮明に現れる.(34)の例からわかるように,付加詞で「残す」の複合動詞の前項動詞を修飾することはできない.

(34) a. *[品物を包装紙で包み] 残した.
b. *[線を斜めに引き] 残した.
c. *[さかなを生で食べ] 残した.
d. *[花瓶を粉々に割り] 残した.

先ほども言及したが,「残す」は移動の意味のみを表す動詞とは共起しない.したがって,次のような文は容認されない.

(35) a.?*[はがきをポストに入れ] 残した.
b. *[公園まで歩き] 残した.

しかしながら,移動を表す動詞でも,着点を示さず状態変化を表す可能性があれば,「残す」と共起できる場合がある.

(36) a. [何枚か年賀状を出し] 残してしまった.
b. [ここのハイキングコースを歩き] 残した.

着点をとらない(36)の「出す」「歩く」は,着点までに達する移動を表すのではなく,それぞれ,「年賀状を出す」という行為をする,「ハイキングコースを歩く」という行為をする,そして,その帰結としてある種の結果が生じる,という意味を表すことができるため,「残す」との複合が可能であると考えられる.なお,出来事の不成立を表す「残す」と共起する前項動詞は,典型的には他動詞になるが,(36b)の例から,「を」格の経路をとる「歩く」のような自動詞も共起可能であることがわかる.

これまでの議論から,出来事の不成立の意味を表す「残す」が後項動詞として現れる統語的複合動詞では,付加詞の前項動詞への修飾が可能でないこ

と，および，前項動詞には移動ではなく状態変化を表す動詞が現れることがわかる．さらに，「残す」が「詰める」「塗る」のような壁塗り交替動詞と複合した場合にも，複合動詞は，「残す」に課せられる意味的な制約からくる特異な振る舞いが観察される．そのことを (37) と (38) にあげる例で確認しておく．

(37) a. あの人は [(*荷物で) スーツケースを詰め] 残した．
b. あの人は [(?*スーツケースに) 荷物を詰め] 残した．
(38) a. 大工さんは [(*ペンキで) 壁を塗り] 残した．
b. 大工さんは [(?*壁に) ペンキを塗り] 残した．

まず，(37a) や (38a) において，「で」でマークされる対象（材料）は付加詞なので，「残す」の複合動詞の前項動詞と現れることができない．これに対して，「に」でマークされる場所は壁塗り交替動詞が意味構造で指定する項である．しかし，この項は移動の着点として機能する．そのため，(37b) や (38b) では，「に」でマークされる場所が表出されると，「残す」と共起する前項動詞の「塗る」が移動を表すと解釈され，容認性が下がる．

次に，名詞修飾要素の振る舞いについて観察する．(39) のような文の容認性の違いは，外部から名詞句を修飾する要素の性質の違いから生じているものと考えられる．

(39) a. 彼は刺身を<u>二切れ</u>食べ残した．
b. *彼はさかなを<u>生で</u>食べ残した．

(39) の 2 つの文の分布は，「忘れる」の統語的複合動詞の分布と同じである．これは，3.2 節でも見たように，「二切れ」「生で」が名詞句内部に生起できるかどうかの違いと相関する．

(40) a. 二切れの刺身を食べる．
b. *生でのさかなを食べる．（cf. 生のさかなを食べる）

数量詞の「二切れ」は，名詞句内部に生起するが，描写述語の「生で」は名詞句の内部に現れることができない．「生で」は動詞に付加される形で生起しなければならない．しかし，「残す」は演算子として前項動詞の表す出来事の不成立を指定するために，前項動詞に対して付加詞の付加を許さない．そ

のため，(39b) は容認されない．これに対して「二切れ」は名詞句内部で生起が認可されるため，それを数量詞遊離によって名詞句の外部に取り出しても問題がない．したがって，(39a) は容認される．

3.4. まとめ

本節では，出来事の不成立の意味を表す「忘れる」「残す」が後項動詞として現れる複合動詞について検討した．このタイプの複合動詞においては，後項動詞「忘れる」「残す」が，前項動詞の意味構造を作用域にとる演算子として働き，出来事の不成立を指定する．このような後項動詞の意味的な特性から「忘れる」「残す」タイプ複合動詞では，付加詞を前項動詞に付加することができないということを示した．

4. 出来事の成立の意味を表す「残す」と「忘れる」

前節では，出来事の不成立の意味を表す「残す」の複合動詞の振る舞いを観察したが，「残す」にはこれとはまったく異なる出来事の成立の意味を表す用法も存在する．[15] 組み合わせは限られてくるが，例えば，「言い残す」「伝え残す」「生み残す」「書き残す」「守り残す」等は，前項動詞が記述する出来事が成立した後の結果が残存しているという意味を表すこともできる．そのため，この組み合わせの複合動詞では，(41) のように，出来事の成立と出来事の不成立という，一見相反する意味が表せることになる．

(41) a. そう言い残して，おじいさんは行ってしまった．
　　 b. 今回いくつか言い残したことがある．

(41a) は，何らかの発言をしたことになるが，(41b) は発言をしていないということを意味する．出来事の成立の意味を表すことのできる「残す」の複合動詞は，基本的に出来事の不成立の意味も表せる．したがって，(41b) は発言をしたという意味も表せる．また，「忘れる」の場合も同様で，「置き忘れる」は，「置く」という行為が行われたという意味を表すこともできる．

---

[15] 出来事の不成立を表すすべての複合動詞にこのような用法があるわけではない．

第3章 出来事の不成立を表す複合動詞について　　　　　97

(42) a.　傘を駅に置き忘れた．
　　 b.　(指定の場所に) 学生証を置き忘れた．

(42a) は，通常，「置く」という行為の後にそれを持ち去ることを忘れたという意味を表す．(42b) にも同様の解釈がある．しかし「置き忘れる」は (想定される状況により) 出来事が実現されなかったという解釈も可能である．そのため，例えば，(42b) では，「学生証を (指定の場所に) 置く」という行為をすることを忘れたという解釈もできる．

(41) および (42) において，出来事が成立し，その結果が残存するという意味が指定されている場合，「残す」や「忘れる」は，出来事の不成立を指定する演算子として働いていない．さらに，「残す」「忘れる」が動詞的名詞と組み合わされた場合には，複合動詞が出来事の成立の意味を表さない．

(43) a.　あの人は発言し残して去っていった．
　　 b.　あの人はこの機械を設置し忘れていた．

(43) のような例では，前項動詞の表す出来事の不成立の意味しか表さない．このことは，統語的複合動詞では結果残存の意味を表すことができないことを示唆している．さらに言えば，「忘れる」「残す」と組み合わされて出来事の結果残存の意味を表すことができる前項動詞はきわめて限られている．このような事実は，「残す」「忘れる」が結果残存の意味を表す場合には，語彙的複合動詞として機能していることを示している．そうすると，「残す」「忘れる」が出来事の不成立の演算子として機能するためには，統語的に独立した語 (つまり，統語的複合動詞の後項動詞) として機能する必要があるということになるであろう．

次に，「残す」がどのようなタイプの動詞と共起するのかについて観察すると，出来事の不成立の意味を表す場合には，「残す」と結合する動詞は，状態変化を表すタイプの動詞に限られている．しかし，出来事の成立の意味を表す場合には，「残す」は，発話や所有の転移の意味を表す動詞とも共起可能で，その場合，(44) のように，前項動詞がとる着点を表出することができる．

(44) a.　おじいさんは孫にそう言い残した．
　　 b.　後世に伝え残すべき文化遺産

(44)のような例は,誰かに何かを伝えることによって,その結果が残るという意味（つまり,「(何かを)発言して残す」「(何かを)伝えて残す」という意味）を表す．ちなみに,(44)の「言う」「伝える」は,抽象的ではあるが情報の転移の意味を表すので,着点を指定する移動動詞の一種に分類することができる．

また,複合動詞が結果残存の意味を表す場合に,付加詞の前項動詞への修飾が動詞の意味に整合する限りにおいて可能であるということは,以下の例からも確認できる．

(45) a. 彼は鉛筆でメモを書き残した．
b. 先生は学生にきっぱりとそのことを言い残した．
c. 思いついたことをさっとメモに書き残す．

これらの事実から,結果残存の意味を表す「残す」の複合動詞が,「残す」が出来事の不成立の意味を表す場合とは異なる振る舞いを示すことがわかる．

結果残存の意味を表す「残す」の複合動詞が語彙的複合動詞として機能しているならば,統語的には一語として機能することになる．したがって,統語的には,(45)に現れる付加詞は複合動詞に付加されていることになる．しかし,意味的には,「鉛筆で書く」「きっぱりと言う」「さっと書く」と言えるのに対して,（意図する意味で）「*鉛筆で残す」「*きっぱりと残す」「*さっと残す」とは言えないため,これらの付加詞は,前項動詞の意味（意味構造）を限定していると考えることができる．

ここで,複合動詞の意味関係を考えると,前項動詞の「書く」は「残す」という事態を生じさせる手段であると考えることができる（由本 (2005)）．複合動詞全体の意味が前項動詞と後項動詞の意味が合成されて作られるのであれば,「テーブルにメモを書き残す」では,(46a)と(46b)が合成されて,(46c)のような意味構造をもつと考えられる．

第 3 章　出来事の不成立を表す複合動詞について　　　99

(46) a.　書く：[x ACT ON y] CAUSE [y BECOME BE-AT [WRITTEN]]
　　 b.　残す：[y BECOME BE-AT z]
　　 c.　書き残す：
　　　　$\begin{bmatrix} \text{[y BECOME BE-AT z]} \\ \text{BY [[x ACT ON y] CAUSE [y BECOME BE-AT [WRITTEN]]]} \end{bmatrix}$

「書き残す」は，x が y（メモ）を書くという行為を行うことで，y が z（テーブル）に存在するという意味を表す．本章で提案する分析では，前項動詞の意味構造が合成によってつくられた複合動詞の意味構造の中に存在するため，その意味の部分を修飾する修飾語の付加が複合動詞に対して可能である．したがって，(45) の付加詞は，統語的には複合動詞に付加されているが，意味的には前項動詞を修飾するのである．ここで重要な点は，出来事の不成立の意味を表す「残す」とは異なり，結果残存の意味を表す「残す」では前項動詞を意味的に修飾するような付加詞の付加が許されるということである．これは，結果残存の意味を表す「残す」が，出来事の不成立の意味を付加する演算子として機能していないということから，自然に導かれる帰結である．[16]

　本節では，「書き残す」「言い残す」のような複合動詞は，出来事の不成立の意味と同時に，出来事の成立の意味も表すことができることを見た．そして，このタイプの動詞が出来事の成立の意味を表す場合には，付加詞の付加に関して，出来事の不成立の意味を表す場合とは異なる振る舞いを示すことを見た．特に，出来事の成立（結果残存）の意味を表す「残す」の複合動詞に対して，付加詞の付加に関する制限が観察されないのは，この意味を表す「残す」が作用域内にある動詞に対して付加詞の付加を許さない演算子としては機能しないからであることを論じた．

---

[16]「忘れる」の場合も同様の振る舞いをすることが予測される．しかし，「忘れる」の場合，「置き忘れる」が結果残存の意味を表せるが，「置く」行為を行うという意味はない．それよりは，「置いてある状態のままになる」という意味を表すので，「*彼は傘を丁寧に置き忘れた」のような表現はできない．しかし，「傘を開いたままで置き忘れた」のような表現は可能である．これに対して，「忘れる」が出来事の不成立を表す場合には，「*布団をたたんだままで片付け忘れた」が「たたんだ状態で片付ける」という意味を表せないことからわかるように，状態を記述する表現の付加はできない．

5. まとめ

本章では，出来事の不成立の意味を表すことのできる「忘れる」「残す」タイプの複合動詞の振る舞いの特殊性について考察した．「忘れる」「残す」が統語的複合動詞の後項動詞として現れた場合には，出来事の不成立を指定する演算子として機能することを論じた．この演算子は，前項動詞の意味構造に出来事が成立しないという意味を与える．このため，他のコントロールタイプの統語的複合動詞では可能であった前項動詞を修飾する付加詞の付加ができなくなる．また，「言い残す」「伝え残す」のような複合動詞では，出来事の不成立を表す用法とはまったく逆に見える出来事の成立を指定する用法がある．後者の場合，後項動詞は，出来事の不成立を表す演算子としては働かないために，前項動詞を意味的に修飾する付加詞を節内に生起させることが可能になる．

参考文献

Anderson, Stephan (1982) *A-morphous Morphology*, Cambridge University Press, Cambridge.
Carnie, Andrew (2002) *Syntax: A Generative Introduction,* Blackwell, Oxford.
長谷川信子 (1999)『生成日本語学入門』大修館書店，東京．
姫野昌子 (1999)『複合動詞の構造と意味用法』ひつじ書房，東京．
Jackendoff, Ray (1990) *Semantic Structures*, MIT Press, Cambridge, MA.
Jackendoff, Ray (1997) *The Architecture of the Language Faculty*, MIT Press, Cambridge, MA.
Kageyama, Taro (1989) "The Place of Morphology in the Grammar," *Yearbook of Morphology* 2, ed. by Geert Booij and Jaap van Marle, 73-94, Foris, Dordrecht.
影山太郎 (1993)『文法と語形成』ひつじ書房，東京．
Kageyama, Taro (1999) "Word Formation," *The Handbook of Japanese Linguistics*, ed. by NatsukoTsujimura, 297-325, Blackwell, Oxford.
影山太郎 (2013)「語彙複合動詞の新体系―その理論的・応用的意味合い―」『複合動詞研究の最先端―謎の解明に向けて―』，影山太郎（編），3-46，ひつじ書房，東京．
Kageyama, Taro (2014) "Mysteries of Verb-Verb Complexes in Asian Languages, Paper presented at *the NINJAL International Symposium on Mysteries of Verb-Verb Complexes in Asian Languages*, NINJAL, Tokyo.

Kishimoto, Hideki (2001) "Locative Alternation in Japanese: A Case Study in the Interaction between Syntax and Lexical Semantics," *Journal of Japanese Linguistics* 17, 59-81.

Kishimoto, Hideki (2006) "Japanese Syntactic Nominalization and VP-Internal Syntax," *Lingua* 116, 771-810.

岸本秀樹 (2009)「補文をとる動詞と形容詞: コントロールと上昇」『〈日英対照〉形容詞・副詞の意味と構文』, 影山太郎(編), 152-190, 大修館書店, 東京.

Kishimoto, Hideki (2015) "Syntactic V-V compounds in Japanese," To appear in *Verb-Verb Complexes in Asian Languages*, ed. by Taro Kageyama, Peter Hook and Prashant Pardeshi, Oxford University Press, Oxford.

Koizumi, Masatoshi (1999) *Phrase Structure in Minimalist Syntax*, Hituzi Syobo, Tokyo.

久野暲 (1978)『新日本文法研究』大修館書店, 東京.

Matsumoto, Yo (1996) *Complex Predicates in Japanese: A Syntactic and Semantic Study of the Notion 'Word'*, CSLI and Kurosio, Stanford and Tokyo.

Nishigauchi, Taisuke (1993) "Long Distance Passive," *Japanese Syntax in Comparative Grammar*, ed. by Nobuko Hasegawa, 79-114, Kurosio, Tokyo.

奥津敬一郎 (1981)「移動変化動詞文——いわゆる spray paint hypallage について」『国語学』127, 21-33.

奥津敬一郎 (2007)『連体即連用?——日本語の基本構造と諸相』ひつじ書房, 東京.

Oprina, Dan Florin (2010) *Case in Complex Predicates*, Doctoral dissertation, Kobe University.

Oprina, Dan Florin (2014) "V-V Predicates and Restructuring,"『複雑述語研究の現在』, 岸本秀樹・由本陽子(編), 151-177, ひつじ書房, 東京.

Pustejovsky, James (1995) *The Generative Lexicon*, MIT Press, Cambridge, MA.

斎藤衛 (2014)「複合動詞の形成と選択制限: 他動性調和の原則を手掛かりとして」『複雑述語研究の現在』, 岸本秀樹・由本陽子(編), 207-233, ひつじ書房, 東京.

Shibatani, Masayoshi (1973) "Where Morphology and Syntax Clash: A Case in Japanese Aspectual Verbs,"『言語研究』64, 65-96.

柴谷方良 (1978)『日本語の分析』大修館書店, 東京.

杉村泰 (2006a)「複合動詞「—忘れる」「—落とす」「—漏らす」の用法」『日語学習与研究』2006 年第 4 期 (総第 127 期), 1-6, 中国日語教学研究会, 対外経済貿易大学.

杉村泰 (2006b)「コーパスを利用した複合動詞「—忘れる」「—落とす」「—漏らす」の意味分析」『日語教育』第 34 輯, 63-79, 韓国日本語教育学会.

杉村泰 (2009)「コーパスを利用した複合動詞「—残す」の意味分析」『名古屋大学言語文化論集』第 30 巻, 第 1 号, 47-60.

由本陽子 (2005)『複合動詞・派生動詞の意味と統語——モジュール形態論から見た日英語の動詞形成——』ひつじ書房, 東京.

第4章

中国語結果複合動詞の意味構造と項の具現化[*]

于　一楽

滋賀大学

1. はじめに

　中国語結果複合動詞構文は，中国語学でも理論言語学でも盛んに論じられている構文の一つで，これまでの研究により，その意味的・統語的特徴が数多く明らかにされてきた．とりわけ，Li (1995, 1999) で議論されているように，中国語結果複合動詞では，目的語に前項動詞の項に当たる動作主の解釈を割り当てることができるという，極めて不思議な現象が存在する．動作主は通常，主語に具現化されるからである．この逆転した項の具現化関係を説明するために，Li (1995, 1999) は，通常の意味役割の階層性とは別に新たな使役役割の階層性を設ける必要があると提案している．これに対して，本章では，語彙概念構造 (LCS) による分析がより有効で，Li (1995, 1999) よりも簡潔なルールにより説明できることを示す．より具体的には，結果複合動詞における項の具現化パターンは，前項動詞と後項動詞を組み合わせたときに，対象項がどのように具現化されるのかを見ることによって説明できることを示す．

　本章は以下のように議論を進める．2節では，結果複合動詞の一般的な特徴を簡単に述べた上で，結果複合動詞構文において，なぜ目的語に動作主の解釈が可能なのかという問題が，これまでどのように研究されてきたのかを

---

[*] 本章は筆者の博士論文「中国語非動作主卓越構文の研究」(2013) の一部に修正・加筆を加えたものである．岸本秀樹先生とKLP (関西レキシコンプロジェクト) のメンバー，そして査読者から貴重なコメントを賜ることができ，この場を借りて感謝を申し上げたい．もちろん，すべての誤りは筆者の責任である．

概観し,それらの分析の問題点を指摘する.3節では,語彙概念構造(LCS)による分析を提案し,結果複合動詞の前項動詞が他動詞である場合を中心に議論する.続く4節では,結果複合動詞の前項動詞が自動詞,ならびに三項動詞である場合を議論する.5節はまとめである.

2. 先行研究とその問題点

　Li and Thompson (1981) で述べられているように,中国語結果複合動詞は,前項動詞と後項動詞(以後,それぞれV1, V2とする)が合成し,V1は動作を,V2はV1によって引き起こされる結果を表し,V2は状態変化を表す非対格自動詞であることが明らかにされている (Gu (1992)).[1] V1とV2の間には因果関係があり,結果複合動詞は大雑把に言うと,V1した結果V2になるという意味を表す.代表的な例には"追累"(追う-疲れる)などがあり,(1) がその具体例である.Li (1990, 1993, 1995) などで示されているように,結果複合動詞に現れる名詞句の数は最大で2つである.そのために,(1) の"追累"(追う-疲れる)では,非対格自動詞のV2が表す疲れる対象は,他動詞のV1の動作主(追う人)か対象(追われる人)のいずれかと同定される必要がある.つまり,〈動作主,対象〉の項構造をとる"追"(追う)と〈対象〉の項構造をとる"累"(疲れる)が結果複合動詞を形成すると,その項構造は,V1の動作主とV2の対象が同定される〈動作主/対象,対象〉か,V1の対象とV2の対象が同定される〈動作主,対象/対象〉となるのである.

(1)　淘淘　追累　　　了　　悠悠.
　　　淘淘　追う-疲れる　ASP　悠悠
　　(i)　'淘淘が悠悠を追ってその結果悠悠が疲れた.'
　　(ii)　'淘淘が悠悠を追ってその結果淘淘が疲れた.'
　　(iii)　*'悠悠が淘淘を追ってその結果淘淘が疲れた.'
　　(iv)　'悠悠が淘淘を追ってその結果悠悠が疲れた.'
　　　　　　　　　　　(Li (1995: 265 (訳は筆者により追加))

---

[1] 本章は結果複合動詞の後項が動詞であるか形容詞であるかという論争には立ち入らない.

(1) に示したように，主語の"淘淘"も目的語の"悠悠"も V1（追う）の動作主として解釈でき，V1 の動作主と対象はそれぞれ V2（疲れる）の対象と同定できる．したがって，"追累"（追う-疲れる）が表すことのできる解釈は論理的には 4 通りあることになる．しかしながら，実際には論理的に可能なはずの 4 つの解釈は 3 つに絞られる．一つ目の解釈は，主語の"淘淘"が目的語の"悠悠"を追ってその結果目的語の"悠悠"が疲れるという解釈で (1i)，二つ目の解釈は，主語の"淘淘"が目的語の"悠悠"を追ってその結果主語の"淘淘"が疲れるという解釈である (1ii)．そして，最後の三つ目の解釈は，目的語の"悠悠"が主語の"淘淘"を追ってその結果目的語の"悠悠"が疲れるという解釈である (1iv)．[2] 目的語の"悠悠"が主語の"淘淘"を追ってその結果主語の"淘淘"が疲れるという論理的に可能なはずの (1iii) の解釈はない．(1) で特に問題となるのは，なぜ 1 つの解釈だけないのかということと，なぜ (1iv) の解釈が可能なのかということである．通常，動作主は意図的な行為を表し，受け身などの統語的な操作がない限り，主語に具現化されるとされており，Levin and Rappaport Hovav (2005) などの近年の研究でも同様の見方がとられている．[3] ところが，(1iv) の解釈においては，動作主が主語ではなく目的語に具現化され，通常とは逆転した項の具現化が起こっている．

このような現象は，古くは，呂 (1946) で指摘されており，その後，中国語学（任 (2005)）や理論言語学（Cheng and Huang (1994), Li (1995, 1999), Huang (1997, 2006), Her (2007)）で様々な分析が提案されている．とりわけ，記述的な研究では任 (2005)，理論的研究では Li (1995, 1999) が詳しい．以下では (1) の事実がこれまでどのように議論されてきたかを概略する．

任 (2005) は，結果複合動詞の目的語に動作主の解釈があるような文を使役文として分析し，動作主として解釈される目的語は使役の対象を表し，いわゆる動作主とは異なるとする．任 (2005) の観察は記述面で重要である

---

[2] (1iv) の解釈における主語は使役者 (causer) の解釈がより強くなる．このことは後に議論する V1 が自動詞の場合でよりはっきりする．

[3] これはいわゆる意味役割の階層性においては，動作主は階層上最も高い位置にあるためである (e.g. ag>ben>recip/exp>inst>th/pt>loc (Bresnan and Kanerva (1989: 23)))．

第 4 章　中国語結果複合動詞の意味構造と項の具現化　　105

が，結果複合動詞の項がどのように具現化されるのかについて提案されていないという点で問題が残る．一方，Li (1995, 1999) は，当該の目的語は動作主かつ使役の対象であるとして，意味役割の階層性とは別に使役の階層性を仮定し，使役の階層性が成立する場合にのみ目的語に動作主の解釈が可能になるという分析を提案する．この使役の階層は，c-roles と呼ばれる Cause と Affectee (Cause>Affectee) から構成され，c-roles が付与される場合は通常の意味役割の階層に反して対象が動作主に優先して現れてもよいとする．Li (1999: 453) によれば，主語名詞に Cause が付与されるのは，それが V1 からのみ意味役割が与えられるときに限られ，目的語名詞に Affectee が付与されるのは，それが少なくとも V2 から意味役割が与えられているときに限られる（紙幅の関係で，当該の使役役割の付与に関する詳細な規定は Li (1999: 453) を参照されたい）．以上の前提のもとで，(1) の論理的に可能なはずの 4 つの解釈が 3 つに絞られるという事実は，(2) により説明されることになる．Li (1999: 453) の規定により，Cause と Affectee が与えられるのは，(2a, d) に限られ，(2b, c) には与えられない．

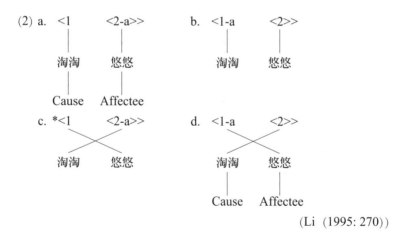

(Li (1995: 270))

(2) の <1, 2> は V1 の項構造<動作主，対象>，<a> は V2 の項構造〈対象〉を表し，結果複合動詞が形成されると，V2 の対象が V1 の対象と同定される <1 <2-a>> の項構造か V1 の動作主と同定される <1-a <2>> の項構造が作られる．その結果，4 パターンのリンキングが作られ，(2) は順に (1i, ii,

iii, iv) の解釈に対応する．(2a, b, c, d) のうち，c-roles が与えられない (2b, c) は通常の意味役割の階層に従う必要がある．そのため，対象が動作主に優先して現れる (2c) は不可能となる．他方，c-roles が与えられる (2a, d) ではそのような制約がないために，(2a) のように動作主が主語に具現化される形でも，(2d) のように目的語に具現化される形でもよい．Li (1995, 1999) の提案は (1) の分布を説明できるという点で魅力的であるが，問題点がないわけではない．

結果複合動詞は，V1 と V2 が合成した時点で，その間には使役関係が成立する．したがって，解釈によって使役の意味関係がある場合とない場合が生じるという Li (1995, 1999) の分析は意味の面から考えて納得できるものではない．また，ルールが複雑であるという点も改善する余地があると思われる．

記述的な面においても，Li (1995, 1999) の分析は (3) のような V1 が自動詞である場合の例を説明できないと考えられる．

(3) 这双鞋　跑累　　　了　妈妈．
　　 この靴　走る-疲れる　ASP　お母さん
　　 'この靴のせいで，お母さんが走ってその結果疲れた．'

(3) の "跑累"（走る-疲れる）は V1 が自動詞の結果複合動詞である．この場合も目的語の "妈妈"（お母さん）に "跑"（走る）の動作主の読みが可能であるが，Li (1995, 1999) の分析では (3) のような文は説明できない．なぜなら，Li (1995, 1999) の分析では，目的語に動作主の解釈が可能となるのは，V1V2 の項構造に使役役割が付与される場合に限られるからである．(3) の "这双鞋"（この靴）は V1 の項でも V2 の項でもないため，Li (1995, 1999) が仮定する使役役割を与えることはできない．

さらに，V1 が他動詞の結果複合動詞においても問題点がある．[4]

---

[4] "冻" は '手冻了．'（手が凍った）のような自動詞用法に加えて，'別冻了你的手．'（手を凍えさせないで下さい）や '我把手冻了，怎么办．'（私は手を凍えさせてしまった，どうしよう）のように，他動詞用法がある．自動詞用法の場合は，'寒冷的天气冻死了李四'（寒さのせいで，李四が凍えて死んだ）のように，主語は使役を表す外的要因で目的語は V1 の対象と V2 の対象が同定される解釈を表す (cf. 3.3 節)．

第 4 章　中国語結果複合動詞の意味構造と項の具現化　　　　　107

(4)　张三　冻死　　　　　了　李四.
　　張三　凍えさせる-死ぬ　ASP　李四
　　(i)　'張三が李四を凍えさせてその結果李四が死んだ.'
　　(ii)　*'張三が李四を凍えさせてその結果張三が死んだ.'
　　(iii)　*'李四が張三を凍えさせてその結果張三が死んだ.'
　　(iv)　*'李四が張三を凍えさせてその結果李四が死んだ.'

(4) の "冻死"（凍えさせる-死ぬ）は, "追累"（追う-疲れる）と同じく V1 が他動詞の結果複合動詞である. Li (1995, 1999) の分析が正しいとすると, (4) においても "追累" と同様の解釈が可能であると予想されるが, 事実はそうではない. (4) で可能な解釈は, (4i) の一つだけである. (4ii, iii, iv) の悪さが語用論など別の理由から来ると考えることもできるが, Li (1995, 1999) の分析では説明できない.

次節では, Yu (2012) と于 (2013) を踏まえて, 先行研究とは違う代案を提示し, この代案が Li (1995, 1999) の問題を無理なく解決できることを示す.

3.　提案

3.1.　語順

具体的な議論に入る前に, まず (1) のような結果複合動詞構文の文法関係, 特に, 動作主が実際に目的語になっていることを確かめておきたい.

Tan (1991) や Huang et al. (2009) などでも主張されているように, 一般に, 再帰代名詞の "自己"（自分）を束縛できるのは主語のみで, そして, "把" 構文に後続する名詞は目的語に限られる（紙幅の関係で, これらのテストが主語と目的語を調べるのに有効であることは, Tan (1991) や Huang et al. (2009) を参照されたい）. このことを前提として, (5) の例を観察されたい.

(5)　a.　淘淘 $_i$ 在自己 $_{i/*j}$ 的院子里　追累　　　了　悠悠 $_j$.
　　　　淘淘　自分の庭で　　　　追う-疲れる　ASP　悠悠
　　　(i)　'淘淘が淘淘の庭で悠悠を追ってその結果悠悠が疲れた.'
　　　(ii)　'淘淘が淘淘の庭で悠悠を追ってその結果淘淘が疲れた.'

(iii) '悠悠が淘淘の庭で淘淘を追ってその結果悠悠が疲れた.'
b. 淘淘　把　悠悠　追累　　　了.
　　淘淘　BA　悠悠　追う-疲れる　ASP
(i) '淘淘が悠悠を追ってその結果悠悠が疲れた.'
(ii) '悠悠が淘淘を追ってその結果悠悠が疲れた.'

(5i, ii, iii) は"追累"(追う-疲れる)で可能な3つの解釈のうちのどの解釈でも"自己"(自分)の先行詞になるのは"淘淘"だけであることを示している. 特に, (5iii) の解釈で, 動作主として解釈される"悠悠"が再帰代名詞"自己"(自分)の先行詞になれないということは, 動作主"悠悠"が主語でないことを示している. すなわち, 再帰代名詞束縛による主語テストから (1) の結果複合動詞構文では, 動作主と解釈される"悠悠"が主語として機能していないことが分かる. そして, (1) の"悠悠"が統語的に目的語であることは (5b) の"把"構文から確かめることができる. 通常, "把"に後続する名詞は "Affected"(影響を受けるもの)とされているため (王 (1954), Chao (1968) などでは "disposal" と呼ばれている), "追累"(追う-疲れる)で可能な3つの解釈のうち, 主語の"淘淘"が疲れる (すなわち, 淘淘が疲れるという影響を受ける) という解釈は (5b) の"把"構文にはない. "追累"(追う-疲れる) の"把"構文では (5i) と (5ii) の二つの解釈のみが可能である. このうち, (5ii) の解釈では"把"に後続する"悠悠"が動作主で, そしてそれが目的語として機能していることを示している.

以上の事実から, 結果複合動詞構文で実際に動作主が目的語に具現され得ることが確かめられた. このことを念頭に置いた上で, 以下では, Jackendoff (1983, 1990), Rappaport and Levin (1988, 1998), 影山 (1996), Randall (2010) などで提唱されている語彙概念構造 (LCS) に基づいた分析を提案する.

3.2. 語彙概念構造による分析

Levin (1985: 1-4) で述べられているように, 語彙意味論の大きな研究対象に項の具現化問題がある. その意味で, 一般的な通説に反して, 動作主が目的語に具現化され得る中国語結果複合動詞は, 語彙意味論研究にとって格好の材料であると思われる. (1) で見たように, "追累"(追う-疲れる) では

目的語に動作主の解釈を与えることができる．このような解釈は，V1 と V2 を合成してはじめて可能となるのであり，(6) のように，V1 の "追"（追う）だけでは，目的語を動作主として解釈することはできない．[5]

(6) *张三　追　了　李四.
　　 張三　追う　ASP　李四
　　 Intended reading: '李四が張三を追った．'

したがって，結果複合動詞における項の具現化パターンを説明するには，V1 と V2 がどのように合成されるかを考える必要がある．以下では，まず，"追累"（追う-疲れる）タイプの意味構造から考えてみることにする．"追"（追う）は誰かが誰かを追うという意味を表すので，その LCS は (7a) のように記述でき，"累"（疲れる）は誰かが疲れるという意味を表すので，その LCS は (7b) のように記述できる．"追累"（追う-疲れる）は V1 した結果 V2 になるという意味関係を表すので，その LCS は (7a) と (7b) を CAUSE 関数で結ぶ (7c) の形で記述できる．[6]

(7) a. "追"（追う）: [$_{\text{EVENT}}$ x DO ON y]
　　b. "累"（疲れる）: [$_{\text{EVENT}}$ y BECOME [$_{\text{STATE}}$ y BE TIRED]]
　　c. "追累"（追う-疲れる）: [$_{\text{EVENT}}$ x DO ON y] **CAUSE** [$_{\text{EVENT}}$ y BECOME [$_{\text{STATE}}$ y BE TIRED]]
　　　　　　　　　　　　　　　　　　(x=chaser, y=chasee, y=tiree)

(7) の意味述語において，DO (ON) は意図的な行為ないしは働きかけ，BECOME は変化，BE は状態を表し，CAUSE 関数は使役の意味関係を表す．意味述語はそれぞれ変項を項にとる．例えば，DO は x を変項にとり，(7) では追う人 (chaser) つまり動作主を表す．BECOME と BE はそれぞれ y（対象）を変項にとり，前者は追われる人 (chasee)，後者は疲れる人

---

[5] なお，結果複合動詞構文以外では，V1 だけでも動作主が目的語に具現化されると思われる構文がある．詳しくは，于 (2013, 2014) を参照されたい．
[6] 影山 (1996) で議論されているように，LCS の上位事象を表す意味述語にしばしば ACT (-ON) が用いられ，DO は意図性を表すものとして独立させている．本章では，Dowty (1979) でも議論があるように，動作主を表す意味述語は DO として仮定しておく．

(tiree) を表す．[7] 以降，便宜上 V1 の対象を y，V2 の対象をイタリックの *y* で表記する．

(7c) の LCS を用いた記述により，"追累"（追う-疲れる）における誰かが誰かを追い，その結果誰かが疲れる状態になるという意味が表せる．"追累"（追う-疲れる）には，(1) でも示したように，論理的に 4 つの解釈があり，そのうちの 3 つが可能な解釈になる．このことを本章は以下のように説明する．(8)-(10) は (7c) の LCS から生成される論理的に可能なリンキングを示している．

(8) [EVENT x DO ON y] **CAUSE** [EVENT *y* BECOME [STATE *y* BE TIRED]]

(9) a. <x_i, y_j>, <$y_{i/j}$>
    b. <x, y/*y*> or <x/*y*, y>

(10) a. <x, y/*y*> b. <x/*y*, y> c. *<x, y/*y*> d. <x/*y*, y>

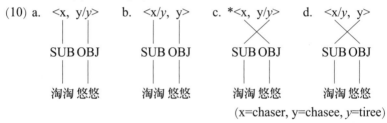

(x=chaser, y=chasee, *y*=tiree)

(8) の LCS からは，(9a) の項構造 <x_i, y_j>, <$y_{i/j}$> が形成され，インデックス i と j は項が同定されることを表しており，項の同定が行われると，論理的には，(9b) の 2 つの項構造が形成される（これは，結果複合動詞構文が最大で 2 項までしか許さないからである）．1 つは，V2 の対象（疲れる人）と V1 の対象（追われる人）が同定された項構造<x, y/*y*>となり，もう 1 つは，V2 の対象（疲れる人）と V1 の動作主（追う人）が同定された項構造 <x/*y*, y> となる．Li (1995, 1999) でも議論されているように，結果複合動詞では，この 2 つの項構造から論理的に可能な項の具現化パターンは (10a, b, c, d) のように 4 つある．この 4 つの項の具現化パターンから得られる解釈

---

[7] なお，LCS では意味役割は原理として仮定されておらず，DO, BECOME などの意味述語から派生されるものとして考えられていることにも留意されたい (Jackendoff (1987), Rappaport and Levin (1988), Ravin (1990))．

は，それぞれ順に (1i, ii, iii, iv) に対応する．そのうち，(10c) は不可能な項の具現化パターンになる．

(10a) では，主語"淘淘"に動作主 (x)（追う人）が，目的語"悠悠"に対象／対象 (y/*y*)（追われる人かつ疲れる人）という意味があるので，"淘淘"が"悠悠"を追ってその結果"悠悠"が疲れるという解釈となる (1i)．(10b) では主語"淘淘"に動作主 (x)（追う人）と対象 (*y*)（疲れる人）が，そして目的語"悠悠"に対象 (y)（追われる人）という意味が与えられているので，"淘淘"が"悠悠"を追ってその結果"淘淘"が疲れるという解釈となる (1ii)．(10c) では主語"淘淘"に対象／対象 (y/*y*)（追われる人／疲れる人），目的語"悠悠"に動作主 (x)（追う人）の意味が与えられ，(1iii) の不可能な解釈となる．最後に，(10d) では主語"淘淘"に対象 (y)（追われる人），そして目的語"悠悠"に動作主／対象 (x/*y*)（追う人／疲れる人）という意味があるので，"悠悠"が"淘淘"を追ってその結果"悠悠"が疲れるという (1iv) の解釈になる．

前節で見たように，Li (1995, 1999) は (1) の4つの解釈を説明するために，c-roles を含んだ複雑な項の具現化規則を提案する．これに対して，本章では複雑な項の具現化規則を想定する必要はなく (11) のような単純な規定から説明できることを示す．

(11) 結果複合動詞の項構造において，項 α に対象 (theme) の解釈があるときに限り，項 α は目的語（内項として項構造に）に具現化される（ただし，主語（外項）がなければならない）．

(11) は，ある項に対象の解釈が含まれることが，その項が目的語に具現化されるための必要条件であることを表している．したがって，(11) から排除される項の具現化パターンは，対象を含まない項が目的語に具現化される場合となる．これは，まさに (10c) の不可能な項の具現化パターンに相当し，(1iii) の解釈はありえないことを示している．(1iii) では目的語の"悠悠"に動作主の解釈しか与えられていないので，(11) に違反するわけである．

対照的に，(10a, b, d) の項の具現化パターンはすべて (11) に従ったものになっている．(10a) と (10b) はそれぞれ目的語に対象の解釈がある項が具現化されている．(10d) においても，対象（ここではイタリックの *y*）が目的語に具現化されているので，目的語に動作主の解釈を許す (1iv) の解釈が

可能となる．目的語に動作主の解釈が割り当てられる場合は，動作主だけではなく，対象の解釈も同時に割り当てられており，その目的語は〈動作主／対象〉という項を持つのである．

Randall (2010) などの近年の語彙意味論研究でも想定されているように，LCS でより高い位置にある変項（(8) では x, y, y）は項構造でも統語構造でもより高い位置にある．したがって，通常，動作主 (x) と対象 (y) があれば動作主が主語に対象が目的語に具現化されることになる．ところが，(10b, d) から分かるように，結果複合動詞構文では動作主 (x) と対象 (y) が <x/y> のように同定されることがある．このように動作主と対象が同定されると，LCS 上の動作主 (x) > 対象 (y) という関係性は曖昧となる．対象が動作主と同定される名詞句は動作主でも対象でもあるので，(10b) のように主語にも (10d) のように目的語にも具現化できる．対象は通常意味役割の階層性でも低い位置にあるので，(10d) のように動作主と同定される場合であっても目的語に具現化することができ，結果として動作主が目的語に具現されることになるのである．

このように，(11) の規定のみですべての解釈のパターンが説明できるので，Li (1995, 1999) が仮定するような複雑なルールは必要でないという点で LCS 分析のほうが理論的により望ましいと考えられる．また，LCS 分析では Li (1995, 1999) のような c-roles を独立的に想定する必要がないという点においてもより優れた分析と言える．結果複合動詞構文の V1 と V2 で認められる因果関係は，結果複合動詞の LCS の CAUSE が反映しているからである．

"追累"（追う-疲れる）だけでなく，下記のような結果複合動詞でも目的語に動作主の解釈が可能である．

(12) a. 一大堆　衣服　洗累　　　　了　妈妈.
　　　　 山積み　服　　洗う-疲れる　ASP　お母さん
　　　　 'お母さんが山積みの服を洗ってその結果疲れた．'

　　b. 剩菜　吃腻　　　　　了　大家.
　　　　 残飯　食べる-飽きる　ASP　みんな
　　　　 'みんなが残飯を食べてその結果飽きた．'　　　　（任 (2005: 50)）

c. 课　　讲烦　　　　　　　　了　　老师.
　　授業　講義する-いらいらする　ASP　先生
　　'先生が講義をしてその結果いらいらした.'　　　（任 (2005: 50)）
d. 这杯酒　　喝醉　　　了　　张三.
　　このお酒　飲む-酔う　ASP　張三
　　'張三がこのお酒を飲んでその結果酔っぱらった.'

　(12) から多くの結果複合動詞において，目的語に動作主の解釈が可能であることが分かるが（任 (2005), 于 (2013) も参照），(1) の"追累"（追う-疲れる）も含めて，動作主が目的語に具現化できるには条件があり，それは，V2 の対象が V1 の動作主と同定されるときに限られるということである. (12a) の"妈妈"（お母さん）は洗う行為をする人でありかつ疲れる人でもあるのである．(12b, c, d) そしてもちろん (1iv) も同様である.

　(12) の V1 の"洗"（洗う），"吃"（食べる），"讲"（講義する），"喝"（飲む）は，それぞれ (1) の"追"（追う）と同じく，活動動詞であるが，V1 が活動動詞であるときにのみ，動作主が目的語に具現化できるわけではない. V1 が作成動詞でも位置変化動詞でも目的語に動作主の解釈が可能である.

(13) a. 那本书　写累　　　　　　了　　张三.
　　　　あの本　書く-疲れる　ASP　張三
　　　　'張三があの本を書いてその結果疲れた.'
　　b. 一大堆　海报　　　貼腻　　　　　了　　张三.
　　　　山積み　ポスター　貼る-飽きる　ASP　張三
　　　　'張三が山積みのポスターを貼ってその結果飽きた.'

(13a) の V1 "写"（書く）は作成動詞，(13b) の V1 "貼"（貼る）は位置変化動詞である．これらの結果複合動詞においても，動作主が目的語となり得るのは，やはり V2 の対象と V1 の動作主が同定されているからである．(13a) では V2 の対象（疲れる人）と V1 の動作主（書く人），(13b) では V2 の対象（飽きる人）と V1 の動作主（貼る人）が同一人物として解釈されている．

　以上，結果複合動詞で動作主が目的語になり得るのは，V2 の対象と V1 の動作主が同定される場合に限られることを見た．逆に言えば，V2 の対象

とV1の動作主を同一に解釈できない場合，動作主を目的語に具現することはできないということになる．このことがまさに，上掲の(4)の"冻死"(凍えさせる-死ぬ)で動作主が目的語に具現化できないことを説明することになる．

"冻死"(凍えさせる-死ぬ)においては，V2の死ぬという状態を表す対象項はV1の結果状態を表す対象項としか同定できない．なぜなら，誰かを凍えさせると，通常，動作主ではなく，凍えさせられる対象が何らかの結果状態を被ると考えられ，それが死ぬ状態になると考えるのが自然だからである．(14)が"冻死"(凍えさせる-死ぬ)の具体例で，その文構造は(15)から説明できる．

(14)(=(4)) 张三　冻死　　　　了　　李四.
　　　　　　張三　凍えさせる-死ぬ　ASP　李四
　　　(i)　'張三が李四を凍えさせてその結果李四が死んだ．'
　　　(ii)　*'張三が李四を凍えさせてその結果張三が死んだ．'
　　　(iii)　*'李四が張三を凍えさせてその結果張三が死んだ．'
　　　(iv)　*'李四が張三を凍えさせてその結果李四が死んだ．'

(15) a.　"冻"：[EVENT [EVENT x DO ON y] CAUSE [EVENT y BECOME [STATE y BE FROZEN]]]
　　　b.　"死"：[STATE y BE DEAD]
　　　c.　"冻死"：[EVENT [EVENT x DO ON y] CAUSE [EVENT y BECOME [STATE y BE FROZEN & y BE DEAD]]]

　　　　　　　　　　　　　　　　　(x=freezer, y=freezee/deadee)

"冻死"(凍えさせる-死ぬ)は"追累"(追う-疲れる)とは異なる意味構造を形成する．その意味構造は，(15a)のようなV1"冻"(凍えさせる)のLCSの結果状態にV2"死"(死ぬ)のLCSが並列される形で組み込まれることに

よって形成されると考えられる．つまり，ここでのV2の意味述語はV1の結果状態を表す意味述語を修飾あるいは補足していると言える．"冻"（凍えさせる）と"死"（死ぬ）を組み合わせて作られる，誰か（x）が誰か（y）を凍えさせるとyは凍った状態で死ぬという意味は，(15c)のLCSで記述できる．(15)ではV1とV2の対象は同じ変項yを共有し，統語構造へとリンクされる項は<x, y>という項構造を形成することになる．(11)により，目的語は対象を含まなければならないので，(15)の項構造からは，x（動作主）が主語"张三"にy（対象）が目的語"李四"に具現されるパターンしか存在しないことになり，それ以外の具現化のパターンは(15)にはない．ゆえに"张三"が"李四"を凍えさせてその結果"李四"が死ぬという意味が(14=(4))の唯一の意味となり，(14)の解釈の可能性が(15)により説明できることになる．

このように，結果複合動詞において，V1の対象がV2の対象としか同定できないような意味関係の場合，目的語に動作主を具現化することはできない．特に，動作主が対象にある働きかけをするという事象において，そのどちらかが"死"（死ぬ）という結果状態になる場合は，働きかけられる対象が死に至ると考えるのが自然なので，(14)の"冻死"（凍えさせる-死ぬ）以外にも，次の"杀死"（殺す-死ぬ），"砍死"（切る-死ぬ），"打死"（殴る-死ぬ）などでも，V2の対象はV1の対象としか同定されない．

(16) 张三　　{杀死/砍死/打死}　　　　　　　了　　李四．[8]
　　　張三　　殺す-死ぬ/切り刻む-死ぬ/殴る-死ぬ　ASP　李四

---

[8] Tai (1984) 以降，"杀"（殺す）では結果がキャンセルできるという議論がある．
  (i) Zhangsan sha-le Lisi liangci, Lisi dou mei si.
      'John performed the action of attempting to kill Peter, but Peter didn't die.'
                                                      (Tai (1984: 291))
(i)の"sha（杀）"（殺す）は達成動詞の典型例としてよく挙げられる英語例killに相当する．Tai (1984) は中国語の"杀"（殺す）は英語のkillとは異なり達成動詞ではないとしている．なぜなら，(i)のように結果状態をキャンセルできるからである．しかし，(i)は必ずしも純粋に結果状態がキャンセルされているとは言えない事実がある．たとえば，(i)の目的語を"niao"（鳥）に変えると，たちまち容認されない文となる．
  (ii) *Zhangsan sha-le   yizhi   niao, zhezhi niao mei   si.
        John   kill-ASP one-CL bird this-CL bird NEG dead
       'John killed a bird, but this bird didn't die.'

'張三が李四を殺して/切り刻んで/殴ってその結果李四が死んだ.'

これまでの議論から，結果複合動詞における項の具現化パターンは，その意味構造を見ることで捉えられることがわかった．特に，動作主が目的語に具現化できる"追累"（追う-疲れる）タイプと，それができない"冻死"（凍えさせる-死ぬ）タイプがあり，前者は V1 と V2 が CAUSE 関数によって結ばれる意味構造を，後者は V1 と V2 の結果状態が並立ないし V2 の結果状態が V1 の結果状態を修飾する意味構造をなしていることを論じた．[9]

次節の V1 が自動詞の場合の議論に入る前に，ここで一見本章の分析にとって問題と思われるものについて少し触れておきたい．以下の例は，"追累"（追う-疲れる）と同じく，V1 が他動詞ではあるものの，"追累"（追う-疲れる）で可能な 3 通りの解釈がすべて可能なわけではない．

(17) a. 张三　喝醉　　　了　　酒.
　　　張三　飲む-酔っぱらう　ASP　酒
　　　(i) '張三がお酒を飲んでその結果酔っぱらった.'
　　　(ii) *'張三がお酒を飲んでその結果お酒が酔っぱらった.'
　　b. *张三　写累　　　了　　那本书.
　　　張三　書く-疲れる　ASP　あの本
　　　'張三があの本を書いてその結果疲れた.'

(17a) は，張三が飲んでその結果お酒が酔っぱらったという解釈がないことを示している．これは，お酒と酔っぱらうが意味的に離齬をきたすためで，"喝醉"（飲む-酔っぱらう）の意味構造から推察できることである．一方，意味的には離齬をきたさないが，実際には解釈できない (17b) のようなケースもある．(17b) では V1 の動作主と V2 の対象が主語に，そして V1

---

[9] 同じ"杀"（殺す）という動詞であるにもかかわらず，目的語が人間か鳥かで (i) の"杀"（殺す）は達成動詞ではなく，(ii) のは達成動詞であるとするのはやや不自然である．ただし，中国語に達成動詞が英語や日本語に比べて少ないのは確かで，それゆえに結果複合動詞が発達しているとも言える．いずれにせよ，本章で議論しているように，結果複合動詞の意味構造の違いが項の具現化に影響しているのである．

[9] よく知られているように，英語の結果構文には strong resultative と weak resultative があり，weak resultative も結果句が，動詞が表す結果状態を修飾している意味関係にある (Washio (1997))．

第4章　中国語結果複合動詞の意味構造と項の具現化　　　　　　　　　　117

の対象が目的語に具現される形ができないことを示している．(17b) は"追累"（追う－疲れる）の例の (1ii) の解釈に対応するもので，(11) から考えれば，(17b) はよい文となるはずだが，実際にはできない．本章では，(17b) の文の逸脱性は (11) とは別の理由に由来すると考える．このことを見るために，結果構文に現れる名詞句の位置についての Shi (2002) の次の一般化を考えてみることにする．

(18)　If the resultative is the underlying predicate of a subject (agent), the VR construction usually cannot have an object. ... the only linguistic form for this kind of expression is verb-copying, ...

(Shi (2002: 37))

(18) は，結果述語 (V2) が動作主と同定される場合は，「主語 (V1 の動作主／V2 の対象) ＋結果複合動詞＋目的語 (V1 の対象)」の語順をとることができず，その代わりに，verb-copying（動詞重複構文）にする必要があると述べている (VR は結果複合動詞を指す)．Shi (2002) の一般化が正しいとすると，(17b) のような文の逸脱性は，項の具現化のルールとは独立した事実から説明できることになる．実際，(17b) に相当する文を作ろうとすると，(19) のように verb-copying を行う必要がある．

(19)　张三　写　　那本书　写累　　　　了．
　　　張三　書く　あの本　書く-疲れる　ASP

このように (17b) の逸脱性は (18) によって説明することができることになる．ただし，(18) にも問題があり，次の例では，V2 はどれも V1 の動作主と同定されているが，Shi (2002) の一般化に反して，「主語 (V1 の動作主／V2 の対象) ＋結果複合動詞＋目的語 (V1 の対象)」の語順をとることができる．

(20) a.　大家　　吃腻　　　　　　了　剩菜．
　　　　みんな　食べる-飽きる　ASP　残飯
　　　　'みんなが残飯を食べてその結果飽きた．'
　　 b.　老师　　讲烦　　　　　　　　　了　课．
　　　　先生　　教える-いらいらする　ASP　授業

　　　　'先生が講義をしてその結果いらいらした.'

(任 (2005: 61))

　本章では，(17b) のような一部の結果複合動詞で，当該の語順をとることができないのは，(18) の一般化からではなく V1 と V2 の語彙的な制限によるものと考える．このことを示すために次の例を観察されたい．

(21) a. 張三　{*写累 / 写膩}　　　　　　　了　那本书.
　　　　 張三　　書く-疲れる／書く-飽きる　ASP　あの本
　　　　'張三があの本を書いてその結果疲れた／飽きた.'
　　b. 張三　{*搬累 / 搬膩}　　　　　　　了　这些行李.
　　　　 張三　　運ぶ-疲れる／運ぶ-飽きる　ASP　これらの荷物
　　　　'張三がこれらの荷物を運んでその結果疲れた／飽きた.'
　　c. 張三　{追累 / 追膩}　　　　　　　　　了　李四.
　　　　 張三　　追いかける-疲れる／追いかける-飽きる　ASP　李四
　　　　'張三が李四を追いかけてその結果疲れた／飽きた.'

　(21) から分かることは，「主語 (V1 の動作主／V2 の対象) ＋結果複合動詞＋目的語 (V1 の対象)」の語順がとれないのは，V1 が "追" などの活動動詞以外かつ V2 が "累" である複合動詞に限られるということで，(17b) のような一部の項の具現化ができないのは，結果複合動詞における限られた組み合わせに起因すると考えられる．[10]

　(21a, b) は，"写累 / 搬累"（書く-疲れる／運ぶ-疲れる）が結果複合動詞

---

[10] このほか，一見問題と思われるものに次のような例がある．
　(i) 黛玉哭走了客人．(黛玉のせいで，客が泣いてその結果去った.)
中国語の "走" には「歩く，去る」などの意味があり，「歩く」は意図的な行為なので，"走" は非能格自動詞として振る舞う．そうすると，(i) の例の目的語 "客人"（客）は，本章の目的語に動作主の解釈が可能な場合は，V1 の動作主と V2 の対象が同定されるときに限られるという提案に反することになる．しかし，(i) の例をよく見ると，(i) の "走" は「歩く」という意味ではなく，「去る」という意味を表しており，この場合の "走" は意味的に考えて，非対格自動詞とすることができる．そうすると，(i) は結局 3.3 節で議論する "跑累"（走る-疲れる）と同じタイプと考えることができる．なお，同じ動詞が非能格と非対格の両方を併せ持つことは，日本語でもあり何ら不思議なことではない．ただし，非能格と非対格を区別する尺度に関しては，中国語は日本語ほど研究されているわけではないので，これは今後の課題である．

構文を形成しないことを示すわけではなく，(22) のように，目的語に動作主の解釈を割り当てる形にすれば表すことはできる ((22a) は (13a) の再掲).

(22) a. 那本书　　写累　　　　了　　张三.
　　　　あの本　　書く-疲れる　ASP　张三
　　　　'张三があの本を書いてその結果疲れた.'
　　b. 这些行李　　　搬累　　　　了　　张三.
　　　　これらの荷物　運ぶ-疲れる　ASP　张三
　　　　'张三がこれらの荷物を運んでその結果疲れた.'

この場合もやはりこれまで"追累"（追う-疲れる）などで観察してきたように，目的語に動作主の解釈が可能なのは，V1 の動作主と V2 の対象が同定される場合に限られるという一般化に合致する．次節では，これと同じことが，V1 が自動詞の結果複合動詞にも言えることを示していく．

3.3. V1 が自動詞の結果複合動詞

"追累"（追う-疲れる）のような V1 が他動詞の結果複合動詞で目的語に動作主の解釈が可能なように，V1 が自動詞の結果複合動詞でも同じことができる．(23) の "跳烦"（跳ぶ-いらいらする）は，以下に示すように，3 通りの文を作ることができ，そのうち (23c) では動作主が目的語に具現化される．

(23) a. 张三　　跳烦　　　　　　　　了.
　　　　张三　　跳ぶ-いらいらする　ASP
　　　　'张三が跳んでその結果いらいらした.'
　　b. 张三　　跳烦　　　　　　　　了　　李四.
　　　　张三　　跳ぶ-いらいらする　ASP　李四
　　　　'张三が跳んでその結果李四がいらいらした.'
　　c. 张三　　跳烦　　　　　　　　了　　李四.
　　　　张三　　跳ぶ-いらいらする　ASP　李四
　　　　'张三のせいで，李四が跳んでその結果李四がいらいらした.'

(23) では，主語 "张三" は "跳"（跳ぶ）の動作主でありかつ "烦"（いらいらする）の対象であるため，全体としては自動詞文になる．(23b) では，主語

"张三"は"跳"(跳ぶ)の動作主，そして目的語"李四"は"烦"(いらいらする)の対象をそれぞれ表しているため，全体としては他動詞文になる．これと同じく，(23c)も他動詞文であるが，(23b)とは異なり，目的語の"李四"が"跳"(跳ぶ)の動作主かつ"烦"(いらいらする)の対象になり，主語の"张三"はいらいらを引き起こす原因となる使役者として解釈される．

このように，"跳烦"(跳ぶ-いらいらする)では，(23a, b, c)の3種類の文を作ることができるが，この事実は以下のように説明できる．

(24) a. "跳": [EVENT x DO]
　　 b. "烦": [EVENT y BECOME [STATE y BE BORED]]
　　 c. "跳烦": [EVENT x DO] **CAUSE** [EVENT y BECOME [STATE y BE BORED]]

(25) a. <x$_{(i)}$>, <y$_{(i)}$>
　　 b. <x/y> or <x, y>

(26) a. <x/y>　　b. <x, y>　　c. *<x/y>

(x=jumper, y=boree)

(24)では，"跳"(跳ぶ)のLCS (24a)と"烦"(いらいらする)のLCS (24b)がCAUSE関数で結ばれることにより使役を表す"跳烦"(跳ぶ-いらいらする)のLCS (24c)が形成され，跳んだ結果いらいらするという出来事の意味を表すことを示している．このLCSからは(25b)の二つの項構造が形成される．"追累"(追う-疲れる)タイプのLCSとは異なり，(24)では(25a)に示すように，項の同定は任意となる．これは，他動詞文の名詞句と"跳烦"(跳ぶ-いらいらする)の項との間に数の上での食い違いがないからである．すなわち，V1が自動詞タイプの結果複合動詞は，V1が他動詞タイプの結果複合動詞のように項を二つに絞るために，項の同定を行なう必要がないのである．(26a)のように，項の同定が行なわれると，(23a)の文が派生され，主語の"张三"がV1の動作主(跳ぶ人)，かつV2の対象(いらいらす

第4章　中国語結果複合動詞の意味構造と項の具現化　　　121

る人）となる．対照的に，(26b) のように，項の同定が行なわれない場合，それぞれの項は別々の名詞句に具現されることになり，(11) から目的語は対象を含まなければならないので，(26b) では，V1 の動作主 (x) が主語"張三"に V2 の対象 (y) が目的語"李四"に具現され，(23b) の文ができる．論理的には (26c) の具現化パターンも可能であるが，主語（外項）がなければならないという (11) の規定により目的語としてしか具現されない (26c) は不可能となる．実際，'*跳烦了李四（意図した解釈：'李四が跳んでその結果いらいらした）'のような自動詞文を作ることはできない．

　(11) の主語がなければならないという条件を満たすために，(26a) のように <x/y> を主語として具現化するのとは別の方法として，<z, x/y> のように主語に具現される項を項構造に挿入することもできる．結果複合動詞構文に因果関係の意味があることから，この場合，変項 z は使役者を表すことになる．このことを LCS で表すと (27) のように記述できる．

(27) 　z CAUSE [$_{\text{EVENT}}$ [$_{\text{EVENT}}$ x_i DO] CAUSE [$_{\text{EVENT}}$ y_i BECOME [$_{\text{STATE}}$ y_i BE BORED]]]

(z=causer, x=jumper, y=boree)

(27) の LCS において，変項 z は外的に付加された使役者を表しており，[$_{\text{EVENT}}$ [$_{\text{EVENT}}$ x_i DO] CAUSE [$_{\text{EVENT}}$ y_i BECOME [$_{\text{STATE}}$ y_i BE BORED]]] で記述される下位事象を引き起こす項である．CAUSE 関数でつながれた下位事象は，跳んだ結果疲れるという事象を表しており，跳ぶ人 (x) と疲れる人 (y) は同じである．(27) の LCS からは項構造 <z, x/y> が形成される．(11) に従うと，z が主語に，x/y が目的語に具現されることになり，(23c) で示されている通り，"张三"が使役者そして"李四"が跳ぶ人かつ疲れる人という解釈になる．すなわち，(23c) の主語"张三"は"跳"（跳ぶ）の項でも"烦"（いらいらする）の項でもなく，(27) の LCS が示すよ

うに外的に付加された使役者となる．V1が自動詞の結果複合動詞型において，主語が結果複合動詞の表す事象を引き起こす使役者あるいは原因を表すことは，無生物主語が現れる (28a) の例を見るとより明確になる．

(28) a. 恶梦　哭醒　　　了　妹妹．
　　　　悪夢　泣く-目覚める　ASP　妹
　　　　'悪夢のせいで，妹が泣いてその結果目覚めた．'
　　b. 恶梦　让　　妹妹　哭　得　很不舒服．
　　　　悪夢　CAUS　妹　　泣く　DE　気分が悪い
　　　　'悪夢のせいで，妹が泣いてその結果気分が悪くなった．'

"恶梦"（悪夢）は泣くことも目覚めることもできないので，V1の項でもV2の項でもない．したがって，"恶梦"（悪夢）は外的原因としてしか解釈できない．このことは，"恶梦"（悪夢）が (28b) のような使役文を作ることができることからも明らかである (cf. Kishimoto and Yu (2015))．そうすると，(28a) も (27) と同様の意味構造を形成することになるので，(28a) は (29) の LCS で記述できることになる．

(29) z CAUSE [EVENT [EVENT x_i DO] CAUSE [EVENT y_i BECOME [STATE y_i BE AWAKE]]]

　　　　　　　　　　　　　　　　(z=causer, x=cryer, y=awakee)

"恶梦"（悪夢）のように，完全な外的原因と解釈される場合に加えて，(30) のように，外的原因とV1の動作主にいくらかの意味的なつながりがあるものも見られる．

(30) 这双鞋　跑累　　　了　妈妈．
　　　この靴　走る-疲れる　ASP　お母さん
　　　'この靴のせいで，お母さんが走ってその結果疲れた．'

(30) の"这双鞋"（この靴）は，(30) の文の意味から考えてお母さんが履いている靴であると考えるのが自然である．この関係性を捉えるために，(30) の文構造は，靴 (z) と動作主 (x) の間に，z は x が身につけているものであるという意味を示す (27) に少し修正を加えた (31) から説明されることになる．

(31) [EVENT Z:WEAR (X,Z) CAUSE [EVENT [EVENT x_i DO] CAUSE
　　　　　　[EVENT y_i BECOME [STATE y_i BE TIRED]]]]

(z=causer, x=runner, y=tiree)

(31) の意味構造において，z は，x が履くこと（本来，クオリア構造などを用いて項 z (名詞) についての情報が記載されるべきところだが，本章では暫定的に LCS のみで，$z_{:WEAR\ (X,Z)}$ のように記述しておく），そして z を履いた x が疲れる状態になることを引き起こす原因となることを表している．走る人 (x) と疲れる人 (y) は LCS で同定されるので，結局，(29) と同様の項構造 <z, x/y> を形成することになり，(30) の文構造が作られることになる．(30) の"这双鞋"（この靴）が外的原因を表すことは，(28b) で示したような使役文を作ることができることからも明らかである．

(32) 这双鞋　　让　　妈妈　　跑　　得　　很不舒服.
　　　この靴　CAUS　お母さん　走る　DE　気分が悪い
　　　'この靴のせいで，お母さんが走ってその結果気分が悪くなった．'

(28a) と (30) では意味構造に多少の違いはあるものの，(28b) と (32) が並行的にふるまうことから，これらの結果複合動詞の主語が外的原因を表すことは明らかである．

V1 が自動詞の結果複合動詞も"追累"（追う-疲れる）の場合と同じく，目的語で動作主の解釈が可能な場合は，V2 の対象と V1 の動作主が同定でき

る場合に限られる．このことは (33) の例から分かる．

 (33) a. 张三 哭湿   了   手帕．
     張三 泣く-湿る ASP ハンカチ
     '張三が泣いてその結果ハンカチが湿った．'
  b. *手帕 哭湿   了   张三．
     ハンカチ 泣く-湿る ASP 張三
     意図した解釈:'ハンカチで張三が泣いてその結果湿った．'
  c. *张三 哭湿   了．
     張三 泣く-湿る ASP
     意図した解釈:'張三が泣いてその結果湿った．'

(33a)の"哭湿"(泣く-湿る)は，"哭"(泣く)の項"张三"と"湿"(湿る)の項"手帕"(ハンカチ)がそれぞれ主語と目的語に具現されることを表している．しかし，"跳煩"(跳ぶ-いらいらする)や"跑累"(走る-疲れる)とは異なり，動作主が目的語になる構文を作ることはできない．実際，(33b) のように，動作主"张三"と対象"手帕"(ハンカチ)が逆転すると非文になる．"哭湿"(泣く-湿る)においてはV1の動作主とV2の対象を意味的に同定することができないからである．このことは，(33c) が非文であることから裏付けられる．すなわち，動作主が目的語になり得る"跳煩"(跳ぶ-いらいらする)や"跑累"(走る-疲れる)とは異なり，"哭湿"(泣く-湿る)は項を共有することができないので，動作主を目的語に具現化する文を作ることができないのである．

 以上のことから，"追累"(追う-疲れる)などのV1が他動詞のタイプでも"跳煩"(跳ぶ-いらいらする)などのV1が自動詞のタイプでもV2の対象とV1の動作主が意味的に同定されるときにのみ，目的語に動作主の解釈が可能となることが明らかになった．いずれの構文においても，項の具現化は (11) の規定により説明可能で，本分析は当該データを説明できない Li (1995, 1999) などの分析よりも望ましいものとなる．次節では，V1が3項動詞の結果複合動詞について議論する．

3.4. V1 が 3 項動詞の結果複合動詞

中国語の"送"（あげる）は項を 3 つ必要とする 3 項動詞で，(34) のように直接目的語と間接目的語をとることができる．

(34) 张三　　送　　　了　　大家　　生日礼物.
　　　張三　あげる　ASP　みんな　誕生日お祝い
　　　'張三はみんなに誕生日お祝いをあげた.'

(34) は"送"（あげる）が間接目的語の項として〈着点〉("大家"（みんな））を，直接目的語の項として〈対象〉("生日礼物"（誕生日お祝い））をとることを示している．これに動作主の"张三"が加わると，"送"（あげる）は 3 項動詞になり，<agent, theme, goal> のような項構造を形成することになる．ここで問題となるのは，"送"（あげる）に結果述語"腻"（飽きる）を合成して，(35) のような文を作ることができないということである．

(35) *张三　送腻　　　　了　　大家　　生日礼物.
　　　張三　あげる-飽きる　ASP　みんな　誕生日お祝い
　　　'張三はみんなに誕生日お祝いをあげその結果みんなが飽きた.'

ところが，(36) のように，目的語が対象のみの場合は，結果複合動詞を作ることができ (36a)，その一方で，着点のみの場合はできない (36b)．

(36) a.　张三　送腻　　　　了　　生日礼物.
　　　　 張三　あげる-飽きる　ASP　誕生日お祝い
　　　　 '張三は誕生日お祝いをあげその結果飽きた.'
　　 b. *张三　送腻　　　　了　　大家.
　　　　 張三　あげる-飽きる　ASP　みんな
　　　　 '張三はみんなに（何かを）あげその結果みんなが飽きた.'

(36) からわかるように，V1 が 3 項動詞の結果複合動詞では着点項（ここでは，"大家"（みんな））を具現することができない．これは，Goldberg (1995) の Unique Path Constraint（単一経路の制約）によるためであると考えられ，つまり，着点項が現れないのは，結果複合動詞が表す状態変化に加えて着点（位置変化）の意味が単一節内で表されることになるからと説明できる（紙幅の制限により詳しい議論は于 (2013) を参照されたい）．

着点項が結果複合動詞で現れないことは，英語の3項動詞 teach に当たる中国語の"教"（教える）を考えるとより一層はっきりする．

(37) 王老师　　教　　　大学生　汉语．
　　　王先生　　教える　大学生　中国語
　　　'王先生は大学生に中国語を教える．'

"教"（教える）は動作主"王老师"（王先生），着点"大学生"（大学生），そして対象"汉语"（中国語）を項にとる3項動詞である．しかし，"送"（あげる）とは異なり，"教"（教える）で直接目的語と間接目的語として具現化される項は対応する他動詞文ではどちらも対象を表す直接目的語（内項）となり得る（このことは，英語 teach の 'John taught the students.' のような用法と同じである）．実際，"教"（教える）は，"汉语"（中国語）ないしは"大学生"（大学生）が直接目的語（対象）として具現化される (38) の文を作ることができる．

(38) a.　王老师　教　　　汉语．
　　　　　王先生　教える　中国語
　　　　　'王先生は中国語を教える．'
　　　b.　王老师　教　　　大学生．
　　　　　王先生　教える　大学生
　　　　　'王先生は大学生を教える．'

(37) で着点として解釈される"大学生"（大学生）は，対応する他動詞文 (38b) では対象（教えを被るという影響を受けるもの）として解釈される．そうすると，(38) の"教"（教える）はいずれも動作主と対象だけを項にとるので，次のように，どちらも結果複合動詞を形成することができる．[11]

(39) a.　王老师　教腻　　　　　了　　汉语．
　　　　　王先生　教える-飽きる　ASP　中国語
　　　　　'王先生は中国語を教えその結果飽きた．'

---

[11] だとすれば，"教腻"（教える-飽きる）は結局"追累"（追う-疲れる）と同様の LCS を形成することになるが，紙幅の関係で具体的な LCS は割愛する（cf. 于 (2013)）．

b. 王老師　教膩　　　　了　　大学生.
　　王先生　教える-飽きる　ASP　大学生
　　'王先生は大学生を教えその結果飽きた.'

(39)の目的語はどちらも対象であるので，目的語に対象を要求する(11)の規定を満たすことになり，よい文となる．一方，(36b)の目的語"大家"(みんな)は着点(間接目的語)にしかならないので，容認されない．(39)と(36b)の対比は，本章の提案である目的語に対象を要求する(11)の規定の妥当性が経験面からさらに裏付けられることを示していることにほかならない．

V1 が3項動詞の結果複合動詞でも以下のように，動作主を目的語に具現化することができる．

(40) a.　生日礼物　　　送膩　　　　了　　張三.
　　　　誕生日お祝い　あげる-飽きる　ASP　張三
　　　　'張三が誕生日お祝いをあげその結果飽きた.'
　　b.　汉语　　教膩　　　　了　　王老師.
　　　　中国語　教える-飽きる　ASP　王先生
　　　　'王先生は中国語を教えその結果飽きた.'
　　c.?大学生　教膩　　　　了　　王老師.
　　　　大学生　教える-飽きる　ASP　王先生
　　　　'王先生が大学生を教えその結果飽きた.'

(40a, b, c)はそれぞれ(36a)と(39a, b)の主語と目的語が逆転した形になっており，いずれにおいても動作主が目的語に具現化されていることがわかる．(40)でもこれまで議論してきた"追累"(追う-疲れる)や"跳煩"(跳ぶ-いらいらする)と同じく，やはりV2の対象とV1の動作主が同定されている．

4. おわりに

本章では，中国語結果複合動詞構文における項の現れ方について，特になぜ目的語に動作主の解釈が可能となるのかを中心に議論した．語彙概念構造

による分析を提案し，結果複合動詞の項の現れ方は，対象項がどのように具現化されるかを見ることで説明されると論じた．語彙概念構造による中国語分析はまだ数が少なく，今後，より多くの理論的貢献と成果が期待される．

参考文献

Bresnan, Joan and Jonni M. Kanerva (1989) "Locative Inversion in Chichewa: A Case Study of Factorization in Grammar," *Linguistic Inquiry* 2, 1-50.
Chao, Yuen-Ren (1968) *A Grammar of Spoken Chinese*, University of California Press, Berkeley.
Cheng, Lisa Lai-Shen and C.-T. James Huang (1994) "On the Argument Structure of Resultative Compounds," *In honor of William Wang*, ed. Matthew Chen and Ovid T.-L. Tzeng, 187-221, Pyramid Press, Taipei.
Dowty, David (1979) *Word Meaning and Montague Grammar*, Reidel, Dordrecht.
Goldberg, Adele (1995) *Constructions*, University of Chicago Press, Chicago.
Gu, Yang (1992) *The Syntax of Resultative and Causative Compounds in Chinese*, Doctoral dissertation, Cornell University.
Her, One-Soon (2007) "Argument-Function Mismatches in Mandarin Resultatives: A Lexical Mapping Account," *Lingua* 117, 221-246.
Huang, C-T. James (1997) "On Lexical Structure and Syntactic Project," *Chinese Languages and Linguistics* 3, 45-89.
Huang, C-T. James (2006) "Resultatives and Unaccusatives: A Parametric View," *Chinese Linguistic Society of Japan* 253, 1-43.
Huang, C-T. James, Y.-H. Audrey Li and Yafei Li (2009) *The Syntax of Chinese*, Cambridge University Press, Cambridge.
Jackendoff, Ray (1983) *Semantics and Cognition*, MIT Press, Cambridge, MA.
Jackendoff, Ray (1987) "The Status of Thematic Relations in Linguistic Theory," *Linguistic Inquiry* 18, 369-412.
Jackendoff, Ray (1990) *Semantic Structures*, MIT Press, Cambridge, MA.
影山太郎 (1996)『動詞意味論』くろしお出版，東京．
Kishimoto, Hideki and Yile Yu (2015) "The Syntax of Resultative Verb Compounds in Chinese," ms.
Levin, Beth (1985) *Lexical Semantics in Review, Lexicon Project Working Papers 1*, MIT.
Levin, Beth and Malk Rappaport Hovav (2005) *Argument Realization*, Cambridge University Press, Cambridge.
Li, Yafei (1990) "On Chinese V-V compounds," *Natural Language and Linguistic*

Theory 8, 177-207.
Li, Yafei (1993) "Head and Aspectuality," *Language* 69, 480-504.
Li, Yafei (1995) "The Thematic Hierarchy and Causativity," *Natural Language and Linguistic Theory* 13, 255-282.
Li, Yafei (1999) "Cross-Componential Causativity," *Natural Language and Linguistic Theory* 17, 445-497.
Li, Charles N. and Sandra A. Thompson (1981) *Mandarin Chinese: A Functional Reference Grammar*, University of California Press, Berkeley.
刘月华・潘文娱・故[韦华] (1983)『实用现代汉语语法』外语教学与研究出版社, 北京.
吕叔湘 (1946)「从主语, 宾语的分别谈国语句子的分析」『吕叔湘文集 (2)』商务印书馆, 北京. reprinted in 1990.
Randall, Janet H. (2010) *Linking: The Geometry of Argument Structure*, Springer, Dordrecht
Rappaport Hovav, M. and Beth Levin (1988) "What to Do with θ-roles" *Thematic Relations: Syntax and Semantics* 21, ed. by W. Wilkins, 7-36, Academic Press, New York, San Francisco, London.
Rappaport Hovav, M. and Beth Levin (1998) "Building Verb Meanings," *The Projection of Arguments: Lexical and Compositional Factors,* ed. by M. Butt and W. Geuder, 97-134, CSLI Publications, Stanford.
Ravin, Yael (1990) *Lexical Semantics without Thematic Roles*, Clarendon Press, Oxford/New York.
任鹰 (2005)『现代汉语非受事宾语句研究』 社会科学文献出版社, 北京.
Shi, Yuzhi (2002) *The Establishment of Modern Chinese Grammar: The Formation of the Resultative Construction and its Effects,* John Benjamins, Amsterdam.
Tai, James (1984) "Verbs and Times in Chineses: Vendler's Four Categories," *CLS* 20:2, 286-296.
Tan, Fu (1991) *Notion of Subject in Chinese*, Doctoral dissertation, Stanford University.
王力 (1954)『中国语法理论』中华书局, 北京.
Washio, Ryuichi (1997) "Resultatives, Compositionality and Language Variation," *Journal of East Asian Linguistics* 6, 1-49.
Yu, Yile (2012) "Agent Object Realization in Chinese: An LCS Account," *Kobe Papers in Linguistics* 8, 21-34.
于一楽 (2013)『中国語非動作主卓越構文の研究』博士論文, 神戸大学.
于一楽 (2014)「中国語双数量構文の意味構造」*KLS* 34, 49-60.

第 5 章

語彙的複合動詞の自他交替について[*]

史　曼

陝西師範大学

1. はじめに

日本語には，(1) のように，いわゆる自他交替を許容する動詞があるが，このような自他交替を示す動詞であっても，語彙的複合動詞[1] の後項動詞 (V2) として用いられた場合は，(2) のように交替が許されない．

(1) a.　ガラスを壊した―ガラスが壊れた
　　b.　木を倒した―木が倒れた
　　c.　垢を落とした―垢が落ちた
(2) a.　ガラスを叩き壊した―*ガラスが叩き壊れた
　　b.　木を切り倒した―*木が切り倒れた
　　c.　垢を洗い落とした―*垢が洗い落ちた

なぜ単独で自他交替する動詞が語彙的複合動詞では自他交替できないのであろうか．その原因について影山 (1993) は，(2) の自動詞形の複合動詞は他動詞と非対格自動詞の組み合わされた複合動詞であり，語彙的複合動詞―

---

[*] 本章は筆者の博士論文の一部に加筆修正を施したものである．論文の作成にあたりご教示を賜った小野尚之先生，ナロック・ハイコ先生，中本武志先生，ならびに貴重なコメントを下さった査読者に心より感謝申し上げる．

[1] 日本語の複合動詞は語形成部門により，語彙的複合動詞と統語的複合動詞に分けられる．統語的複合動詞は語彙的な制限をほとんど受けずに形成され，「読み始める，書き始める，走り始める」のように意味的に透明で生産性が高い．一方，語彙的複合動詞は意味の不透明化と語彙化が進んでいる典型的な〈語〉であり，厳しい制限が課されている（影山 (1993)）．統語的複合動詞には自他交替現象が見られないので，本章では語彙的複合動詞だけを扱う．

般に成立する「他動性調和の原則」[2] に違反するので，複合動詞として成立しないと分析している．しかし，他動詞と非対格自動詞の組み合わせが許されないのであれば，次の (3) のような複合動詞の自他交替も許容されないはずである．

(3) a. 花火を打ち上げた―花火が打ち上がった
  b. 糸を手に巻きつけた―糸が手に巻きついた
  c. セーターを編み上げた―セーターが編み上がった

これらを原則に対する例外とすれば，「他動性調和の原則」による説明では (2) を予測することはできても，(3) のような複合動詞を例外として扱わなければならないという問題が生じる．そこで本章では，(2) と (3) において自動詞形の複合動詞が存在するかどうかの違いを自他交替の有無の相違と捉え，複合動詞の意味構造を再検討することによって，語彙的複合動詞の自他交替の要因を解明する．

 本章の構成は以下のとおりである．まず 2 節では先行研究を批判的に検討する．3 節では，自他交替する動詞は単純動詞も複合動詞も《結果》が焦点になっていることを示す．4 節では語彙概念構造 (lexical conceptual structure, 以降 LCS) における事象の焦点と自他交替について論じる．なお，LCS の表記法は基本的に Rappaport Hovav and Levin (1998, 2010) に従う．5 節では，LCS に基づいて複合動詞の自他交替について分析し，大多数の複合動詞が自他交替できない要因を解明する．6 節では複合動詞において，前項動詞 (V1) あるいは後項動詞 (V2) の語彙的意味の希薄化によって，複合動詞が自他交替できるようになることを説明する．7 節は結語である．

2. 語彙的複合動詞の自他交替に関する先行研究

 語彙的複合動詞の自他交替については，朱 (2009)，陳 (2010)，日高 (2012)，影山 (2013) などの先行研究がある．この中で朱 (2009) は「円を切り上げる―円が切り上がる」などの例を考察し，V1 が「*円を切る」のよ

---

 [2]「他動性調和の原則」によると，外項を持つ他動詞と非能格動詞が複合できるが，外項を持たない非対格自動詞は外項を持つ他動詞とは複合できない．

うに，実質的な意味を持っていない場合，「他動詞＋非対格自動詞」が派生されやすいとした．しかし，なぜ V1 が実質的な意味を持っていない場合に，自他交替ができるのかについて理論的な分析はなされていない．

影山 (2013) も朱 (2009) と同様に，V1 の意味変化によって語彙的複合動詞の自他交替が可能になることを論じている．影山 (2013) は，「花火を打ち上げる─花火が打ち上がる」という自他交替について，「打つ」が語彙的意味の希薄化によって V2 が表す事象を副詞的に修飾する要素となるために「他動性調和の原則」に違反せず，「打ち上がる」が成立するという．影山 (2013) の考察は示唆に富んでいるが，「巻きつける─巻きつく」のように，明らかに V1 の語彙的意味が生きている例もあり，「他動性調和の原則」に違反する「他動詞＋非対格自動詞」型の複合動詞が存在することを説明できない．また，「上げる─上がる」がアスペクト補助動詞として用いられた複合動詞「編み上げる─編み上がる」などの自他交替については，詳しく論じられていない．

朱 (2009) や影山 (2013) と異なり，陳 (2010) は「結果一致性の仮説」によって複合動詞の自他交替現象を説明しようとしている．陳によれば，「ロケットを上空に打ち上げる─ロケットが上空に打ち上がる」という例では，「打つ」は「上方・空・宇宙に発射する」という使役位置変化を表し，「上げる」も「上方」へという位置変化を意味している．「打つ」と「上げる」は同じ「上方へ」という位置変化を結果に取っているため，自他交替できるという．しかし，「打つ」は「*上空に打つ」のように「着点表現」とは共起しないことから，使役位置変化を表すとはいえ，このような動詞を V1 に取る複合動詞の自他交替は実際には「結果一致性の仮説」の反例となってしまう．

日高 (2012) は「債務が積み上がった」などは「ひとりでに」「勝手に」「自ら」といった自発の意味を修飾する副詞と共起できるので，複合動詞の自他交替は単純動詞と同じく「反使役化」によって引き起こされると述べている．しかしこの分析では，「花火が打ち上がる」「セーターが編み上がる」のような，「ひとりでに」「勝手に」などと共起できない複合動詞の自他交替の要因を説明できないという不備がある．

このように，語彙的複合動詞の自他交替についてはまだ明らかになっていないことが多い．また，ほとんどの先行研究は複合動詞の自他交替を単純動詞と切り離して論じているが，語彙的複合動詞は単純動詞と同じように，語

彙化された一語であるとすれば，[3] 自他交替においてもパラレルな分析をすべきである．このため本章では，先行研究を踏まえつつ，単純動詞と同じ語彙意味論的な分析から自他交替の要因を解明する．語彙意味論の 1 つのモデルとして，「動詞の意味がその統語的ふるまいを決定する」という考えに基づき，動詞の自他交替を動詞の LCS (Levin and Rappaport Hovav (1995), 影山 (1996), 小野 (2000) など) で記述することにより，語彙的複合動詞の自他交替の意味的な要因を探る．

3. 自他交替する動詞の意味的特徴

本節では自他交替する語彙的複合動詞の意味的特徴について考察する．まず自他交替する単純動詞の意味的特徴を説明する．

3.1. 自他交替する単純動詞の意味的特徴

一般に，自他交替における他動詞と自動詞の対応関係は (4) のような LCS で表される．

(4) a.　他動詞 LCS:
　　　　[[x ACT ON y] CAUSE [y BECOME <STATE>]]
　　　　起因事象　　　　　　　結果事象
　　b.　自動詞 LCS: [y BECOME <STATE>]　結果事象

(4) の他動詞は起因事象 (使役作用) と結果事象 (変化結果) の両方を持つ使役事象を表す．これに対して自動詞は結果事象 (変化結果) のみを含む．また自他交替する他動詞は，起因事象と結果事象のうち，結果に焦点が置かれる[4] (影山 (1996), 早津 (1995))．この点について例 (5) を挙げて説明する．

---

[3] 「語彙的複合動詞」は語彙的緊密性を持っている一語であるという点については影山 (1993, 2013), 由本 (2005) などを参照されたい．

[4] 自他交替について，様々な分析が提案されているが，本章では，影山 (1996), 早津 (1995) などに倣い，自他交替を他動詞からの自動詞化として捉え，他動詞がどのような要因によって自動詞化できるのかを見る．

(5) a. 彼は窓ガラスを壊した．
　　b. 窓ガラスが壊れた．

　上の例で，「壊す」は起因事象と結果事象を持つ使役変化動詞であり，「壊れる」は結果事象のみを持つ自動詞である．影山 (1996)，早津 (1995) などによると，「壊す」の意味的な焦点は変化結果にあり，どのような手段（起因事象）でその変化結果を引き起こすのかは不問に付されているという．この点を簡単に以下のような判断テストで見てみよう．

(6) a. <u>彼は何も道具を使わずに／手で／足で／ボールが／風が／爆発が</u>窓ガラスを壊した．
　　b. *彼は窓ガラスを壊したが，<u>窓ガラスには何の変化もなかった</u>．

(6a) からわかるように「壊す」は人間，自然力，出来事，物など広汎な手段を選択できることから，「壊す」手段が特定されていないことは明らかである．一方，(6b) が示すように，動詞「壊す」は変化結果を否定することができず，必ず変化結果を含んでいる．つまり手段は何であれ，とにかく対象物が状態変化を起こしていればよいのである．したがって，「壊す」は起因事象を指定せずに，結果事象のみに焦点を置く動詞であるといえる．

　これに対して，手段（起因事象）が指定されている使役変化他動詞は，自他交替が成立しない．例えば，(7) の「切る」も「起因事象」と「結果事象」の両方を持っている．しかし「壊す」とは異なり，「ケーキを切る」はナイフなどの道具を使うことを前提としており，手段が指定されている．このように，手段及び結果の両方が含まれる場合，自他交替はできない．

(7) a. <u>お母さんが</u>ケーキを切った．
　　b. *<u>ケーキが切れた</u>． 　　　　　　　　　　　　（小野 (2005: 108)）

　以上のように，単純動詞において，起因事象と結果事象という使役事象を持つ他動詞は結果のみに焦点を置く場合，自他交替が可能である．これが語彙的複合動詞にもあてはまるならば，自他交替する複合動詞も起因事象と結果事象という使役事象を持ち，かつ結果が焦点になっていることが考えられる．次節では，実際に自他交替する複合動詞でそのようにいえるかを考察する．

3.2. 自他交替する複合動詞の意味的特徴

本節では自他交替する複合動詞の意味的特徴を観察する．自他交替できる複合動詞の例を先行研究や辞書から収集したところ，以下のような例が確認できた．[5]

(8) a. 打ち上げる—打ち上がる，折り重ねる—折り重なる，切り替える—切り替わる，繰り上げる—繰り上がる，繰り下げる—繰り下がる，付け加える—付け加わる，積み上げる—積み上がる，積み重ねる—積み重なる，貼りつける—貼りつく，引きちぎる—引きちぎれる，盛り上げる—盛り上がる，巻きつける—巻きつく，など
b. 織り上げる—織り上がる，編み上げる—編み上がる，炊き上げる—炊き上がる，茹で上げる—茹で上がる，縫い上げる—縫い上がる，蒸し上げる—蒸し上がる，焼き上げる—焼き上がる，売り切る—売り切れる，煮詰める—煮詰まる，など

影山 (2013) にしたがって，これらの複合動詞を大きく「主題関係複合動詞 (8a)」と「アスペクト複合動詞 (8b)」に分けた．主題関係複合動詞は，従来の「手段」「様態」「原因」「並列」などの意味グループを包括するもので，V1 が何らかの意味関係で V2 を修飾する複合動詞であり，「叩き壊す」は「叩いて壊す」，「歩き疲れる」は「歩いて疲れる」というように「V1 テ V2」と言い換えることができる．一方，アスペクト複合動詞は従来の補文関係複合動詞に対応するもので，V2 は後ろから V1 を修飾し，V1 のアスペクトを表す．

(9) ① 主題関係複合動詞：
a. 手段：V1 することによって，V2
叩き壊す，踏み潰す，押し開ける，折り曲げる
b. 様態：V1 しながら V2
尋ね歩く，転げ落ちる，遊び暮らす，忍び寄る

---

[5] 影山 (1993, 2013)，松本 (1998)，陳 (2010) などの先行研究及び『広辞苑（第 6 版）』（岩波書店）を参考に，許容度が高い例を収集した．

c. 原因：V1 の結果，V2
　　　　歩き疲れる，抜け落ちる，溺れ死ぬ
　　d. 並列：V1 かつ V2
　　　　泣き喚く，忌み嫌う，恋い慕う，慣れ親しむ
　② アスペクト複合動詞：
　　e. 補文関係：V1 という行為/出来事を（が）V2
　　　　見逃す，死に急ぐ，聞き漏らす，晴れ渡る，使い果たす

（影山 (1999, 2013)）

　自他交替の面から見ると，主題関係複合動詞「叩き壊す」が自動詞「*叩き壊れる」を持たないことからわかるように，一般的には自他交替を示さないのに対し，アスペクト複合動詞は「織り上げる／織り上がる」，「炊き上げる／炊き上がる」のように比較的規則的に自他交替を示すという特徴がある．以下では，規則的に自他交替が起こるアスペクト複合動詞の意味的特徴を考察する．

3.2.1. 自他交替するアスペクト複合動詞の意味的特徴

　影山 (2013) によると，アスペクト複合動詞は V1 が事象内容を表し，複合動詞全体の項関係を決める．V2 は広い意味で語彙アスペクトを表し，V1 が表す事象の展開について述べる．例えば「編み上げる」「炊き上げる」「織り上げる」などでは，「上げる」は作成動詞「編む」「炊く」「織る」が表す事象の《完了》を表している．

　姫野 (1999) に指摘されているように，(10) のような一部の「作成動詞」は同じ文脈で《材料》と《生産物》の両方を取ることができる．

　(10) a. ｛毛糸／セーター｝を編む　　b. ｛米／ご飯｝を炊く
　　　　c. ｛糸／布｝を織る　　　　　　d. ｛木／熊｝を彫る

「毛糸でセーターを編む」という事象では，「毛糸」は《材料》であり，「セーター」は《生産物》ある．このとき，(10a) のように「毛糸を編む」ともいえれば，「セーターを編む」ともいえる．「編む」のような作成動詞は起因事象と結果事象という使役事象を持ち，Dowty (1979) を参考に，次のような LCS で表される．

(11) 作成動詞の LCS:
[[x ACT$_{<MANNER>}$ ON y] CAUSE [z BECOME EXIST]]
　　　起因事象　　　　　　　　結果事象

しかし，これらの作成動詞は (12) に示すように，「上げる」と組み合わさって複合動詞になると，《生産物》(z) しか内項に取ることができない．つまり陳 (2010)，影山 (2013) のいうように，アスペクト複合動詞「作成動詞＋上げる」の主眼は完成品の産出にある．言い換えれば，結果事象に焦点が置かれることになる．他の「作成動詞＋上げる」にも同じ現象が見られる．

(12) a. {*毛糸／セーター} を編み上げる
　　 b. {*米／ご飯} を炊き上げる
　　 c. {*糸／布} を織り上げる
　　 d. {*木／熊} を彫り上げる

このように，「〜上げる―〜上がる」アスペクト複合動詞では，結果が焦点になっている．また，前述したように，アスペクト複合動詞では，V1 が複合動詞の事象内容を表す．「セーターを編み上げる」において，V1「編む」は「起因事象」と「結果事象」からなる使役事象を持つ作成動詞であるため，「編み上げる」全体も使役事象を持つ．上で，起因事象と結果事象という使役事象を持つ単純動詞は結果のみに焦点を置く場合，自他交替が可能であることを見たが，この意味特徴はアスペクト複合動詞にも見られるのである．他に「煮詰める―煮詰まる」，「売り切る―売り切れる」も同じような意味的特徴を見せる．例えば「煮詰める」において，「煮る」は「作成動詞」であり，「詰める」は完了アスペクトを表す．「煮詰める」において，「結果事象」が焦点化されていることは「煮込む」と対照してみれば明らかである．例えば「彼女は1時間ほどおでんを煮込んだ/煮詰めた」を比較してみると，「おでんを煮込んだ」という場合，ただ時間をかけて煮るというだけで，おでんがどのような状態になったのかは不明である．一方，「おでんを煮詰めた」場合，おでんの水分がなくなるという状態になっていることから，状態変化の結果に注目しているといえる．

また姫野 (1999: 177-180) によると，「売り切る」のような「継続動詞＋切る」というアスペクト複合動詞は，行為の単なる終了ではなく，行為者の

予定通り完全に行われることを表しており，行為完遂の最後の時点に重点がある．すなわち，「話者の視点は継続の部分ではなく，最後の状態変化の一点，完全な状態に達するか否かの一点に絞られる」という．このように，「売り切る」も結果が焦点化されているために，「売り切る―売り切れる」の自他交替が可能となるのである．

ここまで，自他交替するアスペクト複合動詞は使役事象を持ち，かつ結果に注目しているということを見てきた．同様のことが自他交替を起こす主題関係複合動詞にも観察されるのであれば，結果の焦点化は自他交替する語彙的複合動詞の共通点といえるであろう．そこで次に主題関係複合動詞を見る．

3.2.2. 自他交替する主題関係複合動詞の意味的特徴

主題関係複合動詞は，V1とV2がともに主題関係（項関係）を持ち，V1がV2を様々な意味関係で修飾する動詞である（影山 (2013: 11-12))．主題関係複合動詞の自他交替はばらばらに起こるため，共通の意味的特徴は捉えにくいが，本節では「花火を打ち上げる」もアスペクト複合動詞「編み上げる」などと同じように，意味的な焦点は結果にあることを示す．

本来，「打ち上げる」は手段関係を表す複合動詞であり，「打つ」は「上げる」の手段を指定している．しかし，影山 (2013) が指摘しているように，「花火を打ち上げる」では，「打つ」の本来の動作の意味が希薄化し，「勢いよく」という副詞的な意味合いに転義している．これによって，「上げる」への手段の指定がなくなり，「打ち上げる」全体は意味的に「上げる」と同様に，結果が焦点になっていると考えられる．

森山 (2012) によると，「打つ」の基本義は「(瞬間的に力を加え) 強く叩いて衝撃を与える，攻撃する」であり，ある特定の動作を表すため，(13a) のように，「手」や「ラケット」や「バット」など特定の道具と共起できる．「パソコンでボールを打つ」という場合には，ボールを手に持ったパソコンに直接当てなければならないため不自然であるが，(13b) のように，「パソコンで花火を打ち上げる」のであれば，「パソコン」は花火自体に特定の動作を行うのではなく，何らかの操作によって花火を勢いよく上げればよい．つまり，「花火を打ち上げる」では，「打つ」は「上げる」行為の手段ではなくなっている．しかも，(13c) が示すように，「花火を打ち上げる」は位置変化の結果

を表す「着点」と共起できることから，結果が含まれていることがわかる．

(13) a. 手で／ラケットで／バットで／＊パソコンでボールを打つ
　　 b. パソコンで花火を打ち上げる
　　 c. 上空に花火を打ち上げる

このように，「(花火を) 打ち上げる」という複合動詞は「打つ」の語彙的意味の希薄化によって，「上げる」と同様に，意味的に結果が焦点になっていると考えられる．他に「繰り上げる―繰り上がる」，「繰り下げる―繰り下がる」，「引きちぎる―引きちぎれる」，「引き締める―引き締まる」なども同じように，V1 の語彙的意味の希薄化により，結果が焦点になっている．

要するに，自他交替を起こす語彙的複合動詞では意味的な焦点が結果にあるといえる．そこで，複合動詞の自他交替の要因について，次の仮説を提案する．

(14) 　仮説：自他交替する複合動詞は，単純動詞と同様に
　　　① 起因事象と結果事象という使役事象を持っている，
　　　② 意味の焦点は結果にある．
　　　このような場合にのみ，他動詞は自動詞化する可能性がある．

本節では自他交替する単純動詞の意味的特徴を説明した後，自他交替する語彙的複合動詞にも同じ意味的特徴が見られることを示した．すなわち，他動詞は「起因事象」と「結果事象」という使役事象を持っているが，意味上の焦点が結果にあるということである．では，「結果の焦点」とは具体的に何を指すのか，これを LCS でどのように形式的に表示するのか．これらの問題について，次節で詳しく論じる．

4. 事象の焦点と自他交替

我々は普通，外部世界のある対象あるいは出来事を把握するときに，ある部分に焦点を当てながら認識し，焦点化される部分によって，異なる言語表現を用いる．焦点は談話，文レベルだけではなく，動詞の語彙的意味にも現れる．Pustejovsky (1995) は動詞の意味構造において，各下位事象は時間的に順序づけられているだけではなく，「卓立性」の差もあると述べ，最も卓立

性が高い下位事象を「主辞」(event headedness) と呼んでいる．この主辞は意味上の焦点でもある．Pustejovsky はどのような場合に事象に焦点を指定するのかについて詳しく議論していないが，ここでは Rappaport Hovav and Levin (2010) を参考に，動詞語義の語根（root）となる事象が焦点になると考える．ただし，複合動詞は 2 つの動詞の合成であるため，その焦点も 2 つの動詞の語根の合成になる．本節ではまず単純動詞の焦点と自他交替について詳細に説明していく．

Rappaport Hovav and Levin (2010: 23-24) は，動詞の意味は構造的意味 (event schema) と，その動詞に固有の意味を表す語根で構成されると述べている．(15) のように，構造的意味は，ACT, BECOME, CAUSE といった意味述語による特定の結合から構成されている．一方語根は，<MANNER> <STATE> のように表示され，動詞によって異なる．

(15) a.　[x ACT$_{<\text{MANNER}>/<\text{INSTRUMENT}>}$]
　　　b.　[[x ACT] CAUSE [y BECOME <STATE>]]
　　　　　[x BECOME <STATE>]

Rappaport Hovav and Levin (2010: 24) は語根と構造的意味の結びつき方の違いによって，すなわち語根が構造的意味の BECOME の項 <STATE> になるか，ACT を修飾する <MANNER>/<INSTRUMENT> なのかによって，動詞を (16) のように，大きく結果動詞 (Result Verbs) と様態動詞 (Manner Verbs) に分けている．様態動詞は行為の様態を指定する動詞であり，結果動詞は変化結果を指定する動詞である．

(16) a.　Manner Verbs: jog, run, creak; brush, chisel, saw, ...
　　　　　[x ACT$_{<\text{MANNER}>/<\text{INSTRUMENT}>}$]
　　　b.　Result Verbs: break, dry, harden, melt, open, ...
　　　　　[[x ACT] CAUSE [y BECOME <RESULT-STATE>]]

Rappaport Hovav and Levin (2010) は，root は BECOME の項か ACT を修飾するかのいずれかで語彙化され，様態と結果の両方を表す root は存在しないという制約を提案している[6]が，Beavers and Knootz-Garborden

---

[6] この制約は「様態・結果の相補性仮説」と呼ばれる．この仮説については，本書の第 10

(2012) は殺害様態動詞（*guillotine*）や調理様態動詞（*barbecue*）などの例を挙げて，「様態」と「結果」の両方を含む動詞が存在すると指摘している．これについての詳しい議論は別稿に譲るが，「太郎はねぎを刻んだ」の動詞「刻む」には，動作主（太郎）の「包丁など鋭利な道具で細かく（切る）」という特定の様態と同時に，目的語（ねぎ）の「みじん切りになる」という変化結果も含まれている．つまり，「刻む」という動詞は「様態」と「結果」の両方が指定されていると考えられる．このため，本章では日本語の動詞を大きく「様態動詞」，「結果動詞」，「様態・結果動詞」という3つに分ける．それぞれのLCSを下記のとおりに示す．[7]

(17) a. 様態動詞：
　　　　[x ACT$_{<MANNER>}$ (ON y)]
　　b. 結果動詞：
　　　　[[x ACT] CAUSE [y BECOME <STATE>]
　　　　[x BECOME <STATE>]
　　c. 様態・結果動詞：
　　　　[[x ACT$_{<MANNER>}$ ON y] CAUSE [y BECOME <STATE>]]

Levin and Rappaport Hovav は「焦点」について言及していないが，本章では単純動詞の場合，語根が指定する事象が焦点になると仮定する．つまり，(18) のように「様態」が指定される動詞の焦点は「様態」にあり，「結果」が指定される動詞の焦点は「結果」にある．様態・結果動詞は様態も結果も焦点となる．

(18) a. 様態動詞：
　　　　[x ACT$_{<MANNER>}$ (ON y)]
　　　　→焦点：様態（manner）

章，第12章なども参照されたい．

[7] ここで，「様態」と「結果」のどちらが指定されるかによって日本語の動詞を分類しているが，状態変化事象か移動事象か，自動詞か他動詞かなどによってさらに下位分類できる．しかし，この点は本章の議論の範囲を越えるので，詳しい分類は別稿に譲る．

b. 結果動詞：
[[x ACT] CAUSE [y BECOME <STATE>]]
[y BECOME <STATE>]
→焦点：結果 (state)
c. 様態・結果動詞：
[[x ACT<MANNER>] CAUSE [y BECOME <STATE>]]
→焦点：様態 (manner) ＋結果 (state)

「様態動詞」「結果動詞」「様態・結果動詞」という「事象の焦点」による分類は，おおむね次のアスペクトによる分類と対応する．[8]

(19) a. 様態動詞―活動動詞：笑う，叫ぶ，打つ，踏む，叩く
b. 結果動詞―到達動詞：壊れる，潰れる，開く，降りる
達成動詞：壊す，潰す，開ける，降ろす
c. 様態結果動詞：刻む，巻く，編む，炊く，煮る，炒める

動詞を様態と結果によって分類する1つの大きなメリットは，動詞の意味的な焦点がどこにあるかがはっきりわかることである．では，この分類に基づいて，自他交替の意味的条件を再分析する．本章は他動詞の自動詞化について考察するため，ここでは他動詞のみを取り出して分析する．

(20) a. 様態動詞：押す，打つ，叩く，殴る，引く，揉む
[x ACT<MANNER> ON y]
b. 結果動詞：上げる，開ける，温める，倒す，壊す
[[x ACT ON y] CAUSE [y BECOME <STATE>]]
c. 様態・結果動詞:刻む，巻く，編む，炊く，炒める
[[x ACT<MANNER> ON y] CAUSE [y BECOME <STATE>]]

3節で説明したように，自他交替する動詞は起因事象と結果事象という使役事象を持ち，しかも，意味的な焦点は結果のみにある．(20a) の様態動詞は起因事象しか持っていないので，自他交替の条件を満たすことができな

---

[8] Rappaport Hovav and Levin (1998) によると，「様態動詞」はアスペクト上，活動動詞と対応し，「結果動詞」は到達動詞，達成動詞と対応する．

い．(20c) の様態・結果動詞は起因事象と結果事象という使役事象を持つが，様態も結果も指定されて焦点になっており，やはり自他交替ができない．一方，(20b) の結果動詞は起因事象と結果事象という使役事象を持ち，なおかつ結果のみが指定されて焦点になっているため，自他交替が可能になる．

繰り返しになるが，本節では単純動詞の「焦点」を語根の指定と捉えるが，語彙的複合動詞は2つの単純動詞の意味構造の合成であり，2つの動詞の語根が合成されるため，複合動詞の「焦点」はやや複雑になる．次節では複合動詞の焦点と自他交替について詳しく議論する．

5. 語彙的複合動詞の LCS と自他交替

4節では動詞が「様態」と「結果」のどちらに焦点を置くかという観点から自他交替を再分析し，結果が指定されて焦点になる結果動詞のみが，自他交替可能であることを見た．本節では語彙的複合動詞の LCS について議論し，ほとんどの複合動詞が自他交替できない原因を探る．

上述のように，影山 (2013) は語彙的複合動詞を大きく主題関係複合動詞とアスペクト複合動詞に分ける．主題関係複合動詞は手段，様態，原因，並列関係の複合動詞に対応し，アスペクト複合動詞は補文関係複合動詞に対応する．

主題関係複合動詞では，通常 V1 と V2 は本義が生きているのに対して，ほとんどのアスペクト複合動詞における V2 は語彙的意味が希薄化している．3.2 節で考察したように，主題関係複合動詞，アスペクト複合動詞ともに自他交替現象が見られ，結果に焦点があるという同じ意味的特徴を持っているが，本節ではまず主題関係複合動詞の LCS と事象の焦点について考察する．

影山 (1999)，由本 (2005, 2013) などによると，語彙的複合動詞は1つのまとまった事象を表し，単一の動詞概念として機能し，単純動詞とパラレルな LCS を持っている．影山 (1999)，由本 (2013) の語彙的複合動詞の LCS の表記法を参考にして，(9) の①の各タイプの複合動詞の LCS を次のように示す．

(21) a. 手段:「叩き壊す」
　　　「壊す」:[x ACT$_<$　　> ON y]
　　　　　　　　　↑　　　CAUSE [y BECOME <BROKEN>]]
　　　「叩く」:[x ACT$_{<\text{HITTING}>}$ ON y]
　　　→ [[x ACT$_{<\text{HITTING}>}$ ON y] CAUSE [y BECOME <BROKEN>]]
　b. 様態:「持ち去る」
　　　「去る」:[x MOVE AWAY]
　　　「持つ」:[x ACT$_{<\text{HOLDING}>}$ ON y]
　　　→ [x MOVE$_{<\text{HOLDING y}>}$ AWAY]
　c. 原因:「読み疲れる」
　　　「疲れる」:[x BECOME <TIRED>]
　　　「読む」:[x ACT$_{<\text{READING}>}$ ON y]
　　　→ [[x ACT$_{<\text{READING}>}$ ON y] CAUSE [x BECOME <TIRED>]]
　d. 並列:「泣き喚く」
　　　「泣く」:[x ACT$_{<\text{CRYING}>}$]
　　　「喚く」:[x ACT$_{<\text{SHOUTING}>}$]
　　　→ [x ACT$_{<\text{CRYING \& SHOUTING}>}$]

(21)に示したように,手段関係複合動詞「叩き壊す」は「起因事象+結果事象」の使役事象を持っており,「刻む」などの様態・結果動詞とパラレルなLCSを持っている.様態関係複合動詞「持ち去る」は「何かを持った」状態で「去る」という移動変化を行うため,様態と結果の両方が含まれていると考えられる.ただし,様態「持つ」と移動変化「去る」の間に使役関係がないため,使役事象をなしていない.また原因関係複合動詞「読み疲れる」では,「読む」ことは起因事象であり,「疲れる」という状態変化は結果事象である.しかし手段関係複合動詞と違って,主語自身の行った行為(読む)が非意図的に自分の状態変化(疲れる)を引き起こしており,V1とV2は因果関係にはあるが,使役関係ではない.最後の並列関係複合動詞「泣き喚く」は様態が二重に指定される様態動詞である.

冒頭で述べたように,ほとんどの語彙的複合動詞は自他交替を起こさない.その原因について,(21)のLCSに基づいて論じる.まず,単純他動詞が自他交替する意味的条件は以下の2つであり,この条件を同時に満たす場

合に限り，他動詞は自動詞化する可能性がある．

① 起因事象と結果事象という使役事象を持っている．
② 意味的な焦点は結果にある．

(21)からわかるように，主題関係複合動詞において，「起因事象＋結果事象」という使役事象を持つ動詞は手段関係複合動詞のみである．つまり，様態，原因，並列関係複合動詞は自他交替要因の1つ目の条件を満たしていないため，自他交替とは無縁である．このため，主題関係複合動詞の自他交替の問題は手段関係複合動詞の自他交替の問題になる．では，なぜほとんどの手段関係複合動詞は自他交替できないのであろうか．ここで，「叩き壊す」を例として見てみよう．繰り返しになるが，この動詞のLCSは以下のようになる．

(22) 　[[x ACT_{<HITTING>} ON y] CAUSE [y BECOME <BROKEN>]]
　　　　起因事象（焦点）　　　　　　　結果事象（焦点）

(22)のように，「叩き壊す」という複合動詞は「起因事象＋結果事象」の使役事象を持っているので，自他交替条件の1つを満たしている．しかし，様態は「叩く」に，結果は「壊れる」に指定されている．つまり，「叩き壊す」という動詞は「叩く」という様態動詞と「壊す」という結果動詞の合成により，「刻む」のような様態・結果動詞と同様に，様態も結果も指定されて焦点になっているため，自他交替ができないのである．

本節では，V1とV2の本義が生きている場合，語彙的複合動詞は自他交替するための2つの意味的条件を満たさないため，自他交替が成立しないという結論を得た．

では，冒頭で取り上げた「打ち上げる」などは「叩き壊す」と同じ手段関係複合動詞であるにもかかわらず，なぜ「花火を打ち上げる－花火が打ち上がる」のように自他交替できるのであろうか．同じ手段関係複合動詞である「打ち上げる」と「叩き壊す」はどこが違うのであろうか．

3.2節で述べたように，「花火を打ち上げる」における「打つ」の語彙的意味は希薄化し，本来の動作の意味が副詞的な意味に変化している．このことから考えれば，語彙的意味の希薄化は「打ち上げる」が自他交替する要因であると考えられる．興味深いことに，アスペクト複合動詞「編み上げる」で

も,「上げる」は語彙的意味が希薄化し,動作の意味からアスペクトを表すように変化している.つまり,自他交替できる主題関係複合動詞「打ち上げる」とアスペクト複合動詞「編み上げる—編み上がる」の共通点は語彙的意味の希薄化が起こっているということにある.次節では意味の希薄化によって複合動詞の LCS がどのように結果が焦点化されるのか具体的に分析する.

6. 語彙的複合動詞における語彙的意味の希薄化と自他交替

前節では,起因事象と結果事象を持つ語彙的複合動詞は手段関係複合動詞であるが,様態も結果も指定されて焦点になっているため,自他交替できないと論じた.本節では主題関係複合動詞とアスペクト複合動詞に分けて,語彙的意味の希薄化による自他交替について議論する.そして,主題関係複合動詞では,「花火を打ち上げる—花火が打ち上がる」のような V1 の語彙的意味の希薄化によって自他交替を起こす複合動詞と,「巻きつける—巻きつく」のように V2 の希薄化が起こっている複合動詞の2つに分けて論じる.

6.1. 主題関係複合動詞の自他交替
6.1.1. V1 の語彙的意味の希薄化:「打ち上げる−打ち上がる」類

「花火を打ち上げる—花火が打ち上がる」という自他交替について,影山 (2013) も V1「打つ」の語彙的意味が希薄化していることを論じているが,斎藤 (1989),森田 (1994) などによれば,語義は次のテストによって,希薄化していると判断される.

(23) V1 の語彙的意味の希薄化の判断テスト:
    a. テ形連接との言い換え不可:
        N を V1V2—*N を V1 て V2
    b. 格支配無し:
        N を V1V2—*N を V1
   → V1 は語彙的意味が希薄化

例えば,(24a) のように,「花火を打って上げる」と言い換えられず,「花火」への格支配能力も失っている.このような場合,「打つ」は語彙的意味が希薄化していると判断される.これに対して,(24b) のように,「ボールを打

ち上げる」における「打つ」は本義が生きている．「打つ」の語彙的意味の希薄化の有無によって，「花火を打ち上げる―花火が打ち上がる」という自他交替が成立するが，「ボールを打ち上げる―*ボールが打ち上がる」のように自他交替できないことがわかる．

(24) a. 花火を打ち上げる－花火が打ち上がる
　　　　花火を打って上げる（×）
　　　　花火を打つ（×），花火を上げる（○）
　　　　→「打つ」は語彙的意味が希薄化している．
　　b. ボールを打ち上げる―*ボールが打ち上がる
　　　　ボールを打って上げる（○）
　　　　ボールを打つ（○），ボールを上げる（○）
　　　　→「打つ」は本義が生きている．

V1の語彙的意味の希薄化による自他交替は次のような例でも明らかである．(25a)「手綱を引き締める―*手綱が引き締まる」，(26a)「船を引き上げる―*船が引き上がる」では，V1の本来の動作の意味が生きており，自他交替ができない．一方，(25b)「お腹を引き締める―お腹が引き締まる」，[9] (26b)「税を引き上げる―税が引き上がる」はいずれも「花火を打ち上げる」と同じように，V1は語彙的意味の希薄化が起こり，自他交替が成立する．

(25) a. 手綱を引き締める―*手綱が引き締まる
　　　　手綱を引いて締める（○）
　　　　手綱を引く（○），手綱を締める（○）
　　　　→「引く」は本義が生きている
　　b. エクササイズで<u>お腹を引き締める</u>（国立国語研究所『複合動詞レキシコン』）
　　　　歩くだけで，<u>お腹が引き締まる</u>と今話題のクロスウォーカー．（国立国語研究所『Web データに基づく複合動詞用例データベース』）

---

[9] 「気持ちを引き締める―気持ちが引き締まる」という例も「*気持ちを引いて締める」が言えず，「気持ちを引き締める」が意味的に「気持ちを締める」と同じである．つまり，この例も「引く」の語彙的意味が希薄化し，自他交替できるわけである．

お腹を引いて締める（×）

お腹を引く（×），お腹を締める（○）

→「引く」は語彙的意味が希薄化している．

(26) a. 船を引き上げた．―*船が引き上がった

船を引いてあげる（○）

船を引く（○），船を上げる（○）

→「引く」は本義が保持されている．

b. <u>所得税と法人税を一律10%引き上げる</u>（国立国語研究所『複合動詞レキシコン』）

今日から<u>住民税が引き上がる</u>．（国立国語研究所『Webデータに基づく複合動詞用例データベース』）

税を引いてあげる（×）

税を引く（×），税を上げる（○）

→「引く」は語彙的意味が希薄化している．

では，なぜ手段関係複合動詞は V1 の語彙的意味が希薄化している場合，自他交替が成立するのであろうか．ここで，「打ち上げる」を例に，手段関係複合動詞の本来の LCS をもう一度確認しよう．

(27)「上げる」：[[x ACT< > ON y] CAUSE [y BECOME <UP>]]
                         ↑
「打つ」：[x ACT$_{<HITTING>}$ ON y]

→「打ち上げる」：

[[x ACT$_{<\underline{HITTING}>}$ ON y] CAUSE [y BECOME <U̲P̲>]]

(27) に示したように，本来，「打ち上げる」は様態も結果も指定され，焦点になっている．これがゆえに，自他交替が成立しない．しかし，「花火を打ち上げる」では「打つ」の本来の動作の意味が希薄化し，(28) のように「上げる」への手段の指定がなくなるために，結果事象のみに焦点が置かれるようになり，自他交替が成立する．

(28) a. 「上げる」：[[x ACT ON y] CAUSE [y BECOME <UP>]]
　　　　　　　　起因事象（無指定）　　　　　結果事象

「打つ」：[x ACT $_{<\text{HITTING}>}$ ON y]¹⁰ →意味の希薄化
b. 「花火を打ち上げる」：
[[x ACT ON y] CAUSE [y BECOME <UP>]]¹¹
起因事象（無指定）　　　結果事象（焦点）

まとめると，「花火を打ち上げる—花火が打ち上がる」のような自他交替する複合動詞は，V1の語彙的意味の希薄化により，V1のV2に対する手段（様態）の指定が失われ，結果事象のみに焦点が置かれることにより，自他交替が成立するのである．

6.1.2. V2の語彙的意味の希薄化：「巻きつける—巻きつく」類

「巻きつける」のような複合動詞では，V1「巻く」はV2「つける」の手段を指定する手段複合動詞として扱われている（由本 (2013: 132))．これが正しければ「叩き壊す」と同じように，自他交替できないはずである．しかし実際には(29)のように「巻きつける」は自他交替が可能である．

(29) a. 糸を手に巻きつけて使用するタイプのもの …
　　 b. そこで彼の腕に金属の糸が巻きつく．
　　　 （国立国語研究所『Webデータに基づく複合動詞用例データベース』）

では，なぜ「叩き壊す—*叩き壊れる」と違って，「巻きつける—巻きつく」は自他交替ができるのであろうか．本章では，「巻きつける」においても語彙的意味の希薄化が起こり，それによって自他交替が成立すると主張したい．「巻きつける」において，「巻く」は「つける」の手段ではなく，「つける」は「巻く」の変化結果を強調する補助的な役割を果たしていると考えられる．なぜなら「糸を手に巻く」における「巻く」は，「ものの周りをぐるぐると緩みのないように」という様態と，「絡みついた」という結果を含んだ様態・結果動詞であり，「つける」は「巻く」にすでに含まれている結果の意味の複製に過ぎないからである．「巻く」には「様態」と「結果」の両方が含まれてい

---

¹⁰ ここの網掛けは「打つ」という動詞の語彙的意味の希薄化を表す．
¹¹ 「打つ」の「勢いよく」という様態の意味はLCSでは省略したが，起因事象のACTではなく，上昇という結果事象を修飾するものであり，自他交替を妨げない．

るということについて，次の例で見ておこう．

(30) 太郎が／*ボールが／*風が棒に糸を巻く．
(31) a. 糸を棒に巻く．
　　 b. 棒に糸が巻いてある．

(30)のように，人間（太郎）は「巻く」の主語になるが，通常，無生物（ボール）や自然力（風）などは主語になりにくい．主語への選択制限が厳しいというのは様態動詞の特徴である（Beavers and Koontz-Garboden (2012))．また(31)のように，結果状態が残ることを表す「テアル」構文とも共起できるので，「結果」が指定されていると判断できる．すなわち，「巻く」には「様態」と「結果」の両方が指定されているのである．

さて，斎藤(1992: 318)によれば，「本来入れなくてもいい要素をわざわざ入れてもう一度その要素を繰り返すこと」は，「そこに力点が置かれている」ことを表す．「巻きつける」では，「つける」が「巻く」に含まれている変化結果の意味を繰り返すことにより，変化結果（つける）が焦点化していると考えられる．この点について，例(32)(33)で説明する．

(32) a. 腕に包帯を巻く　　　　b. 腕を包帯で巻く
(33) a. 腕に包帯を巻きつける　b. *腕を包帯で巻きつける

(32)はいわゆる「壁塗り交替」と呼ばれる交替現象である．岸本(2011: 34)によると，壁塗り交替が可能な動詞は，主題の移動と場所の状態変化の2つの意味を表すことができる動詞である．(32a)は「包帯」という主題の移動に焦点を当てているのに対して，(32b)は「腕」という場所の状態変化に注目している．これに対して，(33)に示されているように，「巻きつける」は壁塗り交替できない．このような現象について，岸本(2011)は「つける」を付け加えることによって，複合動詞全体が「主題の移動」に注目するようになっているためであると説明している．ここでは壁塗り交替について詳しく論じないが，重要なのは「巻きつける」は主題の移動に焦点が当てられているという点である．「巻きつける」の起因事象は包帯を何かの周りにぐるぐると回すことであるが，注目が当たっているのは結果事象のつけること（主題の移動）にある．

次に「巻きつける」において，変化結果が焦点化されていることを形式的

第 5 章　語彙的複合動詞の自他交替について　　　151

に表示した LCS を示す．上述したように，「巻きつける」では，V1「巻く」が意味の中心であり，(34a) のように様態が指定されている起因事象が結果事象を引き起こす使役事象を持っている．V2「つける」は結果動詞であり，「巻く」に含まれている意味の一部（結果）の複製にすぎないが，変化結果を強調して焦点化する機能を持っており，それによって，「巻きつける」全体の変化結果がより強調される．「巻きつける」の LCS を次のように示す．

(34) a.　「巻く」：
　　　　[[x ACT_{<WINDING>} ON y] CAUSE [y BECOME <STUCK>]]

　　 b.　「つける」：[[x ACT ON y] CAUSE [y BECOME <STUCK>]]

　　 c.　「巻きつける」：
　　　　[[x ACT_{<WINDING>} ON y] CAUSE [**y BECOME <STUCK>**]]

　　　　　　起因事象　　　　　　結果事象（強調による焦点化）

このように，V1「巻く」は「様態」と「結果」の両方を持っている動詞であるが，V2「つける」が V1 に含まれている「結果」を強調し，結果事象を焦点化する．これによって，「巻きつける―巻きつく」のように，自他交替が可能になる．「吊り下げる―吊り下がる」「刻みつける―刻みつく」「貼りつける―貼りつく」なども同様に解釈できる．

6.2.　アスペクト複合動詞の自他交替：V2 の語彙的意味の希薄化

影山 (2012, 2013) によると，アスペクト複合動詞において，V1 は意味的，統語的な中心であり，V2 は語彙的な意味が希薄化し，V1 の表す事象の時間的アスペクトを表すようになっている．さらに V2 は V1 の何らかの事象を焦点化する（長谷部 (2013)）．V1 と V2 の LCS をそれぞれ LCS1，LCS2 で表すと，アスペクト複合動詞全体の LCS は (35) のような関係になっている．

(35) LCS= [Event [LCS1]　　[LCS2]]

事象内容　　アスペクト

　複合動詞全体の LCS は LCS1 と LCS2 の合成であるが，事象内容は V1 の LCS1 が担い，その一部は V2 によって焦点化される．一方，LCS2 については，影山 (2013) にしたがって，V2 の表す時間的アスペクトを [L-asp] (lexical aspect) と表記する．ここで，「編み上げる」を例に，その LCS を示す．

　まず，「セーター」など結果の目的語をとる「編む」は作成動詞であり，「作成動詞」は「起因事象」と「結果事象」という使役事象を持っている．その LCS を (36a) のように示す．なお，便宜上，ここで，V1 が表す事象を「Event」で示し，起因事象を「e1」，結果事象を「e2」で表す．また，V2「上げる」は V1 の表す事象 (event) のアスペクトを表すため，その LCS は (36b) のように示す．「上げる」は「完了」というアスペクトを表しているので，3.2 節で述べたとおり，「編み上げる」では結果事象が焦点化されている．つまり「編む」が持つ「起因事象」(e_1) と「結果事象」(e_2) という使役事象のうち，「結果事象」(e_2) が「上げる」によって焦点化されるのである．これらを総合すると，「編み上げる」の LCS は (36c) のようになる．[12]

(36) a.　「編む」: [Event [e_1 [x ACT<MANNER> ON y]] CAUSE [e_2 [z BECOME EXIST]]]

b.　「上げる」: [L-asp COMPLETIVE (e)]　(V1 の結果事象を焦点化)

c.　「編み上げる」:
[[Event [e_1 [x ACT<MANNER> ON y]] CAUSE **[e_2 [z BECOME EXIST]**]] [L-asp COMPLETIVE (e_2)]]

結果事象（焦点）

---

[12] ここで「編み上げる」全体の意味解釈を形式化した LCS で示すに留まっている．実際に，「編む」と「上げる」の LCS の合成の仕方は更なる精緻な分析が必要であるが，これを今後の課題とする．

第5章 語彙的複合動詞の自他交替について   153

　このように，作成動詞は「様態」が指定された起因事象と結果事象を持つが，「上げる」によって結果事象が焦点化される．この点は (37) のような作成動詞以外の動詞を V1 に取る「〜上げる」複合動詞が自他交替しないことからも裏付けられる．

(37)　調べ上げる—*調べ上がる　　数え上げる—*数え上がる
　　　勤め上げる—*勤め上がる

　これらの複合動詞において，V1 は「様態動詞」（活動動詞）であり，「上げる」は「作業活動の完了」を表す．V1 は単一事象（行為）しか持っておらず，「上げる」はその事象を焦点化する役割を果たす．そのため複合動詞全体では事象全体が焦点化されることになり，これらの動詞は当然自他交替できない．
　「煮詰める―煮詰まる」という例も同じように説明できる．「煮詰める」において，「おでん」など結果の目的語をとるときの「煮る」は「作成動詞」であり，「起因事象」と「結果事象」の両方を持っている．「詰める」が存在することによって，V1 の「結果事象」が強調され，「煮詰める」は変化結果が焦点化される．このようにアスペクト複合動詞において，V1 は複合動詞全体の意味の中心であり，V2 は語彙的意味が希薄化して，V1 の「結果事象」を焦点化する場合，自他交替が可能になる．

6.3.　まとめ

　本節では語彙的複合動詞は語彙的意味の希薄化によって，結果事象が焦点化される場合，自他交替が可能になることを論じた．「花火を打ち上げる」のような複合動詞における V1 の語彙的意味が希薄化して，V2 による「様態」の指定がなくなった場合，複合動詞は結果だけが指定されることになり，自他交替が可能になる．また，「巻きつける」は V2 の語彙的意味が希薄化し，V1 に含まれている変化結果の複製になり，複合動詞全体では変化結果が強調され，自他交替が可能となる．あるいは，「編み上げる」のように，V2 がアスペクトを表すようになり，V1 の結果事象を強調することにより，複合動詞全体の結果事象が焦点化され，自他交替が可能になる．つまり，複合動詞における語彙的意味の希薄化による結果事象の焦点化には 2 つのタイプがあることになる．1 つは (39a) のように，「様態」の弱化あるいは消失によって結果が焦点になっているもの，もう 1 つは (39b) のように，「様態」

と「結果」の両方があるが，「結果」の強調により，「結果」がより焦点化されるようになったものの2つである．

(39) a. 「様態」＋「結果」→ ~~「様態」＋~~ 「結果」→「結果」(焦点)
b. 「様態」＋「結果」→「様態」＋**「結果」**(**焦点**)

4節の最後に述べたように，単純動詞における「焦点」をrootの指定と捉えるが，語彙的複合動詞における「焦点」はV1とV2の「焦点」の合成である．「巻きつける」「編み上げる」では，「様態」も「結果」もrootであるが，複合動詞全体では「結果」が強調され，より焦点化されている場合，自他交替が成立する．

7. 結語

本章では，語彙的複合動詞は単純動詞と同じように，「起因事象」と「結果事象」という使役事象を持っており，結果事象が焦点化される場合，自他交替が可能になることを論じた．ほとんどの複合動詞は「叩き壊す」のような手段複合動詞であり，「様態」も「結果」も指定され，どちらも焦点になっているため，自他交替できない．一方，「打ち上げる」「巻きつける」「編み上げる」などはV1あるいはV2の語彙的意味が希薄化することによって，結果事象が焦点化されるようになり，自他交替が可能になる．

本章では語彙的複合動詞の自他交替の要因を解明しただけではなく，語彙的複合動詞の自他交替を単純動詞の自他交替と同じ視点から説明できたことに意義がある．ここでは語彙的複合動詞の自他交替について，他動詞からの自動詞化だけを論じたが，松本 (1998) に指摘されているように，「舞い上がる−舞い上げる」のような自動詞から他動詞への派生という他動詞化現象も見られる．これについての議論は今後の課題としたい．

参考文献

Beavers, John and Andrew Koontz-Garboden (2012) "Manner and Result in the Roots of Verbal Meaning," *Linguistic Inquiry* 43, 331-369.
Dowty, David (1979) *Word Meaning and Montague Grammar*, Reidel, Dordrecht.

長谷部郁子 (2013)「複合動詞と 2 種類のアスペクト」『複合動詞研究の最先端―謎の解明に向けて』, 75-108, ひつじ書房, 東京.

早津恵美子 (1995)「有対他動詞と無対他動詞の違いについて―意味特性を中心に」『動詞の自他』, 須賀一好・早津恵美子(編), 179-197, ひつじ書房, 東京.

日高俊夫 (2012)「語彙的複合動詞における反使役化と脱使役」『近畿大学教養・外国語教育センター紀要 外国語編』(近畿大学教養・外国語教育センター) Vol. 2, No. 2, 115-130.

姫野昌子 (1999)『複合動詞の構造と意味用法』ひつじ書房, 東京.

影山太郎 (1993)『文法と語形成』ひつじ書房, 東京.

影山太郎 (1996)『動詞意味論―言語と認知の接点―』くろしお出版, 東京.

影山太郎 (1999)『形態論と意味』くろしお出版, 東京.

影山太郎 (2013)「語彙的複合動詞の新体系―その理論的・応用的意味合い―」『複合動詞研究の最先端―謎の解明に向けて』, 3-46, ひつじ書房, 東京.

岸本秀樹 (2011)「壁塗り構文と視点の転換」『日中理論言語学の新展望―①統語構造』, 33-57, くろしお出版, 東京.

Levin, Beth and Malka Rappaport Hovav (1995) *Unaccusativity: At the Syntax-lexical Semantics Interface*, MIT Press, Cambridge, MA.

松本曜 (1998)「日本語の語彙的複合動詞における動詞の組み合わせ」『言語研究』114, 37-83.

森田良行 (1994)『動詞の意味論的文法研究』明治書院, 東京.

森山新(編) (2012)『日本語多義語学習辞典 動詞編』アルク, 東京.

小野尚之 (2000)「動詞クラスモデルと自他交替」『日英語の自他の交替』, 丸田忠雄・須賀一好(編), 1-31, ひつじ書房, 東京.

小野尚之 (2005)『生成語彙意味論』くろしお出版, 東京.

Rappaport Hovav, Malka and Beth Levin (1998) "Building Verb Meanings," *The Projection of Arguments: Lexical and Compositional Factors*, ed. by M. Butt and W. Geuder, 97-134, CSLI Publications, Stanford.

Rappaport Hovav, Malka and Beth Levin (2010) "Reflections on Manner/Result Complementarity," *Syntax, Lexical Semantics, and Event Structure*, ed. by Edit Doron, Malka Rappaport Hovav and Ivy Sichel, 21-38, Oxford University Press, Oxford.

斎藤倫明 (1989)「語構成 II 派生語」『ケーススタディ日本語の語彙』, 森田良行・村木新次郎・相澤正夫(編), 58-65, 桜楓社, 東京.

斎藤倫明 (1992)『現代日本語の語構成論的研究―語における形と意味』ひつじ書房, 東京.

朱春日 (2009)「複合動詞の自・他対応について―派生に基づく対応を中心に―」『世界の日本語教育. 日本語教育論集』19, 89-106.

陳劼懌 (2010)「語彙的複合動詞の自他交替と語形成」『日本語文法』10 巻 1 号, 37-

53.
由本陽子 (2005)『複合動詞・派生動詞の意味と統語――モジュール形態論から見た英語の動詞形成』ひつじ書房，東京．
由本陽子 (2013)「語彙的複合動詞の生産性と 2 つの動詞の意味関係」『複合動詞研究の最先端――謎の解明に向けて』，109-142，ひつじ書房，東京．

データベース

『複合動詞レキシコン（開発版 V.2)』国立国語研究所
『Web データに基づく複合動詞用例データベース』国立国語研究所

第6章

複動性・量子性から再考する達成・到達の区別

中谷　健太郎

甲南大学

　Vendler (1957) が提唱した語彙アスペクトの4分類（活動・状態・達成・到達）はその後の語彙アスペクト研究の基盤となったが，限界性のある述語に達成と到達の区別を設けることの理論的・経験的根拠については議論が分かれている．本章ではNakatani and Aoki (2015) の質問紙調査をもとに議論を拡張し，達成・到達の区別は事象における活動成分の有無や時間幅の観点からは成され得ないことを指摘し，漸増性・複動性・量子性の観点から語彙アスペクトを再考する．特に，達成が複層的な事象構造，到達が単層的な事象構造を持つというDowty (1979) 以来の語彙分解分析は誤りであることを論じ，達成はむしろ単層的な事象構造を持ち，到達は単層または複層いずれかの事象構造を持つと主張する．達成・到達の区別は，事象構造や時間幅の違いではなく，量子性がどこに由来するかの違いであると主張する．

　本章の構成は以下の通りである．第1節では語彙アスペクトに関する古典的な論考を概観する．第2節では到達と達成の区別にしばしば用いられる「瞬間性」と「活動成分」という基準を批判的に検証するとともに，Krifka (1989, 1992, 1998) の量子性 (quantization) の概念を導入する．第3節ではNakatani and Aoki (2015) の質問紙調査を紹介し，期間副詞の容認性から到達・達成は違うふるまいを見せること，母語話者による到達述語の認定に現実世界における時間幅・活動成分の有無は関係がないことをみる．第4節ではこれらをふまえ，アスペクト特性を予測するような動詞意味論の形式化を試みる．第5節で本章の主張をまとめる．

1. 語彙アスペクトの古典的議論

　テンス（時制）とアスペクト（相）はともに時間に関係のある言語学的概念であるが，前者が事象の時間軸上での位置を決めるものであるのに対し，後者は事象の時間的な内部構造に焦点を当てるものである．たとえば，以下の例を考えてみよう．

(1) a.　Mary jogged in the morning yesterday.
　　b.　Mary was jogging in the morning yesterday.

これら2つの文は同じ出来事を指しているという解釈が可能である．つまり，どちらの文も，発話時点から見た前日の午前にあたる時間帯においてMaryがジョギングをするという出来事が起こった場合，真であるとみなすことができるし，(1a) が真であるなら (1b) も真であるし，(1b) が真なら (1a) も真である．しかし直観として，これら2文の意味の違いがないとはもちろんいえない．何が違うかといえば，(1a) は単に「Maryがジョギングする」という，一塊として捉えられた出来事が指定された時間枠（昨日の午前）に起こったということを記述しているにすぎないのに対し，(1b) では，そのジョギングという事象の「最中」に焦点があたっているのである．つまり (1b) は当該事象が「いつ」起こったかということに加え，事象の内部構造の特定の部分を指し示しているわけである．こういった，文法的に取り立てられた，事象内の時間的特性を文法的アスペクトと呼ぶ．

　世界の大多数の言語ではこのようにアスペクトを特定的に指定する文法形式が存在するが，そういった文法形式が付加されない素の述語にもアスペクト特性が内在している．この事実を体系的に指摘した初期の研究に金田一 (1950) や Vendler (1957) がある．本章では特に Vendler の時間副詞に関する議論に焦点をあてる．以下の例を見てみよう．

(2) a.　Mary pushed the cart {for 10 minutes / *in 10 minutes}.
　　b.　Mary finished the homework {*for 10 minutes / in 10 minutes}.

(2) はどちらも単純過去形の他動詞文であるが，時間副詞の相性については，はっきりとした違いが見られる．すなわち，(2a) は for を用いた「期間副詞」と相性が良く，in を用いた「期限副詞」と相性が悪いのに対し，(2b)

は逆に期限副詞と相性が良く，期間副詞と相性が悪い．このことは，アスペクトを指定する文法形式とは独立して，述語自体に異なるタイプの時間解釈がなされることを示している．こういった述語の意味に内在するアスペクト特性を，be ...ing といった文法形式による文法的アスペクトと対比して，語彙的アスペクトあるいは語彙アスペクトと呼ぶ．Vendler (1957) は語彙アスペクトとして以下の 4 タイプを認めた．

(3) a. 状態 State = 進行形になりにくく，単純現在と相性が良い
　　　*He is knowing the fact. / He knows the fact.
　 b. 活動 Activity = 進行形および期間副詞と相性が良いが期限副詞と相性が悪い
　　　He is jogging. / He jogged for 30 minutes. / *He jogged in 30 minutes.
　 c. 達成 Accomplishment = 進行形が活動継続をあらわし，かつ期限副詞と相性が良い
　　　He is building a house.（家を建てるという行為を継続している）/ He built a house in 3 days.
　 d. 到達 Achievement = 進行形が活動継続を表さず，期限副詞と相性が良い
　　　He is finishing the homework.（もうすぐ終えるということであって終えるということを継続しているわけではない）/ He finished the homework in 10 minutes.

また，この 4 タイプのうち，(3c, d) においては言語的に指定された「終点」（家を完成させること・宿題をやりおえること）が存在するのに対し，(3a, b) にはそのような言語的に指定された終点は存在しない．前者は有界的または限界的（英語では bounded または telic）と呼ばれ，後者は非有界的または非限界的 (unbounded/telic) と呼ばれる (Verkuyl (1972), Dowty (1979), Tenny (1987, 1992), Krifka (1992), Depraetere (1995) など多数．有界性・限界性の定義は研究者によって異なるが，本章ではその区別には立ち入らず，包括的に「有界性」と呼ぶ）．有界性のテストとしてはさまざまなものが先行研究において提唱されているが，期限副詞を使ったものが信頼性が高い．つまり，期限副詞が使える述語はほぼ間違いなく有界述語であ

ると考えて差し支えない.

　有界性を考える上で忘れてはならないのは，あくまで「言語的に指定された」終点が問題にされているという点である．たとえば，ともに期限副詞と相性が悪く，非有界的であると考えられる (3a, b) の例を比較してみると，(3a) に関していえば，know（知っている）という状態は物忘れしない限り永続的に続きうるという性質があるので終点がないというのは理解が容易だが，(3b) に関していえば，ジョギングに終点がないということはありえない．現実世界ではかならず終わりがある事象である．しかし，(3b) の文自体には「どこまで走ったらジョギングは終わりか」ということが明示されていない．つまり「言語的に指定された終点」が存在しないため，現実は別として，(3b) の jogged は非有界述語と分析されるのである．実際，jogged にたとえば距離を付け足して，終点を言語的に指定してやれば，述語は有界となる．

(4) a. *He jogged in 8 minutes.
　　b. He jogged a mile in 8 minutes.

　また，よく知られているように，eat のような消費動詞についても，目的語に数量指定があるかどうかで有界かどうかが決まる．

(5) a. *He ate in 5 minutes.
　　b. *He ate meat in 5 minutes.
　　c. He ate the meat in 5 minutes.
　　d. He ate an apple in 5 minutes.
　　e. He ate three apples in 5 minutes.
　　f. *He ate apples in 5 minutes.

　つまり，目的語がなかったり (5a)，裸名詞だったり (5b, f) すると，どこまで食べたら終わりかという点において不明瞭なので，非有界解釈となり，期限副詞との相性が悪くなる．一方，(5c) では meat に定冠詞がついているため，meat にある定まった分量があることが言語的に指定されているし，(5d) では不定冠詞が，(5e) では three という数量詞がリンゴの個数を明示的に指定している．その定められた数量が消費された時点で eat 事象が終わるということになるため有界性が生じ，期限副詞を用いることができるよう

になるのである．

2. 達成述語と到達述語は区別すべきか

2.1. Dowty (1979) のアスペクト理論

さてここで問題にしたいのは達成述語 (3c) と到達述語 (3d) の違いである．この2者の区別をする Vendler (1957) や Dowty (1979) に共通する直観は，「達成には活動の成分があり，ゆえに時間幅があり，その上で終点にいたるが，到達にはそれがなく，瞬間的である」というものである．たとえば Vendler (1957: 149) には以下のような記述がある．

(6) For accomplishments: "A was drawing a circle at t" means that t is on the time stretch in which A drew that circle.
For achievements: "A won a race between t_1 and t_2" means that the time instant at which A won that race is between t_1 and t_2.

ここでは，達成は特定の time stretch（時間幅）を含み，到達は特定の time instant（瞬間）を含むと述べられている．この観察を引き継いで，Dowty (1979: 71-129, 193-232) は語彙アスペクトの形式意味論分析を試みている．Dowty の枠組みの中では，語彙アスペクトは状態述語と少数の論理演算子の組み合わせにより捉えられている．この中で，到達は BECOME 演算子，達成は CAUSE 演算子（論理的接続詞と言っても良い）を含む構造を持つと分析される．

(7) a. 到達：BECOME π
e.g., John discovered the solution.
BECOME [**know′**(j)]
b. 達成：ϕ CAUSE ψ
e.g., John broke the window.
[DO(j, [π(j)])] CAUSE [BECOME [**broken′**(w)]]

おおざっぱに言えば，(7a) の論理表示は j（"John" の意味）が know という状態にナル (BECOME) ということをあらわしている．一方，(7b) は，j がなんらかの（内容が未指定の）行動をし (DO)，それが原因となって窓 w が

壊れるという状態にナルということをあらわしている．Dowty は到達や達成にいくつかのバリエーションを認めており，必ずしもすべてが上記の例のような分析を受けるとはしていないが，少なくとも，すべての到達が BECOME 演算子を含み，すべての達成が CAUSE 演算子を含むという分析はしている．ここでポイントとなるのは，上記の分析を見る限りでは，達成が到達の構造を含んでいるということである．BECOME から成る到達述語には瞬間性があるが，CAUSE から成る達成述語は，述語を 2 つ連結するという性質上，時間幅が生じるということである．[1] また，Dowty は達成における CAUSE の第 1 項は基本的に DO 演算子による活動事象だとしているので（ただし注 1 を参照），到達と違い，達成に活動成分を認めているということになる．

2.2. 進行形の「近未来到達」解釈と「活動成分」の有無

上述したような，到達を単層構造，達成を複層構造として捉える古典的な分析は語彙分解のアプローチをとる語彙意味論研究に明示的・非明示的にひろく見られるものであり，たとえば初期の生成語彙論でも見られる（Pustejovksy (2000); 同じ枠組み内での異論としては Nakatani (2007)）．しかし後述するように，有界述語に到達・達成の 2 つのカテゴリーを認める根拠は実際はかならずしも明確とはいえない．よって Verkuyl (1972, 1989) や Mourelotas (1978), Egg (1995) のようにこの 2 者の区別を否定する立場もある．また，Vendler (1957) とは独立して述語のアスペクトを論じた金田一 (1950) は，有界述語を「瞬間動詞」と呼ぶが，達成・到達に相当する区別は設けていない．本節以降では，有界述語の 2 カテゴリーを設ける基準について概観し，批判的に検証する．

まず，しばしば取り上げられる達成・到達の違いとして進行形の解釈がある．たとえば以下の例を見てみる．

---

[1] Dowty (1979: 124) は複文に [BECOME π] CAUSE [BECOME ψ] という論理形式を認めているので，BECOME が瞬間事象とすれば，そして瞬間が連なった事象もまた瞬間だとすれば，達成事象が瞬間的となる可能性はある．ただし Dowty は単文がこのような意味構造を取る例を挙げていない．

(8) 達成
   a. He is drawing a circle.
   b. He is writing a letter.
   c. He is eating an apple.
(9) 到達
   a. They are reaching the summit.
   b. The plane is landing.
   c. The dog is dying.

達成述語の進行形 (8) は活動継続をあらわし，到達述語のそれ (9) は活動継続ではなく近未来の到達をあらわすということがよく言われるが，一つの問題は，近未来到達という観点からすると，達成 (8) にも同じことが言えるという点にある．たとえば (8a, b) ならば「円または手紙ができあがっていないができつつある途中段階の事象」を指示しているのであり，「順調に行けば完成されるはず」(Dowty (1979)) という，終点への近未来到達をあらわしている．よって「進行形解釈が近未来到達かどうか」という点から達成と到達を区別することはできない．

次に，「活動継続か否か」という観点から (8) と (9) の違いを考えてみる．なるほど，(8) にはそれぞれ drawing, writing, eating という活動の継続の解釈が容易に得られる．一方，(9) における reaching, dying には意思性が欠如しているので「活動」とは呼びにくいかもしれない．しかし landing に関しては意思性がないとは言えない (e.g., They are deliberately landing in the crowded city)．また進行・継続性という点についても，(9) のそれぞれの例が reaching, landing, dying の段階的進行だと解釈できないと断言するのは難しい．たしかに (9) は近い未来における到達をあらわすとされているが，いくら近未来到達といっても，これら進行形の例が指示する事象には，すでに到達事象の「兆候」がなければならない．(9a) が真であるためには彼らは着々と頂上に近づいていなければならないし，(9b) が成り立つためには飛行機は着陸態勢に入っていなければならないし，(9c) が成り立つためにはその犬がすでに死に至る病状が進んでいなければならない．たとえば健康で元気な犬が突如落雷で即死した場合に，生前の状態を指して "The dog was dying" とは通常の文脈では言えないのである．よって，これら例において

は，reaching, landing, dying が「すでに進行している」と考えることが可能で，進行・継続的解釈がなされているとも言える．結局，現在進行形が「近未来到達」をあらわすか，「活動継続」をあらわすかという基準はさほど明確に到達と達成を区別しない．

達成の活動成分の存在を支持する他の種類の証拠として，Dowty (1979: 58-59) は，達成述語に almost の作用域解釈が2通り可能であることを挙げている．

(10) a. John almost painted a picture.
　　 b. John almost pushed a cart.
　　 c. John almost reached the summit.

達成述語の (10a) には「もう少しで絵が完成するところだった (絵は書き始めたが完成しなかった)」という未完結解釈の他に，「すんでのところで絵を書き始めるところだった (絵をまったく書かなかった)」という未始動の解釈があるのに対し，(10b) には「もう少しでカートを押すところだった (つまり押さなかった)」という未始動の解釈しかない．Dowty (1979) によれば，このことは達成述語が複層構造をもち (DO と BECOME)，almost がどちらも修飾できるのに対し，活動述語は単層的 (DO) なので almost の作用域は1つしかなく，解釈にあいまい性が生じないと考えれば素直に説明がつくという．同様に，到達述語 (10c) の almost 解釈が未完結 (頂上に着きそうだったが着かなかった) しかないことも，到達が BECOME の単層構造しかもたないという仮説から説明がつく．

しかし，Dowty (1979) が達成と分析する (7b) は，下に見るように almost 解釈に未完結しかなく，未始動解釈は難しい．

(11) John almost broke the window.

自動詞の break は明らかに到達述語なので，他動詞の break は自動詞 break の意味の上に使役の意味がかぶさった複層構造を成していると考えられる．それが Dowty が他動詞の break を達成と分析した理由でもある．しかし他動詞 break における almost 解釈の非あいまい性はこの複層性を反映していない．また，fill のような動詞は，進行形診断では活動成分があるように感じられるが，almost 解釈は未完結しかない．

(12) a. John is filling the jug with water.
　　b. John almost filled the jug with water.

これらの例を考えると，almost に未始動解釈が可能かどうかは，事象構造が複層的であるかどうかよりも，活動成分に様態解釈が付随するかによって左右されている可能性がある．つまり，(10a) の paint には様態解釈が義務的に付随する（「刷毛などを使い絵の具を表面に付着させ広げる」）ため almost の未始動解釈が容易だが，(11) や (12) の break や fill には様態解釈がないため almost の未始動解釈が難しいと考えることができる．そうだとすれば，almost の未始動解釈の有無により活動成分の有無を判定できるという仮説に疑義が生じる．

2.3.「瞬間性」の問題

「活動成分」と類似する概念だが，達成と到達を「時間幅」（あるいは「瞬間性」）によって区別する考え方 (6) についてはどうだろうか．Mourelatos (1978) は，到達述語を含めた有界述語全般が It took him XX to V の構文 (XX に時間指定) で使えることは，到達述語さえ XX という時間幅を持つということを示していると反論する．また Verkuyl (1989) や Egg (1995) は，「瞬間性」の認定は現実的にはあいまいで語彙アスペクトの種類を区別する基準にはなりえないと主張する．たとえば Verkuyl (1989) はコンピュータ上では draw a circle や write a letter のような達成も瞬時に可能であるとする．Mittwoch (1991) は，そのような例は特殊例であり，文字通りの意味での drawing や writing ではないと疑問を投げかけるが，Egg (1995) は，He shot the bird のように通常の文脈でも一瞬で起こりうる達成も考えられると指摘する．

　時間幅を規定する期間副詞との関係についても問題が残る．(3b) で示したように，活動述語は期間副詞との相性が良い．達成述語が時間幅を持つならば期間副詞との相性が良くてもおかしくないはずだが，これについては先行研究における容認性判断にぶれが見られる．Vendler (1957) は「少しおかしい (somewhat queer)」，Dowty (1979: 56) は「かろうじて for 副詞句が容認できるかどうか (only very marginally take adverbials with *for*)」とする一方，別の箇所 (Dowty (1979: 58)) では，「達成は for 時間副詞と in 時間副

詞の両方を同じぐらい容認する（accomplishments allow both *for*-phrase and *in*-phrase time adverbials with equal success）」とする．Kearns (2000: 207) は「破格である（anomalous）」とする．その一方で，文脈次第で良くなるとの指摘もされている（Smollett (2005), Piñón (2008) など）．いずれにしても達成に「時間幅」があるという仮説が問題なく支持できる状況ではない．

一方，到達が常に「一瞬」であるとも言えない．たとえば The plane landed がその例で，飛行機が着陸するという事象は一定の時間幅があるように感じられる．「飛行機の車輪すべてが接地した瞬間が land だ」と主張する者もいるかもしれないが，飛行機は後輪から着地するため，全車輪が同時に接地することは通常ない．よって全車輪の接地には時間幅がある．「最後の車輪が着地した瞬間こそが land だ」と強弁することはできるだろうか．そうだとして，全車輪がいったん接地して，次の瞬間反動で機体が浮いて，次にもういちど車輪が接地した場合はどうなのか．「最後の車輪の接地」が land ならば，この機体は 2 度 land したことになるが，この事態は The plane landed twice とは言えないだろう．そもそも通常の言語使用において land というのは車輪が接地した瞬間を指すとは限らず，車輪が接地してから安定的に地上走行するという一連の流れをおおまか指すと考えられる．The train arrived のような例についても同じことが言え，列車が減速しつつホームに入ってきて，完全停止し，そして扉が開くという一連の流れの中のどこかの範囲を指して arrive というのであって，「車両の一部がホームにさしかかった瞬間が arrive である」とも「完全停止した瞬間が arrive である」とも「扉が開いた瞬間が arrive である」とも言い切れない．

また，到達述語の多くは slowly や gradually のような副詞と共起できる．

(13) a. I gradually recognized him as an old friend of mine.
    b. He slowly died of cancer.
    c. The eagle slowly landed on the rock.

これら gradually（徐々に）や slowly（ゆっくりと）といった副詞は事象が瞬時に起こったわけではないことを示唆しており，到達の認定に「瞬間性」は義務的でないことを示している．

2.4. 有界性を事象構造で捉えることの限界

達成述語を語彙分解で捉えることの，より大きな問題は，(5)で示したように，述語の有界性が目的語の量化により左右されることである．つまり(5)の有界性判断にもとづき，Dowty流の語彙分解による活動・達成の分析を試みると以下のようになるだろう．(ϕは行為者が対象を食べている状態，σは対象が存在する状態を指すものとする．なお，¬は否定をあらわす論理記号である．)

(14) a. He ate.　　　　　　　[DO ϕ]
　　 b. He ate meat.　　　　　[DO ϕ]
　　 c. He ate the meat.　　　[DO ϕ] CAUSE [BECOME ¬ σ]
　　 d. He ate an apple.　　　[DO ϕ] CAUSE [BECOME ¬ σ]
　　 e. He ate three apples.　[DO ϕ] CAUSE [BECOME ¬ σ]
　　 f. He ate apples.　　　　[DO ϕ]

ここでただちに問題となるのは，直接目的語の量化指定次第で意味構造の複雑さが変化するという仮説の不自然さである．たとえば (14c, d, e) の事象構造には，(14b, f) にはない CAUSE [BECOME ¬ σ] が加わっているが，その事象の追加を駆動しているのは the, an, three といった冠詞・量化詞である．しかし名詞の定性や数量を指定する機能語がなぜ CAUSE [BECOME ¬ σ] という事象構造レベルの変化を引き起こすのかが不明であるし，合成性の原理からしても合理的な説明が難しい．また，達成述語 (14c, d, e) には「対象（肉・リンゴ）が存在しなくなる」という結果事象が付随しているが，活動述語 (14a, b, f) にも対象が減っていくという意味は存在するので，(14c, d, e) のみに対象への影響が事象構造のなかに記述されるというのも問題がある．

同様の問題は Dowty (1979: 186) も認識しており，特に創造・破壊・消費に分類できない達成については，適切な結果事象を想定できないことを認めている．

(15) a. perform a sonata
　　 b. listen to a symphony
　　 c. read a book

[DO φ] CAUSE [BECOME what??]

これらの事例は，達成述語の有界性を状態変化事象の存在により分析することの限界を明白に示している．

2.5. 直接目的語の量化と有界性

一方，形式意味論の研究においては特に達成述語の有界性を結果事象の有無ではなく，名詞句における「有界性」と関連づけて分析する試みが広くなされてきた．つまり，可算／不可算，物体／物質という名詞句の性質と，事象の有界／非有界という述語の性質はパラレルであるということが着目されてきた（Hinrichs (1985) など多数）．たとえば，water のような物質名詞は基本的に区切りも境目もない，決まった形のない物質を表す．それゆえ複数形にすることができない．一方，apple といった可算名詞は，はっきりと決まった形を持ち個体化した物体を表す．よって複数化することができる．いわば，物質名詞は基本的に非有界的であり，可算名詞は（少し語弊があるが）基本的に有界的であると考えられる．一方，可算名詞でも，冠詞も数量詞のつかない裸複数形にすると非有界的となる．単に apples とだけ言うと，何個 apple があるか言語情報からは分からず，apple の範囲つまり限界性があいまいとなるからである．また物質名詞の方は基本的に非有界であるが，a glass of water といった言語表現にすると，どこからどこまでが water なのか言語上で規定され，有界となる．(5) や (14) でみたように目的語の定性や量化によって述語の有界性が生じるのは，その目的語自体が有界である場合（＝冠詞や数量詞が付いている場合）のみである．つまり，そのような場合，目的語の有界性が述語の有界性に継承されると考えられる．

Tenny (1987, 1994) は目的語名詞句が冠詞や数量詞と通して述語の有界性をもたらすことを measuring out（測りとり）と呼んだが，同様の考え方は Verkuyl (1972), Hinrichs (1985), Krifka (1989, 1992, 1998), Dowty (1991) といった形式意味論の研究にも見られる．Krifka (1989, 1992, 1998) は，可算名詞／物質名詞の区別と有界事象／非有界事象の区別の平行性を指摘しつつ，動詞と名詞句の組み合わせである述語の意味は，動詞の表す時間的な広がりと，名詞の表す空間的な広がりの「対応関係」（写像関係）が重要な役割を果たすと主張した．以下に Krifka (1998) をもとにその主張

の概要を説明する．Krifka (1998: 200) は述語に累積的 cumulative なものと量子的 quantized なものの2種を区別する．

(16) 述語 $π(x)$ が累積的 cumulative であるということと，以下が成り立つということは同値である
$\exists x, y[π(x) \& π(y) \& \neg x = y] \& \forall x, y[π(x) \& π(y) \& π(x \oplus_p y)]$

(17) 述語 $π(x)$ が量子的 quantized であるということと，以下が成り立つということは同値である
$\forall x, y[π(x) \& π(y) \& \neg y \subset_p x]$

($\oplus_p$ と $\subset_p$ は，[2] 全体・部分の論理関係をとらえる部分構造 (part structure) のモデルにおける「和」と「部分」に相当する)

おおざっぱに言えば，述語 $π$ が累積的ということ (16) はすなわち「$π$ が適用できる x が複数存在し，かつ，$π$ が適用できる x と y がある場合，かならずその和 $x \oplus_p y$ についても $π$ が成り立つ」ということであり，述語 $π$ が量子的ということ (17) は「$π$ が適用できる x, y がある場合，y が x の一部であるということがありえない」という特徴を持つということである．たとえば，wine という述語を考えた場合，x が wine で y も wine なら，x と y を合わせた液体 $(x \oplus_p y)$ もまた wine であると言えるので，wine という言語表現は累積的な述語ということになる．一方，a glass of wine という言語表現を考えると，x が a glass of wine であるとすると，その一部は less than a glass of wine なのであり，決して a glass of wine ではない．つまり，a glass of wine という述語は量子的ということになる．

同様のことは動詞表現と事象項についても言え，たとえば run という言語表現が適用できる事象 e_1 があり，同じく run が当てはまる事象 e_2 があった場合，e_1 と e_2 を合わせた事象もやはり run 事象であると言え，run は累積的な述語と考えることができる．一方，run a mile にあたる事象 e があった場合，その一部である e' は run a mile とは言えない．よって run a mile という言語表現は量子的な述語であると言える．述語が量子性を帯びるとき，有

---

[2] Krifka (1998) は部分をあらわす論理記号に < を用いているが，この論理記号は本章の後半では時間的先行関係をあらわす論理記号として使うので，本章では部分をあらわすのに $\subset$ を使う．

界性が生じると考えられる (Krifka (1998: 207)).

　直接目的語の量子性が動詞句事象の量子性につながるのは Dowty (1991) の言う漸増的主題 (incremental theme) の場合である．Krifka (1998: 213) は厳密な漸増性 (strict incrementality) を，述語の事象項と物体項の関係におけるメレオロジカル (mereological) な写像関係 (対応関係) として特徴づける (メレオロジーとは部分・全体の論理関係のことを言う).

(18)　物体項 x と事象項 e をとる述語 θ が厳密に漸増的であるということと，以下が成り立つことは同値である
$$\exists x, x' \exists e, e' [x' \subset x \ \& \ e' \subset e \ \& \ \theta(x, e) \ \& \ \theta(x', e')]$$

つまり，おおざっぱにいえば，厳密に漸増的である述語 θ が物体項 x と事象項 e に対して成り立つならば，その部分 x', e' についても θ が成り立つということである．つまり，e に対応する x があるのと同じように，e の下位事象 e' についても x の一部 x' が対応するということである．たとえば eat meat は目的語項と事象項の関係において漸増的であるので，(主語を無視して) 仮に eat meat が (19a) をあらわすとすれば，(19b) も成り立つ.

(19)　a.　$\exists x \exists e \ [\text{MEAT}(x) \ \& \ \text{EAT}(x, e)]$
　　　b.　$\exists x, x' \exists e, e' [x' \subset x \ \& \ e' \subset e \ \& \ \text{MEAT}(x) \ \& \ \text{EAT}(x, e) \ \& \ \text{MEAT}(x') \ \& \ \text{EAT}(x', e')]$

つまり，eat meat という事象の下位事象について meat の部分が対応している．ところが，eat two apples のように目的語を量子化してしまうと，この漸増性が失われてしまう.

(20)　a.　$\exists x \exists e \ [\text{2APPLES}(x) \ \& \ \text{EAT}(x, e)]$
　　　b.　$\exists x, x' \exists e, e' [x' \subset x \ \& \ e' \subset e \ \& \ \text{2APPLES}(x) \ \& \ \text{EAT}(x, e) \ \& \ \text{2APPLES}(x') \ \& \ \text{EAT}(x', e')]$

eat two apples の意味 (20a) が漸増性 (20b) を示さないことは，2APPLES が量子的 (17) であることから導かれる．なぜなら，$x' \subset x$ かつ 2APPLES(x) かつ 2APPLES(x') であるような x, x' の対は存在しないからである．このように，目的語項と事象項の論理関係に漸増性がある eat は，目的語の量子化により動詞句全体として漸増的な特性を失い，部分への分割ができない量子的

表現≒有界的表現となるのである．

2.6.　本節のまとめ

以上，有界性にまつわる先行研究を，特に達成述語と到達述語に焦点をあてて概観した．Vendler (1957) や Dowty (1979) の古典的研究は有界述語に達成と到達の 2 タイプを認め，その違いを瞬間性や活動成分の有無に求めた．しかしこれらの基準に問題があることを，先行研究を引きつつ，指摘した．また，有界性をどのような理論で取り扱うかについて取り上げ，語彙分解による事象構造のアプローチでは達成述語の有界性の問題は取り扱えないと結論づけた．最後に，直接目的語の量化が有界性をもたらす達成述語についての形式意味論からの分析を Krifka (1998) を中心に概観した．

ここまで見ると，Verkuyl (1972, 1989), Mourelotas (1978) などが主張するように，到達と達成の区別は破棄したほうが良いように思えるかもしれない．しかしその結論が拙速であることを以下，Nakatani and Aoki (2015) の質問紙調査にもとづいて示す．

3.　日本語における時間副詞の容認度

Nakatani and Aoki (2015)（以降 N&A）は，以下のような材料文を使い，期間副詞と期限副詞の容認性をもとに語彙アスペクトに関する質問紙調査（5 段階リッカート尺度: 1＝不自然，5＝自然）をおこなった．この対は，冠詞のない日本語において，裸名詞（「リンゴ」）と量化された名詞句（「1 リットルの牛乳」）で述語の有界性解釈に違いが出るかを検証するためのものである．

(21) a.　タカシはリンゴを {3 分で／3 分間} 食べた．
　　 b.　太郎は 1 リットルの牛乳を {3 分で／3 分間} 飲んだ．

（上記例では {3 分で／3 分間} という一括表記をしているが，実際の質問紙では「3 分で」の材料文と「3 分間」の材料文が別個に用意され，さらに，別々のリストに入れられた．以下同様．）

また，達成・到達の対立があると思われる以下のような材料文も検証した．

(22) a.　ウェイターが缶ビールをジョッキに {5秒で／5秒間} 注いだ．
　　 b.　ウェイトレスがコップに水を {3秒で／3秒間} 満たした．

「注ぐ」は様態動詞であるが，「ジョッキ」という有界的ゴールを設けることによって達成となることが予測される．「満たす」は結果が義務的に含意されており，様態性が弱いので，むしろ到達に近い解釈が得られると予測される．

さらにN&Aは「擬似有界的」な「洗う」，および先行研究でしばしば達成として扱われるが疑義のある「殺す」も材料文とした．

(23) a.　彼は手を {1分間／1分で} 洗った．
　　 b.　彼はその男を {3分間／3分で} 殺した．

「洗う」は基本的に活動述語であり，目的語の量化の影響も受けないが，「対象を綺麗にする」という目的が意味に明確に含まれているため，これにもとづく語用論的推論により有界解釈が可能であると考えられる．ちなみに形式意味論では言語表現の意味を「その言語表現が外界において何を指すか」という観点からとらえ，それをその言語表現の「外延」と呼ぶ．「手を洗う」という言語表現の外延は手を洗う行為であるが，「手が綺麗になる」という結果は実現しなくても良いので（手を洗っても汚れが落ちないことは十分ありうる），これは「手を洗う」という言語表現の外延をなすとはいえない．「手が綺麗になる」という帰結は手を洗う際の行為者の「頭の中の目的」なのである．このように事象や事物が現実とは異なる文脈（「世界」）に属する場合，それらは「内包文脈」にあるとされる．つまり「手を洗う」という言語表現が何を意味するかというと，外延としては手を洗う行為を指し，内包として「手を綺麗にする」という目的が付随しているといえる．通常，有界述語においては結果まで外延に含まれている（「敵を殺す」という言語表現が指す事象は敵が死ぬところまで入っており，死ななければ殺したことにはならない）が，「手を洗う」のように結果が外延ではなく内包文脈上にあるものをN&Aに従い，擬似有界的（fake telic）述語と呼ぶことにする．[3]

---

[3] このような内包文脈にある目的事象は生成語彙論では「目的役割 telic quale」と呼ばれるが（Pustejovsky (1995)），本章では telic をアスペクト研究の文脈で使っているため，これを単に telic と呼ぶことを避けた．

第6章　複動性・量子性から再考する達成・到達の区別　　173

結果が外延に含まれる明確な有界述語「殺す」(23b) は Dowty (1979: 91) によれば達成述語である．確かに「殺す」や kill の指す事象にはふつう時間幅があり，また死にいたらしめるための活動成分があきらかに存在するように感じられる．しかし，「John almost killed him」に 2 通りの解釈があるのか，疑わしい．また，「太郎は彼を殺している」の活動継続解釈も「手紙を書いている」などの典型的達成に比べると不自然であるように感じられる．「殺す」や kill のアスペクト特性は先行研究で考えられているほど明確とは言えず，N&A の検証対象の 1 つとなった．

45 名の日本語話者にこのような材料を含む質問紙調査を行った主な結果は，表 1 に示すとおりであった．

	期間副詞	期限副詞
(21a) リンゴを食べた	2.7 (1.1)	4.8 (0.4)
(21b) 1 リットルの牛乳を飲んだ	2.7 (1.1)	4.7 (0.5)
(22a) 缶ビールをジョッキに注いだ	4.0 (1.1)	4.2 (0.9)
(22b) コップに水を満たした	1.8 (0.9)	3.7 (1.3)
(23a) 手を洗った	4.7 (0.9)	4.2 (1.0)
(23b) その男を殺した	1.2 (0.6)	4.2 (1.1)

表 1　主な材料文の評価の平均値（カッコ内は標準偏差）[4]

まず，(21) については，「リンゴを食べた」「1 リットルの牛乳を飲んだ」両者に，時間副詞の容認性について同様のパターンが見られた．すなわち，両者とも期限副詞の容認度がきわめて高く，期間副詞については中間的評価よりやや下だった．「リンゴ」は裸名詞で累積的だが，その個体性から，世界知識によって量子的解釈を選好的に受けていることを示していると解釈できる．

(22) については，「注ぐ」が期間 4.0，期限 4.2 の評価に対し，「満たす」は期間 1.8，期限 3.7 の評価で，「満たす」の期間副詞との相性の悪さがはっきりと出た（評価尺度の最低は 0 ではなく 1 であることに留意されたい）．注目すべきは，「コップに水を満たす」という事象には世界知識から時間幅のあ

---

[4] N&A では「殺す」の平均値についての SD を報告していないが，元データを確認の上，ここに追記する．

る活動成分が感じられるにも関わらず，期間副詞との相性が悪かったことである．つまり非有界性の指標である期間副詞との相性は，世界知識の中の時間幅や活動成分とは関係がないのである．これと対照的なのが有界性の指標である期限副詞との相性であり，基本的には活動述語である「注ぐ」は有界的「ジョッキ」により容易に有界解釈を得られたようであるし，先ほどの「リンゴ」の例においては，言語的に明示的でなくても世界知識によって有界解釈が得られたようである．N&A によれば，材料文全体の評価の分布をヒストグラムで見ると，期限副詞の評価分布がはっきりと右肩上がりであるのに対し，期間副詞の評価はばらけていることを報告している．つまり全体に有界解釈は得やすいという傾向があるということである．

(23) に関しては，疑似有界の「手を洗う」は期間・期限ともに評価がきわめて高かったのに対し，「殺す」は期間 1.2，期限 4.2 と，期間との相性の悪さが浮き彫りになった．ここでも「手を洗う」について，世界知識による有界性の導入が容易であったことがみてとれる一方で，「殺す」の世界知識に付随する「時間幅のある活動成分」は非有界解釈にほとんど貢献していないことが分かる．

ここで特記すべきことは，「食べる」や「飲む」と違い，「満たす」や「殺す」といった言語表現には漸増性がないということである．確かに現実世界においては「満たす」や「殺す」にも途中の段階が存在する．しかし，その途中段階には「満たす」や「殺す」という述語は適用できない．N&A は以上のような考察により，Verkuyl (1989) や Egg (1995) などと同様，瞬間性や活動成分といった概念から到達と達成を区別することはできないと結論づける．よって，Dowty (1979) のように事象構造の活動成分の有無で達成と到達を分析する経験的動機はないとする．一方で，期間副詞の容認度が「食べる」「飲む」で 2.7 なのに対し，「満たす」1.8，「殺す」1.2 であることは，言語表現として漸増性の有無が影響しているとし，ここに達成と到達の区別を置くことに経験的な意義があると主張している．

4. 語彙アスペクトと動詞意味論再考

4.1. 活動述語

以上をふまえた上で，合成性の原理を維持しつつ，語彙アスペクトについ

第6章 複動性・量子性から再考する達成・到達の区別　　175

ての経験的事実を適切に記述するようなモデルを分配演算子（distributive operator）を導入して考えてみる．Link (1983) は名詞の複数性の真理条件を，分配という観点から分析した．

(24) a. "dog" $\Rightarrow \lambda x \, \text{dog}(x)$
　　 b. "dogs" $\Rightarrow \lambda x \, ^*\text{dog}(x)$

（⇒は言語表現から論理形式への翻訳をあらわす）

上記における*は分配演算子であり，たとえば*dog(x) は dog 述語が x の構成メンバー $x_1, x_2, x_3, ...$ それぞれに適用されることを要求する．Van Geenhoven (2004, 2005) は，西グリーンランド語における動詞・事象を複数化する種々の接辞の分析にあたって，Link の分配演算子の仮説を動詞に拡大し，複動演算子（pluractional operator）の導入を提唱した．さらに Van Geenhoven (2005) は，分配演算子・複動演算子が累積性（Krifka (1998)）を導く（e.g., 述語 dogs が当てはまる2つの集団 A と集団 B を足し合わせた集団もまた dogs であると言える）ことから，活動述語の非有界性もまた，「隠された複動演算子」を仮定することによって説明できると主張する．たとえば swim のような活動述語は，明示的な複動形態素は付いていないものの，意味表示としては（音形のない）複動演算子をともなうと分析できる（Van Geenhoven (2005: 117)）．

(25) "swim" $\Rightarrow \lambda t \lambda x \, [\bigstar^t \, \textbf{swim}(x) \, \text{at} \, t]$
ここで $\bigstar^t \, \textbf{swim}(x)$ at t が真であることと以下が成り立つことは同値である
$\exists t' \, [t' \subseteq t \, \& \, \textbf{swim}(x) \, \text{at} \, t' \, \& \, number(t') > 1 \, \& \, \forall t' \, [t' \subseteq t \, \& \, \textbf{swim}(x) \, \text{at} \, t' \rightarrow \exists t'' \, [t'' \subseteq t \, \& \, (t'' < t' \lor t' < t'') \, \& \, \textbf{swim}(x) \, \text{at} \, t'']]]$

（<は時間的先行関係をあらわす）

おおざっぱに言えば，複動演算子★によって束縛された swim が時間区間 t において成り立つということはすなわち，t の一部を切り取っても swim が成り立つということである．これは Link の分配演算子*の事象分野への応用であり，また Dowty (1979) の活動述語の DO 分析とも共通するところがある．Van Geenhoven は時間区間意味論（interval semantics）で複動分析を行っているが，事象と時間区間には写像関係を仮定できるので，事象意味論

の枠組みで同等の分析を立てることは容易である (Nakatani (2013)).

(26) "swim" $\Rightarrow \lambda e, x \, [\bigstar^e \mathbf{swim}(e, x)]$

ここにおいては，複動演算子★が事象変数 e を束縛しているため，$\mathbf{swim}(e', x)$ が成り立つ e の部分事象 e' が複数存在することが要求される．

4.2. 達成述語と有界性

この枠組みを利用すれば，事象と物体の写像によって漸増性をとらえる Krifka (1989, 1992, 1998) の公準を，動詞の意味表示の中に組み込むことができる (Nakatani (2013: 93-94, 179-182)). たとえば複動演算子★が事象変数と物体変数の両方を束縛できると仮定すれば，以下のように漸増性を意味表示の中に組み入れられる．[5]

(27) "eat" $\Rightarrow \lambda y, x, e \, [\bigstar^{e,y} \mathbf{eat}(e, x, y)]$
ここで $\bigstar^{e,y} \mathbf{eat}(e, x, y)$ が真であることは以下が成り立つことと同値である
$\exists e', y' \, [e' \subset_e e \, \& \, y' \subset_e y \, \& \, \mathbf{eat}(e', x, y')] \, \&$
$\forall e', y' \, [e' \subset_e e \, \& \, \mathbf{eat}(e', x, y') \rightarrow y' \subset_o y] \, \&$
$\forall e', y' \, [y' \subset_o y \, \& \, \mathbf{eat}(e', x, y') \rightarrow e' \subset_e e] \, \&$
$\forall e', y' \, [e' \subset_e e \, \& \, \mathbf{eat}(e', x, y') \rightarrow \exists e'', y'' \, [e'' \subset_e e \, \& \, y'' \subset_e y \, \& \, \mathbf{eat}(e'', x, y'') \, \& \, (e'' < e' \lor e' < e'')]]$
($\subset_e$ は事象領域での部分関係，$\subset_o$ は物体領域での部分関係をあらわす．上記を散文であらわすとおおよそ以下のようになる：e, y の部分で eat が成り立つような e', y' が存在し，かつ，eat が成り立つような e', y' すべてについて，もし e' が e の部分ならかならず y' は y の部分であり，かつ，eat が成り立つような e', y' すべてについて，もし y' が y の部分なら，かならず e' は e の部分であり，かつ，eat が成り立つような e', y' すべてについて，もし e' が e の部分なら，e の別の部分事象 e'' が e' に先行または後続する)

---

[5] この表示は Nakatani (2013: 94) にもとづくが，Krifka (1998) の「物体の部分への写像 (mapping to subevents)」と「事象の部分への写像 (mapping to subobjects)」を取り入れた形に修正している．

つまり，$\bigstar^{e,y}$ **eat**(e, x, y) が成り立つためには，**eat**(e', x, y') が成り立つような e', y' の対（＝それぞれ e, y の部分）が複数存在なければならない，ということを複動演算子 $\bigstar^{e,y}$ が要求している．事象・物体の対を束縛する複動演算子は事象しか束縛しない複動演算子とは区別し別記号を導入すべきかもしれないが，本章では簡素化のため同じ論理記号を用いる．

このアプローチでは有界性は直接捉えられないので，Krifka の累積性・量子性の公準 (16) (17) を採用する．たとえば，John ate two apples の意味表示を考えると（時制を無視すると）おおよそ以下のようになる．

(28)　"John ate two apples" $\Rightarrow \lambda e \, \exists y \, [\bigstar^{e,y}$ **eat**(e, J, y) & **2apples**$(y)]$

ここで複動演算子の作用域は **eat**(e, J, y) のみであるので，この部分の漸増性・複動性は変わらない．つまり $e' \subset_e e$ かつ $y' \subset_o y$ かつ **eat**(e', J, y') であるような e', y' の対が存在する．一方，**2apples**(y) は量子的であるため，$y' \subset_o y$ かつ **2apples**(y') が成り立つような y' は存在しない．これを念頭においた上で，John ate two apples 全体を $\pi(e)$ とし，その性質が量子的と言えるか背理法で考えると，以下のようになる (Krifka (1998: 214))．もし $\pi(e)$ が量子的でないならば，$\pi(e)$ が成り立つ事象 e の部分事象 e' についても $\pi(e')$ が成り立つ場合があるはずである．もしそうだとすると，π の中身のうち，eat 述語に付随する分配性によって **eat**(e', J, y') であるような y' は **eat**(e, J, y) である y の部分でなければならない ((27) の $\forall e', y' \, [e' \subset_e e$ & **eat**$(e', x, y') \rightarrow y' \subset_o y]$ による)．しかし **2apples** の量子性により，$y' \subset_o y$ が成り立つ y, y' の組み合わせについて **2apples**(y) と **2apples**(y') の両方が成り立つことはない．よって $\pi(e)$ と $\pi(e')$ を共に真とし，$e' \subset_e e$ であるような e と e' の組み合わせは存在しない．よって (28) は量子的である．つまり，**eat** の分配性と **2apples** の量子性に齟齬があるため，述語全体の分配性・累積性が失われるのである．繰り返しになるが，$\bigstar^{e,y}$ **eat**(e, J, y) の部分のみを $\pi(e)$ とすれば，これは分配的・累積的である．

一方，John pushed a cart のような活動述語の場合どうなるかというと，これを $\pi(e)$ とし，$\pi(e)$ と $\pi(e')$ を同時に満たすような e の部分 e' が存在するとする．**push** に付随する複動演算子は事象のみを束縛するため，e' が e の部分だとしても，**push**(e', J, y') であるような y' は **push**(e, J, y) であるような y の部分である必要はない．よって目的語 a cart は量子的であるにもかか

わらず,矛盾は生じない.複動演算子が事象しか束縛しないため,e の分配が y の分配を要求しないからである.

4.3. 到達述語

　さて,到達述語はどのように扱われるべきだろうか.本章では,到達述語は通常の BECOME 分析を採用する.Dowty (1979: 76) は時間区間意味論の枠組みで BECOME 演算子を仮定し,BECOMEπ の真理条件を「π が真である最初の瞬間」と結びつけている.Krifka (1998: 230) は事象意味論の枠組みで arrive の意味をゴールに到達する移動経路事象の最小の末端事象として定義している.本章では詳細な議論はせず,先行研究を踏襲し,事象意味論の枠組みで BECOME 演算子を採用する.すなわち BECOME^{e}π(e) は,π(e) を e の最小の先端(あるいは終端)事象に写像するとする.ただ,BECOME という表示はそれが述語なのか演算子なのか,表記上分かりづらいということと,上で複動演算子を単一の記号であらわしたことから,それに合わせる形で(つまり実質ではなくあくまで表記の問題として),Pustejovsky (2000) の用語 transition のアクロニムから τ という演算子を用いることとする.

(29)　a.　"die" $\Rightarrow$ λx, e [τ^e **dead**(e, x)]
　　　b.　"arrive at" $\Rightarrow$ λy, x, e [τ^e **at**(e, x, y)]

この分析では上述したように事象の最小性が含意されるので,到達述語にある種の瞬間性を認めることになる.しかし,瞬間性を時間区間意味論の枠組みで分析した Dowty (1979) と違い,上記分析は事象意味論の枠組みで「最小事象」を定義した Krifka の分析に基づくため,その「最小事象」は語用論解釈次第では一定の時間幅を持ちうると考えたい.つまり,たとえば「着陸する」をどの「最小事象」で認識するかは文脈次第であり,たとえば「車輪が接地して安定走行に移行してゲートで停止する」という時間幅のある事象の任意の部分(あるいは全体)を「最小事象」として解釈することを許容すると分析する.なお,τ演算子は述語を「最小」の末端事象に写像するため,たとえ時間幅があったとしても,定義により量子的(それ以上小さな部分に分けられない)となる.

4.4. 使役到達述語と擬似有界述語

では，kill, fill や他動詞の open, break など使役的到達はどのように捉えたら良いだろうか．これを「使役」と分析する時点で原因と結果の存在を前提にしているため，複雑事象を仮定せざるをえない．特に open や break など，自他交代する使役的到達述語の分析では，到達事象の上に使役事象をかぶせざるをえない．そうすると，以下のような分析を提案することになる．[6]

(30) a. "kill" $\Rightarrow \lambda y, x, e \; \exists e_1, e_2 \; [[_e e_1 <_\infty e_2] \; \& \; \bigstar^{e_1} \mathbf{act}(e_1, x, y) \; \& \; \tau^{e_2} \mathbf{dead}(e_2, y)]$

b. "fill" $\Rightarrow \lambda y, x, e \; \exists e_1, e_2 \; [[_e e_1 <_\infty e_2] \; \& \; \bigstar^{e_1} \mathbf{act}(e_1, x, y) \; \& \; \tau^{e_2} \mathbf{full}(e_2, y)]$

(31) a. "open (intr.)" $\Rightarrow \lambda y, e \; [\tau^e \mathbf{open}(e, y)]$

b. "open (tr.)" $\Rightarrow \lambda y, x, e \; \exists e_1, e_2 \; [[_e e_1 <_\infty e_2] \; \& \; \bigstar^{e_1} \mathbf{act}(e_1, x, y) \; \& \; \tau^{e_2} \mathbf{open}(e_2, y)]$

(ここで，$<_\infty$ は Pustejovsky (1995: 69) の排他的かつ順序づけられた部分関係 exhaustive ordered part-of をあらわし，$[_e e_1 <_\infty e_2]$ は e_1, e_2 が e の部分事象のすべてであり，かつ e_1 が e_2 に先行することをあらわす)

この分析においては，使役到達の量子性は到達事象の量子性に由来する．

「手を洗う」のような擬似有界述語 (23a) の有界解釈も使役到達と同様の分析を受けることになる．つまり「手を洗う」は結果を含意しない活動述語 $\bigstar^e \mathbf{wash}(e, x, y)$ であるが，内包文脈にある「手がきれいになる」という事象 $\tau^e \mathbf{clean}(e, y)$ が語用論的推論により実現すると解釈され (外延解釈)，有界解釈が可能になる．

---

[6] 岩本 (2008) は使役到達についてたとえば「絞め殺す」のような同延使役と「射殺する」のようなオンセット使役を区別し，含まれる使役動作の時間特徴が異なることを指摘している．後者の場合，使役動作は瞬間的であり，そうならば複動性がないと考えられる．この問題は「ノックする」のような一時点的 semelfactive 述語の問題とともにさらなる検討が必要である．なお本章の論旨では使役到達の量子性は到達事象の量子性に由来するため，使役動作が複動的かどうかは述語全体の量子性ということには影響を与えない．

(32) a. "手を洗う（活動解釈）" $\Rightarrow \lambda x, e \exists y \,[\bigstar^e \textbf{wash}(e, x, y) \,\&\, \textbf{hands}(y)]$

b. "手を洗う（有界解釈）" $\Rightarrow \lambda x, e \exists e_1, e_2, y \,[[_e \, e_1 <_\infty e_2] \,\&\, \textbf{hands}(y) \,\&\, \bigstar^{e_1}\textbf{wash}(e_1, x, y) \,\&\, \tau^{e_2}\textbf{clean}(e_2, y)]$

open や break のような使役到達述語と wash のような擬似有界述語の違いであるが，前者の場合，先行する使役事象は様態を欠く複動事象が来ることがほとんどだと考えられる（cf. Rappaport Hovav and Levin (2010) の様態・結果の相補性仮説）が，擬似有界述語は逆に様態動詞が基本だと思われ，結果事象はあくまで内包文脈からの類推で導入されるにすぎないという違いがあると考えられる．

最後に，N&A の質問調査では，語用論的推論による有界性の導入が比較的容易なのに対し，非有界性の導入は難しい（たとえば「満たす」を期間副詞とともに用いることが難しい）ことが明らかになったが，本章の分析に照らし合わせると，期間副詞の容認性は時間幅よりも，述語の累積性のきわだちと関連すると考えるべきであろう．つまり，単純な複動述語（活動または達成）は期間副詞と相性が良い．ただ，達成述語は直接目的語の量子化により全体が量子化するので，その場合期間副詞との相性が落ちる．それでも到達よりは期間副詞の容認度が高いのは，達成述語の量子化があくまで直接目的語の量子化という「外部要因」から導かれるものであって，達成動詞の本来的な意味自体は累積的であるからだという説明ができる．逆に，動詞の本来的意味論のレベルですでに量子的な述語（到達および使役到達）は，いかなる場合においても累積的解釈が難しく，期間副詞ときわめて相性が悪い結果になると考えることができる．つまり述語の量子性が動詞の語彙的有界性に由来するか否かで累積性のきわだちが左右されるのである．

5. 結論

本章では，達成述語の有界性を「行為→結果」という複雑事象構造から導くことの限界を見た．また，到達述語に「瞬間性」や「活動成分の欠落」を認めることの問題を見た．その上で，Krifka (1989, 1992, 1998) に基づく漸増性・累積性・有界性の公準を採用しつつ，Van Geenhoven (2004, 2005)

第6章 複動性・量子性から再考する達成・到達の区別　　181

の複動演算子の分析を拡張し，代替案を提案した．本章の語彙アスペクトの
意味分析を以下にまとめる．

(33) 状態
　　　 "dead" $\Rightarrow \lambda x, e\, [\mathbf{dead}(e, x)]$
(34) 活動＝事象にかかる複動事象
　　　 自動詞："swim" $\Rightarrow \lambda x, e\, [\bigstar^{e}\, \mathbf{swim}(e, x, y)]$
　　　 他動詞："wash" $\Rightarrow \lambda y, x, e\, [\bigstar^{e}\, \mathbf{wash}(e, x, y)]$
(35) 達成＝事象・物体の対にかかる複動事象
　　　 "eat" $\Rightarrow \lambda y, x, e\, [\bigstar^{e, y}\, \mathbf{eat}(e, x, y)]$
(36) 到達（自動詞）＝到達事象
　　　 "open (intr.)" $\Rightarrow \lambda y, e\, [\tau^{e}\, \mathbf{open}(e, y)]$
(37) 到達（他動詞）＝使役到達事象
　　　 "open (tr.)" $\Rightarrow \lambda y, x, e\, \exists e_1, e_2\, [[_e e_1 <_\infty e_2]\, \&\, \bigstar^{e_1}\mathbf{act}(e_1, x, y)\, \&\, \tau^{e_2}\, \mathbf{open}(e_2, y)]$
(38) 擬似有界＝内包文脈由来の使役到達事象
　　　 "手を洗う" $\Rightarrow \lambda x, e\, \exists e_1, e_2, y\, [[_e e_1 <_\infty e_2]\, \&\, \mathbf{hands}(y)\, \&\, \bigstar^{e_1}\mathbf{wash}(e_1, x, y)\, \&\, \tau^{e_2}\mathbf{clean}(e_2, y)]$

　主張の概要は以下の通りである．活動 (34) と達成 (35) はともに複動演
算子の作用域にある累積的単純事象であり，そのことが期間副詞との相性の
良さにつながると主張した．複動演算子が事象・物体の対を束縛する達成に
おいては，目的語が量子的な場合，動詞の複動性と離齬が生じ，その結果累
積性が失われ量子的解釈が強制される（Krifka の公準）．逆にいえば，達成
述語のこの量子的解釈は動詞意味論レベルの量子性から来るものではない．
一方，到達 (36) は語彙的に状態変化演算子 τ を含む構造であり，語彙レベ
ルで量子的であると主張した．期間副詞の容認性は累積性解釈の度合いに
よって決まるとし，これに関する有界的達成と本来的到達の違いは，動詞の
語彙レベルで量子性が規定されているかどうかに左右されるとした．また，
使役到達 (37) は複雑事象を成すと仮定したが，この事象構造の複雑さは
Vendler のアスペクト分類とは基本的に関係がないと結論づけた．最後に，
擬似有界述語 (38) は，基本的に複動的活動をあらわすが，語用論的推論に
より内包文脈から結果事象（到達事象）を導入することによって有界性を獲

得するとした.

参考文献

Depraetere, Ilse (1995) "On the Necessity of Distinguishing Between (Un)boundedness and (A)telicity," *Linguistics and Philosophy* 18, 1-19.
Dowty, David R (1979) *Word Meaning and Montague Grammar*, Reidel, Dordrecht.
Dowty, David R (1991) "Thematic Proto-Roles and Argument Selection," *Language* 67, 547-619.
Egg, Markus (1995) "The Intergressive as a New Category of Verbal Aktionsart," *Journal of Semantics* 12, 311-356.
Hinrichs, Erhard W. (1985) *A Compositional Semantics for Aktionsarten and NP Reference in English*, Doctoral dissertation, Ohio State University.
岩本遠億(編著)(2008)『事象アスペクト論』開拓社,東京.
Kearns, Kate (2000) *Semantics*, Macmillan Press, London.
金田一春彦 (1950)「国語動詞の一分類」『言語研究』第15巻, 48-63.
Krifka, Manfred (1989) "Nominal Reference, Temporal Constitution and Quantification in Event Semantics," *Semantics and Contextual Expressions*, ed. by Renate Bartsch, Johan Van Benthem, and Peter Van Emde Boas, 75-115, Foris, Dordrecht.
Krifka, Manfred (1992) "Thematic Relations as Links between Nominal Reference and Temporal Constitution," *Lexical Matters*, ed. by Ivan Sag and Anna Szabolcsi, 197-235, CSLI Publications, Stanford.
Krifka, Manfred. (1998) "The Origin of Telicity," *Events and Grammar*, ed. by Susan Rothstein, 197-235, Kluwer, Dordrecht.
Link, Godehard (1983) "The Logical Analysis of Plurals and Mass Terms: A Lattice-Theoretical Approach," *Meaning, Use and the Interpretation of Language*, ed. by Rainer Bäuerle, Christoph Schwarze and Arnim von Stechow, 303-323, Walter de Gruyter, Berlin.
Mittwoch, Anita (1991) "In Defence of Vendler's Achievements," *Perspectives on Aspect and Aktionsart*, ed. by Carl Vetters and Willy Vandeweghe, 71-85, John Benjamins, Amsterdam.
Mourelatos, Alexander P. D. (1978) "Events, Processes and States," *Linguistics and Philosophy* 2, 415-434.
Nakatani, Kentaro (2007) "Opposition Structure is not Event Structure: A Study of Cancellable Transition in Japanese V-*teiru*," *Proceedings of the Fourth International Workshop on Generative Approaches to the Lexicon*, Thursday 10th May,

CD-ROM. [Also available at https://researchmap.jp/kentaron/]
Nakatani, Kentaro (2013) *Predicate Concatenation: A Study of the V-te V Predicate in Japanese*, Kurosio, Tokyo.
Nakatani, Kentaro and Natsuno Aoki (2015) "A Judgment Study on Aspectual Diagnostics in Japanese," *Japanese/Korean Linsuitics 22*, ed. by Mikio Giriko, Naonori Nagaya, Akiko Takemura and Timothy Vance, 55-70, CSLI Publications, Stanford.
Piñón, Christopher (2008) "Aspectual Composition with Degrees." *Adjectives and Adverbs: Syntax, Semantics, and Discourse*, ed. by Louise McNally and Christopher Kennedy, 183-219, Oxford University Press, Oxford.
Pustejovsky, James (1995) *The Generative Lexicon*, MIT Press, Cambridge, MA.
Pustejovksy, James (2000) "Events and the Semantics of Opposition," *Event as Grammatical Objects: the Converging Perspectives of Lexical Semantics and Syntax*, ed. by Carol Tenny and James Pustejovsky, 445-482, CSLI Publications, Stanford.
Rappaport Hovav, Malka and Beth Levin (2010) "Reflections on Manner/Result Complementarity," *Syntax, Lexical Semantics, and Event Structure*, ed. by Malka Rappaport Hovav, Edit Doron and Ivy Sichel, 21-38, Oxford University Press, Oxford.
Smollett, Rebecca (2005) "Quantized Direct Objects Don't Delimit After All," *Perspectives on Aspect*, ed. by Henk J. Verkuyl, Henriëtte de Swart and Angeliek van Hout, 41-59, Springer, Dordrecht.
Tenny, Carol (1987) *Grammaticalizing Aspect and Affectednes*, Doctoral dissertation, MIT.
Tenny, Carol (1994) *Aspectual Roles and the Syntax-Semantics Interface*, Kluwer, Dordrecht.
Van Geenhoven, Veerle (2004) "*For*-Adverbials, Frequentative Aspect, and Pluractionality," *Natural Language Semantics* 12, 135-190.
Van Geenhoven, Veerle (2005) "Atelicity, Pluractionality, and Adverbial Quantification," *Perspectives on Aspect*, ed. by Henk J. Verkuyl, Henriëtte de Swart and Angeliek van Hout, 107-124, Springer, Dordrecht.
Vendler, Zeno (1957) "Verbs and Times," *The Philosophical Review* 66, 143-160.
Verkuyl, Henk J. (1972) *On the Compositional Nature of the Aspects*, Reidel, Dordrecht.
Verkuyl, Henk J. (1989) "Aspectual Classes and Aspectual Composition," *Linguistics and Philosophy* 12, 39-94.

第 7 章

アスペクトと事象構造の変更
—結果持続の類型論に向けて—*

岩本　遠億

神田外語大学

1. はじめに

　文法アスペクトは，動詞句によって表される事象をどのような時間的観点から述べるかを指定する形式である．伝統的には，完結相は事象を外的視点からひとまとまりのものとして捉える形式であり，非完結相は事象内部に視点を置いて述べる形式であると言われている（Forsyth (1970)，Comrie (1976)，Smith (1997) など）．完結相である John built a house は，John の行為によって一軒の家が存在するようになったということを意味するが，その全体をひとまとまりの完結した事象として外的視点から述べたものである．一方，内的視点を持つ非完結相の John was building a house には，一軒の家が存在するようになったという含意はない．すなわち，視点が事象内部に置かれることによって，事象が限界点に達したという含意が取り除かれるのである (Dowty (1979)，Bach (1986)，Smith (1997)，Jackendoff (1991)，岩本 (2008) など参照)．このように，非完結相の 1 つである進行相は，限界事象から限界点を取り除き，事象構造の変更をもたらす．さらに，日本語のテイルが変化事象に付加された「椅子に座っている」の場合，変化の結果の持続の意味となり，変化という事態の側面は捨象される．ここでも，文法アスペクト形式の付加によって，事象構造に変更が加えられている．

---

* 本章は，2012 年 3 月 6 日に行われた「アスペクトフォーラム No. 2」(神田外語大学にて開催) での口頭発表原稿「アスペクト結果構文の類型についての試論」(岩本 (2013)) を大幅に修正発展させたものである．当日の参加者から，また本章の草稿に対しては長谷川信子氏，阿部泰明氏ならびに，本書の査読者から大変有益なコメントを頂いた．ここに感謝の意を表する．

第7章 アスペクトと事象構造の変更　　185

　岩本 (2008) は，非完結文法アスペクトによって事象の内部構造が変更される現象に注目し，概念意味論を修正発展させた事象投射理論を提案して，そのメカニズムを解明しようとした．本章は，岩本 (2008) の理論的枠組みを受け継ぎ，この理論が他の言語に見られる同様の現象に適用された場合，どのような類型論的な洞察を得られるのかを示唆するとともに，岩本 (2008) では扱いきれない現象も考察し，文法アスペクトは語彙情報の一部であるクオリア構造にも修正を加えるものであると提案する．

2. 背景と事実関係

　本章で取り上げるのは，語彙的意味成分として〈持続〉あるいは〈維持〉を含む動詞と，非完結文法アスペクトとの相互作用である．日本語の場合，このような動詞にテイルが付加した場合，[持続] や [維持] の意味になったり，[進行] と [持続]／[維持] との両義的解釈となったりする．[1]

(1) a.　花子は椅子に座っている．　　　　　　[持続]
　　b.　太郎はしゃがんでいる．　　　　　　　[維持]
　　c.　花子は男の子のズボンをはいている．　[進行]／[持続]
　　d.　田中さんは部屋のドアを開けている．　[進行]／[維持]

　日本語学の中でこの問題に最初に取り組んだのは，森山 (1988) であった．森山は，これらの動詞が一般の変化動詞や使役変化動詞と異なることを，期間句との共起可能性という点から明らかにした．すなわち，単なる変化を表す動詞は，変化の持続期間を語彙的意味として含まず，期間句とは共起しないが，持続や維持成分を含むものは期間句と共起するのである．[2]

---

[1] 本章では，動詞の意味成分は〈　〉で，文法アスペクトが付加したときに生じる解釈は [　] で，さらに事象のタイプは 【　】で表すことにする．
[2] 持続成分の有無は，動詞の意味だけによって決まるものではない．次の例に見られるように，項の持つ意味（クオリア構造）によっても持続成分の有無は影響を受ける．
　(i) *ローソクが 1 時間消えた．
　(ii) 電気が一時間消えた．
なお，Pustejovsly (1991) にも ?*My terminal died for 2 days last week* の例が挙げられている．

(2)　a.　*木の枝が3日間折れた．　　　〈変化〉
　　　b.　*指の骨が1ヶ月間折れた．　　〈変化〉
(3)　a.　太郎が5分間意識を失った．　〈変化〉＋〈持続〉
　　　b.　ドアが10分間開いた．　　　〈変化〉＋〈持続〉
　　　c.　ドアを1時間開けた．　　　　〈変化〉＋〈維持〉

森山 (1988) は，着衣動詞を例に，〈持続〉や〈維持〉を含む動詞が以下のような時間的内部構造を持つと述べている．

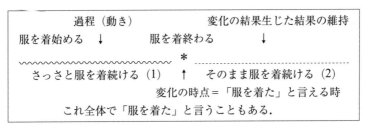

(森山 (1988: 150))

さらに，森山 (1988) は，〈持続〉と〈維持〉を意志によるコントロールの有無によって区別している．すなわち，〈維持〉=〈持続＋意志〉である．なお森山は，動詞「着る」について，〈維持〉成分を含むと考えているようだが，テイルが付加した以下の例を見ると，この状態の持続には意志的なコントロールは含まれないので，この動詞が含む意味は〈維持〉ではなく，〈持続〉と考えるべきであろう．

(4)　a.　赤ちゃんが可愛い服を着ている．　［持続］×意志
　　　b.　ポチは赤い首輪を付けている．　　［持続］×意志

それに対し，開閉や設置を表す動詞は，状態の持続に意志のコントロールが働く．

(5)　a.　山田先生は研究室のドアを開けている．　［維持］○意志
　　　b.　*赤ちゃんが部屋にベッドを置いている．　［維持］×意志

(5b) が不適格なのは，「部屋にベッドを置いている」が意志によるコントロールを必要とする［維持］解釈となるにもかかわらず，その主語が自分の

意志によってそれを行うことができない「赤ちゃん」であることに由来する．このように，基本的に着衣動詞の場合は，持続解釈は主語の意志でその状態が保たれているわけではないが，開閉・設置などを表す動詞の場合は，その状態を保っているのは主語の意志なのである．テイルが付加されない場合，着衣動詞も設置・開閉動詞も動作主が自らの意志によって行為をコントロールしなければならず，それができない (6) は不適格となる．

(6) a. *赤ちゃんが可愛い服を着た．
    b. *ポチが赤い首輪を付けた．

しかし，テイルが付加すると，持続解釈 (4) あるいは，維持解釈 (5a) が生じ，〈持続／維持〉部分に意志によるコントロールの有無という違いが存在することが判明するのである．

森山 (1988) は，事象に含まれる単位的な事象を「時定項」と呼んでアルファベットの記号で分類した上で，様々な事象の型をこの組み合わせによって定義する提案を行っている．〈変化〉，〈変化〉+〈持続〉，〈使役変化〉+〈維持〉，〈使役変化〉+〈持続〉は，以下のように提示されている．

(7) a. 〈変化〉   s   (例：傷む，折れる)
    b. 〈変化〉+〈持続〉   se   (例：合わさる，乾く)
    c. 〈使役変化〉+〈持続〉   abse   (例：移る，渡る)
    d. 〈使役変化〉+〈維持〉   abod   (例：開ける，掲げる)

「ab」は「過程」，「s」と「o」はそれぞれ「主体変化」「客体変化」，「e」と「d」はそれぞれ「持続」と「維持」を表す．これによると，テイルが付加することによって[進行]または[持続]，[進行]または[維持]の二義的解釈となる事象は，ab と se あるいは od との組み合わせによって定義されるものということになる．事象が se や od を含まないものは，期間句による修飾ができず，テイルの付加によってここで問題としている二義的解釈が与えられることはないのである．[3,4] なお，森山 (1988) は，着衣動詞を absd とし，

---

[3] テイルの付加によって二義的となる事象には，二側面動詞 (奥田 (1977)，金水 (2000)) とも，進展的変化動詞 (森山 (1988)) とも呼ばれるものがあるが，ここで問題としているテイル形の二義性とは異なることに注意されたい．これらの動詞の二義性の扱いについては，

〈維持〉成分を含む動詞と捉えているが，上で見たように，着衣事象の持続部分には意志は含まれないので，abse としなければならない．

　ここで注目すべきは，テイル形が持続解釈や維持解釈となる場合，その主語は，必ずしも使役変化を起こした動作主と一致する必要がないということである．(4) の「赤ちゃん」や「ポチ」の例が示すとおり，これらに服を着せたり，首輪を付けたのは，「赤ちゃん」「ポチ」以外の人間である．さらに，開閉や設置を表す他動詞のテイル形についても，これは同様である．

岩本 (2008) を参照のこと．

[4] ここで，この現象とは似て非なるものの存在について指摘しておきたい．竹沢 (1991) は，テイル形が「結果相」となる文が，所謂非対格動詞だけではなく他動詞構造にも見られることを観察した上で，それらに共通の統語特徴を「主語と影響動詞の内在項 (internal argument) との間に束縛関係がある場合」(同：70) としている．竹沢 (1991) は，テイル形の「結果残存」と「持続」の違い (藤井 (1966)，森山 (1988)) を区別せず，両者を共に「結果相」と呼んでいるが，以下に述べるものを除き，竹沢 (1991) の例のすべては，テイル形の付加によって［持続／維持］解釈が生じるもので，ここで取り上げるものと一致する．それらは，テイルの付加なしには二義性が現れず，かつ，テイルの付加がない場合でも期間句による〈持続／維持〉成分の修飾が可能であるので，動詞が元々〈持続／維持〉成分を含むと考えなければならない．テイルが付加することによって解釈に二義性が現れるのは，本文中で議論するように，「相変換関数分配の原則」によるのである．

　一方，竹沢 (1991) が「結果相」として取り上げたものの中には，動詞が〈持続／維持〉成分を持たない (i) のようなものもある．

　(i) a.　山田さんが腕を折っている．
　　　b.　山田さんが頭を剃っている．

「*山田さんが1ヶ月腕を折った」は不適格であり，「山田さんが1年間頭を剃った」の「1年間」は結果状態を修飾するのではなく「頭を剃る」という行為を修飾しているので，これらには〈持続／維持〉成分は含まれないと考えられる．さらに (i) の二義性は，〈持続／維持〉成分を含むものとは違い，テイルの付加によって生じるものではないということに注意しなければならない．

　(ii) a.　山田さんが腕を折った．
　　　 b.　太郎ちゃん，頭剃ったんだね．かわいいよ．

(ii) は，そもそも意志的動作と変化の二義的解釈を持つのである (Hasegawa (2004, 2007))．動作動詞のテイル形は［進行］を，変化動詞のテイル形は［結果］を表すが，ここでは1つの文が動作としても変化としても機能しているため，テイル形にも両義性があるのであって，テイルの付加によって両義性が生じるのではない．したがって (i) は，［持続・維持］成分を含まないものであるので，本章で取り扱う現象とは似て非なるものなのである．

　なお，(ii) が何故，どのような原則によって二義的構造を持つかという点に関しては，Hasegawa (2004, 2007)，長谷川 (2007, 2009) を参照されたい．

(8) 花子: 前に私があなたの部屋の壁にかけた二人の写真, どうした？
    太郎: ああ, あれは今もそのまま飾っているよ.
(9) 山田先生は, いつも研究室のドアを開けている.

ここで「二人の写真を飾った」のは「花子」なのであって「太郎」ではない. (9)の維持解釈において, ドアを開けたのは, 山田先生かもしれないが, 学生でも, 清掃員でも良い. 山田先生は, ドアが開けられた状態を良しとし, それを自分の意志で維持しているのである.

ここで注意しなければならないが, テイルが付加して［維持］解釈が与えられる場合,〈使役変化〉部分は削除されるが, これは, 維持している者と変化を引き起こした者の同一性が構造上要求されないということを意味するにすぎない. 設置・開閉した者がそのまま結果状態を一定時間維持するということは, それらの動詞の事象概念構造にも組み込まれた一般的知識である. したがって,［維持］解釈においても, 維持する者と変化を引き起こした者が同一人物であると推論される場合は多い. 実際, 次のように, 動作主の存在を前提とする「わざわざ」のような副詞（影山 (1996)）が現れた場合, 維持している者は, 設置した者であると解釈されるのが普通である.

(10) この絵は, わざわざあなたのためにここに飾っているのよ.

しかし, 以下の例では, 維持している者は設置した者ではない. 構造的に同一性が要求されないということと, 同一に解釈される場合が多いということを混同してはならないのである.

(11) a. この絵はわざわざここに飾っているのです.「気持ち悪い」とも「別の場所に移せ」とも言われますが, 先祖が残してくれたこの屋敷をそのままの形で次の世代に引き継ぐことが私の役目なのです.
    b. それはわざわざここに置いているんです. 別のところに置いてあったことはありません.

以上のように, 設置・開閉動詞や着衣動詞にテイルが付加した場合, その文の主語と変化を引き起こした動作主が同一であることは含意されないので

ある．言うまでもなく，テイルが付加されない場合は，両者は同一でなければならない．テイルが付加した場合，何故このような変更が行われるのであろうか．森山 (1988) の時定項分析は，事象の中に含まれる単位的時間項を特定し，その組み合わせによって〈持続〉や〈維持〉を含む変化とそうでないものを区別することに成功した．しかし，テイルの付加がない場合の動作主の同一性，付加のある場合の動作主性の分離が，何故，どのようなメカニズムによって起こるのかということについては説明することも，記述することもできない．ここには，やはり概念構造や事象構造を用いた理論機構が必要になるのである．

3. 理論的枠組み

この節では，テイルが付加した場合に二義的となる動詞の事象構造と，二義的解釈を生み出す理論的基盤について考察する．

3.1. 〈持続／維持〉と隣接的事象構造

森山 (1988) が時定項分析で捉えようとした直感は，単位的事象間の時間関係と階層関係を表示する事象構造に適切に組む込むことができる．

事象構造の中に表示される単位的事象には，【状態】，【過程】，【変化】の3つがあり，事象の型はこれらの組み合わせによって定義されるが，[5] そこには，「同時関係」，「目的関係」，「離隔関係」「隣接関係」の4つの関係が成立する．さらにこれらの組み合わせによって複合的事象構造を定義することができ，あらゆる動詞の事象構造は，最終的にこれら4つの関係の組み合わせに還元されることになる．[6]

---

[5] Jackendoff (1996) は，事態を状態の1次元的投射によって定義することを提案しているが，岩本 (2008, 2011) は，投射には [±連続] 素性があるとの修正を加え，【状態】を [±連続] 投射することによって【過程】と【変化】を定義している．このような意味で，【過程】と【変化】は原初的概念ではないが，議論を簡便にするために「単位的事象」という用語を用いる．事象を基礎的な概念や素性の組み合わせによって定義しようとするアプローチについては，Dowty (1979), Krifka (1989, 1998), Jackendoff (1983, 1990, 1991, 1996), Pustejovsky (1991, 1995, 2000), 岩本 (2008) などの議論を参照のこと．

[6] 岩本 (2008) は，これらの関係が下位事象を定義する事象投射構造の中に表示される時

(12) 同時関係

(13) 目的関係

(14) 離隔関係

(15) 隣接関係

「同時関係」とは，2 つの過程が同時に行われるものである．例えば，「歩く」という動詞が表す事象は，「動作主 A が自分の意志で自分の足を動かす」という過程事象 e_2 と「A の体が前に進む」という過程事象 e_3 が同時に行われることを意味する．これは，Pustejovsky (1995, 2000) が exhaustive ordered overlap と呼んだもので，その表記法に従い，「○」で表記することにする．「目的関係」とは，一定の過程の後，変化が生じ，それによって事象が完結するもので，伝統的に「達成」と呼ばれてきた事象に含まれる下位事象間の関係を表す．ここでは，「→|」という記号によってこの関係を表記することにする．「離隔関係」とは，2 つの下位事象の間に時間的接点があることが要求されない関係である．すぐ下で述べるが，「オンセット使役」(Shibatani (1976)，丸田 (1998))では，行為の時間と変化が生じる時間との間に隙

間項の相同性や前後関係によって定義されるという提案を行っている．ここでは，紙幅の都合上，それらを引用することができないため，このような記号によってこれらの関係を表示することにする．なお，Pustejovsky (1995, 2000) の拡大事象構造では，前後関係と重複関係，ならびにその組み合わせと主事象の指定によって 12 の事象タイプを定義しているが，ここでの議論でも明らかにされて行くように，これら 2 つの関係だけでは多様な事象タイプを定義し尽くすことはできない．

間が存在する場合がある．一方，「隣接関係」は，2つの事象が1点を接点として組み合わされるものである．森山 (1988) は，動詞「着る」は「服を着終わった」と言える時点で「着る動作」が完了し，また同じ時点を始点として「服を着ている」という維持事象が開始すると述べているが，このように変化が生じた点を接点として2つの事象が組み合わされている事象関係を「隣接関係」と呼ぶ．なお，ここで用いている隣接記号「⊃⊂」は，Ogihara (1998) がテイル形の結果解釈とパーフェクト解釈を定義するために用いたものであるが，ここで援用することにする．[7]

［過程］は，無指定の場合は非限界的過程を表すが，始点や終点が指定される場合がある．そのような場合，「├─」(始点)，「─┤」(終点) によってそれらを表示することにする．さらに，「目的関係」は使役変化を含むが，使役変化には「オンセット使役」と「同延使役」があることが知られている (Shibatani (1976), 丸田 (1998))．前者では，使役者の行為が変化事象を引き起こすきっかけを作るだけであるのに対し，後者では，対象の変化が完了するまで使役者の行為が継続的に行われる．ここでは「オンセット使役」を「‖→┤」(離隔目的関係)，「同延使役」を「○→┤」(同時目的関係) で表し，両者のアスペクト的特徴が異なることを示す．

我々は，前節で〈持続／維持〉成分を含む動詞は，意志性の関わりが一様ではないことを確認した．ここで，上で提示した事象間の関係を用いて，これらが含む事象構造と概念構造（これらを合わせて「事象概念構造」と呼ぶ）を提示しておこう．先ず，開閉や設置を表す動詞の事象概念構造は (16) のようになる．これは，設置や開閉が動作主の意志によって行われ，さらに，その維持も同じ動作主の意志によって行われることを表示している．

---

[7] 紙幅の都合上，議論を割愛するが，Ogihara (1998) は，変化のみを含む事象と変化と持続を含む事象の違いを考慮せずに結果解釈を定式化したため，[結果残存] と [結果持続] の違いを捉えることができなかった（岩本 (2014)）．

(16) 日本語の設置・開閉動詞の事象概念構造

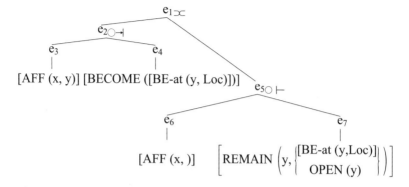

次に、着衣動詞であるが、既に確認したとおり、持続部分には意志によるコントロールがないため、e_5 には意志的コントロールを表す AFF は含まれない。したがって、その事象概念構造は以下のようになる（笠原 (2011)、林 (2012)）。

(17) 日本語の着衣動詞の事象概念構造

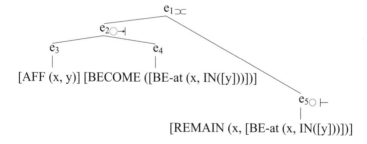

この着衣動詞の事象概念構造は、工藤 (1995) の着衣動詞の分類に示された直感を構造的に表示したものである。工藤 (1995) は、着衣動詞を再帰的な変化動詞として分類している。すなわち、着衣事象には、動作主が衣類の中に自ら入ることによって自分自身を変化させるという意味が含まれるのである。確かに、衣類の着脱によって変化を受けるのは衣類ではなく人である。裸の状態から衣類に覆われた状態になり、また逆に、衣類に覆われた状態から裸の状態に変化するのである。

以上、隣接関係、および AFF の有無によって、〈持続／維持〉成分を含む

動詞の事象概念構造を提示した．次に，このような動詞の事象構造が文法アスペクトの付加によって変更されるメカニズムについて考察する．

3.2. アスペクト関数の分配と下位事象の削除

岩本（2008）は，下位事象構造を含む様々な複合的事象構造にテイルが適用した場合の解釈の違いに注目し，アスペクト関数は下位事象に分配的に，かつ，相同的に適用しなければならないと結論付けた．例えば，「倒す」という事象の場合，「切り倒す」「押し倒す」（同時目的関係）は，テイルが付加すると対象が単数でも［進行］の解釈が可能であるが，「張り倒す」「突き倒す」（離隔目的関係）は，対象が単数の場合，テイル形で［進行］の解釈は不可能となり，デフォルトの［パーフェクト］解釈となる．

(18) 同時目的関係事象のテイル形　　　［進行］
 a. 少年は一本の木を切り倒している
 b. 太郎はブルドーザーで一本の木を押し倒している
(19) 離隔目的関係事象のテイル形　　　［パーフェクト］のみ
 a. 横綱は大関を張り倒している
 b. A 委員は議長を突き倒している

前者に［進行］の解釈が与えられ，後者に与えられないのは，これらが内包する事象構造に違いがあるからである．これらの事象構造の概略を示すと以下のようになる．

(20) 切り倒す，押し倒す（同時目的関係）

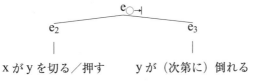

(21) 張り倒す，突き倒す（離隔目的関係）

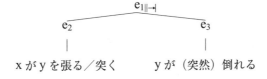

第7章 アスペクトと事象構造の変更

下位事象が相同的な前者では，テイルのアスペクト関数が両者に分配され，[進行] 解釈が可能となるが，下位事象が離隔関係となる後者では，テイルのアスペクト関数を両者に相同的に分配することができず，[進行] 解釈が阻止され，デフォルトの [パーフェクト] 解釈となるのである．このことから，岩本 (2008) は，アスペクト関数適用に関して，次のような原則が存在するという結論に至った．

(22) 「相変換関数分配の原則」
二つの下位事象 e_2, e_3 によって構成される e_1 に適用する相変換関数は，e_2, e_3 に分配され，両者に相同的に適用しなければならない．
(岩本 (2008: 206))

アスペクト関数が相同的に適用するのは，それが可能な限り広い適用範囲を求めるからである．

この原則によると，使役変化事象と持続事象が隣接関係となっている着衣動詞や設置動詞にテイルが接辞化した場合，その関数を両者に相同的に分配することができないため，[パーフェクト] 解釈だけが可能となるということが予測される．しかし，実際には，〈持続／維持〉部分を削除した [進行] 解釈も，〈使役変化〉部分を削除した [持続／維持] 解釈も可能である．テイルは，e_1 全体に適用して [パーフェクト] 解釈を与えるだけではなく，下位事象の一方を削除して他方に適用し，可能な限り下まで浸透し，自らの適用範囲を広げるのである．したがって，我々は，「相変換関数分配の原則」をこの事実に合致するように変更しなければならない．「張り倒す」や「突き倒す」のように離隔目的関係を含む動詞のテイル形が [パーフェクト] 解釈しか持たないことを説明するため，(22) は基本的に保持しなければならないが，隣接関係を含む設置動詞や着衣動詞の場合は，一方の下位事象を削除してもう一方に適用することを可能にしなければならないのである．

では，離隔目的関係と隣接関係の根本的な違いは何であろうか．それは，下位事象の論理的自立性と関係がある．前者においては，結果状態は使役事象に論理的に依存しているが，後者における前接事象と後接事象は，互いに論理的に依存しないのである．「突き倒す」の場合，B が倒れた状態は，A が B を突くことによってのみ生じるが，「服を着る」の場合，A が服を着た状態は，A 以外の人が A に服を着せることによっても生じる．さらに，服を着た

直後に脱いだ場合,服を着た状態が持続することもない.Aが服を着ることと,Aが服を着た状態にあることは,互いに依存しないのである.

　テイル関数が2つの下位事象を含む事象に付加した場合,原則的にその関数は2つの下位事象に相同的に分配されなければならない.下位事象間に論理的依存関係があり,かつ,相同的分配が不可能なとき,進行解釈は不可能となり,デフォルトの［パーフェクト］解釈となる.それに対し,下位事象間に論理的依存関係が存在しない時,一方の下位事象を削除して他方の下位事象にテイル関数を適用することができるのである.それゆえ,(22)を以下のように修正する.

(23)　「相変換関数分配の原則」(修正版)
　　　2つの下位事象 e_2, e_3 によって構成される e_1 に適用する相変換関数は,e_2, e_3 に分配され,両者に相同的に適用しなければならない.ただし,e_2 あるいは e_3 の成立がもう一方に依存しない場合,その何れかを削除し,他方に相変換関数を適用することができる.

　「相変換関数分配の原則」(修正版)は,事象が〈使役変化〉と〈持続／維持〉を含むとき,一方の下位事象を削除することを保証するのである.アスペクト的結果持続構文と解釈が成立する理論的基盤がここにある.

4. 結果持続の構造と解釈：類型論への応用

　「相変換関数分配の原則」(修正版)が予測することは,隣接関係を含む事象構造に文法アスペクトが適用した場合,それがどのような関数であれ,下位事象の一方を削除し,他方にだけ適用することが可能になるということである.しかし,その文法アスペクトがどのような意味を持つか(すなわち,どのような関数を含むか)によっても,また,下位事象が含む概念構造の型によっても,その出力には変異が生じる筈である.この節では,中国語の「着」をこの理論によって分析し,日本語のテイル文と比較対照することによって,文法アスペクトとしてのテイルと「着」の差異や日本語と中国語にどのような語彙化パターンの違いがあるかを示唆したい.

4.1. 中国語の「着」と持続構文のパターン

中国語でアスペクト形式素「着」(zhe) が動詞に接辞化し，事象構造の変更を生じさせるものには，次の3つのパターンがある．[8]

(24) a. 小王 穿 新衣
　　　王さんが新しい服を着る
　　b. 小王 穿着 新衣　　　　　　　　　　　　［持続］
　　　王さんが新しい服を着ている
(25) a. 某人　　在門口　　放　　（一把）　　雨傘
　　　誰かが玄関に一本の傘を置く
　　b. 門口　　放着　　　　（一把）　　雨傘　　［持続］
　　　玄関に一本の傘が置いてある
(26) a. 小王開門
　　　王さんがドアを開ける
　　b. 門 開 了
　　　ドアが開いた
　　c. 門 開 着　　　　　　　　　　　　　　［持続］
　　　ドアが開いている　　　　　　　　　　　　（林 (2012)）

着衣動詞 (24) については，日本語と同様，表面的な文法関係の変更はなく，「着」が付加した場合，主語が自分で新しい服を着たという含意は取り除かれる．一方，「着」が付加した中国語の着衣動詞は，日本語と異なり，進行の意味はなく，結果持続の意味だけとなる．設置動詞 (25) は，さらに大きく異なり，動作主は完全に削除され自動詞構文となる．開閉動詞 (26) は，「着」なしで自他交替するので，ここでは必ずしも「着」が事象構造の変更を引き起こしているとは言えないため，本論では開閉動詞は取り上げない．ただし，開閉動詞の他動詞用法と「着」は共起せず，自動詞用法とのみ共起して［持続］となることには留意されたい．

---

[8] 中国語の「着」および動詞のアスペクトクラスについては，荒川 (1982, 1985, 1986)，井上 (2001, 2012)，木村 (1981, 1982, 2006)，井上・生越・木村 (2002)，林 (2012)，劉寧生 (1985)，劉綺紋 (2006)，鄭汀 (2010)，Jaxontov (1988) などを参照．

4.2. テイルと「着」

日本語のテイルと中国語の「着」はどちらも結果持続を表すことができるが，両者は同一のアスペクト的意味を持っているわけではない．

岩本 (2008) は，「事象投射理論」の枠組みで，テイルは非限界的継続時間から 0 次元的時間を抽出する関数であるとの仮説を提示し，［進行］［結果］［持続］［維持］［反復］［パーフェクト］など，テイル文の多義的振る舞いに対して統一的な分析が可能であることを示した．林 (2012) は，岩本 (2008) の枠組みで中国語の「着」を分析し，これを，1 次元的非限界時間を表すものと結論付けている．木村 (1981)，荒川 (1985)，井上 (2001) も「着」を均質的な継続事象を描出するものと捉えている．両者の違いは，以下の対比によって確認できる．

(27) a. 我進門的時候，小王在讀書
　　　　私が部屋に入った時，王さんは勉強していた
　　 b. *我進門的時候，小王讀着書　　　　　　　　（林 (2012)）

「在」は［進行］を表すが，［進行］とは，1 次元的継続事象から 0 次元的断面を取り出し，スナップショットとして提示するものである (Jackendoff (1983)，岩本 (2008)，林 (2012))．(27a) が適格文なのは，「我進門的時候」という点の時間において，0 次元的，すなわち点的事象である「小王在讀書」が成立していたことを表しているからである．一方，(27b) の不適格性は，「小王讀着書」が点的事象ではなく，線的事象であることを意味している．さらに，1 次元的事象を 0 次元化して進行を表す「在」が「着」と共起する事実も，「着」が 1 次元的事象を表すことの傍証となる．

(28) 他　　在　　　　刮着　　鬍子
　　 彼　　進行相　　剃る-着　ヒゲ
　　 彼はヒゲを剃っている　　　　　　　　　　　（木村 (1981: 26)）
(29) 我在吃着飯
　　 私はご飯を食べているよ　　　　　　　　　　　（林 (2012)）

さらに，「着」の付加は，「下着雨」（雨が降っている）のように，均質的な動きの場合に限定され（荒川 (1985)，井上 (2001)），漸次的な変化を伴う動きを表す動詞と共起することもない．

第 7 章　アスペクトと事象構造の変更　　199

このように，日本語のテイルは 0 次元的事象を出力するのに対し，中国語の「着」は 1 次元的な均質的継続事象を出力するのである．

4.3. 語彙化パターン

「相変換関数分配の原則」（修正版）は，事象が隣接的下位事象を含む場合，相変換関数の付加によってその一方が削除されることを予測する．上の議論で，我々は，日本語でテイルが付加することによって使役変化事象が削除され，[持続] や [維持] 解釈が生じる現象を考察したが，中国語では，解釈の変更が行われるだけでなく，設置動詞の場合，文法関係の変更も行われる．ここでは，岩本 (2008) の枠組みで中国語を分析した林 (2012) の提案を紹介し，「相変換関数分配の原則」（修正版）によって，中国語の持続構文のパターンを〈持続／維持〉成分の語彙化パターンに帰することができると議論する．

アスペクト的持続／維持構文に見られる日本語と中国語の違いを，林 (2012) は両言語の持続部分の語彙化パターンの違いとして次のようにまとめている．日本語では，着衣動詞の持続部分には意志によるコントロールはないが，設置動詞の持続部分には意志によるコントロールがある．一方，中国語では，着衣動詞にも設置動詞にも持続部分に意志によるコントロールはない．日本語のこれらの動詞の事象概念構造の概略は (16)，(17) に示したとおりであるが，中国語では以下のようになる．[9]

(30)　中国語の着衣動詞の事象概念構造

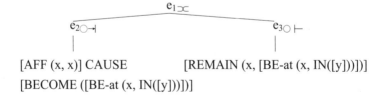

[AFF (x, x)] CAUSE　　　　　[REMAIN (x, [BE-at (x, IN([y]))])]
[BECOME ([BE-at (x, IN([y]))])]

---

[9] 林 (2012) による着衣動詞の事象概念構造は，笠原 (2011) が韓国語の着衣動詞について提案した事象概念構造を中国語に援用したものである．

(31) 中国語の設置動詞の事象概念構造

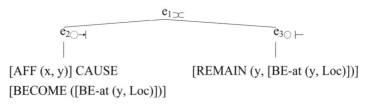

[AFF (x, y)] CAUSE 　　　　　[REMAIN (y, [BE-at (y, Loc)])]
[BECOME ([BE-at (y, Loc)])]

着衣動詞の場合，e_2 の AFF の第一項と第二項，e_3 の REMAIN の第一項が再帰的に同定されているため，e_2 が削除された［持続］解釈においても文法関係の変更は見られない．つまり，e_2 が削除されても，x は統語的主語と連結される．日本語の着衣動詞と同様である．一方，設置動詞の場合，持続部分に動作主の意志によるコントロール（AFF）がなければ，「着」の付加によって e_2 が削除されると，e_3 に含まれる y が統語的主語と連結され，他動詞から自動詞への項構造の変更が行われることになるのである．以上が林（2012）の分析である．

林（2012）では議論されていないが，「着」が付加した（24b）には［進行］の解釈はない．この点も日本語のテイルとは大きく異なる．木村（1981），荒川（1985），井上（2001）が指摘するように，「着」は非限界的な継続事象と共起し，その継続的均一性を描出する．したがって，これは限界事象や非均質的事象とは共起しない（井上（2001））．服を着る動作や，物を設置する動作は均質的ではないため，「着」が付加したとき，e_3 を削除して e_2 にこれを適用することはできず，e_2 を削除して e_3 に適用し，必ず［持続］解釈を派生することになるのである．

4.4. まとめ

〈持続／維持〉成分を含む事象に文法アスペクトが付加した日本語と中国語の現象を比較した結果，次のことが明らかとなった．

[1] 「相変換関数分配の法則」（修正版）は，日本語にも中国語にも当てはまる原則である．
[2] 両言語の違いは，テイルと「着」が持つアスペクト的意味の違いと，〈持続／維持〉成分に意志的コントロールを表す AFF が含まれ

るか否か，の2点に集約される．

もし，「相変換関数分配の原則（修正版）」が普遍的な原則であるなら，多様な言語に見られる類似の現象 (Nejalkov and Jaxontov (1988), Nejalkov (1988)) は，文法アスペクト形式が持つ意味の理論的同定と，〈持続／維持〉成分にどのような概念構造が含まれるかといった語彙化の類型によって捉えられる可能性があるということになる．ここで提示した理論と分析は，このようなアスペクト的持続／維持構文の多様性を体系的に分析し，類型的な差異が何に由来するかを探る手がかりを提供するものなのである．

5. クオリア構造の組み替え

ここまで我々は，［持続／維持］解釈の元となる動詞は隣接的下位事象を含み，その先行下位事象は限界的事象であるということをいわば暗黙の前提として議論してきた．しかし，これは，必ずしも自明のことではない．この節では，この前提が成立しない現象を取り上げ，上で提示した分析がそれにどのように適用可能となるかを，クオリア構造の組み替えという観点から考察する．

5.1. 問題

前節で提示した中国語の結果持続構文の分析には，次のような問題が存在する．Tai (1984) が指摘するように，中国語の達成動詞が表す事象は，限界点に達するという含意を持たない．Tai (1984) は，達成動詞が限界点に達したという解釈を持つためには，必ず結果補語が必要であるとし，以下のような例を挙げている．ここで限界点に達したという解釈を得るためには「殺」だけではなく結果補語の「死」が現れなければならないのである．

(32) Zhangsan sha-le   Lisi   liang ci, Lisi   dou mei si.
     name   kill-Perfect name   twice   name all not die
     'John performed the action of attempting to kill Peter twice, but Peter didn't die.'

(33) *Zhangsan sha-si-le   Lisi   liang ci, Lisi   dou mei si.
      name   kill-die-Perfect name   twice   name all not die

'John killed Peter twice, but Peter didn't die.'

(Tai (1984: 291))

　また，荒川 (1986) や井上 (2012) も，中国語の達成動詞には変化の含意はなく，それは結果補語によって与えられるとしている．例えば，動詞「記（覚える）」が表す意味には，「結果」(すなわち，覚えた状態) は含まれておらず，「覚えようとする行為」だけを表す．結果までを含意するためには，「記住（覚える—結果補語)」のように，結果補語を動詞に接続させなければならないのである（荒川 (1986)）．

　これらは，中国語の達成事象が限界点を含まないということを意味している．しかし，もしそうであれば，変化に至るまでの達成事象とその後の持続事象が到達点において隣接するという先の分析は取り下げなければならなくなる．「相変換関数分配の原則」（修正版）が普遍的原則であり，文法アスペクトの意味の相違と〈持続／維持〉成分の語彙化パターンによって「アスペクト的持続／維持構文」の類型を分析するという方向性で研究を進めるためには，この問題に対する明確な解決が必要となる．次節では，この問題に対する解決は，動詞が含むクオリア構造に着目することで与えられると議論する．

5.2. 結果状態の組み替え

　中谷 (2007) は，結果の含意を含む他動詞と含まない他動詞 (例えば，*clean* と *wash*) の違いは，それらの結果状態が記載される動詞のクオリア構造の違いに帰せられると述べている（同様の主張は，影山 (2005, 2007) にも見られる）．Pustejovsky (1995) による標準的な提案によると，語彙記載事項には，項構造，事象構造，クオリア構造が含まれるが，クオリア構造は「構成役割」(Constitutive Role)，「形式役割」(Formal Role)，「目的役割」(Telic Role)，「主体役割」(Agent Role) によって構成される．クオリア構造は，概略，語彙に含まれる以下のような意味特質を表す．

(34) $\begin{bmatrix} a \\ \text{ARGSTR}= \begin{bmatrix} \text{ARG1} = x \\ ... \end{bmatrix} \\ \text{QUALIA}= \begin{bmatrix} \text{CONST} = \text{what } x \text{ is made of} \\ \text{FORMAL} = \text{what } x \text{ is} \\ \text{TELIC} = \text{function of } x \\ \text{AGENTIVE} = \text{how } x \text{ came into being} \end{bmatrix} \end{bmatrix}$

Pustejovsky (1995) は，クオリア構造はすべての語彙項目に共通した語彙コンポーネントであると考えているようであるが，これが名詞以外の範疇にどのように汎用されるかは必ずしも明らかではない．動詞についても，構成役割や形式役割にどのような情報を当てるかについて，統一した見解があるわけではない．Pustejovsky (1995, 1998) は，語彙概念構造の含む下位事象のうち，主題 (theme) を含むもの (〈動き〉と〈状態〉) を形式役割に，動作主を含むものを主体役割に割り当てている．一方，影山 (2005, 2007) は，語彙概念構造全体こそが形式役割なのであるという議論を展開している．

中谷 (2007) は，Pustejovsky (1995, 1998) の提案を受け入れ，結果状態までを含意する動詞とそうでないものの意味的差異を，結果状態が割り当てられるクオリア構造の違いに還元するとの提案を行っている．例えば，「きれいになる」という結果状態を含意する *clean* とそれを含意しない *wash* のクオリア構造は以下のようになる．

(35) John cleaned the towel. (*It was still dirty)

$\begin{bmatrix} \text{clean} \\ \text{QUALIA}= \begin{bmatrix} \text{TELIC} = -\,- \\ \boxed{\text{FORMAL} = \mathbf{be\_clean}\,(e_2, \mathbf{y})} \\ \text{AGENTIVE} = \text{clean\_act}\,(e_1, x, y) \end{bmatrix} \end{bmatrix}$

(36) John washed the towel. (*It was still dirty)

$\begin{bmatrix} \text{wash} \\ \text{QUALIA}= \begin{bmatrix} \boxed{\text{TELIC} = \mathbf{be\_clean}\,(e_2, \mathbf{y})} \\ \text{FORMAL} = -\,- \\ \text{AGENTIVE} = \text{clean\_act}\,(e_1, x, y) \end{bmatrix} \end{bmatrix}$

形式役割に含まれる結果状態は外延性を有する（すなわち，結果状態の存在を含意する）が，目的役割に含まれる結果状態は外延性を有しないということである．形式役割と目的役割は，それに含まれる事象項が存在量化子によって束縛されているか否かによって，形式的には区別される．前者は存在量化子に束縛されるのに対し，後者は存在量化子によって束縛されないのである (Pustejovsky (1998))．結果状態を含意する達成動詞とそうではない達成動詞の違いを，存在量化子による状態項の束縛の有無に帰せようとするこの分析は，中国語の達成動詞と結果持続構文の関係を考える上で示唆的である．すなわち，中国語の達成動詞は一般的に wash タイプであり，結果状態は存在量化子によって束縛されないが，「着」が付加されることによって強制が引き起こされ，存在量化子が導入されて，状態項がこれによって束縛されることになると考えることを可能にするからである．

　木村 (2006) による中国語のアスペクト形式「了」「着」「呢」についての考察は，この分析を支持するものである．木村 (2006) は，これらを「実存相」と呼び，「これらの形式はいずれも事柄の実存化を担う標識であると言える」（同：59）と述べている．「着」については，「ZHE が，動作の結果としての具体物が特定の空間に存在する状況を述べるための形式であることはもはや疑うべくもない」（同：55）としている．すなわち，中国語の達成動詞そのものは，結果状態を目的とするだけであるが，「着」が付加することによって結果状態の存在が主張されるようになる．すなわち，外延性を有するようになるのである．

　主体役割と形式役割は存在量化子によって束縛されるが，目的役割は λ 関数による束縛を受けるという Pustejovsky (1998) の提案に従い，結果状態が含意される達成動詞と，そうでない達成動詞の事象構造を以下のように仮定する．

(37) 結果状態の含意があるもの
　　a. 一般の達成動詞（日本語の「壊す」「割る」）

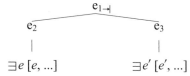

　　b. 着衣／設置動詞（日本語の「着る」「かぶる」／「置く」「飾る」）

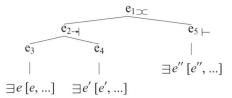

(38) 結果状態の含意がないもの（中国語の達成動詞一般）
　　a. 一般の達成動詞

$$e_1 \dashv$$
　　　　e_2　　　　　　e_3
　　　　 |　　　　　　　 |
　　　$\exists e\,[e,...]$　　　　$\lambda e'\,[e',...]$

　　b. 着衣・設置動詞（中国語の着衣／設置動詞）

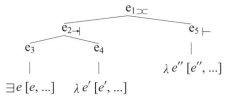

さらに，「着」の持つアスペクト関数を以下のように仮定する．

(39) 「着」のアスペクト関数
　　　$\lambda e\,[\cdots e, [_{Time}\,1\text{次元}, +\text{連続}, -\text{限界}]\cdots]$
　　　$\xrightarrow{F} \exists e\,[\cdots e, [_{Time}\,1\text{次元}, +\text{連続}, -\text{限界}]\cdots]$

このようなアスペクト関数が結果状態含意のない(38b)に適用した場合，

e_1 が隣接的下位事象によって構成されているため，これを e_2 と e_3 に相同的に分配することはできない．一方を削除し他方に適用しなければならないが，先述のように e_2 にこれを適用することはできない．e_2 を削除し e_3 に適用することになる．「着」は λ 関数を存在量化子に変更するため，結果状態の存在とその持続が表されることになる．このように，形式役割と目的役割の違いを存在量化子の有無として捉え，「着」のアスペクト関数に (39) を仮定することにより，一般的に中国語には達成動詞が存在しないという事実と「着」構文が持つ持続解釈との間の論理的矛盾を乗り越えることができるのである．

このようなアスペクトによる目的役割から形式役割への組み替えは，日本語にも見られる．「洗う」「掃く」「掃除する」などは，*wash* タイプの動詞で，変化結果が生じたことを含意しない．以下のとおりである．

(40) a. 太郎が皿を洗った．しかし，皿は汚れたままだ．
  b. 太郎が部屋を掃除した．しかし，どこもきれいにならなかった．
  c. 太郎が庭を掃いた．しかし，前と何も変わっていない．

これは，他動詞文を受動化し，自動詞文に変更しても同様である．

(41) a. 皿はいつもの洗剤で洗われた．しかし，汚れたままだ．
  b. 部屋は部員によって掃除された．しかし，どこもきれいにならなかった．
  c. 庭は竹箒で掃かれた．しかし，前と何も変わらなかった．

ところが，注目すべきことに，これにテイルを付加すると，何らかの変化が生じたことが含意されるのである．（「！」は論理矛盾を含むことを表す．）

(42) a. ！皿が洗われている．しかし，汚れたままだ．
  b. ！部屋が掃除されている．しかし，どこもきれいになっていない．
  c. ！庭が掃かれている．しかし，前と何も変わっていない．

「皿が洗われている」は，何らかの変化が皿に起こったことを報告している．もちろん，完全に汚れが取れたことを含意するわけではないし，「しかし，よ

く見ると，汚れは落ちていない」と続けることもできる．[10] しかし，「皿が洗われている」自体は，洗った形跡が何らかの形で実現していないと，用いることができない表現なのである．「部屋が掃除されている」「庭が掃かれている」も同様である．すなわち，テイルは，状態の現存性を提示する機能を持つゆえに，元来動詞の目的役割に割り当てられている結果状態を形式役割に組み替えるのである．定延 (2006)，定延・マルチュコフ (2006) はテイルの意味機能をエビデンシャリティ（「証拠性」）という概念によって捉えようとしている．すなわち，これは，ある事態が生じた証拠が認識されていることを述べる形式だと言う．テイルにも，何らかの証拠性が現存していなければならない．目的役割が形式役割に組み替えられ，結果状態が外延性を持つようになる理由がここにある．[11]

ここでテイルの概念構造を以下のように提案する．

(43) テイルのアスペクト関数
$$\left\{\begin{array}{l}\exists e \\ \lambda e\end{array}\right\}[\cdots e, [_{Time} 1次元, +連続, -限界]\cdots] \xrightarrow{F} \exists e [\cdots e, [_{Time} 0次元]\cdots]$$

これは，テイルが 1 次元的非限界時間から点的時間を抽出することと，その点的時間を有する事象が存在量化子によって束縛されていることを表す．なお，入力となる事象は，存在が前提とされる場合とそうでない場合がある．前者は，存在量化子による束縛，後者は λ 関数による束縛となる．

達成動詞が変化状態を含意しないという中国語の事実は，持続部分の語彙化パターンと「相変換関数分配の原則」によってはこの言語のアスペクト的結果構文を分析することができないということを意味するものではなかった．むしろ，アスペクト関数によってクオリア構造に含まれる役割が変更さ

---

[10] これらの例では，含意された変化の結果はスケール性を持つ．少し変化した状態から，変化が完全に行われた状態までの間で，何らかの変化が起こったという意味で解釈される．このような現象に関するスケール理論の近年の議論については，Kearns (2007)，Kennedy and Levin (2008)，岩本 (2008)，Kennedy (2012)，Beavers (2008, 2012)，およびその中で引用されている文献を参照されたい．

[11] 「ガ〜テアル」構文が真であるためにも「証拠性」の現存が要求される．高見・久野 (2014) は，「ガ〜テアル」構文が持つ意味機能を「その行為に起因する状態が発話時において話し手にとって有意義である」（同: 28）こととしているが，これも，変化の状態が話し手に確認できる証拠性を持つということを意味している．

れるという，アスペクトと語彙知識の関係についての新しい知見と洞察を得ることができたのである．

5. 結論

　以上，[持続／維持] 解釈に焦点を当て，アスペクトが引き起こす事象構造の変更にどのような要因が関わるかを考察してきた．先ず，我々は，「相変換関数分配の原則」(岩本 (2008)) を改訂し，隣接的下位事象が含まれる時，相変換関数が一方の下位事象を削除して他方にだけ適用すると仮定することによって，〈持続／維持〉成分を含むテイル文の多義的解釈に説明が与えられることを確認した．その上で，中国語の〈持続〉成分を含む文に「着」が付加した場合に起こる事象構造の変更の現象を考察した林 (2012) の分析を紹介し，〈持続／維持〉成分に含まれる動作主性の有無が，解釈や文法関係の変更といった類型的な差異を生じさせるという結論に達した．「相変換関数分配の原則」(改訂版) が語彙化の類型に一定の示唆を与えるのである．さらに，中国語には厳密な意味での達成動詞は存在しないという Tai (1984) の指摘に対して，この理論がどのような解決を与えるかを検討した．そこで用いたのが Pustejovsky (1995, 1998) のクオリア構造である．目的役割に結びついた状態は外延性を持たないが，形式役割に結びついた状態は外延性を持つという Pustejovsky (1998)，中谷 (2007) の示唆に基づき，中国語の「着」や日本語のテイルは，アスペクト関数の出力として存在量化子によって束縛された事象を定義するという提案を行った．アスペクト形式が事象構造の変更を引き起こすだけでなく，λ 関数を存在量化子に変更するという主張はこれまでにない新しいものである．

　これは，時間の長短，次元性，視点といった観点から捉えられてきたアスペクトの概念が，「存在」という概念と組み合わされることなしには語れないということを意味している．木村 (2006) が「実存相」と呼び，定延 (2006)，定延・マルチュコフ (2006) が「エビデンシャリティ」(「証拠性」) と呼んだアスペクトが持つ機能は，テイルにおいては 0 次元的時間と，「着」においては 1 次元的均質的時間と結びついている．「時間」と「存在」の何れか一方だけでは語れないのである．

　持続／維持構文は，日本語や中国語に限らず，多くの言語で多様な振る舞

いをする現象である（Nejalkov and Jaxontov (1988)）．以上の考察で，このような多様性を記述するためにどのような理論的装置が必要となるかを示唆することができたのではないかと思う．分析対象を広げて検証する必要があるだろう．

参考文献

荒川清秀 (1982)「中国語の語彙」『講座日本語学 12　外国語との対照 III』, 62-84, 明治書院, 東京.

荒川清秀 (1985)「"着"と動詞の類」『中国語学』306, 30-33.

荒川清秀 (1986)「中国語動詞の意味における段階性」『中国語』1986 年 9 月, 321 号, 30-33.

Bach, Emmon (1986) "The Algebra of Events," *Linguistics and Philosophy* 9, 5-16.

Beavers, John (2008) "Scalar Complexity and the Structure of Events," *Event Structures in Linguistic Form and Interpretation*, ed. by Johannes Dölling, Tatjana Heyde-Zybatow and Martin Schafer, 245-265, Mouton de Gruyter, Berlin.

Beavers, John (2012) "Lexical Aspect and Multiple Incremental Themes," *Telicity, Change and State,* ed. by Demonte, Violeta and Louise McNally, 23-59, Oxford University Press, Oxford.

Comrie, Bernard (1976) *Aspect*, Cambridge University Press, Cambridge.

Dowty, David (1979) *Word Meaning and Montague Grammar*, Reidel, Dordrecht.

Forsyth, J. (1970) *A Grammar of Aspect—Usage and Meaning in the Russian Verb*, Cambridge University Press, Cambridge.

藤井正 (1966)「「動詞＋ている」の意味」『国語研究室』東京大学．［金田一春彦(編) (1976)『日本語動詞のアスペクト』, 97-116, むぎ書房に所収.］

Hasegawa, Nobuko (2004) "The Possessor Raising Construction: Transitivization, Causative, and Experiencer," *Scientific Approaches to Language*, No. 3, 35-74, 神田外語大学.

Hasegawa, Nobuko (2007) "The Possessor Raising Construction and the Interpretation of the Subject," *Phrasal and Clausal Architecture: Syntactic Derivation and Interpretation*, ed. by Simin Karimi, Vida Samiian and Wendy K. Wilkins, 62-99, John Benjamins, Amsterdam.

長谷川信子 (2007)「日本語の受動文と little v の素性」*Scientific Approaches to Language*, No. 6, 13-38, 神田外語大学.

長谷川信子 (2009)「直接受動文と所有受動文：little-v としての「られ」とその素性」『語彙の意味と文法』, 由本陽子・岸本秀樹(編), 433-454, くろしお出版, 東京.

井上優 (2001)「中国語・韓国語との比較から見た日本語のテンス・アスペクト」『言語』12月号, 第30巻, 第31号, 26-31.

井上優 (2012)「テンスの有無と事象の叙述様式」『日中理論言語学の新展望──②意味と構文』, 影山太郎・沈力(編), 1-26, くろしお出版, 東京.

井上優・生越直樹・木村英樹 (2002)「テンス・アスペクトの比較対照──日本語・朝鮮語・中国語──」『シリーズ言語科学4:対照言語学』, 生越直樹(編), 125-159, 東京大学出版会, 東京.

岩本遠億(編著) (2008)『事象アスペクト論』開拓社, 東京.

岩本遠億 (2011)「シテイルが持つ継続的状態性と結果の意味──井上和子『変形文法と日本語』と事象投射理論──」『70年代生成文法再認識──日本語研究の地平──』, 長谷川信子(編), 123-150, 開拓社, 東京.

岩本遠億 (2013)「アスペクト的結果構文の類型についての試論」『言語化学研究』第19号, 1-16, 神田外語大学.

岩本遠億 (2014)「テイルの1つの意味」『日本文法学会第15回大会発表予稿集』, 60-69, 日本文法学会.

Jackendoff, Ray (1983) *Semantics and Cognition*, MIT Press, Cambridge, MA.

Jackendoff, Ray (1990) *Semantic Structures*, MIT Press, Cambridge, MA.

Jackendoff, Ray (1991) "Parts and Boundaries," *Lexical and Conceptual Semantics*, ed. by Beth Levin and Steven Pinker, 9-45, Blackwell, Cambridge, MA.

Jackendoff, Ray (1996) "The Proper Treatment of Measuring Out, Telicity, and Perhaps Even Quantification in English," *Natural Language and Linguistic Theory* 14, 305-354.

Jaxontov, Sergey Je (1988) "Resultative in Chinese," *Typology of Resultative Constructions*, ed. by Vladimir P. Nedjalkov, 113-134, John Benjamins, Amsterdam.

影山太郎 (1996)『動詞意味論』くろしお出版, 東京.

影山太郎 (2005)「辞書的知識と語用論的知識──語彙概念構造とクオリア構造の融合に向けて」『レキシコンフォーラム No. 1』, 65-101, ひつじ書房, 東京.

影山太郎 (2007)「英語結果述語の意味分類と事象タイプ」『結果構文県有の新視点』, 小野尚之(編), 33-66, ひつじ書房, 東京.

笠原政 (2011)「日本語と韓国語における非完結相──事象投射理論からのアプローチ──」修士論文, 神田外語大学言語科学研究科.

Kearns, Kate (2007) "Telic Senses of Deadjectival Verbs," *Lingua*, 117, 26-66.

Kennedy, Christopher (2012) "The Composition of Incremental Change," *Telicity, Change and State*, ed. by Violeta Demonte and Louise McNally, 103-121, Oxford University Press, Oxford.

Kennedy, Christopher and Beth Levin (2008) "Measure of Change: The Adjectival Core of Degree Achievement," *Adjectives and Adverbs: Syntax, Semantics and Discourse*, ed. by McNally, L. and C. Kennedy, 156-182, Oxford University

Press, Oxford.

木村英樹 (1981)「『付着』の"着/zhe/"と『消失』の"了/le"」『中国語』258, 24-27.

木村英樹 (1982)「中国語」『講座日本語学11 外国語との対照II』, 19-39, 明治書院, 東京.

木村英樹 (2006)「『持続』・『完了』の視点を超えて――北京官話における『実在相』の提案」『日本語文法』6巻2号, 24-27.

金水敏 (2000)「時の表現」『日本語の文法2 時・否定ととりたて』, 1-94, 岩波書店, 東京.

Krifka, Manfred (1989) "Nominal Reference, Temporal Constitution and Quantification in Event Semantics," *Semantics and Contextual Expression*, ed. by R. Bartsch, J. van Benthem and P. von Emde Boas, 175-215, Foris, Dordrecht.

Krifka, Manfred (1998) "The Origins of Telicity," *Events and Grammar*, ed. by Suzan Rothstein, 197-235, Kluwer, Dordrecht.

工藤真由美 (1995)『アスペクト・テンス体系とテクスト――現代日本語の時間の表現』ひつじ書房, 東京.

林君憶 (2012)「テイルと着――日中アスペクト対照」修士論文, 神田外語大学.

劉寧生 (1985)「「着」とそれに関連する2つの動態範疇」『言語研究』第2期, [于康 (編) (2001)『中国語言語学情報4 テンスとアスペクト3』, 47-76, 好文出版, 東京.

劉綺紋 (2006)『中国語のアスペクトとモダリティ』大阪大学出版会, 吹田.

丸田忠雄 (1998)『使役動詞のアナトミー――語彙的使役動詞の語彙概念構造』松柏社, 東京.

森山卓郎 (1988)『日本語動詞述語文の研究』明治書院, 東京.

中谷健太郎 (2007)「文処理ストラテジーという視点から観た結果構文の類型論」『結果構文県有の新視点』, 小野尚之 (編), 289-318, ひつじ書房, 東京.

Nedjalkov, Vladimir P., ed. (1988) *Typology of Resultative Constructions*, John Benjamins, Amsterdam.

Nedjalkov, Vladimir P. and Sergej Je Jaxontov, (1988) "The Typology of Resultative Constructions," *Typology of Resultative Constructions*, ed. by Vladimir P. Nedjalkov, 3-62, John Benjamins, Amsterdam.

奥田靖雄 (1977)「アスペクトの研究をめぐって――金田一的段階――」『宮城教育大学国語国文』8. [奥田靖雄 (1985)『ことばの研究・序説』, 85-104, むぎ書房に再録.]

Ogihara, Toshiyuki (1998) "The Ambiguity of the *-Te iru* Form in Japanese," *Journal of East Asian Linguistics* 7, 87-120.

Pustejovsky, James (1991) "The Syntax of Event Structure," *Cognition* 41:1-3, 47-81.

Pustejovsky, James (1995) *The Generative Lexicon*. MIT Press, Cambridge, MA.

Pustejovsky, James (1998) "The Syntax of Lexical Underspecification," *Folia Linguistica* 32, 323-347.

Pustejovsky, James (2000) "Events and the Semantics of Opposition," *Events as Grammatical Objects*, ed. by Carol Tenny and James Pustejovsky, 445-482, CSLI Publications, Stanford.

定延利之 (2006)「心的情報の帰属と管理―現代日本語共通語の『ている』のエビデンシャルな性質について―」『言語に現れる「世間」と「世界」』, 中川正之・定延利之(編), 167-192, くろしお出版, 東京.

定延利之・マルチュコフ, アンドレイ (2006)「エビデンシャリティと現代日本語の『ている』構文」『言語に現れる「世間」と「世界」』, 中川正之・定延利之(編), 153-166, くろしお出版, 東京.

Shibatani, Masayoshi (1976) "Causativization," *Japanese Generative Grammar*, ed. by Masayoshi Shibatani, 239-294, Academic Press, New York.

Smith, Carlota S. (1997) *The Parameter of Aspect*, 2nd ed., Kluwer, Dordrecht.

Tai, James (1984) "Verbs and Time in Chinese: Vendler's Four Categories," *CLS* 20: Lexical Semantics, 289-296.

高見健一・久野暲 (2014)『日本語構文の意味と機能を探る』くろしお出版, 東京.

竹沢幸一 (1991)「受動文, 能格文, 分離不可能所有構文と『ている』の解釈」『日本語のヴォイスと他動性』, 仁田義雄(編), 59-82, くろしお出版, 東京.

鄭汀 (2010)「存在表現における中国語の「着」構文と日本語の「てある」構文の対応について」*Scientific Approaches to Language* Vol. 9, 133-148, 神田外語大学.

第8章

日本語の複合動詞と「V+て+V」型複雑述部の アスペクトについての統語論的考察

小川　芳樹

東北大学

1. はじめに

　アスペクト（aspect）は「相」とも言い，動詞の表す事象（event）の性質や様態，および，それを表す文法形式のことを指す．アスペクトは，従来，動詞意味論の観点から広く深く研究されてきているが，その文法形式としての側面は，まだよくわかっていないことが多い．特に，日本語の複合動詞や「V+て+V」型複雑述部の統語構造をアスペクトの観点から論じた研究は，まだほとんどないといえる．[1]

　そこで，本章では，まず2節で，動詞句のアスペクトが動詞の意味素性と動詞句内の構成要素の有界性に関する意味素性の合算により決まることを示す．3節では，2節で見た事実を統語的に説明するとともに，単文中にアスペクト機能範疇が少なくとも2つ必要であるという新たな根拠を示す．4節では，日本語のV-V複合語のうち後項がアスペクトを表すものと，英語のアスペクト動詞を主節とする複文とされる構文の間に見られる複数の共通点を指摘し，Cinque (2006) のカートグラフィーを踏まえて，両者に対する共通の統語構造と共通の統語的制約を提案する．5節では，日本語の「V+て+V」型複雑述部について，Matsumoto (1996) 以来広く知られているその単文的特徴と複文的特徴を概観した上で，特に「V+て+しまう／あげる／いる」の統語構造を，V2のアスペクト性の観点から考察し，ここでは全体は単文であり，V2がアスペクトを表す機能範疇に文法化しているものとモダリティーを表す機能範疇に文法化しているものがあると主張する．6節は結語

---

[1] 青柳・張 (2014) は，その数少ない論考の1つであるといえる．

である.

2. アスペクトに基づく動詞（句）の四分類

　英語のアスペクトについては，Vendler (1967) 以来，主に語彙意味論の領域でさまざまな議論が繰り広げられてきた．本節では，これらの研究の成果を簡単に整理した上で，動詞句のアスペクトに関する性質は，動詞の語彙的意味のみから決まるものではなく，動詞とその項である主語，目的語，PP などの要素の統語的・意味的・音韻的情報を総合して決められることを示す．

2.1. 動詞の四分類と語彙概念構造

　Vendler (1967) によれば，動詞は相に基づき以下の 4 種類に分類される．

(1) a. 状態 (states)：know, believe, understand, desire, love, etc.
　　b. 活動 (activities)：run, swim, push (a cart), hit (a man), etc.
　　c. 到達 (achievements)：find, discover, reach, lose, win, etc.
　　d. 達成 (accomplishments)：paint (a picture), bake (a cake), etc.

この 4 種類の動詞の意味的な違いは，従来，語彙概念構造 (lexical conceptual structure) を用いて記述されてきた．例えば，影山 (1996: 90-91) は，これら 4 種の動詞に，それぞれ以下の (2a-d) の構造を与えている．[2]

(2) a. [y BE AT-z]
　　b. [x ACT (ON y)]
　　c. [BECOME [y BE AT-z]]
　　d. [[x ACT (on y)] CONTROL [BECOME [y BE AT-z]]]

　Vendler の 4 分類をアスペクトの観点から見れば，状態動詞と活動動詞は非完結相 (atelic aspect) に属し，到達動詞と達成動詞は完結相 (telic aspect) に属する．このことは，位置変化や状態変化の終着点を表す [AT-z] という意味要素が，(2c, d) には含まれ，(2a, b) には含まれないことに起因する．したがって，前者の 2 タイプの動詞は，(3a, b) のように，for an hour などの

---

[2] (2a-d) の表す内容については，影山 (1996) やその参考文献を参照されたい.

期間副詞句とのみ共起し，後者の2タイプの動詞は，(3c, d) のように，in an hour などの期限副詞句とのみ共起するのが一般的である（詳しくは，Dowty (1979), Tenny (1994) を参照）.³

(3) a. She stayed home for an hour/*in an hour.
   b. She swam for an hour/*in an hour.
   c. The carpenter built a house in a few days/*for a few days.
   d. *The lake froze in an hour/*for an hour.⁴

2.2. 動詞句のアスペクト

(2a-d) は，個々の動詞がその語彙概念構造において持つ意味の鋳型のようなものであり，動詞句は動詞を主要部として成り立つので，動詞句のアスペクトは，動詞の語彙概念構造によって表される性質を基本的には引き継ぐ．例えば，活動動詞に分類される push は，目的語が [+bounded]（有界性あり）の素性をもつ定名詞句であっても [-bounded]（有界性なし）の素性をもつ裸複数名詞句であっても，動詞句全体の表す事象は [-telic] となる．

(4) a. Mary pushed the cart for an hour/*in an hour.
   b. Mary pushed carts for an hour/*in an hour.

同様のことは打撃・接触を表す他動詞と，laugh/sleep のような目的語を選択しない活動動詞と，know/need のような状態動詞についても成り立つ．

しかし，それ以外の他動詞と，目的語を随意的に選択する自動詞と，非対格動詞については，それを中心とする動詞句のアスペクトの決定は，一般的に，当該の動詞の主語や目的語や前置詞句など動詞の項といえる要素の有界

---

³ 同様のパラダイムは日本語にも観察される．日本語では「いる／ある」は状態動詞，「泳ぐ／笑う」は活動動詞，「（家を）建てる／（絵を）書く」は達成動詞，「（火が）消える／（水が）凍る」は到達動詞となるので，それぞれ，(3a-d) と同様の振る舞いをする.

⁴ 到達動詞であっても，動詞が表す事象が成立した後の結果状態が持続した期間を表す意味では，期間副詞句による修飾は可能である．
  (i) The U.F.O. **appeared** in the sky for a few minutes.
  (ii) My terminal **died** for two days.   (影山 (1996: 109))
この現象については，本章では深く立ち入らないが，Pustejovsky (1995: 74) および影山 (1996: 105-110) の議論を参考にされたい．

性 (boundedness) によって左右される.例えば,達成動詞の build からなる VP は,その目的語が [+bounded] の素性をもつときは telic に,[−bounded] の素性をもつときは atelic になる (= (5a, b)).また,目的語が [+bounded] の素性をもつ NP であっても,主語が [−bounded] の素性をもつ裸複数名詞句であるときは,文全体の表す事象は atelic となる (= (6a, b)).

 (5) a. John built the house in a week/*for a week.
   b. John built houses for a week/*in a week.
(Thompson (2006: 214))

 (6) a. Mary built a house in a day/*for a day. (Tenny (1994: 14))
   b. ?Carpenters built a house for a week. (ibid.: 27)

また,run は語彙的には活動動詞に分類されるが,その移動の着点が to 句によって表わされれば,VP が表す事象は telic になり,移動の方向が towards 句によって表わされれば,VP が表す事象は atelic になる (= (7a, b)).

 (7) a. Mary ran to the store in 3 hours/*for 3 hours.
   b. Mary ran towards the store for 3 hours/*in 3 hours.
(Travis (2010: 110))

また,目的語が随意的に具現する再帰他動詞においては,当該の目的語が音形的に具現すれば事象は telic になり,具現しなければ atelic であり得る.

 (8) a. John shaved for an hour/in an hour.
   b. John shaved himself in an hour/*for an hour.
(Tenny (1994: 42))

このように,動詞句のアスペクトは,動詞の語彙意味論的な性質によって一義的に決定されるように見える場合もあるが,動詞の主語・目的語・経路句といった項の統語的・意味的・音韻的性質によって左右される場合も多い.

 ここで重要なのは,動詞がその目的語や主語に定名詞句と不定名詞句のどちらを選択するか,動詞がその補部に to 句を選択するか towards 句を選択するか,動詞の再帰的目的語が音形的に具現するか否かといった情報は,あらかじめ当該の動詞の語彙概念構造に指定しておくことのできる情報ではな

い，ということである．なぜなら，(2c) や (2d) の語彙概念構造において，主語や目的語は x,y という変項によって占められているに過ぎず，この変項が定名詞句で具現するか不定名詞句で具現するか，音形的に具現するかどうか，などといった情報を変項それ自体に付与することは不可能だからである．一方，「動詞句のアスペクトは動詞とその項が統語部門で併合され動詞句が形成されたあとに，当該の動詞句や文のレベルでの合成的な計算によって決定される」という統語論的立場に立てば，上記の事実はすべて，統語構造における一定の構造関係に基づく素性照合の結果として説明することが可能である．次節では，このことについて詳述したい．

3. アスペクトの機能範疇と統語構造

3.1. アスペクトを表す機能範疇

Smith (1991) は，アスペクトの概念を視点アスペクト（viewpoint aspect）と状況アスペクト（situation aspect）に区別する必要があると主張している．

viewpoint aspect とは進行相や完了相のような形態的・文法的アスペクトのことであり，このようなアスペクトの情報が機能範疇によって表示されることに異論のある言語学者は少ないと思われる．例えば，draw a picture という動詞句は完結相（telic aspect）を表していても，John was drawing a picture. が全体として未完了相（imperfective aspect）になるのは，動詞句の上に存在する形態的・文法的アスペクトである be+V-ing（この be は Travis (2010) の Higher Aspect に相当）が「未完了相」を表しているためである．

(9) a. John has drawn a picture in an hour/*for an hour.
    b. John was drawing a picture for an hour/*in an hour.

これに対して，situation aspect とは，前節で見た Accomplishment, Achievement, Activity, State といった動詞のクラス分けに寄与する Aktionsart のことである．以下，viewpoint aspect は完了相と未完了相の対立で捉え，situation aspect は完結相と非完結相の対立で捉えることとする．

両者は互いに独立の概念であり，situation aspect が非完結相である文が viewpoint aspect において完了相になることもあれば，その逆もあるが，両

者は互いに関連性のある概念である．

　viewpoint aspect は，be+V+ing や have+V+en や，日本語では「(て) いる」などの形態を具現する機能範疇によって文法的に表示される．一方，英語の事実だけを見ていると，situation aspect を表示する機能範疇があるかないかは自明ではないが，世界の言語の中には，語彙的意味とは独立の形態統語的情報が situation aspect の決定に影響を与える事例が多々あり，このことは，situation aspect を表示する機能範疇も存在することを強く示唆する．例えば，フィンランド語では，viewpoint aspect の違いは，目的語の格の形態の違いとなって現れる．動詞の形態は同じであっても，目的語が対格で標示されれば viewpoint aspect は完了相となり，目的語が部分格で標示されれば未完了相 (進行相) となるのである (Travis (2010: 2))．また，ブルガリア語では，動詞 pis 'write' に na という preverb が付くと，目的語が裸複数名詞句であっても事象は完結相になる (ibid.: 247)．また，中国語では，被動目的語 (affected object) を取る他動詞では SVO の語順も SOV の語順も可能だが，後者では目的語の前に ba というアスペクト標識が生じる (ibid.: 29)．

　このような事実を踏まえて，Travis (2010: 10) は，VP シェル構造の上位の VP (V1P) と下位の VP (V2P) の間に機能範疇 AspP の存在を提案している．具体的には，(3) で見た Vendler (1967) の 4 分類を決める 2 種類の弁別素性 [±Process], [±Definite] (cf. Verkuyl (1989: 44)) を，(10) のように，それぞれ，V1, Asp の素性として配置した上で，対格をもつ NP は V1P の下の [Spec, Asp] に格照合のために移動すると提案している (ここで，V1P は，Chomsky (1995) の枠組みでは vP に対応する)．

(10)

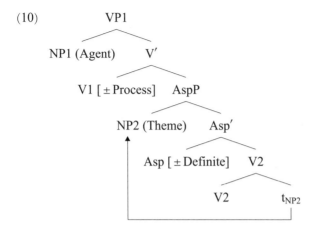

　この主張は，まず，当該の動詞句が表す situation aspect は，機能範疇 Asp と，外項を認可する語彙範疇 V1 に割り振られた素性の値を統合することによって決定されることを意味する．また，V1 の下の Asp が（何らかの形態統語的素性を具現しつつ）内項（目的語）の対格を認可するとき事象は telic になる，ということも意味する．実際，内項の存在が完結相の事象を作るための必要条件になるというのは，汎用性の高い通言語的一般化である．
　situation aspect の情報を標示する機能範疇の存在は，動詞とその内項との関係以外のいくつかの統語的証拠によっても裏付けられる．例えば，Thompson (2006) は，英語において，未完結相の事象の継続期間を表す for 句は VP 内に，完結相の事象のみと共起する in 句は AspP 付加位置に生じるという仮定によって (11) の対比が説明できると主張している．

(11) a.　How many hours did you push that car for?
　　 b.　*How many hours did you read that book in?　　(ibid.: 222)

(11) の対比は，期間副詞句内からの wh 移動は前置詞残留を許すが，期限副詞句内からの wh 移動はこれを許さないことを示している．Thompson は，Hornstein and Weinberg (1981) が提案する前置詞残留の認可の仕組みを採用し，「for は VP 内にあるので，動詞への for の編入が許され，前置詞残留が可能となる．一方，in 句は VP の外にあるので，動詞への in の編入は許されず，その内部から要素を取り出す移動操作は禁止される」と説明している．

これ以外にも，Chomsky (1995) が vP と VP に分けた動詞句を，事象の開始・継続・結果を表す InitP, ProcP, ResP の 3 つに分ける Ramchand (2008) の提案など，アスペクトの統語論については，特に 2000 年以降，さまざまな試案が提示されている．紙幅の都合上，これらすべてを紹介することはできないが，(12) のように，少なくとも TP と vP の間に 1 つ (Higher Aspect) と vP と VP の間に 1 つのアスペクト機能範疇 (lower aspect) が存在し，この機能範疇が，統語構造から事象の完了性と完結性を決定する上で重要な役割を果たしているという Travis (2010) の主張は，基本的に正しい方向性にあるとみなすことができるだろう（同種の主張は三原 (2004) も参照）．そこで，主語と目的語と動詞の移動については，以下の (12) の派生を採用したい．

(12)

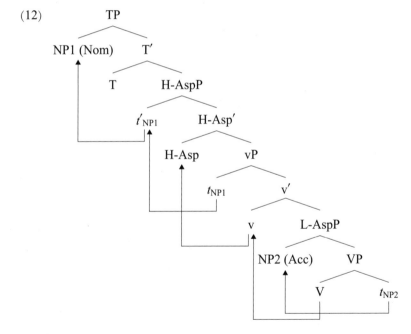

ここで，目的語は有界性の素性（[±bounded]）（と対格）の照合のために [Spec, L-Asp] へ移動し，V は L-Asp を経由して v または H-Asp へ移動し，主語は，[−bounded] の素性をもつ場合には [Spec, H-Asp] を経由して素性

照合をしたあと，[Spec, T] へ繰り上がるものとする．

3.2. アスペクト現象の統語的説明

　ここで，機能範疇 Asp は [+telic] または [−telic] の素性をもち，その補部内から同じ（または，矛盾しない）素性をもつ動詞を主要部付加位置に牽引するとともに，その指定部に，それぞれ，[+bounded] または [−bounded] の素性をもつ要素を牽引し，Spec-Head の関係に入ると仮定しよう．これと上記 (12) を踏まえると，まず，(5a, b) の対比は次のように説明される．(5a) では，L-Asp が，[+telic] の形式素性を随意的に付与された build を牽引し，定名詞句で [+bounded] の形式素性をもつ目的語 NP を [Spec, Asp] へ牽引し，そこで NP と V+Asp が L-AspP 内で Spec-Head の関係に入ることにより，動詞句に対する完結相の解釈が得られる．一方，(5b) では，L-Asp が，[−telic] の素性を随意的に付与された build を牽引し，裸複数名詞句で [−bounded] の素性をもつ目的語 NP を [Spec, Asp] へ牽引し，NP と V+Asp が L-AspP 内で Spec-Head の関係に入ることにより，非完結相の解釈が得られる．つまり，build のような潜在的な達成動詞であっても，語彙部門での完結性に関する素性は未指定になっており，レキシコンから統語部門に導入された段階で，その目的語 NP の有界性に関する性質に応じて，[+telic] または [−telic] の形式素性を付与される，と考えるのである．

　(6a) でも，L-AspP 内では (5a) と同様の派生が起こるので，ここでは in a day のみが容認される．一方，(6b) では，主語が裸複数名詞句であり，[−bounded] の素性をもつ．(12) によれば，この主語は，TP に移動する途中で [−telic] の素性をもつ H-Asp の指定部に立ち寄り，H-Asp との間で Spec-Head の関係に入る．さらに，(13) を仮定しよう．

(13)　単文の中では，統語的に活性化している最上位のアスペクト機能範疇がもつ完結性の素性と矛盾しない期間副詞または期限副詞しか生じない．

すると，(6b) では，L-Asp は [+telic] の素性をもっているが，H-Asp (ここでは反復相) がもつ [−telic] の素性と整合する時間表現しか生じることができないので，期間副詞の for a week のみが生起可能になる，と説明され

る.[5]

　(7a, b) の対比は，[Spec, Asp] で [±bounded] の素性を照合され得る要素を NP に限定するのではなく，PP を含む項全般に拡張することによって，上記と同様の説明を与えることができる．まず，to 句は移動の着点を表す句であり，[+bounded] の素性をもつので，L-Asp が [+telic] の素性をもつときのみ派生は収束する．したがって，(13) により，(7a) で生じる時間表現は期限副詞に限られる．一方，towards 句は移動の方向のみを表す句であり，[−bounded] の素性をもつので，L-Asp が [−telic] 素性をもつときのみ派生は収束する．したがって，(13) により，(7b) で生じる時間表現は期間副詞に限られる．

　(8a) と (8b) は論理的に同じ意味をもつが，前者で期間副詞が容認されず，後者では容認される．この事実は，以下のように説明される．まず，(8b) では，目的語の再帰代名詞 himself は [+bounded] の素性をもち，[Spec, L-Asp] に対格照合のため移動するので，L-Asp は [+telic] の素性を持たねばならず，VP は完結相の解釈を得る．したがって，(8b) で生じる時間表現は期限副詞に限定される．一方，(8a) では，shave の目的語位置には音形的に空の pro が存在すると仮定しよう．この pro も [+bounded] の素性をもつが，pro は対格照合を受ける必要はないので，[Spec, Asp] に移動してもしなくてもよい．移動した場合には，[+telic] L-Asp と整合する期限副詞のみが許されるが，移動しない場合は，[−telic] L-Asp と整合する期間副詞が許される．したがって，(8a) では，期間副詞も期限副詞も可能となるのである．

　(9a, b) の事実は，(13) を踏まえると，以下のように説明できる．(6b) の反復相の場合と並んで，進行相を作る助動詞 be は H-Asp の主要部として [−telic] の素性をもつので，(13) により，(9b) では for an hour しか生起できない．一方，完了相を作る助動詞 have も H-Asp の主要部だが，注 5 で述べた理由により，その [+telic] 素性は統語的に活性化していないため，(9a)

---

　[5] H-AspP は，反復相や進行相といった未完了相の解釈のときにのみ統語的に活性化され，完了相の解釈のときは活性化されない，と仮定する．これは，John has read a book in an hour. も，John has read paperbacks for years. も共に可能であり，進行相の場合と違って，H-Asp が完了相であることは，認可される時間表現の選択に影響しないためである．

第8章 日本語の複合動詞と「V+て+V」型複雑述部のアスペクトについての統語論的考察　223

では，L-Asp が統語的に活性化した最上位のアスペクト機能範疇となり，これがもつ [+telic] の素性と整合する in an hour しか生起できない，と説明される．

最後に，(4a, b) の対比を考えよう．ここで，目的語が定名詞句でも裸複数名詞句でも期間副詞句と共起できるという事実は，動詞 push の場合は，目的語 NP の有界性にかかわらず，動詞が**義務的**にもつ [−telic] の素性のみをもとにして VP の非完結性が決定されているかのように見える．しかし，以下の例を見てみよう．

(14) a. The children pushed the cart for/*in three minutes.
　　 b. The children pushed the cart to the wall in/*for three minutes.
　　 c. The children pushed carts to the wall for/*in three minutes.

(Travis (2010: 246))

この対比は，活動動詞 push の場合も，着点を表す to 句と共起したときは，目的語 NP が [+bounded] の素性をもつときにのみ動詞句が telic になることを示すので，push も達成動詞 build と同様の素性指定をもつと仮定できる．

ここで，(7a, b) の対比を想起されたい．この対比が示すのは，[±bounded] 素性をもつ PP も [Spec, Asp] に移動して動詞と素性照合の関係に入ることが可能，ということであった．この事実を踏まえて，push の場合も，動詞自体は telicity の素性に関して未指定であるが，その補部に**常に**，[PP NP1 [P NP2]] という小節構造をもつ PP を選択し，主要部 P は NP2 が具現したときにのみ音形的に具現する，と仮定しよう．さらに，主要部 P と，P の主語 NP1 と目的語 NP2 の三者がすべて [+bounded] の素性をもつときにのみ，PP 全体は [+bounded] になる，と仮定しよう (cf. (5)-(6))．すると，PP 内の主語 NP も目的語 NP も定名詞句であり主要部も to である (14b) では，PP 全体が [+bounded] になり，この PP が [+telic] の素性をもつ Asp の指定部に移動することにより，L-AspP レベルで完結相の解釈が得られる．一方，目的語 NP が定名詞句であるものの主語 NP が裸複数名詞句である (14c) では，PP 全体は [−bounded] となるために，[−telic] の素性をもつ L-Asp と素性照合の関係に入るしかない．このため，L-AspP を修飾できるのは期間副詞に限られる．また，(4a) で push が期間副詞のみと共起可能なのも，ここでは，PP 内の P の主語が [+bounded] NP だが，P の主要部も補

部も未指定であるために，PP 全体が [－bounded] の素性をもつことになるため，と説明できる．ちなみに，以下の (15) は，to の補部の NP の有界性においてのみ (7a) と異なるが，ここでも PP は [－bounded] の素性をもつことになるので，(14c) と同様，L-AspP 全体は非完結相となり期間副詞のみが容認されることになる，と説明できる．

(15) Mary ran to stores for 3 hours/*in 3 hours.　　(Travis (2010: 110))

以上，文内に生じる項である主語 NP と目的語 NP と P 主要部の有界性に関する素性が合成的に計算され，NP または PP と機能範疇 L-Asp または H-Asp が Spec-Head の照合関係に入るという仮定と (13) の制約を採用することにより，(5)-(15) の事実を統語論的に説明できることを見た．これは，L-AspP/H-AspP という統語的機能範疇と，そこに随意的に付与される [±telic] という形式素性を採用してはじめて可能となる説明なので，L-AspP と H-AspP の存在は，統語的に十分に動機づけられたと結論できよう．

4. 日本語複合動詞のアスペクト

前節までの議論を踏まえて，本節では，日本語複合動詞のアスペクトについて考察する．

4.1. 語彙的複合動詞と統語的複合動詞：影山 (1993) の分類

日本語複合動詞については，影山 (1993) が生成文法統語論の枠組みを用いて，これを語彙的複合動詞と統語的複合動詞の 2 種類に分類し，後者をさらに 3 種類に下位分類したことを機に，複合動詞の統語論・形態論・語彙意味論の研究が大きく進展したことは周知の事実である．

影山自身が「語彙的複合動詞」を語彙概念構造で作られるものと項構造で作られるものの 2 種類に分けて論じたことや，その後の Matsumoto (1996)，由本 (2005) らによる語彙意味論研究の進展も相まって，「語彙的複合動詞」の意味的分類と記述は十分に深まって来た．その詳細はここでは割愛するが，「語彙的複合動詞」は，その前項 (V1) と後項 (V2) の関係をもとに，(i) V1 が V2 を修飾するもの (「押し倒す」「飛び上がる」など)，(ii)

V2 が V1 を修飾するもの (「書きなぐる」「燃え盛る」など), (iii) V1 と V2 が同時に起こるもの (「受け取る」「泣き叫ぶ」など), (iv) 項構造において V1 が V2 に対して補文関係をなすもの (「見逃す」「書き上げる」「いじくりまわす」「使いこなす」など) の少なくとも 4 種に分類できる.

一方, 影山 (1993) は,「統語的複合動詞」を以下のように「VP 補文型」「V′ 補文型」「非対格型」の 3 タイプに分けている.

(16) a. VP 補文型：[$_{V2P}$ NP-Nom [$_{V2'}$ [$_{V1P}$ PRO [$_{V'}$ NP-Acc V1]] V2]]
(「〜つける」「〜そびれる」「〜遅れる」「〜かねる」など)
b. V′ 補文型：[$_{V2P}$ NP-Nom [$_{V2'}$ [$_{V1'}$ NP-Acc V1] V2]]
(「〜忘れる」「〜尽くす」「〜直す」「〜終える」「〜合う」など)
c. 非対格型：[$_{V2P}$ NP-Nom [$_{V1P}$ t_{NP} [$_{V1'}$ NP-Acc V1]] V2]]
(「〜かける」「〜だす」「〜過ぎる」など)

(16a) では, V2 が補部に V1P を選択し, V1 の外項は PRO として VP 指定部に生じ, V2 の外項によってコントロールされる. (16b) では, V2 が補部に V1′ を選択し, V1 の外項は存在せず, V2 の外項が複合動詞全体の主語になる. (16c) でも (16a) と同様, V2 が補部に V1P を選択するが, V2 には外項が存在せず, V1 の外項が繰り上げ操作によって複合動詞全体の主語になる.

これら 3 タイプの統語的複合動詞は, 複合動詞が統語的な句を内包することを示唆する以下の 3 つの統語テストの全部または一部をパスする.

(17) a. V1 にサ変動詞 (VN＋する) の語幹部分を代入できる.
(例：書き直す → 執筆し直す)
b. V1 に代用形「そうし」を代入できる.
(例：太郎がマンガを読み続け, 次郎もそうし続けた)
c. V1 のみを受動態にできる.
(例：褒められすぎる, 叱られ慣れる, *読まれ直す)

一方, 語彙的複合動詞は, (17a-c) のいずれも許容しない. これは, V1 に V′ またはそれよりも大きい統語サイズの構成素を含むことができないからである.

4.2. アスペクトに基づく複合動詞の再分類：普遍文法からの視点

以上のように，統語的複合動詞と語彙的複合動詞は，複数の統語テストによって切り分けることができる点で興味深く，日本語複合動詞の分類として広く受け入れられている．しかし，影山 (1993) やそれ以降の日本語複合動詞の研究の多くの中に欠落している点として，以下の 2 点が挙げられる．

(18) a. V2 がアスペクトを表すという視点から見たときの語彙的複合動詞と統語的複合動詞の共通性の追求
  b. 日本語複合動詞と英語のアスペクト動詞構文の共通性に対する，普遍文法の視点からの統一的説明の追求

(18a) について言えば，統語的複合動詞の多くは，その V2 が，V1 の表す事象に開始・継続・完了・反復・未完了などのアスペクトの情報を付加するという意味で，V2 がもともとアスペクト動詞であるか，そうでない場合でも，単独動詞として使われる場合にはないアスペクト的な意味を獲得し，文法化 (grammaticalization) している．このことは，「食べかける」「食べつける」「降り出す」「受けかねる」「読み切る」などの例について当てはまる (cf. 寺村 (1984)，田辺 (1996)，日野 (2001)，青木 (2010))．また，V2 が V1 にアスペクトの情報を付加するという性質は，語彙的複合動詞のうち V1 が V2 に対して項構造における補文関係を成すと影山 (1993) が分析するものにも当てはまる．例えば，「食べ歩く」は必ずしも「歩く」ことを含意せず，「あちこちで食べる」という意味であり，統語的複合動詞の「食べ直す」と同様の反復相を表す．「書き上げる」は，「上げる」ことを含意せず，統語的複合動詞の「書き終える」と同様，完結相を表す．「言い落とす」は「落とす」ことを含意せず，統語的複合動詞の「食べ損なう」と同様，失敗相 (frustrative aspect) を表す．「沸き立つ」は，「立つ」ことを含意せず，統語的複合動詞の「降り出す」と同様，開始相を表す．つまり，統語的複合動詞の多くと語彙的複合動詞の一部は，V2 のアスペクト性から見て共通の性質を示すのである．

また，影山 (1993: 94) が指摘しているように，「V+歩く」という語彙的複合動詞は，「買い物し歩く」「吹聴し歩く」のように，V1 にサ変動詞も代入できる．これと同様に，「流布し歩く」「自慢し歩く」と同様の意味で「流布し回る」「自慢し回る」といえるし，「徹底的に議論する」と同様の意味で「議論し明かす」といえる．また，「徹底的に活用する・批判する」の意味での

「活用し倒す・批判し倒す」や，「検討し損なう・記録し損なう」と同様の意味での「検討し漏らす・記録し漏らす」を容認する話者もいるであろう．そうであるならば，これらの複合動詞は，片や語彙部門で形成される語彙的複合動詞，片や統語部門で形成される統語的複合動詞として切り分けて論じるよりも，形態素どうしの結合である複合語から文までの連続体 (cline) を成す文法化の異なる段階の統語的構築物として，いずれも統語構造で派生されるべきものとして捉えられるべきであろう (cf. Nishiyama and Ogawa (2014), 西山・小川 (2013), Ogawa and Niinuma (2011), Ogawa (2014)).

(18b) は，具体的には，(19a, b) のように述べることのできる問題である．

(19) a. 英語の begin, continue, finish などのアスペクト動詞は，一般的に，以下のいずれかの統語構造に生じるとされる．
[$_{TP}$ NP$_i$ [$_{vP}$$t_i$ [$_{VP}$ V (begin) [$_{TP}$ PRO$_j$ [$_{vP}$ t_j [$_{VP}$ V (NP)]]]]]]]
(i=j)
[$_{TP}$ NP$_i$ [$_{vP}$$t_i$ [$_{VP}$ V (begin) [$_{TP}$ t'_i [$_{vP}$ t_i [$_{VP}$ V (NP)]]]]]]]
ここで，英語のアスペクト動詞とその補部内の動詞がたとえ隣接していたとしても，それらをまとめたものが複合動詞と呼ばれることはない．しかし，アスペクト動詞を主節動詞とする英語の複文構造と，後項としてのアスペクト動詞が補部に VP または V′ を選択する日本語の統語的複合動詞の複文構造をアスペクトという観点から見ると，いくつかの共通点がある．

b. 普遍文法の中味を解明する立場からすれば，英語のアスペクト動詞構文と日本語の統語的複合動詞の間にあるこれらの共通点は，共通の統語構造を用いて説明されるべきではないか．

まず，(19a) について検討しよう．これは，アスペクト動詞である日本語複合動詞の V2 はその補部の V1 に達成動詞を選択できるが状態動詞・活動動詞・到達動詞は選択できない，という事実である．同様の事実は，英語にも見られる (Rochette (1999: 155)).[6] (20)–(21) を見てみよう．

---

[6] 青柳・張 (2013: 417-421) は，中国語でも，語彙的複合動詞は達成事象を表すが，統語的複合動詞は到達事象を表し，活動事象を取り出すことが出来ない，と指摘している．この事実も (13) によって説明できるのかもしれないが，これは finish/begin +V の対応物につ

(20) a. 太郎は本1冊を読み終えた. (Accomplishment)
　　 b. *太郎は走り終えた. (Activity)
　　 c. *太郎は英語ができ終えた. (State)
　　 d. *太郎は駅に到着し終えた. (Achievement)
(21) a. John finished reading a book. (Accomplishment)
　　 b. *John finished dancing. (Activity)[7]
　　 c. *John finished owning a house. (State)
　　 d. *John finished finding my coat. (Achievement)

また，(22a, b) に示すように，「読む」は活動動詞と達成動詞の間で曖昧だが，「読み終える」には達成動詞の解釈しかない．これもまた，(23a, b) に示す英語の事実と完全に平行的である．

(22) a. 太郎は1時間で本を読んだ／1時間本を読んだ．
　　 b. 太郎は1時間で本を読み終えた／*1時間本を読み終えた．
(23) a. John read a book in an hour / for an hour.
　　 b. John finished reading a book in an hour / *for an hour.

このように，日本語の「終える」と英語の finish はそのアスペクト特性に関して完全に平行的なのだが，この事実が，両言語のアスペクト動詞が共通の統語構造をもつという理由によって説明されてきたことはない．

青柳・張 (2013: 422) は，(22b) のような結果複合動詞が，活動事象と結果事象を内包する複雑事象をもつにもかかわらず，その活動事象を修飾する副詞句が許されない事実に対して，影山・由本 (1997: 75) の主張を踏まえ，「前項が活動事象，後項が（状態変化）結果事象を表す複合動詞の LCS 合成に，『活動事象の背景化』という操作が適用された結果である」という考えを提示している．[8] しかし，複雑事象における一方または他方の事象の背景化

いての事実ではないので，本章での議論の対象には含めない．
　[7] Rochette (1999: 163) によれば，この文は，dancing に identifiable resulting state があるという解釈では容認される．同様のことは (20b) にもいえる．
　[8] 「活動事象の背景化」と同様に時間副詞の生起可能性を左右する概念として，語彙概念構造における「行為焦点」「結果焦点」の考え方がある．これについては，本章の注4と影山 (1996: 87) を参照．

という考え方は，**語彙**概念構造において適用されるものだが，(23) のように finish と reading が全体で複合語を構成するわけではない場合にも同様の制限が観察されることからすると，当該の事実は，**語彙**概念構造において述べることができるものではなかろう．むしろ，類似の選択特性をもつ両言語の統語的構文が，**語彙**概念構造を共有しないにもかかわらず，共通の意味的制限を有するという場合，その事実は，統語構造における共通性に起因すると仮定するのが自然な仮定であろう．[9] では，日本語の「読み終える」と英語の finish reading には，どのような共通の統語構造を与えるべきであろうか．

この問題に取り組む上では，再構造化動詞についての Cinque (2006) の主張が参考になる．再構造化動詞 (restructuring verb) とは，補文内の動詞の目的語が主節主語になったり，主節内の動詞に接語化することを許す動詞のことである (Rizzi (1978))．Cinque は，再構造化動詞は語彙動詞である選択肢はなく，**常**に機能範疇であると主張している．これを図示すると，再構造化動詞と一見その「補文」に見える不定詞節の部分は全体として，(24a) のような複文構造ではなく，(24b) のような単文構造をもつことになる．

(24) a. [$_{CP}$ ... [$_{FP}$ ... [$_{FP}$ ... [$_{vP}$ V$_{restr}$ [$_{CP}$ ... [$_{FP}$ ... [$_{FP}$ ... [$_{vP}$ V]]]]]]]]
    b. [$_{CP}$ ... [$_{FP}$ ... [$_{FP}$ ... V$_{restr}$ [$_{FP}$ ... [$_{vP}$ V]]]]]

この主張は，一定の文法機能を果たす機能範疇は，すべての言語で一定の階層関係に生じると仮定した上で，その普遍的機能範疇階層の解明を目

---

[9] 匿名の査読者が指摘するように，Jackendoff の文法モデルを採用するなら，語彙概念構造をもとに文レベルの統語構造に対応する概念構造が構築されていくわけで，複雑述部も意味構造上は一つの述語であるかのような概念構造を構築する可能性があるので，このような論は成り立たない，という反論はあり得る．実際，由本 (2005: 316-317) では，統語的複合動詞「V+損なう」がもつ否定の含意の作用域が「V+ない」がもつそれと異なるという事実について，概念構造にもとづく分析を示唆している．しかし，「損なう」と「ない」の統語的位置の違いを考慮すれば，作用域に関するこの事実は，概念構造を用いなくとも統語構造で説明可能であるように思われる．また，筆者が知る限り，由本 (2005) のような主張をアスペクト動詞とその補文からなる動詞句の解釈に適用し，本文の (20)-(23) のような事例を同一の概念構造に基づいて説明するような具体的な提案は誰によってもなされていない．ましてや，統語構造を用いたのでは説明できないという議論もない．したがって，本章で展開する，アスペクト動詞を機能範疇とみなす統語的分析が，少なくとも現時点では，日本語と英語の二構文の共通性をとらえる最善策だと言えるであろう．

指す「カートグラフィー」という計画の中に位置づけられる．具体的には，Cinque (2006: 12, 76, 88, 90) で挙げられている内容を統合すると，Cinque (2006) では，概略，以下のような普遍的機能範疇階層が提案されていることになる．

(25)　MoodP$_{\text{speech act}}$ > ... MoodP$_{\text{evidential}}$ > ModP$_{\text{epistemic}}$ > **TP (Past)** > ... MoodP$_{\text{irrealis}}$ > ... AspP$_{\text{habitual}}$ > AspP$_{\text{repetitive(I)}}$ > ... ModP$_{\text{volitional}}$ > AspP$_{\text{terminative}}$ > AspP$_{\text{continuative(I)}}$ > ... AspP$_{\text{durative}}$ > AspP$_{\text{progressive}}$ > ... AspP$_{\text{prospective}}$ > AspP$_{\text{inceptive(I)}}$ > AspP$_{\text{frustrative/success}}$ > AspP$_{\text{conative}}$ > AspP$_{\text{completive(I)}}$ > $\boxed{\text{VoiceP}}$ > PerceptionP > CausativeP > AspP$_{\text{inceptive(II)/continuative(II)}}$ > AndativeP > AspP$_{\text{completitive(II)}}$ > AspP$_{\text{repetitive(II)}}$ > AspP$_{\text{frequentative(II)}}$ > ... V

この主張の要点をまとめると，従来，再構造化"動詞"とされてきたものは，(25) の中のいずれかの位置に生じるアスペクトやモダリティーを表す機能範疇であり，従来，再構造化"動詞"の"補文"とみなされてきた領域内にある動詞こそが，主節動詞である，ということになる．(25) で，再構造化動詞は，VoiceP の上または下の機能範疇の位置を占める．VoiceP とは，動詞の外項が生じる統語範疇であり，受動態においてはその形態素が生じる位置でもある．(25) の中で，inceptive, continuative, completive などのアスペクトは，VoiceP の上にも下にもあり，(I)/(II) という標識で区別されるが，これは，特定の語彙がどちらにでも生起できるということではなく，個々の"動詞"ごとにどちらの位置に生じるかがあらかじめ決まっている．例えば，イタリア語の cominciare (=「始める」) は VoiceP の上の AspP$_{\text{inceptive(I)}}$ に生じ，iniziare (=「始める」) は VoiceP の下の AspP$_{\text{inceptive(II)}}$ に生じるといった具合である．また，(25) の機能範疇階層は，言語普遍的なものである．したがって，例えばイタリア語の riuscire (=「何とか～する」) も英語の manage (to do) も AspP$_{\text{frustrative/success}}$ に生じるとすれば，これは VoiceP の上の機能範疇なので，その補部内で受動態を許すが，再構造化動詞それ自体の受動態は許されないと予測される (cf. Cinque (2006: 66-67, 76))．一方，acabar (=「終える」) も英語の finish も VoiceP の下の AspP$_{\text{completitive(II)}}$ に生じるとすれば，それ自体の受動態は許されるが，その補部内での受動態

は許されないと予測される (cf. Cinque (2006: 68))．

(26) a. John managed to be praised by his teacher.
b. *John was managed to praise by his teacher.
(27) a. He was finished talking about it.[10]
b. *The book finished to be read (in an hour).

Fukuda (2012) は，この Cinque (2006) の主張を日本語の複合動詞の後項に当てはめ，「始める」「続ける」「終える」「終わる」というアスペクト動詞について，VoiceP (= Chomsky の vP) の上の機能範疇 (Travis (2010) では H-Asp, Cinque (2006) では AspP (I)) であるもの (「終わる」) と，VoiceP の下の機能範疇 (Travis (2010) では L-Asp, Cinque (2006) では AspP(II)) であるもの (「終える」) と，どちらでもあり得るもの (「始める」「続ける」) の3種類が存在すると主張している．この主張は，具体的には (28) の事実を説明する．

(28)　　　L-Asp　　　　　　H-Asp
　　　読み終えられた　　　*読まれ終えた（常に L-Asp）
　　　*書き終わられた　　　攻撃され終わった（常に H-Asp）
　　　書き始められた　　　書かれ始めた（L-Asp または H-Asp）
　　　読み続けられた　　　読まれ続けた（L-Asp または H-Asp）

西山・小川 (2013) は，分散形態論 (Marantz (1997)) のもとで，日本語のすべての複合動詞は統語部門での併合 (merge) によって生成されると仮定した上で，Fukuda (2012) が日本語のいわゆる統語的複合動詞の一部に限って行った V2=機能範疇分析を，影山 (1993) が語彙的複合動詞に分類しているもののうち V2 がアスペクトを表すものにも拡張する提案を行っている．具体的には，西山・小川 (2013) は，「吹聴し歩く」の「歩く」は，(29) の構造における vP と VoiceP の間の AspP (Travis (2010) の L-Asp) に生じ，このときの AspP は反復相 ((25) の $AspP_{repetitive(II)}$) を表すと主張している．また，Ogawa and Niinuma (2011) は，「印刷し上げる」の「上げる」も (29) の Asp に生じ，このときの AspP は完結相 ((25) の $AspP_{completive(II)}$)

---

[10] Corpus of Contemporary American English (COCA) に類例が多数見られる．

を表すと主張している．ここで，vP は Cinque の構造にはないものであるが，Marantz (1997) の提案する動詞化接辞を表し（したがって，Chomsky (1995) の vP とは異なる），サ変動詞の「し（た）／す（る）」が生じる位置である．

(29) [VoiceP NP (Agent) [AspP [vP NP (Theme) [VP V] v] Asp (歩く)] Voice]

同様に，「批判し倒す」の「倒す」と「管理し漏らす」の「漏らす」は，それぞれ，repetitive aspect と frustrative aspect を表すが，この V2 も vP と VoiceP の間の Asp に生じる，ということができる．

また，V1 にサ変動詞を代入できないものの，V2 がアスペクトを表す「走り込む」(込む = repetitive aspect)，「聞き落とす」(落とす = frustrative aspect)，「沸き立つ」(立つ = inceptive aspect) などについては，V2 は以下の (30) の構造における Aux の位置に生じると主張している．ここで Aux は，inceptive, repetitive, frustrative などさまざまなアスペクトを表し得る機能範疇である．1つの機能範疇が，そこに生じる形態素の違いに応じて多機能性をもつのは，TP が，そこに生じる形態素の違いによって，past, non-past, habitual などさまざまな時制を表し得るのと同様の状況である．

(30) [VoiceP NP (Agent) [vP NP (Theme) [AuxP [VP V] Aux (立つ)] v] Voice]

このように考えると，以下の事実は，(21)-(22) で見た事実と同様，仮説 (13) によって統一的に説明されることになる．

(31) a. 太郎は1ヶ月間で本を書いた／1ヶ月間本を書いた．
 b. 太郎は1ヶ月間で本を書いた／*1ヶ月間本を書き上げた．

(31a) では，「書き」は L-Asp の [+telic] 素性とも [−telic] 素性とも整合するので，期間副詞句とも期限副詞句とも共起できるが，(31b) では，「上げ」が vP と VoiceP の間の機能範疇 L-Asp を統語的に活性化したものであり，[+telic] の素性をもつために，この素性と矛盾しない期限副詞句しか生じ得

ないのである。[11]

4.3. 「アスペクト動詞＝機能範疇」説のさらなる証拠

再構造化現象についてのCinqueの単文説とでも呼ぶべき仮説は，影山(1993)の複文説とは異なる予測をする．一般に，複数の動詞的要素をもつ構成素が実際に複文であれば，(32)に示すように，それぞれの動詞句を，その主要部の語彙的アスペクトと矛盾のない期間の副詞句で修飾可能である．例えば，(32)で，「読む」と「信じる」は主節内とその補文内に生じる独立の語彙動詞である．この場合，それぞれの動詞を異なる期間の副詞句で修飾できる．また，(33a)に示すように，再構造化動詞がアスペクトを表さない機能範疇（ここでは，$Mod_{volitional}$）である場合も同様で，語彙動詞と再構造化動詞を別々の期間の副詞句で修飾可能である．しかし，再構造化動詞がアスペクトを表す機能語である場合，(34b)のように，語彙動詞のみと整合する時間表現は容認されず，アスペクト機能範疇（ここで「い（る）」は$Asp_{progressive}$）の[−telic]素性と矛盾のない時間表現のみが容認される．

(32)　彼は[本1冊を1日で読むべきだと]10年以上信じている．
(33) a.　彼は[1週間で花子を口説き落とそ]うとした．
　　 b.　彼は1年間[あの手この手で花子を口説き落とそ]うとした．
(34) a.　彼はその本を1時間で／1時間読んだ．
　　 b.　彼はその本を1時間／*1時間で読んでいる．（進行）

Cinqueの「単文説」のもとでは，この事実も(13)によって説明できる．

(13)　単文の中では，統語的に活性化している最上位のアスペクト機能範疇がもつ完結性の素性と矛盾しない期間副詞または期限副詞しか生

---

[11] (13)は，複合動詞のV2がアスペクト機能範疇であっても[±telic]の素性を持たない場合は，V1と整合する時間表現の生起を妨げないと予測するが，この予測は実際に支持される．(i)で，行為の失敗を表す「漏らす」は，$Asp_{frustrative}$であり，[±telic]の素性を持たないので，「聞き」がもつ[−telic]の素性がL-Aspに継承される．
　(i) a.　太郎は花子の話を1分間だけ／*1分で聞いた．
　　　b.　太郎は花子の話を1分間だけ／*1分で聞き漏らした．

じない.[12]

これを踏まえて,以下の例を見てみよう.

(35) a. 太郎はその本を1週間で／1週間読んだ.
b. 太郎はその本を1週間で／*1週間読み始めた.

(35a)のように「読む」自体は期間副詞とも期限副詞とも整合するが,(35b)の「読み始めた」は,太郎がその本を読み始めるまでにかかった期間を表す「1週間で」としか共起しない.これは,「読み始めた」が全体として単文であり「始め(た)」が [+telic] の素性をもつ機能範疇であるとすると,(13)の制約を用いて容易に説明できる.一方,影山(1993)が主張するように,「始めた」が語彙動詞であり「読み始めた」が全体で複文を成すならば,(32)の埋め込み文内の動詞「読む」を期間副詞で修飾できるのと同じ理由で(35b)の「読み」を修飾する期間副詞が生じられないのはなぜなのかを説明するのは容易ではなかろう.同様の問題は(22)の「読み終える」にも当てはまる.このことから,「読み始める」「読み終える」は,(31b)の「書き上げる」と同様,全体として単文を構成するのであり,この「始める」「終える」「上げる」は [+telic] の素性をもつアスペクト機能範疇であることが強く示唆される.

　以上,本節では,日本語の複合動詞のうち後項がアスペクトを表すものについて,語彙動詞ではなく,アスペクト機能範疇であるとの主張を展開した.これは,決して Cinque (2006) 以降の生成文法ではじめて可能となった仮説ではなく,むしろ,国語学の領域では「V2=補助動詞／接辞」という仮説として,影山 (1993) よりも少なくとも 40 年以上前に提唱され,現在でも連綿と支持され続けている仮説である(武部 (1953),寺村 (1984),田辺 (1996)).また,日野 (2001: 60) と青木 (2010: 147-157) は,「見やる／見おこせ給へる」「読み切る／冷えきる」といった複合動詞の V2 の補助動詞用法が,万葉集の時代には存在しなかったのが,文法化の結果として,それぞれ,平安時代中期(「伊勢物語」「源氏物語」)と江戸時代の日本語に生じたと

---

[12] (25) を仮定すれば,TP と VoiceP 以外に,アスペクトやモダリティーに関する機能範疇は,単文の中に 20 以上あるが,これらのうち,音形的に具現している形態素に対応する機能範疇のみが「統語的に活性化」していると仮定する.なお,この「統語的活性化」の概念は,Tense や範疇化子には当てはまらないとも仮定する.

いう事実を観察している.[13]

5. 日本語「V+て+V」型複雑述部のアスペクト

本節では，前節までの議論を踏まえて，日本語の「V+て+V」型複雑述部の後項の文法化とアスペクトについて考察する．

5.1. 「V+て+V」型複雑述部のベクター動詞分析

Hook (1991) は，アジア諸語で，本動詞から助動詞に移行する途中の動詞をベクター動詞（vector verb）と呼び,「いく」「与える」「取る」「投げる」「打つ」などがベクター動詞として使われやすいことを観察している．その上で，インド・アーリア語族の中でも複合動詞を多用するヒンディー・ウルドゥー語とマラシ語を比較し，マラシ語では，後項動詞は文法化してベクター動詞となる割合がヒンディー語に比べて少ないと述べている（田辺 (1996: 15)）.

アルタイ語族の1つである日本語でも,「V1+て+V2」型の複雑述部のV2がベクター動詞となる事例がいくつかある．

(36) V+て+くる・いく (verbs of coming/going) ／あげる・くれる・もらう・よこす (verbs of giving) ／おく・しまう (verbs of putting) ／みる・みせる (verbs of vision) ／いる・ある (verbs of existence)

(36) における V2 の多くは，意味の希薄化を受け，本来の語彙動詞が持っていた意味の一部または全部を失い，別の意味を帯びている．例えば,「置く」「仕舞う」は本来，3項を取る verbs of putting の一種であるが,「V+て+お

---

[13] Roberts and Roussou (2003) は，現代英語の助動詞が，中英語期に，語彙動詞からの文法化（上方再分析）によって生じたと主張している．この主張を援用するなら，筆者が現代日本語でアスペクト機能範疇だと主張している「始める／終える／上げる／歩く」などのV2 についても，もともと語彙動詞の用法しかなかったのが，現代により近い時代の日本語になってアスペクト機能範疇の用法が生じたとする通時的証拠が得られれば，国語学の領域で支持され続けている「V2=補助動詞／接辞」仮説をさらに補強することができるが，これについての調査は今後の課題としておく．ただし，関連する議論は，Ogawa (2014) と小菅 (2014) を参照.

く」は，V1が表す事象を話者がのちの行動の準備として行ったことを表し，「V+て+しまう」は，V1が表す事象が（話者にとって不本意な形で）完了したことを表す．「腹が減ってくる」の「くる」も，開始相に文法化している．

　本来，2つの動詞が「て」で接続されると，V1の事象に時間的に後続する形で，または，V1を原因として，V2の事象が起こったことを表す場合が多い（cf. Martin (1975))．例えば，(37a) は，「太郎がりんごを食べたあと学校に行く」というのと同義であるし，(37b) では「太郎が薬を飲む」という事象が原因となって「太郎が気分が良くなる」という事象が生じたことを表す．

(37) a.　太郎は [[e] りんごだけを食べて] 学校に行った．
　　 b.　太郎は [[e] 薬を飲んで] 気分が良くなった．

「V1+て+V2」形式の (37) のような用法では，「て」は after や as のような接続詞と同等の機能を果たすので，全体は複文となる．この場合，同一の単文内になければいけない否定極性表現とそれを認可する否定語を，「て」の前後に分けておくことはできない．

(38) a.　太郎は [[e] りんごしか食べ**ないで**] 学校に行った．
　　 b.　*太郎は [[e] りんごしか食べて] 学校に行か**なかった**．
(39) a.　太郎は [[e] 1種類しか薬を飲ま**ないで**] 気分が良くなった．
　　 b.　*太郎は [[e] 1種類しか薬を飲んで] 気分が良くなら**なかった**．

これに対して，同じ「V1+て+V2」の形式でも，ベクター動詞をV2に取る構文では，否定極性表現とそれを認可する否定語を，「て」の前後に分けておくことができるばかりか，否定語を「て」の前に置くことができない場合も多い（cf. Matsumoto (1996), Nakatani (2013))．

(40) a.　太郎は [[e] **少しも**腹が減って] こ**なかった**．
　　 b.　太郎は [[e] 子どもにおもちゃ**しか**買って] あげ**なかった**．
　　 c.　太郎は [[e] 本を1冊**しか**読んで] しまわ**なかった**．
　　 d.　太郎は [[e] 本を1冊**しか**読んで] い**なかった**．
(41) a.　*太郎は [[e] **少しも**腹が減ら**ないで**] きた．
　　 b.　*太郎は [[e] 子どもにおもちゃ**しか**買わ**ないで**] あげた．
　　 c.　*太郎は [[e] 本を1冊**しか**読ま**ないで**] しまった．

d. ??太郎は [[e] 本を 1 冊しか読まないで] いた.

このような事例から，V2 がベクター動詞である「V+て+V」型複雑述部は，(もともとは複文であったかもしれないが，少なくとも現代日本語では) 全体として単文を構成し，しかも，V2 が否定辞を生じる NegP よりも下の位置の機能範疇にまで文法化していることが示唆される.[14]

(42) [TP NP(Nom) [NegP [FP [VP NP(Acc) V1-te] F (=V2)] Neg] T]

5.2. 「V1- てしまう／あげる／いる」型の事象構造と統語構造

このように，「V1+て+V2」型複雑述部に対するベクター動詞分析は，カートグラフィーとうまく整合する側面があるが，「V+て+V」型複雑述部は，前節で見た複合動詞の場合と，アスペクトに関して異なる特性を示す.[15]

前節では，V1 が達成動詞と活動動詞の間で曖昧な動詞であっても，それが V2 の「終わる」「始める」「上がる」と結合して複合動詞を作った場合には，V2 のもつ [+telic] 素性と整合する時間表現でしかこれを修飾できなくなるという一般化を示した．(13) の制約によって説明できるこの一般化は，V2 が開始相・継続相・完結相を表す複合動詞については，例外なく成り立つ．

---

[14] Nakatani (2013) は，「V+て+V」型複雑述部について，ベクター動詞分析 (=文法化分析) を否定し，代わりに，もともと TP1 が TP2 に付加する複文構造を仮定し，V1 の V2 への主要部移動によって単文と同等の性質が導かれる，と主張している．しかし，V1 と V2 の間に TP が介在できるならば，NegP が介在できない理由はないので，(41a-d) の非文法性は説明できないのではないかと思われる．

[15] 影山 (1993: 169-172) は，統語的複合動詞と「V+て+V」形式は，語としての緊密性 (Lexical Integrity) の観点でも差があると論じている．例えば，「しゃべり始め方」「話し終え方」とはいえるが，「遊んでい方」「(ローンの) 払ってしまい方」「(推薦状の) 書いてもらい方」とは言えない．ただし，複合動詞の中でも，V1 の受動化の観点から，V2 が VoiceP よりも上の機能範疇とみなすことができるタイプのものについては，「牡蠣の食べ過ぎ方」「本の読みかけ方」は容認性が落ちる等，「V+て+V」形式と同様の振る舞いをすることがわかる．一方で，「V+て+V」形式の中でも，影山が指摘するように，「(話しの) 持って行き方」など容認される形式がある．したがって，複合動詞と「V+て+V」形式が Lexical Integrity の観点から異なるというのは単純化し過ぎであり，個々の事例を見れば，複合動詞でも緊密性が弱いものもあれば，「V+て+V」形式でも緊密性が強いものもある，としか言えない．

(43) a. 太郎は1時間で／1時間本を読んだ．　　(= (22a))
　　　b. 太郎は1分で／1分間窓ガラスを壊した．
(44) a. 太郎は1時間で／*1時間本を読み終えた．(= (22b))
　　　b. 太郎は1時間／*1時間で窓ガラスを壊し続けた．

しかし，「V1+て+V2」形式の場合，常に(43)-(44)の対比と同様の対比が得られるわけではない．例えば，「V1+て+しまう」や「V2+て+あげる」の場合，V2の「しまう」「あげる」が[+telic]素性をもつように見えるが，V1が活動動詞でも達成動詞でもあり得る場合，期間副詞とも期限副詞とも共起できる．

(45) a. 太郎は1時間で／1時間（も）本を読んでしまった．
　　　b. 太郎は買った本を1時間で／1時間（も）息子に読んであげた．

ちなみに，「しまう」「あげる」を語彙動詞として単独で用いる場合は，達成動詞であるので，期間副詞とは共起できない．

(46) a. 太郎は1分で／*1分間財布をポケットにしまった．
　　　b. 太郎は買った本を1時間で／*1時間（も）息子にあげた．

このことは，(45a, b)の「しまう」「あげる」が語彙動詞から何らかの機能範疇に文法化してはいるが，それは，完結相を表す機能範疇ではないために，[±telic]のアスペクト素性を持っていないことを意味する．というのも，もし，語彙動詞である「しまう」「あげる」がもつ[+telic]素性がここでも保持されているとすれば，(13)の制約により，この素性と整合しない期間副詞「1時間」は，たとえV1を修飾する解釈でも容認されないはずだからである．

V2の「しまう」「あげる」が文法化を遂げているという仮定は，(47)に示すように，「あげた」は物の移動を必ず表すが「V+て+あげた」は必ずしも移動の意味を表さないという事実や（cf. 韓(2008: 80-81)），[16] (48)に示すよ

---

[16] この点で，「V+て+あげる／くれる」のV2は文法化が進んでいるが，対応する韓国語の「V-a/e-cwuta」は，物の移動を必ず表す場合にしか使えないほか，日本語の例にあるような「恩恵」の意味を生じないことから，日本語ほど文法化が進んでいないと，韓(2008)は論じている．

うに,「しまった」は状態動詞とも共起するという事実とも整合する.[17]

(47) a. *ヨンヒにプレゼントをあげたが,まだ渡していない.
　　 b. ヨンヒにプレゼントを買ってあげたが,まだ渡していない.
(48) a. 太郎にはその問題の答えがわかってしまった.
　　 b. 太郎は次郎が手伝いを探している場所にたまたまいてしまった.

一方,同じ「V+て+V」型複雑述部でも,進行相を表す「V1+て+いる」では,V1が達成動詞や到達動詞であっても,文全体の相はV2の「いる」の[−telic]素性に依存して未完了相となる.これは,「V+て+いる」における「いる」は,アスペクト機能範疇として[−telic]素性を活性化しているためである.

(49)　太郎は1時間／*1時間で本を読んでいた.（進行相の場合）[18]

本章では,「V+て+しまう／あげる」も「V+て+いる」も全体で単文であるとの仮定のもとで,この両者の対比を,V2の機能範疇としての性質に還元する説明を与える.まず,「V+て+いる」の「い(る)」は,(25)の$Asp_{progressive}$を占めると仮定する.これは,「V+始める／終える」の「始め／終え(る)」と同様,単文内で活性化している最上位のアスペクト機能範疇となる.このV2の機能範疇「い(る)」が[−telic]の素性をもつため,(13)により,(49)ではV1のみと共起する期間の副詞句は生じられないのである.一方,「V+て+しまう／あげる」の「しまう／あげる」も機能範疇に文法化している.しかし,「しまう」は,英語のmanage (to do)と同様$Asp_{frustrative/success}$に (cf. (26)),「あげる」は(25)の$Mod_{volitional}$に対応するとすれば,いずれも事象の完結性に関係する機能範疇ではない（注11を参照）.したがって,これらのV2は,語彙動詞のときに持っていた[+telic]素性を失っていると考えるべきである.このため,V1が[−telic]の素性をもつ(45a, b)では,(13)と矛盾することなく,このV1を期間副詞で修飾

---

[17]「V+て+あげる／しまう」という「V+て+V」形式が16世紀以前の日本語の文学作品の中には観察されず,17世紀の日本語の中に出現し,徐々にその用法を拡張させつつあるという観察については,小菅 (2014) を参照.

[18]「ている」の結果持続または効力持続の読みでは,「1時間で」も容認される.結果持続と効力持続の違いについては,三原・鷲尾 (1997) を参照.

することができるのである．

6. 結語

　本章では，まず，動詞のアスペクトが，日本語でも英語でも，動詞だけでなく有界性に関する素性をもった動詞の項である NP や PP も，機能範疇 L-AspP または H-AspP に移動し素性照合の関係に入ることにより決定されると論じた．その上で，複合動詞の後項や，「V+て+V」型複雑述部の後項は，アスペクトやモダリティーを表す機能範疇にまで文法化していると主張し，「文全体のアスペクトは，普遍的機能範疇階層の中で，統語的に活性化している最上位のアスペクト機能範疇の限界性（telicity）に関する素性によって一義的に決定される」という統語的制約（13）を提案することにより，期間句による動詞句の修飾可能性が単独動詞の場合と複合動詞の場合と「V+て+V」形式の場合で異なる事実に対して理論的説明を与えた．

参考文献

青木博史 (2010)『語形成から見た日本語文法史』ひつじ書房，東京．
青柳宏・張楠 (2013)「中国語と日本語の結果複合動詞について」『複雑述語研究の現在』，岸本秀樹・由本陽子（編），411-437，ひつじ書房，東京．
Chomsky, Noam (1995) *The Minimalist Program*, MIT Press, Cambridge, MA.
Cinque, Guglielmo (2006) *Restructuring and Functional Heads: The Cartography of Syntactic Structures* 4, Oxford University Press, New York.
Dowty, David (1979) *Word Meaning and Montague Grammar*, Reidel, Dordrecht.
Fukuda, Shin (2012) "Aspectual Verbs as Functional Heads: Evidence from Japanese Aspectual Verbs," *Natural Language and Linguistic Theory* 23, 965-1026.
韓京娥 (2008)「日本語の「〜てあげる・くれる」と韓国語の「-a/e cwuta」の意味機能」『日本語教育』136 号，78-95．
日野資成 (2001)『形式語の研究—文法化の理論と応用—』九州大学出版会，福岡．
Hook, Peter E. (1991) "The Emergence of Perfective Aspect in Indo-Aryan Languages," *Approaches to Grammaticalization* (2 vols), ed. by Elizabeth Closs Traugott and Bernd Heine, 59-89, John Benjamins, Amsterdam.
Hornstein, Norbert and Amy Weinberg (1981) "Case Theory and Preposition Stranding," *Linguistic Inquiry* 12, 55-91.

影山太郎（1993）『文法と語形成』ひつじ書房，東京．
影山太郎（1996）『動詞意味論―言語と認知の接点―』くろしお出版，東京．
影山太郎・由本陽子（1997）『語形成と概念構造』日英語比較選書8，研究社出版，東京．
小菅智也（2014）「日本語の「V+て+V」形式の通時的発達に関する一考察」東北大学情報科学研究科主催「言語変化・変異研究ユニット」第1回ワークショップ『コーパスからわかる言語変化と言語理論』口頭発表．
Marantz, Arec (1997) "No Escape from Syntax: Don't Try Morphological Analysis in the Privacy of Your Lexicon," *Proceedings of the 21st Annual Penn Linguistic Colloquium* (University of Pennsylvania Working Papers in Linguistics 4.2), 201-225, Penn Linguistics Club, Philadelphia.
Martin, Samuel E. (1975) *A Reference Grammar of Japanese*, Yale University Press, New Haven. [Reprinted 1988 by Tuttle, Tokyo, 2003 by the University of Hawaii Press, Honolulu.]
Matsumoto, Yo (1996) *Complex Predicates in Japanese,* CSLI Publications, Stanford.
三原健一（2004）『アスペクト解釈と統語現象』松柏社，東京．
三原健一・鷲尾龍一（1997）『ヴォイスとアスペクト』（日英語比較選書7），中右実（編），研究社出版，東京．
Nakatani, Kentaro (2013) *Predicate Concatenation: A Study of the V-te V Predicate in Japanese*, Kurosio, Tokyo.
西山國雄・小川芳樹（2013）「複合動詞における助動詞化と無他動性」『世界に向けた日本語研究』，遠藤喜雄（編），103-134，開拓社，東京．
Nishiyama, Kunio and Yoshiki Ogawa (2014) "Auxiliation, Atransitivity, Transitivity Harmony in Japanese V-V Compounds," *Interdisciplinary Information Sciences* 20:2, 71-101 [available online: http://dx.doi.org/10.4036/ iis.2014.71].
Ogawa, Yoshiki (2014) "Diachronic Demorphologization and Constructionalization of Compounds from the Perspective of Distributed Morphology and Cartography," *Interdisciplinary Information Sciences* 20, 121-161 [available online: http://dx.doi.org/10.4036/iis.2014.121].
Ogawa, Yoshiki and Fumikazu Niinuma (2011) "A Syntactic Consideration of the Transitivity Alternation and Transitivity Harmony in the Japanese V-V Compounds: With Special Reference to V+*agaru* and V+*ageru*," *Linguistic Theories and Their Application*, ed. by Jong-Yurl Yoon et al., Hankookmunhwasa.
Pustejovsky, James (1995) *The Generative Lexicon*, MIT Press, Cambridge, MA.
Ramchand, Gillian Catriona (2008) *Verb Meaning and the Lexicon: A First-Phase Syntax*, Cambridge University Press, Cambridge.
Rizzi, Luigi (1978) "A Restructuring Rule in Italian Syntax," *Recent Transformational Studies in European Languages*, ed. By Samuel J. Keyser, 113-158, MIT Press,

Cambridge, MA.

Roberts, Ian and Anna Roussou (2003) *Syntactic Change,* Cambridge University Press, Cambridge.

Rochette, Anne (1999) "The Selection Properties of Aspectual Verbs," *Beyond Principles and Parameters: Essays in Memory of Osvaldo Jaeggli*, ed. by Kyle Johnson and Ian Roberts, 145-165, Kluwer, Dordrecht.

Smith, Carlota (1991) *The Parameter of Aspect*, Kluwer, Dordrecht.

武部良明 (1953)「複合動詞における補助動詞的要素について」『言語民俗論叢: 金田一博士古稀記念』, 金田一博士古稀記念論文集刊行会(編), 461-476, 三省堂出版, 東京.

田辺和子 (1996)「日本語の複合動詞の後項動詞にみる文法化」『日本女子大学紀要文学部』第45号, 1-16.

Tenny, Carol (1994) *Aspectual Roles and the Syntax-Semantics Interface*, Kluwer, Dordrecht.

寺村秀夫 (1984)『日本語のシンタクスと意味II』くろしお出版, 東京.

Thompson, Ellen (2006) "The Structure of Bounded Events," *Linguistic Inquiry* 37, 211-228.

Travis, Lisa deMena (2010) *Inner Aspect: The Articulation of VP*, Springer, Dordrecht.

Vendler, Zeno (1967) *Linguistics in Philosophy*, Cornell University Press, Ithaca.

Verkuyl, Henk (1989) "Aspectual Classes and Aspectual Composition," *Linguistics and Philosophy* 12, 39-94.

由本陽子 (2005)『複合動詞・派生動詞の意味と統語』ひつじ書房, 東京.

第 9 章

「見える」認識構文の統語構造と
テ形述語の統語と意味[*]

竹沢　幸一

筑波大学

1. はじめに

　本章では，(1)に挙げるような「見える」等の認識動詞を含む構文とそこに現れるテ形動詞の統語的および意味的特徴を明らかにすることを目的とする．

　(1) a.　太郎には花子がやせて見えた
　　　b.　太郎には線が曲がって見えた
　　　c.　太郎には柱が傾いて見えた
　　　d.　太郎には輪郭がぼやけて見えた

(1a)を例にこの「見える」認識動詞構文の特徴をわかりやすく述べるなら，主格句「花子が」が動詞「やせる」のテ形「やせて」と叙述関係を結んで「花子がやせている」という事態を表しており，文全体では与格ニで標示される「太郎」がこの事態を視覚的に認識したことを表している．またこの構文の特徴として，(2)に示すように動詞テ形が形容詞連用形のク形またはコピュラ・ダの連用形のニ形の述語と交替することができるという点が挙げられる．

---

[*] 本章は 2011 年 9 月 25 日に大阪大学豊中キャンパスで行われた国立国語研究所レキシコン共同プロジェクト研究会で口頭発表した「「見える」類動詞の非時制節に現れるテ形と述語分類」を大幅に修正したものである．本章執筆にあたり，2 名の査読者と鈴木彩香氏，井戸美里氏から有益な助言を頂いた．記して，感謝の意を表したい．

(2) a. 太郎には花子が細く見えた
　　b. 太郎には線がぐにゃぐにゃに見えた
　　c. 太郎には柱が斜めに見えた
　　d. 太郎には輪郭がおぼろげに見えた

本章の第一の目的は，こうした特徴をもつ「見える」認識構文とそこに現れる連用形とテ形の特徴を統語的側面から明らかにすることである．

さらにこの構文が提示するもう1つの興味深い問題は，テ形として現れる動詞の種類に制限が見られるという事実である．

(3) a. *太郎には花子が本を読んで／窓を閉めて見えた
　　b. 太郎には車が止まって／*走って見えた
　　c. 太郎には社員が疲れて／*働いて見えた

どのような動詞がテ形として出現(不)可能なのか，またそれはなぜなのかという問題に対して統語的な観点から分析を与えるのが本章のもう1つの目的となる．

本論文の構成は以下の通りである．まず2節では「見える」認識構文の統語的特徴を，Takezawa (1993), Takezawa (1999), 竹沢・Whitman (1998) の考察に基づいて明らかにする．3節では内丸 (2006a, b) によるテ形節の分析に従い，それが統語的に大きく3つの種類に分類されることを確認した後，「見える」認識構文に現れるテ形の統語的位置づけを明らかにする．続く4節では「見える」認識構文に現れる連用形節とテ形節の関連性について論じる．5節ではこの構文でテ形として現れる動詞と現れることのできない動詞がどのような基準に基づいて区別されているのかを考察する．最後の6節では論文全体のまとめを行う．

2. 「見える」認識構文の統語的特徴

本節では，テ形述語の分析に入る前に「見える」認識構文の統語的特徴を少し詳しく観察しておくことにする．この構文の基本的な統語構造については竹沢・Whitman (1998) 等ですでに論じてあるので，以下ではそれらで提示された「見える」認識構文の特徴づけに基づき，最近のミニマリスト・ア

第9章 「見える」認識構文の統語構造とテ形述語の統語と意味　　245

プローチの分析も交えつつこの構文が提起する理論的意味合いを明らかにしたい．

　1節の (2) に挙げた連用形を含む例文に戻って，当該構文の基本的な特徴から考察を始める．この構文では，まず認識主体（経験者）である名詞句が与格ニ（＋トピックマーカー・ハ）を伴って文頭に現れ，次に主格名詞句，その主格名詞句と叙述関係を結ぶ形容詞またはコピュラの連用形述語，[1] そして最後に認識動詞「見える」の語順で並んでいる．こうした構文に現れる認識動詞は「見える」以外にも「思える」，「聞こえる」，「感じる」等がある．

(4) a. 太郎には花子がきれいに／美しく思えた
　　b. 花子には太郎の話がユーモラスに聞こえた
　　c. 太郎には空気が冷たく感じた

　さて，この構文を統語的な観点から考える際に特に重要なのは，第一に連用形要素の統語的位置づけ，そして第二に格の現れ方である．まず第一の問題として，連用形についてそれがどのような統語的資格を持った要素なのか確認しておく必要がある．特に形容詞の連用形を扱う際，伝統的な分析では形態的特徴と文法的機能が混同され，形容詞連用形は副詞的要素と見なされることがよくある．確かに次のような場合の形容詞連用形は動詞句を修飾し様態を表す副詞用法である．

(5) a. 太郎は速く／足早に歩いた
　　b. 花子は激しく／静かに手を振った

しかし，(2) に挙げた「見える」認識構文に現れる連用形は様態を表してはおらず，副詞用法ではない．(2a) を例にとると，「細く」はその前の主格名詞句と叙述関係 (predicational relation) を結んでおり，「花子が細い」という事態を表している．したがって意味役割 (θ role) と統語構造との間に最大の対応関係を前提とするなら，[2] 統語的にも次に示すように主格名詞句と連用

---

[1] 本章では，伝統的な形容詞・形容動詞の区別は形態音韻的なものであり，統語的にはまったく違いはないと考える．「美し＋い」「きれい＋だ」において，「美し」「きれい」は形容詞語幹，イ／ダはそれぞれコピュラの非過去形（現在形）の異形態である．また「美し＋く」「きれい＋に」におけるニ／クもまた連用形の異形態である．(Nishiyama (1999) 参照)

[2] こうした作業仮説は統率・束縛 (GB) 理論では「投射原理」(Projection Principle) と呼

形述語で1つの構成素をなし，何らかの節χを構成していると考えることが妥当である．

(6) 太郎には [χ 花子が 細く] 見えた

つまり，「見える」認識動詞は［認識主体］，［認識対象］という2つの項をとる述語であり，この場合，［認識主体］は与格句で，また［認識対象］は統語的に連用形を述語とする節χで現れていると考えられる．また，「細く」という形容詞連用形が副詞的要素ではなく，述語である証拠として，それが名詞述語（名詞「やせっぽち」＋連用形コピュラ・ニ）と置き換わることができるという事実を挙げることもできる．

(7) 太郎には [χ 花子が やせっぽちに] 見えた

さてここまでは「見える」認識構文において連用形要素が述語として名詞句と叙述関係を結び，節を成していることを確認したが，ここで「見える」認識構文の特徴を特に格の観点から明らかにするためには，それと密接に関連する構文として次の (8) と比較することが有益である．[3]

(8) 太郎は花子を魅力的に思っている

この文もまた連用形述語を含んだ補文を埋め込み節として持つ構文であるが，「見える」認識構文との違いはその連用形述語と叙述を結ぶ名詞句が主格ではなく，対格を持っているという点である．(8) のような対格を含む構文に対しては，下の (9) に挙げた英語の例外的格付与 (Exceptional Case Marking) 構文・目的語繰り上げ (raising to object) 構文（以下，ECM/RTO 構文と呼ぶ），あるいは小節 (small clause)（以下，SC）に類する何らかの「不完全な節」(defective clause) を含む構文に対応すると考えるのが妥当である (Takezawa (1987))．

ばれていた．

[3] このほか，(i) のような結果二次述部構文や (ii) のような「なる／する」構文の連用形要素も述語用法である．Takezawa (1993)，竹沢 (2000) 等を参照．

 (i) a. 太郎が壁を赤く塗った   b. 茶碗が粉々に割れた
 (ii) a. 太郎が壁を赤くした   b. 茶碗が粉々になった

(9) He considers [${}_\chi$ her/*she (to be) very charming][4]

英語でECM/RTOやSCの節χが統語的に「透明性」を持っていることはよく知られた事実であり，その透明性を保証するためこれまで様々な説明方法が用いられてきたが，節の透明性を考える際に特に重要な観察は埋め込み節における時制辞Tの存在およびTの時制指定の有無である．英語においては時制節と不定詞節で語彙的主語の出現に大きな違いがあり，生成文法ではGB理論以降，完全指定のTが主格付与に責任を負っており，英語のECM/RTOやSCは完全指定のTを欠いているため，埋め込み節内には主格主語は現れず，またそれに伴って生じる埋め込み節の透明性のため，主節動詞によって節境界χを越えて対格が付与されると分析されてきている．[5] 日本語の(8)の例においてもまた，英語の(9)の例と同様，連用形述語はその内部に完全指定のTを欠いているため，[6] それを含む節は「不完全な節」であり，たとえ「花子」と「魅力的に」の間に意味的に主語・述語の関係が存在していたとしても「花子」に主格が現れないと分析される．

(10) *太郎は [花子が魅力的に] 思っている

それと同時に，「魅力的に」という連用形を述語とする埋め込み節は英語のECM/RTOの不定詞補文やSCと同じく節外部の要素からの統語的アクセス（GB理論流に言えば，統率（government））を許す透明な節であり，ゆえに(8)のように主節動詞「思っている」による対格付与が許されると分析される．

---

[4] ECM/RTOの対格句が補文領域から主節領域へ繰り上がるのか，また繰り上がるとすればどのような理由でどのレベルで起こるかという問題についてはここでの議論では重要ではない．注意すべきは，格付与がそうした移動の引き金になっているわけではなく，移動を駆動するには別の素性（EPP素性/エッジ素性）が関わっており，格の一致は移動前の元位置で行われるという点である（Davies and Dubinsky (2004) 参照）．

[5] TとCの間に一定の関係性が存在することから主格はCに存在し，それがTに継承(inherit)されるといった考え方（Chomsky (2008)）もある．またTの指定ではなく一致要素の有無が主格の出現と関わっているとされる言語としてポルトガル語などが挙げられているが（Raposo (1987)），そうした言語間の違いについては立ち入らない．

[6] 日本語の場合，「完全指定のT」とは[past]のタおよび[non-past]のル，さらにはそれらが他の屈折要素と形態的に融合した形式（条件のタラ，レバ，命令形等）を指す．連用形についてはそうした時制指定をもたない．テ形については3節で論じる．

ここまでは連用形述語を含む ECM/RTO 節の構造と埋め込み主語への格付与の関係について見てきたが,「見える」認識構文の分析に戻る前に, 最近のミニマリスト・アプローチにおける「フェイズ」(phase) を用いた理論 (Chomsky (2000, 2001, 2004, 2008), 他) の観点から統語構造と格の関係について整理をしておきたい. まずフェイズとは基本的に統語構造が構築される際の領域であり, フェイズごとに併合 (merge) という操作の繰り返しによって構造が組み立てられ, その領域での統語的派生が終わるごとに, それまでの派生で組み上げられた構造が PF と LF の2つのインターフェイスに転送 (transfer) されてそれぞれ音声解釈と意味解釈が与えられる. そして, ひとたびインターフェイスに送られた領域にはその後, 統語的にアクセスできないとされている. Chomsky (2000) では, フェイズとして CP と vP の2つの範疇を規定し,[7] それらの領域間をまたぐ操作を厳しく制限するために (11) の「フェイズ不可侵条件」(Phase Impenetrability Condition: PIC) を提案している.

(11)   In phase α with head H, the domain of H is not accessible to operations outside α, only H and its edge are accessible to such operations
(Chomsky (2000))

わかりやすく言うなら, PIC とはフェイズとなる句 HP (=α) の主要部 H と先端部 (edge) (おおよそ指定辞にあたる) を除いた部分 (おおよそ補部にあたる部分) にはその句の外側からの統語的アクセスはできないことを規定したものである.

ここまでフェイズについて簡単に見てきたが, 次に格の概念が最近のミニマリスト・アプローチの中でどのように位置づけられているかを確認しておきたい. GB 理論以降, 格 (抽象格) は基本的に名詞句の表面分布を説明するためのメカニズムとして導入され, 格付与子となる主要部 X^0 (T/P/V(v))

---

[7] v は外項 θ 役割と対格を担う他動的な機能動詞 (functional verb)・軽動詞 (light verb) である (Chomsky (1995), cf. Hale and Keyser (1993)). Chomsky (2000) ではフェイズを「命題に対応するもの」(propositional) として, 完全な項構造の単位としての vP と項構造・テンス・発話力 (force) をすべて含んだ命題単位としての CP の2つを絶対的なフェイズと規定している. 本章では格付与能力の有無に基づく相対的なフェイズの規定を採用する (4節参照).

と受格名詞句との間の統語的対応関係として捉えられてきた．それら2つの要素を繋ぐメカニズムも理論的な変遷により，付与 (assign)・照合 (check)・認可 (license) 等と変化してきており，Chomsky (2000) 以降の研究において格付与子と受格名詞句との関係は探査子 (probe) と目標 (goal) が持つφ素性（性・数・人称素性）および格素性を照合するための一致操作 AGREE の一部として定式化されている．AGREE とは，簡単に述べるなら，併合によって構築された構造がインターフェイスに送られる前にその構造の中の未指定のφ素性 ($u\phi$) および未指定の格素性 (uCase) に値を与える操作である．[8] 具体的には，未指定のφ素性を持つ主要部 P が構造に導入されると，P は探査子となってその c 統御領域を探査し，それとマッチする素性を持つ目標名詞句 G を探し出す．そして，G からφ素性の値を受けると同時に，G は P の持つ格素性の値をその見返りに受け取るというものである．この AGREE に基づくシステムでは，主格・対格については次のような構造的関係において捉えられる．

(12)

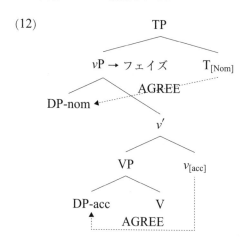

---

[8] Chomsky (2000) では，素性には解釈可能 (interpretable) と解釈不可能 (uninterpretable) なものがあり，AGREE は，インターフェイスで解釈を得られず，派生が収束できない解釈不可能な素性を削除する操作として定式化されている．ここでは AGREE は未指定 (unvalued) のφおよび格素性に値を与える操作としておく．

(12) において，ν は c 統御する同一フェイズ内の目的語 DP と一致し，対格の値を与える．また T が νP に併合されると，νP の指定辞位置の DP がフェイズの先端部にあたるため，PIC には抵触せずにその DP と一致し，主格の認可が行われる．

以上，フェイズと AGREE という 2 つのメカニズムを大まかに概観したが，こうした前提の下，日本語の ECM/RTO 構文の格の生起には次のような構造的説明が与えられる．

(13) ECM/RTO

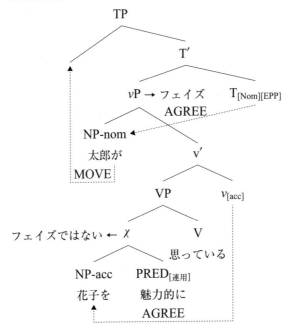

ECM/RTO 構文の主動詞「思っている」は他動詞であり，対格素性を担う機能動詞 ν をその上に含んでいる．連用形補文 χ は時制を含んでいないため「不完全な節」であり，したがってフェイズとなる CP が投射されないとすれば，ν は節境界 χ を越えてその主語である「花子を」と対格の一致が可能となると説明される．なお，(13) の構造中での主節主語「太郎が」の移動について付言しておく．AGREE に基づく説明において移動（コピー）操作は基

本的に EPP と呼ばれる素性によって引き起こされると考えられており，(13) の構造において「太郎が」の vP の指定辞位置から TP の指定辞位置への移動も T の持つ EPP 素性によって駆動されるものである．

以上，フェイズと AGREE の考え方に従って ECM/RTO 構文の構造と格の関係について見てきたが，ここで「見える」認識構文に話を戻そう．「見える」認識構文の問題は，ECM/RTO 構文と同様に，補文の述語形式は連用形であるにもかかわらず，埋め込み節にガが現れている点である．一見したところ，これは上で見た ECM/RTO 構文の非時制補文分析と矛盾するように見える．しかし，日本語の節構造と格配列を総合的に考えると，実はこれが矛盾ではなく，むしろ χ の不完全節分析がこの現象に対して体系的な説明を与えてくれることがわかる．以下では，時制のない埋め込み節の主語位置での主格の生起がなぜ可能なのかを日本語の格体制に基づいて見ていくことにする．

連用形述語を伴う「見える」構文を検討する前に，まず日本語の単文の格体制を確認する．日本語では他動詞は，普通，一般的な対格言語同様，主格・対格の格パターンをとる．

(14) a. 太郎は花子（のこと）を思った
b. 太郎は花子を見た

ただし，項構造上は 2 項述語であったとしてもそれが「ある/いる」（所有の解釈），「要る」，「分かる」，「できる」，「見える」，「聞こえる」等の状態性のアスペクト特徴を持つ述語の場合には，対格型格パターンではなく，与格・主格（または主格・主格）の能格型パターンを示すことは日本語生成文法研究の初期以来よく知られた事実である．[9]

(15) a. 太郎には花子（のこと）が分かる
b. 太郎には花子が見える

---

[9] 状態述語の格パターンについては，日本語生成文法の初期以来数多くの研究がある．代表的なものとして，標準理論分析では Kuno (1973), Kuroda (1978), GB 理論分析では Saito (1982), Takezawa (1987), ミニマリスト分析では，Tada (1992), Ura (2000), Hiraiwa (2005) 等を参照．

状態述語文において，与格句が主語としての統語的特性を，また主格句が目的語としての統語的特性を持つこともこれまで繰り返し論じられてきた．目的語位置での主格の生起に関しては，GB 理論以降，その格付与子の観点から大きく 2 つの分析が提案されてきた．1 つ目の分析は状態述語が主格を与えるという分析 (Tada (1992) 等)，もう 1 つは状態述語は格指定を持たず，主格は T によって与えられるとする分析である (Takezawa (1987) 等)．ここでは詳しい議論は行わないが，後者の分析に理論的，経験的に多くの利点があるので，以下では主格は T によって与えられるという分析を前提として議論を進める．T が主格付与子であるとすると，状態述語文における目的語への主格の出現は，GB 理論流に述べるなら，状態述語が格を持たないためその投射の VP は統率に関して透明であり，統率に対して障壁 (barrier) とならないため，その上の T によって格が付与されると分析される．[10]

(16)　[TP NP-ニ [T′ [VP NP-ガ V[stative]]]　　T[Nom]]
　　　　　　　　　　　　↑　　Nom assignment

この説明をフェイズに基づく一致理論の観点から捉え直すなら，通常，他動詞とともに現れる v の投射 vP はフェイズとされているが，格を持たない状態述語の機能範疇投射の vP はフェイズを成さないと考えると，その上の T と一致することが許されると分析することができる．[11]

---

[10] Takezawa (1987) ではこの透明性を Chomsky (1981) が Rule R と呼ぶ I を VP 内に下方移動させる規則によって説明しようとしている．また Baker (1988) 流の V の I への主要部移動と「統率透明性の系」(Government Transparency Corollary) を利用した分析も VP の透明性を主要部移動によって確保しようとする点で基本的に同じ考え方である．

[11] Takahashi (2010) を参照．Takahashi は格による相対的なフェイズの規定を利用して，Tada (1992)，Takano (2003) などが論ずる主格目的語と対格目的語に付加された「だけ」のスコープの違いを論じている．

(17)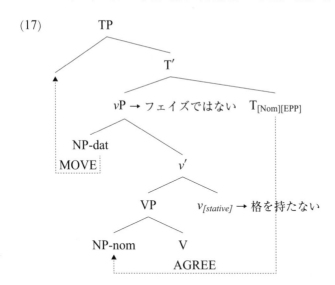

　つまり，状態述語文での目的語への主格付与の事実は，v 自体が格を有しておらず，それによって vP がフェイズとならないため，その上に位置する主格素性を有する T から目的語に対して格の一致を要請することが許されるからであると分析される．ちなみに，与格句は最終的に T の EPP 素性によって TP の指定辞の位置に繰り上がる．

　以上，単文における普通の他動詞文と状態述語文の格付与を見てきたが，ここで注目すべき事実は，単文の場合のように直接 θ 関係にある目的語だけでなく，連用形述語を含んだ「見える」認識構文の補文主語の場合にも状況は基本的に同じであるという事実である．対立を明確にするために，(18) に ECM/RTO 構文と「見える」認識構文を繰り返す．

(18) a. 太郎は [χ 花子を 魅力的に] 思っている
　　　b. 太郎には [χ 花子が 魅力的に] 見えた

ECM/RTO 構文では主動詞「思っている」は対格を持つ他動詞であり，節 χ を越えてそれが持つ対格の一致が起こる．他方，「見える」認識構文の構造は (13) の ECM/RTO とまったく同一であるが，v の格指定が異なる．

(19) 「見える」認識構文

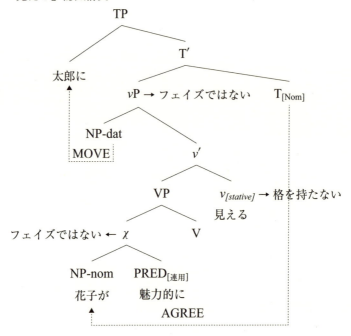

「見える」は状態動詞であり，その機能動詞 v は格指定を持たず，その投射はフェイズとはならない．また節 χ も時制指定がなく主格指定を持たず，フェイズとはならないため，主節の T と節 χ の主語との一致を妨げるものは間に何もない．したがって，非時制節ではあるものの，その主語は主格を持つことが，対格を持つ ECM/RTO 構文と並行的に非常にきれいに捉えられる．

さらに興味深いことに，主節の T によって埋め込み非時制補文の主語に主格が付与される現象は日本語だけでなく，アイスランド語にも存在することが指摘されている (Holmberg and Hróarsdóttir (2003))．

(20) Mér viðast [hestarnir   vera seinir]
    me(dat) seem the-horses(nom) to be slow
    'It seems to me that the horses are slow.'

アイスランド語は日本語と同じように，与格主語・主格目的語等の「変則的

な格」(quirky case) が存在することもよく知られており，この通言語的な対応関係の存在はここでの分析の妥当性を支持する根拠とも考えることができる．つまり，日本語やアイスランド語には，外項と内項の2つの項をとり，対格を与える語彙指定を持つ通常の他動的な機能動詞 v に加えて，2項述語であるにもかかわらず対格を持たず，外項に与格を与える別種の機能動詞がレキシコンに存在していると考えるなら，日本語・アイスランド語と英語のパラメトリックな違いに対してそれぞれの言語が持つ語彙指定に基づいて説明を与えることができる．[12]

以上，「見える」認識構文の統語構造と格付与の関係を ECM/RTO 構文との対比に基づいて考察した．本節の議論をまとめると，連用形が述語となる埋め込み節は時制指定がないため，「不完全な節」であり，GB 流の分析ではその節が統率に対して透明であるため，またミニマリスト流の一致による説明であれば，それがフェイズとはならないため，主節の T によって埋め込み節の主語位置に主格が認可されることを論じた．

3. 「見える」認識構文におけるテ形節の統語的特徴

本節では，「見える」認識構文に現れるテ形節に注目して，それが統語的にどのように特徴づけられるかを考える．ここでは最初に内丸 (2006a, b) によるテ形およびテ形節の種類に関する統語的考察を概観した後，それに基づいて「見える」認識構文に現れるテ形の分析を行うことにする．

(21) に示すように，テ形節に様々な用法があることは記述文法の中で指摘されてきた．

(21) a. 太郎は本を読んでしまった／おいた （複合述語）
　　 b. 花子はしゃがんで絵を描いた （付帯状況）
　　 c. 太郎はウイスキーをもらって一口飲んだ （継起）
　　 d. 太郎はそれを食べて気持ちが悪くなった （原因・理由）
　　 e. 道幅が狭くなって道が急になった （並列）

---

[12] Ura (2000) は可能動詞のような2項状態性述語には対格素性を有する v ではなく，対格素性を持たない s という別種の軽動詞が含まれているとしている．Takezawa (1999) も参照．

こうしたテ形述語の検討は長い間，解釈の違いによる単なるテ形節の用法分類に留まっており，それがどのような統語的な位置づけを与えられるものなのか，あるいはテという形態自体の統語的資格に関してはまったくといっていいほど関心が向けられてこなかった．そうしたテ形節の諸用法に対して統語的観点から検討を行ったのが内丸 (2006a, b) である．内丸はいくつかの統語的テストに基づいてそれぞれの用法がどのような統語構造を持つか，さらにはそうした統語構造に対応するテという形態素がどのような統語的指定を有している必要があるのかを詳しく検討している．ここで内丸の議論を詳しく追うことは紙幅の関係でできないが，彼女の主張はほぼ以下の表のような形でまとめることができる．

(22)

用法	テ形節の統語的位置づけ	テの統語的正体
(21a) 複合述語	述語 V の補部	機能範疇 Asp 主要部
(21b) 付帯状況	VP 付加部（VP 修飾節）	
(21c) 継起	TP 同士の等位接続構造の先行節	時制辞 T と等位接続詞 & の融合形
(21d) 原因・理由		
(21e) 並列		

内丸はテ形節が統語的基準に基づいて，補部タイプ (21a)，VP 付加部タイプ (21b)，TP 等位接続タイプ (21c, d, e) の3種類に分けられること，さらにそれらに現れるテという形態は，補文タイプと VP 付加節タイプでは一定の文法的アスペクト機能を担う機能範疇 Asp の主要部として，また等位接続タイプでは T と等位接続詞 & の PF での形態的融合形として分析されるべきであることを論じている．[13] 内丸の提案している統語構造はそれぞれ以下の通りである．

---

[13] これまでの研究において Asp という機能範疇は大きく2つの使われ方をしている．1つは文法的（視点 (viewpoint)）アスペクトの統語的範疇として，もう1つは語彙的（状況 (situation)）アスペクトを表示するための機能範疇としてである．ここでの Asp は前者の用法に対応する．Smith (1991), Travis (2010) 等を参照．

(23) a. 補部構造　　　　　　b. VP 付加構造

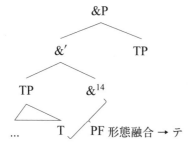

c. TP 等位接続構造

　さらに内丸は，記述文法で用いられる継起・原因・理由・並列といった区別は語用論的な推論によって等位接続の構造から導出される解釈上の違いであり，文法的な違いに基づくものではないと指摘している．

　以上，内丸のテ形に関する統語的観点からの分析を簡単に見たが，この内丸によるテ形節の統語的特徴づけをもとに「見える」認識構文に現れるテ形節およびテ自体が統語上どのように位置づけられるかを考えてみる．既に1節で述べたように，例えば本章冒頭の (1a) の例ではテ形「やせて」は主格名詞句「花子が」と叙述関係を結び，「花子がやせている」という意味をもつ

---

[14] ＆は等位接続詞（の主要部）を表す．

補文を形成している.「見える」認識構文では他の補部構造の場合と異なり埋め込みテ形動詞と主動詞が形態的に結合して複合動詞化はしないが,テ形節が[認識対象]というθ役割を担う意味上の補部となっていることは,そこに現れるテが機能範疇 Asp の形態的具現形であることを示している.

さらに,意味的にもこの位置に現れるテ形は,すでに指摘したように,V テイ(ル)の意味に対応する.たとえば,(1a)であれば太郎は「花子がやせている」,(1b)なら「線が曲がっている」,(1c)なら「柱が傾いている」,(1d)なら「輪郭がぼやけている」という状態をそれぞれ認知したのであって,「花子がやせる」,「線が曲がる」,「柱が傾く」,「輪郭がぼやける」という動詞語幹自体が表す出来事(変化)を認知したわけではない.つまり,これらはイ(ル)という助動詞なしのテという形態のみで一定の文法的アスペクト機能(ここではそのアスペクトをとりあえず「継続相アスペクト」(continuative aspect)と呼んでおく)[15] を担っているのである.

ちなみに,上の観察は金田一(1950)以来,V テイ(ル)という形態的連鎖の意味分析を行う際に,テイ(ル)という連鎖を1つのユニットとして扱ってきた分析に対して疑問を投げかける.つまり,この「見える」認識構文では,イ(ル)なしのVテのみで継続相のアスペクトを表すことができ,その主語となる名詞句と統語的な叙述関係を結んでいることを示している.ここでこの現象を通言語的な観点から捉えるため英語の文法的アスペクトの場合と比較してみると,アスペクト形態素とアスペクト助動詞の出現に関して2つの言語の間に興味深い共通性が見えてくる.英語の文法的アスペクトには進行相と完了相があるが,それらは助動詞(have/be)と分詞形(現在分詞／過去分詞)の組み合わせから成り立っている.

(24) a. John is studying now
b. John has studied for two hours

ここでは進行相のみを取り上げ,その統語的特徴を考える.生成文法初期の

---

[15] すべての Asp 用法のテ形,特に査読者の1人が指摘するように,テ形複合述語(テイル,テアル,テシマウ,テオク,テミル,テモラウ,テアゲル,テヤル,テホシイ等)のテに共通したアスペクト的意味が存在するかどうかという問題については,今後の課題としたい.(cf. Ogihara (1998), Nishiyama (2006), Nakatani (2013) 等)

分析（Chomsky (1957) 等）では，進行相の現在分詞形態素 -ing はもともと be とユニットを構成しており，その後，Affix Hopping と呼ばれる接辞を下方移動させる変形操作によって後続する V 要素に付加されるという分析が行われていた．

(25) ··· be-~~ing~~ [VP V-ing .....

しかしながら，英語でも進行相は必ずしも助動詞を伴わず現在分詞形 V-ing のみで具現化される環境が存在する．(26) に示すように，知覚動詞の SC 補文には進行相を担う現在分詞が be 動詞なしで現れる．[16]

(26) I saw John crossing the street

実際，この環境では be を伴うと逆に非文となる（Akmajian, Steele and Wasow (1979), Takezawa (1984)）．

(27) *I saw John be(ing) crossing the street

この英語の進行相の特徴を押さえた上で，ここでもう一度日本語の「見える」認識構文の場合に戻ると，まさにこの構文に現れるテ形は英語の進行相と同じ振る舞いを見せることが分かる．つまり，「見える」類動詞の補文ではイ（ル）を伴わず，テのみで継続相アスペクトを表しているだけでなく，さらに (28) に示すように，その補文内に助動詞イ（テ）を伴うことはできない．

(28) *太郎には花子が　やせていて　見えた

この英語と日本語の並行性から，英語の進行相アスペクトにおいても，また日本語の継続相アスペクトにおいても，-ing およびテという形態のみがアスペクト機能を担っていることを示していると捉えるのは自然である．

上のように考えた場合，通常の時制文では助動詞 be やイ（ル）の出現がな

---

[16] 進行形が be を伴わず，V-ing のみで現れる別の環境としては，縮約関係節構造（reduced relative clause）がある．

　(i) The students studying Japanese are nice

ぜ必要なのかという問題に答えておく必要がある．この問題に対しては，(29) に示すように，Asp 主要部 -ing／テが介在することによって V と T が形態的に融合することができず，したがって be／イ（ル）が拘束形態素である時制辞ル/タ等を支えるために PF で挿入されると説明することができる．

(29) a.　　　　　　　　　　　　b.

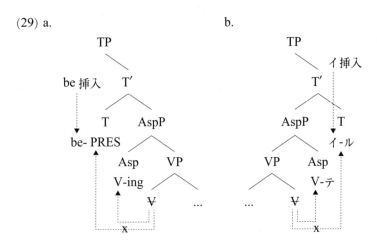

本題からやや話が逸れたが，本節では「見える」認識構文の補文は継続相マーカーのテを主要部とする AspP であること，また継続相というアスペクト機能はテという形態によってのみ担われているのであって，テイ（ル）という連鎖は Asp+be+(T) であり，助動詞イ（ル）は英語の be 動詞同様，T のような拘束形態素をサポートするための形態的理由によって挿入されることを見た．[17]

4.「見える」認識構文に現れる連用形補文とテ形補文の関係

ここまで「見える」認識構文について，2 節では連用形補文に，3 節ではテ形補文に焦点を当てて，その統語的特徴を検討した．本節では連用形補文 (30a) とテ形補文 (30b) の統語的および意味的関連性について考えてみる．

---

[17] アスペクト助動詞の出現に関する通言語的な観点からの最近の分析としては，Bjorkman (2011) を参照．

第9章 「見える」認識構文の統語構造とテ形述語の統語と意味　261

(30) a.　太郎には [花子が細く／スマートに／やせっぽちに] 見えた
　　　b.　太郎には [花子がやせて] 見えた

(30a, b) の重要なポイントは，形容詞述語と名詞述語の場合は連用形として現れ，動詞の場合はテ形をとるという対立である．まず連用形について考えてみよう．2節では連用形を述語とする節をχとして表示し，その統語的実体を明確にしなかったが，注1で触れたように，日本語の形容詞と形容動詞は統語的には区別の必要のない同一範疇であり，またそれらに後続するクおよびニという連用形の形態はともにコピュラ・ダの異形態に過ぎない．また名詞が述語として用いられる場合もニが現れることを考え併せれば，日本語で形容詞と名詞が述語として用いられる場合は，必ずコピュラが随伴することが要求されており，コピュラの出現が叙述関係成立の条件となっていると言える．ここではこの事実を捉えるため，コピュラ Cop を主要部とする句 CopP が直接「見える」の補部となっているとする．[18] そして，AP/NP[19] の中から主格名詞句が CopP の指定部に繰り上がって，形容詞述部・名詞述部と叙述関係を成立させると考える．

(31)　形容詞・名詞述語

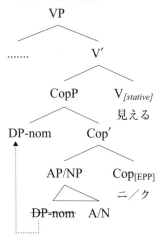

---

[18] おおよそ Bowers (1993), Nishiyama (1999) の PredP に当たるが，前提にいくつか違いがあるため，ここでは Pred とはせず，Cop を用いる．
[19] 述語名詞句は DP ではなく NP としておく．

この移動は，Cop が移動の引き金となる EPP 素性を持っていると仮定することによって捉えられる．別の言い方をするなら，Cop はその EPP 素性による移動によって統語的な叙述関係を成立させるための形式的要素と分析する．[20]

一方，「見える」の補部に動詞テ形が用いられる場合，動詞という範疇特性から，言うまでもなく，叙述関係はコピュラを介しては行われない（Baker (2003)）．しかし「見える」認識構文においては，主動詞「見える」が補文に対して状態性に関する意味的条件を課すると考えると，コピュラ節の場合には語彙的特性からもともと状態性を有しているのに対して，動詞の場合，基本的に継続相のテが一種の状態化をもたらす要素として統語的に挿入されなければならない．

(32)　動詞テ形

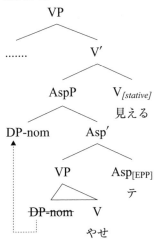

この構造で AspP の指定部にある主格名詞句はもともとその θ 役割を受けるため VP 内に生成され，それが状態的アスペクト特性を含む叙述関係を成立させるために Asp が持つ EPP 素性によって AspP の指定部位置に繰り上が

---

[20] 叙述関係は語彙意味レベルでの関係ではなく，あくまで統語的なレベルでの関係である．Rothstein (1983) による GB 理論分析では述部が主語を要求する叙述関係を S 構造での条件として定式化している．

ると考える.

　技術的詳細はさておき,このように考えると,「見える」の補部に現れるコピュラの連用形と動詞のテ形の関連性がこの構造で並行的に捉えられることになる.つまり,「見える」は意味的にその補文に時制辞を伴わない状態性の節を要求するのであり,形容詞・名詞述語文では状態性アスペクトは特に文法的な Asp を導入することなく形容詞・名詞という範疇によって語彙的に保証されるが,統語的に叙述関係を結ぶためには Cop が必要となる.それに対して,動詞文では叙述関係成立には Cop は不必要であるが,継続相を保証するために Asp 要素テの存在が求められると説明される.

　こうした分析の下では,テ形が現れるのは動詞のみで,(33) のように形容詞および名詞述語にはテ形が現れないこともうまく説明される.

(33) *太郎には [花子が 細くて／スマートで／やせっぽちで] 見えた

形容詞,名詞述語がテ形をとらない理由は,形容詞,名詞ともにもともと状態性を持っており,それに継続相を付加してさらに状態化する必要がないからである.[21]

　以上本節では,形容詞・コピュラ連用形節と動詞テ形節の統語的,意味的な対応関係を捉えるための構造について考察を行った.

5. テ形として生起(不)可能な動詞の種類

　前節では「見える」認識構文におけるテ形動詞の統語的位置づけについて論じたが,1 節の (3) でも触れたように,すべての動詞がテ形としてこの構文に現れることができるわけではない.下に (3) の例文を再掲する.

(3) a. *太郎には花子が本を読んで／窓を開けて見えた
    b. 太郎には車が止まって／*走って見えた
    c. 太郎には子どもたちが疲れて／*働いて見えた

本節では,どのような種類の動詞がこの構文にテ形として生起(不)可能なの

---

[21] 内丸も論じているように,動詞テ形にはアスペクト用法と等位接続用法がともに存在するが,形容詞とコピュラのテ形 (クテ形とデ形) には等位接続用法しか存在しない.

か，またその理由は何なのかを考察する．

　まず (3) の例から，「本を読む」「窓を開ける」といった典型的な他動詞，「走る」「働く」等の非能格動詞は「見える」認識構文にはテ形節として生起不可能であるのに対して，「止まる」「疲れる」等の非対格動詞は生起可能であることが見てとれる．それぞれの動詞群のデータをさらに追加する．

(34)　他動詞
　　a. *太郎には 風がほこりを巻き上げて見えた
　　b. *太郎には 車がガードレールを壊して 見えた
　　c. *太郎には 花子が自分のペットを大切にして 見えた

(35)　非能格動詞
　　a. *太郎には　子供たちが泳いで／歩いて／小走りして／遊んで 見えた
　　b. *太郎には　花子が笑って／大笑いして／泣いて　見えた
　　c. *太郎には　学生たちが踊って／バカ騒ぎして　見えた

(36)　非対格動詞
　　a.　太郎には　風船が膨らんで／膨張して／しぼんで　見えた
　　b.　太郎には　葉っぱが色づいて／変色して／枯れて　見えた
　　c.　太郎には　角が丸くなって見えた

　さて，上のデータの観察から「見える」認識構文のテ形動詞の生起可能性はそのアスペクト的意味に基づいて判断されると考える人がいるかもしれない．つまり，他動詞・非能格動詞のテ形は動作継続（進行相）解釈であるのに対して，非対格動詞のテ形は結果継続（結果相）の解釈であり，結果相のみがこの構文に意味的に適合するため，容認性に違いが生ずるという説明方法である．

　しかしながら，こうしたテ形の意味に基づくアプローチに関しては大きな問題が2つある．1つ目の問題は，テ形動詞が結果相解釈を持つものの，「見える」構文では非文となる場合であり，2つ目は進行相解釈を持ちながら，この構文に現れることができる場合である．以下ではそれぞれのケースを順番に見ていく．

　まず結果相の解釈を持つが，非文となるケースを (37) に挙げる．

第9章 「見える」認識構文の統語構造とテ形述語の統語と意味　265

(37) a. *太郎にはその選手が足を骨折して見えた
　　 b. *太郎には花子が目を閉じて見えた
　　 c. *太郎には花子が右手にかわいい手袋をはめて見えた
　　 d. *太郎には子供たちが手に手に花を持って見えた
　　 e. *太郎にはトラックが荷台に干し草を積んで見えた

これらはいわゆる分離不可能所有関係を含む再帰表現であり，主語と内項（対格句または場所ニ格句）との間に全体・部分の関係が成り立つ場合，そのテイ（ル）は結果相解釈になることが知られている（竹沢 (1991) 等）．

(38) a.　その選手が足を骨折している
　　 b.　花子が目を閉じている
　　 c.　花子が右手にかわいい手袋をはめている
　　 d.　子供たちが手に手に花を持っている
　　 e.　トラックが荷台に干し草を積んでいる

このようにテ形が結果相の解釈を持ちうるにもかかわらず，「見える」認識構文に現れることはできない．この事実は結果相解釈の存在がこの構文のテ形生起の条件になっているのではないことを示している．さらに，次の例文も同様のことを示している．

(39)　太郎には花子が酔っぱらって／*酒を飲んで見えた

「酒を飲んでいる」という他動詞形のテイル表現は「現在飲酒中」という進行相解釈のみならず，語用論的環境が整えば，「酔っ払っている」と同じ結果相解釈も持つことができるが，(39) においてはその結果相の意味で解釈しようとしたところで，容認度に変化は生じない．いかなる語用論的環境に置こうとも非文となるというこの事実からも結果相解釈がこの構文のテ形の生起条件とはなっていないことがわかる．

　「見える」認識構文のテ形の生起に対して意味的な説明ではうまくいかない2つ目のケースとして，今度は逆に進行相の解釈でありながら，この構文に現れる例がある．

(40) a.　太郎には車が動いて見えた
　　 b.　太郎にはボールが回って／回転して／転がって見えた

c. 太郎には国旗がはためいて見えた
　　　d. 太郎には画面が揺れて見えた
　　　e. 太郎には水の表面が振動して／波打って見えた

これらはすべて容認可能な文であるが，テ形動詞はすべて進行相解釈を受ける．

　(41) a. 車が動いている
　　　b. ボールが回っている／回転している／転がっている
　　　c. 国旗がはためいている
　　　d. 画面が揺れている
　　　e. 水の表面が振動している／波打っている

ここに現れる「動く／回る／転がる／はためく／揺れる」等の動詞はいわゆる「非対格ミスマッチ」(unaccusative mismatch; Levin and Rappaport (1989)) を起こすといわれる，ある意味で特殊な自動詞群である．まずそれらは「動く／動かす」「回る／回す」「転がる／転がす」「はためく／はためかす」「揺れる／揺らす」のように，自他の対立を持つ有対動詞であり，その点では非対格的である一方で，限界性 (telicity) の点から見ると非限界的，つまり限界点を持たず，その点で典型的な非対格自動詞とは異なる．限界性の指標となる「X 間で」という時間副詞と共起できず，非限界的な「X 間」とは共起する．[22]

　(42)　1 時間／*1 時間で　車が動いた・ボールが回った／転がった・
　　　　　　　　　　　　国旗がはためいた・画面が揺れた

こうした非対格ミスマッチの動詞の場合は進行相の解釈であるにもかかわらず，「見える」認識構文に生起可能である．このことは，当該構文へのテ形の生起が結果相対進行相という意味的な基準では説明できないことを示している．
　ここまでは「見える」認識動詞の補文に現れうる動詞の種類について，テ

---

[22] ここで関わる「X 間で」の読みは，事態開始の読みではなく，事態完了の読みであることに注意されたい．

形で結果状態を表すかどうかが生起条件になっているという仮説に対して，①動詞テイル形が結果相の解釈を持っていたとしても，基体動詞が他動詞であれば，「見える」構文の補文に出現することができないこと，また②テ形が進行相解釈を持っていても，非限界性の非対格動詞であれば，補文動詞として出現可能であることを指摘し，テ形の意味に基づく説明では不十分であることを示した．このことは，動詞が継続相マーカー・テと組み合わさって算出される解釈ではなく，基体動詞それ自体の持つ特徴が「見える」構文の補文での出現可能性を決定していると分析すべきであることを示唆している．つまり，基体動詞の「他動詞・非能格動詞」対「非対格動詞」という伝統的な「非対格仮説」(Unaccusative Hypothesis, Perlmutter (1978), Burzio (1986) 等) に基づく分類が「見える」構文の補文に現れる動詞の条件となっていると考えられる．

ここで，他動詞と非対格動詞の対立が外項へのθ役割の付与と内項への格付与の対立であり，非能格動詞は潜在的な対格付与能力を持つ他動詞の一種であるというChomsky (1995) の立場を採用するなら，[+外項θ役割] [+対格] という素性を持つ他動的機能動詞vの存在がテ形の(非)生起を決定していると分析することが可能となる．それらの違いを構造的な対立として表示するなら，「見える」の補文にvが含まれない前節の(32)に示した構造は文法的であるのに対して，下に示すvを含む(43)の構造は非文法的であるということになる．

268

(43)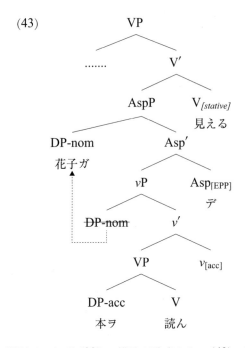

　問題は，なぜ (32) の構造が許容され，(43) は許容されないのか，ということであり，その原理的な説明が求められる．

　この問題に対しては，(43) の構造において外項の認可あるいは対格の認可のうちのいずれかに問題があるためであるという二つの説明の可能性が考えられる．そのうち外項の認可については，格（主格付与）に関しても，また叙述関係のための AspP への移動に関しても，これまでの分析から特に統語的な問題は存在しないであろう．主格名詞句は主節の T ((43) の構造では省略) と AGREE できる位置 (vP の先端部) にあり，またその主格句は AspP に繰り上がって述部「本を読んで」と叙述関係を結ぶことを妨げる統語的な要因は見当たらない．とすると，(43) の構造の問題は，内項への対格の認可にあるということになる．つまり，状態動詞「見える」のテ形補文内では対格を担う v の格素性が何らかの理由で抑制される，あるいは活性化しないため，目的語「本を」と AGREE できず，非文となるとする格に基づく説明方法である．では，どのような理由でこの構文では v の対格素性が活性化しないのであろうか．

この問題に対する解決の糸口を探るには次の対立が手がかりを与えてくれる．

(44) 太郎には花子が本を読んで／窓を開けて *(いるように) 見えた

この文は，(3a) で見たようにテ形のみでは非文だった対格句を含む他動詞補文が，時制付きの助動詞イルと補文化辞ヨウニを挿入すると文法的になることを示している．テ形動詞だけの文とテ形動詞にイルヨウニが挿入された文の間になぜそうした違いが生じるのかを考えてみると，そこには非時制節と時制節の対立が重要なポイントであることが明らかになる．これまで繰り返し述べてきたとおり，「見える」補文に現れるテ形節はコピュラ連用形（ニ／ク）と同様に非時制節である．一方，時制辞ルと補文化辞ヨウニを含む V テイルヨウニ節はフェイズを成す CP であり，この違いが v の持つ対格の認可に関する違いと結びついていると考えられる．

このように考えると (43) の構造が統語的に許されないのは，構造上 v の上にそれと同一節を成す T（および C）が存在せず，そのために v の対格素性が活性化されないからであるという説明を与えることができる．つまり，対格の認可は単に対格素性を持つ v の存在だけでなく，それとともに（完全指定の）T の存在も必要とされるのである．それに対して，v を含まない非対格動詞が非時制節であるテ形節に出現可能なのは，対格句が存在しないために，対格を活性化するための T が必要ないからであると分析することができる．

ここで1つ付け加えておくと，対格は主格が存在してはじめてその出現が可能となる「依存格」(dependent case)[23] であるという特性を考えるなら，ここで示唆したように対格の出現にも T が何らかの形で関与しているとするのは自然な説明方法であると考えられる．

以上本節では，「見える」構文の補文には他動詞および非能格動詞が出現しないことを指摘し，その理由がテ形動詞の進行相対結果相という意味的な対立から生じているのではなく，基体動詞の対格素性の有無，つまり v の存在に基づいて説明が与えられるべきであることを論じた．

---

[23] 依存格の議論については Marantz (1991) を参照．

6. まとめ

本章では「見える」認識構文に現れるテ形動詞に焦点を当て，その統語的および意味的特徴を明らかにした．本章の主な主張をまとめると以下の通りである．

- 「見える」認識構文に現れる形容詞・コピュラ連用形を含む節 CopP と動詞テ形を含む節 AspP はともに時制を含まないが，それらを選択する主動詞「見える」も格素性を持たないため，それらの主語は主節の T と AGREE することによって主格を認可される．
- V テイ（ル）の連鎖においてアスペクト機能を担っているのはテという形態素であり，イは英語助動詞の have/be 同様，時制辞などの拘束形態を支えるためだけに現れる意味を持たない助動詞である．
- 「見える」認識構文に現れる形容詞・コピュラ連用形を含む節 CopP と動詞テ形を含む節 AspP は状態性を表す叙述関係を成立させるという点で共通している．
- 「見える」認識構文に現れるテ形動詞の生起は結果相・進行相という意味的な基準によって決定されるわけではなく，基体動詞の対格付与能力の有無（v の存在）という統語的特性によっている．

紙幅の都合で十分に議論できなかった点も多々あるが，そうした問題についてはまた稿を改めて論じることにしたい．

参考文献

Akmajian, Adrian, Susan M. Steele and Thomas Wasow (1979) "The Category AUX in Universal Grammar," *Linguistic Inquiry* 10, 1-64.

Baker, Mark (1988) *Incorporation: A Theory of Grammatical Function Changing*, University of Chicago Press, Chicago.

Baker, Mark (2003) *Lexical Categories: Verbs, Nouns, and Adjectives*, Cambridge University Press, Cambridge.

Bjorkman, Bronwyn M. (2011) *BE-ing Default: The Morphosyntax of Auxiliaries*, Doctoral dissertation, MIT.

Bowers, John (1993) "The Syntax of Predication," *Linguistic Inquiry* 24:4, 591-656.

Burzio, Luigi (1986) *Italian Syntax: A Government and Binding Approach*, Reidel, Dordrecht.
Chomsky, Noam (1957) *Syntactic Structures*, Mouton, The Hague.
Chomsky, Noam (1981) *Lectures on Government and Binding*, Foris, Dordrecht.
Chomsky, Noam (1995) *The Minimalist Program*, MIT Press, Cambridge, MA.
Chomsky, Noam (2000) "Minimalist Inquiries: The Framework," *Step by Step: Essays on Minimalist Syntax in Honor of Howard Lasnik*, ed. by Roger Martin, David Michaels and Juan Uriagereka, 89-155, MIT Press, Cambridge, MA.
Chomsky, Noam (2001) "Derivation by Phase," *Ken Hale: A Life in Language*, ed. by Michael Kenstowicz, 1-52, MIT Press, Cambridge, MA.
Chomsky, Noam (2004) "Beyond Explanatory Adequacy," *Structures and Beyond. The Cartography of Syntactic Structures* (volume 3). ed. by A. Belletti, Oxford University Press, Oxford.
Chomsky, Noam (2008) "On Phases," *Foundational Issues in Linguistic Theory*, ed. by Robert Freidin, Carlos P. Otero and Maria Luisa Zubizarreta, 133-166, MIT Press, Cambridge, MA.
Davies, William D. and Stanley Dubinsky (2004) *The Grammar of Raising and Control: A Course in Syntactic Argumentation*, Blackwell, Oxford.
Hale, Ken and Jay Keyser (1993) "On the Syntax of Arguments and the Lexical Expression of Syntactic Relations," *The View from Building 20*, ed. by K. Hale and J. Keyser, 53-109, MIT Press, Cambridge, MA.
Hiraiwa, Ken (2005) *Dimensions of Symmetry in Syntax: Agreement and Clausal Architecture*, Doctoral dissertation, MIT.
Holmberg, Anders and Thorbjörg Hróarsdóttir (2003) "Agreement and Movement in Icelandic Raising Constructions," *Lingua* 113, 997-1019.
金田一春彦 (1950)「国語動詞の一分類」『言語研究』第15号.［金田一春彦 (編) (1976)『日本語動詞のアスペクト』5-26, むぎ書房, 東京 に再録］
Kuno, Susumu (1973) *The Structure of the Japanese Language*, MIT Press, Cambridge, MA.
Kuroda, Shige-Yuki (1965) *Generative Grammatical Studies in the Japanese Language*, Doctoral dissertation, MIT.
Kuroda, Shige-Yuki (1978) "Case-marking, Canonical Sentence Patterns, and Counter Equi in Japanese (a Preliminary Survey)," *Problems in Japanese Syntax and Semantics*, ed. by J. Hinds and I. Howard, 30-51, Kaitakusha, Tokyo. [Reprinted in Kuroda, 1992.]
Levin, Beth and Malka Rappaport (1989) "An Approach to Unaccusative Mismatches," *NELS* 19, 314-328.
Marantz, Alec (1991) "Case and Licensing," *ESCOL '91: Proceedings of the Eighth*

Eastern States Conference on Linguistics, ed. by Benjamin Ao German Westphal and Hee-RahkChae, 234-253, University of Maryland, Baltimore.

Nakatani, Kentari (2013) *Predicate Concatenation: A Study of the V-te V Predicate in Japanese (Studies in Japanese Linguistics 12)*, Kurosio, Tokyo.

Nishiyama, Atsuko (2006) "The Meaning and Interpretations of the Japanese Aspectual Marker *-te-i-*," *Journal of Semantics* 23, 185-216.

Nishiyama, Kunio (1999) "Adjectives and the Copulas in Japanese," *Journal of East Asian Linguistics* 8, 83-222.

Ogihara, Toshiyuki (1998) "The Ambiguity of the *-te iru* Form in Japanese," *Journal of East Asian Linguistics* 7, 87-120.

Perlmutter, David M. (1978) "Impersonal Passives and the Unaccusative Hypothesis," *BLS* 4, 157-189.

Raposo, Eduardo (1987) "Case Theory and Infl-to-Comp: The Inflected Infinitive in European Portuguese." *Linguistic Inquiry* 18, 85-109.

Rothstein, Susan (1983) *Syntactic Forms of Predication*, Doctoral dissertation, MIT.

Saito, Mamoru (1982) "Case Marking in Japanese: A Preliminary Study," ms., MIT.

Smith, Carlota (1991) *The Parameter of Aspect*, Kluwer, Dordrecht.

Stowell, Tim (1982) "The Tense of Infinitives," *Linguistic Inquiry* 13, 561-570.

Tada, Hiroaki (1992) "Nominative Objects in Japanese," *Journal of Japanese Linguistics* 14, 91-108.

Takahashi, Masahiro (2010) "Case, Phases, and Nominative/Accusative Conversion in Japanese," *Journal of East Asian Linguistics* 19, 319-355.

Takano, Yuji (2003) "Nominative Objects in Japanese Complex Predicate Constructions: A Prolepsis Analysis," *Natural Language and Linguistic Theory* 21:8, 779-834.

Takezawa, Koichi (1984) "Perfective *have* and the Bar Notation," *Linguistic Inquiry* 15:4, 675-687.

Takezawa, Koichi (1987) *A Configurational Approach to Case-marking in Japanese*, Doctoral dissertation, University of Washington.

Takezawa, Koichi (1993) "A Comparative Study of *seem* and *omoe*," *Argument Structure: Its Syntax and Acquisition*, ed. by Heizo Nakajima and Yukio Otsu, 75-102, Kaitakusha, Tokyo.

竹沢幸一 (1991)「受動文，能格文，分離不可能所有構文と「ている」の解釈」『日本語のヴォイスと他動性』，仁田義男 (編)，59-81，くろしお出版，東京．

竹沢幸一・John Whitman (1998)『日英語比較選書9 格と語順と統語構造』研究社，東京．

Takezawa, Koichi (1999) "Syntactic Structures and Derivations of Two Types of Epistemic Verbs with an Infinitival Complement in English and Japanese," *An*

Attempt at Construction of Universal Grammar Based on Comparative Syntax of Japanese, Korean, Chinese and English. ed. by Yukinori Takubo, 187-205, Report of International Scientific Research Program, Kyushu University.

竹沢幸一 (2000)「空間表現の統語論——項と述部の対立に基づくアプローチ——」『空間表現と文法』, 青木三郎・竹沢幸一(編), 163-214, くろしお出版, 東京.

Travis, Lisa (2010) *Inner Aspect: the Articulation of VP*, Springer, Dordrecht.

内丸裕佳子 (2006a)「動詞のテ形を伴う節の統語構造について——付加構造と等位構造との対立を中心に——」『日本語の研究』2:1 (『国語学』通巻224号), 1-15.

内丸裕佳子 (2006b)『形態と統語構造との相関——テ形節の統語構造を中心に——』筑波大学博士論文.

Ura, Hiroyuki (2000) *Checking Theory and Grammatical Functions in Universal Grammar*, Oxford University Press, Oxford.

第 10 章

様態・結果の相補性仮説に関する一考察*

臼杵　岳

京都産業大学

1. はじめに

　これまでの語彙意味論の研究では，動詞の項構造の具現化は語彙概念構造により決定されるという前提に基づき，動詞の意味分類や項構造の具現化に関する様々な提案がされてきた（Fillmore (1970), Levin and Rappaport Hovav (1995), Rappaport Hovav and Levin (1998), 他）．本章では，近年，語彙意味論の新たな仮説として提案された様態・結果の相補性仮説に焦点を当て，その妥当性を検証する．本仮説によると，動詞はその概念構造において，語根が様態修飾要素か結果項のどちらかとして概念化されると仮定している．また，単一の語根が同時に様態修飾要素，結果項となることはなく，この違いに基づき様々な項構造の具現化が説明されるという．一方で，この仮説の検証は始まったばかりであり，実際に例外と考えられるような語彙に

---

* 本章は，日本言語学会第 147 回大会ワークショップ『語彙意味論の潮流：様態・結果の相補分布仮説とその先に見える世界』(2013, 11.24, 神戸市外国語大学)，Kansai Lexicon Project (KLP) (2014, 8.29, 大阪大学)，関西大学にて行われた英語学の研究会 (2015, 3. 17, 関西大学) にて発表した内容に大幅な加筆・修正を加えたものである．それぞれの口頭発表で，ご参加頂いた方々より本章の発展に寄与する重要なご意見やご質問を頂いたことに感謝を申し上げる．また，日本言語学会のワークショップに先立ち行われた秋田喜美氏，江口清子氏，境倫代氏との議論，並びに関西大学にて行われた英語学の研究会で，岩田彩志氏から頂いたご意見は大変有益なものであった．最後に，本章を執筆するうえで，2 名の査読者から頂いたご意見は大変貴重なものであった．心より感謝を申し上げる．言うまでもなく，本章における不備などは筆者の責任である．

着目した議論（Beavers and Koontz-Garboden (2012a, b)（以下，B&Kとする）），英語以外の言語に適用した研究などがある（Alexiadou and Anagnostopoulou (2013))．

本章では以下の2つの観点から議論する．第1に，様態・結果の相補性仮説の例外と考えられる動詞類や多義動詞に関して，どのように扱うべきか検討する．第2に，日本語における本仮説の妥当性を検討する．

本章の構成は，以下の通りである．まず，第2節にて，様態・結果の相補性仮説を概観する．第3節では，B&Kで取り上げられている例外的な動詞に関して考察する．第4節では，日本語の多義動詞に関して，様態・結果の相補性仮説の観点から考察し，第5節は，本章のまとめである．

2. 様態・結果の相補性仮説

本節では，様態・結果の相補性仮説に関して概観する．これまでの語彙意味論では，Fillmore (1970) の Breaking verbs と Hitting verbs の分類に始まり，動詞の意味分類が盛んであった（Levin (1993))．しかしながら，単一の動詞が複数の動詞クラスに分類されること，さらに同じ動詞クラス内でも項構造の具現化に関して一様ではないことが認識されていた（Levin (2010))．また，項構造の派生に関して，様々な提案がなされてきた（Goldberg (1995), Jackendoff (1990, 1997), Levin and Rappaport Hovav (1995), Rappaport Hovav and Levin (1998))．

これまでの先行研究に基づき，動詞の項の具現化の問題の根幹に迫るために提案されたのが，様態・結果の相補性仮説である．本仮説では，項構造の具現化を決定する要素は，様態と結果という語根のオントロジータイプであると提案している（Levin (2009, 2010, to appear), Levin and Rappaport Hovav (2013), Rappaport Hovav and Levin (2010))．様態・結果の相補性仮説は以下の通りである．

(1) MANNER/RESULT COMPLEMENTARITY: Manner and result meaning components are in complementary distribution: a verb lexicalizes only one.　　　　　(Levin and Rappaport Hovav (2013: 50))

この様態・結果の相補性仮説は，(2a) と (2b) の語彙概念構造（LCS）で示

されるように，単一の語根は様態修飾か結果項として LCS に導入されるが，(2c) の様に同時に両方の意味要素として LCS に導入されることを制限している．[1, 2]

(2) a.　[x ACT$_{<ROOT>}$ (y)]
 b.　[[x ACT$_{<MANNER>}$ (y)] CAUSE [BECOME [z <ROOT>]]]
 c.　*[[x ACT$_{<ROOT>}$ (y)] CAUSE [BECOME [z <ROOT>]]]

単一の語根が ACT の様態修飾，BECOME の項として同時に語彙化されないことの背景には，以下の制約があるとしている．

(3) The lexicalization constraint: A root can only be associated with one primitive predicate in an event schema, as either an argument or a modifier.　　　　　　　(Rappaport Hovav and Levin (2010 : 25))

また，Rappaport Hovav and Levin (2010) によると，本仮説における様態と結果という概念は，それぞれのスケールタイプの違いによって定義される (Hay et al. (1999))．つまり，様態というのは，スケールの変化のないもの (nonscalar change) であり，結果というのはスケールの変化があるもの (scalar change) であるとしている．[3] これに基づき，(4) に示すように，従

---

[1] 様態・結果の相補性仮説を統語的制約だとする提案に関しては，Mateu and Acedo-Matellán (2012) を参照．

[2] Rappaport Hovav and Levin (2010: 23-25) では，本文の (3) の示すように，LCS ではなく event schema と呼んでるが，本章では便宜的に LCS と呼ぶことにする．

[3] Rappaport Hovav and Levin (2010) における様態と結果のスケールに基づく定義は以下となる．
　(i)　様態の定義：
　　　"A nonscalar change is any change that cannot be characterized in terms of an ordered set of values of a single attribute ... The vast majority of nonscalar changes ... involve complex changes—that is a combination of multiple changes—and this complexity means that there is no single, privileged scale of change"
　　　　　　　　　　　　　　　　　　　(Rappaport Hovav and Levin (2010: 32))
　(ii)　結果の定義：
　　　"[denote] events of scalar change ... where a scale is a set of degrees—points or intervals indicating measurement values—on a particular dimension (e.g., height,

来提案されてきた動詞の意味的な分類（Levin (1993)）による各々のクラスの動詞を，様態動詞あるいは結果動詞のいずれかに分類することが可能であると提案している．[4]

(4)   Manner Verbs   vs.   Result Verbs
 a. Verbs of Motion: *run*   vs.   *come*
 b. Verbs of Damaging: *hit*   vs.   *break*
 c. Verbs of Putting— 2-dim: *smear*   vs.   *cover*
 d. Verbs of Putting— 3-dim: *pour*   vs.   *fill*
 e. Verbs of Removal: *shovel*   vs.   *empty*
 f. Verbs of Combining: *shake*   vs.   *combine*
 g. Verbs of Killing: *stab*   vs.   *kill*
 h. Verbs of Sound: *shout*   vs.   *say*
                (Levin (2010: 8))

この様態動詞と結果動詞の区別は，(5) に示す項構造の具現化のパターンにより支持される．まず，複雑事象を持ち，語根が BECOME の結果項として概念化される結果動詞は，(5a) のように，変化の対象となる目的語が必ず統語的に具現化されなければならない．また，(5b) のように，動詞に選択されない目的語を対象として取ることも，(5c) のように，目的語の交替も認可しない．

(5) a. UNSPECIFIED OBJECTS:
  Kim scrubbed/*broke.
 b. NON-SUBCATEGORIZED OBJECTS:
  Kim scrubbed/*broke her fingers raw.
 c. OBJECT ALTERNATIONS:
  Kim scrubbed the tub/
  Kim scrubbed the dirt from the tub.
  Kim broke the window/

---

temperature, cost), with an associated ordering relation"
            (Rappaport Hovav and Levin (2010: 28))

[4] 様々な動詞分類の比較と有用性に関しては，Levin (2010) を参照．

*Kim broke the beauty from the window.
d. CAUSATIVE ALTERNATION:
Kim broke/wiped the window
The window broke/*wiped.

(Levin (2010: 8))

これに対して，様態動詞は，対象の変化を含意しないため，(5a) の目的語の削除，(5b) の動詞が指定しない目的語の認可，(5c) の目的語の交替が可能である．一方で，様態動詞は，行為者が必要であるので，(5d) のように，変化の対象である目的語が主語となる交替は認可されないのである．

このように，様態・結果の相補性仮説は動詞の項構造の具現化に強い説明力を持つ．しかしながら，すでにこの仮説の例外となりうる動詞も少なからず取り上げられている (B&K (2012a, b), Levin (to appear), Levin and Rappaport Hovav (2013), 小野 (2013))．よって，次節の3節と4節では，例外としてあげられた動詞に関して，改めて議論をしていくことにする．

3. 動詞の多義性と語根の特異性

本節では，B&K で議論された殺害様態動詞 (manner of killing verb) (以下「殺害動詞」という) や料理様態動詞 (manner of cooking verb) (以下「料理動詞」という) に焦点を当てる．前節で概観したように，様態・結果の相補性仮説は，単一の語根が様態修飾要素と結果項の両方の意味を同時に語彙化することはないとしている．しかしながら，B&K は，殺害動詞や料理動詞は様態と結果の両方の意味を語彙的に含んでいると論じている．本節では，彼らの分析が様態・結果の相補性仮説に対する反証となるのかどうか考察していく．

B&K では，(6) に示す殺害動詞や料理動詞は，語根が様態と結果の両方の意味を持つと指摘している（以下の例は，B&K (2012a, b) より抜粋）．

(6) a. 殺害動詞： crucify, drown, hang, guillotine, electrocute ...
    b. 料理動詞： barbecue, blanch, braise, broil, deep-fry, fry, grill, hard-boil, microwave, poach, roast, sauté, stew, toast ...

第10章　様態・結果の相補性仮説に関する一考察　　　279

彼らは，これらの動詞が様態と結果の両方の意味を含むことを幾つかのテストによって明らかにしようとしている．では，彼らの議論の根拠となるテストを示すことにする（以下の (7) から (10) の例文は，B&K (2012a, b)，Koontz-Garboden and Beavers (2009) より抜粋）．

　第1に，前後の文脈の矛盾があるかどうかである．(7a) のように，結果動詞である *break* などは，直後に結果を否定する文章がくると，文脈に矛盾が生じる．対して，(7b) が示すように，様態動詞である *yell* などは，本来的に結果を含意しないために，なんら矛盾は生じない．(7c) の殺害動詞と (7d) の料理動詞は，結果動詞と同様に文脈に矛盾が生じる（以下の例文の '#' は，前後の文脈の矛盾を表す）．

(7) a. #Bob just broke/shattered/destroyed my stereo$_i$, but nothing is different about it$_i$.
　　b. Bob$_i$ just yelled/wiped the table$_j$, but nothing is different about him$_i$/it$_j$.
　　c. #Bob just drowned/hanged/crucified Joe, but nothing is different about him.
　　d. #Shane just sautéed the onions, but nothing is different about them.

　第2に，結果動詞は，(5) でも示したように変化の対象となる目的語が必要であり，(8b) のように目的語の削除は容認されない．それに対して，(8a) のように，様態動詞は対象の変化を含意しないため，目的語の削除が可能である．(8c) と (8d) で示すように，殺害動詞と料理動詞は結果動詞と同様に目的語の削除を認可できない．

(8) a. All last night, Cinderella scrubbed.
　　b. All last night, we dimmed *(the lights in the house).
　　c. *All last night, Mary drowned/hanged/crucified/electrocuted.
　　d. ??All last night, Shane sautéed.

　第3に，(9a) が示すように，様態動詞は動詞自体が選択しない項を伴う結果構文を派生することができる．これに対して，結果動詞 (9b)，殺害動詞 (9c)，料理動詞 (9d) は，動詞が選択しない項を伴う結果構文を派生することはできない．例えば，様態動詞である *scrub* は，*Cinderella scrubbed her* knees sore のように，動詞が選択しない項を伴う強い結果構文（Washio (1997)）や，対象の移動を表す *Cinderella scrubbed the dirt off the table* のような構文を派生することができる．これに対して，結果動詞，殺害動詞，料理動詞は，(9b-d) が示すように，強い結果構文や移動を表す構文を派生することができないのである．

(9) a. Cinderella scrubbed her knees sore/the dirt off the table/the table clean.
   b. #We dimmed the room empty. (Rappaport Hovav (2008: 22-23))
   c. #Shane drowned/hanged/electrocuted Sandy silly/happy/crazy.
   d. #Shane sautéed the onions to the other side of the griddle.

一方で，殺害動詞や料理動詞が様態動詞と同じ特徴を示す場合がある．それは，(10) に示すように，*but didn't move a muscle*（「指一本も動かさなかった」）という動作を否定するフレーズを後続させることにより，前述の文との矛盾があるかどうかである．

(10) a. #Kim ran/jogged/scrubbed the floor, but didn't move a muscle.
   b. Kim broke my DVD player, but didn't move a muscle—rather, when I let her borrow it a disc was spinning in it, and she just let it run until the rotor gave out!
   c. #Rick Perry electrocuted/crucified the prisoner, but didn't move a muscle—rather, after taking office he failed to issue a pardon!
   d. #Shane sautéed the onions, but didn't move a muscle.

(10b) の結果動詞以外のすべての文で矛盾が生じていることから，結果動詞以外は，すべて何らかの動作（様態）があることを示している．

上記の観察から，B&K は，殺害動詞と料理動詞の語根は，様態と結果の両方を語彙化していると考えている．さらに，B&K は，(11) の2種類のLCSの可能性を考察し，結論として殺害動詞や料理動詞に対して，(11a) の構造を提案している．

(11) a. [[x ACT] CAUSE [y BECOME < guillotine/sauté>]]
   b. [[x ACT_{<guillotining/sautéing>}] CAUSE [y BECOME <dead/

cooked>]]

B&K は，殺害動詞や料理動詞が，結果構文と同様の (11b) のような複雑事象を構成している可能性を，*again/re-* のスコープ解釈に基づき排除している（以下，(12)-(13) の例は，B&K より抜粋）．まず，結果構文では，(12) のように「元々は平らだった金属板が，何らかの原因で曲がってしまったので，再び平らな状態に戻す」という解釈が可能である．

(12) Mary has made a sheet of metal that is flat, but it later accidentally became bent. Fortunately, John hammered the metal flat again.

しかしながら，殺害動詞は，(13) に示すように，(13a) の繰り返しの意味しかなく，(13b) の「以前はチェーンソーで殺したが，今回は感電死させた」という解釈はない．[5]

(13) John electrocuted the zombie again.
 a. John caused the zombie to be dead by electrocution again.
 b. #John caused the zombie to become dead again by electrocution, but last time he was killed it was with a chainsaw.

このスコープ解釈の可能性に基づき，B&K は (11a) を支持することにより非常に興味深い提案をしている．それは，殺害動詞や料理動詞の語根自体が様態と結果を語彙化しているというのである．以上の B&K の主張をまとめると，以下の (14) となる．

(14) a. 殺害動詞・料理動詞は，様態と結果の両方を表す．
 b. 殺害動詞・料理動詞の語根が《様態+結果》の意味を持つ．

しかしながら，B&K の議論は，いくつかの点で，様態・結果の相補性仮説

---

[5] B&K によると，繰り返しの解釈を持たない接頭辞 *re-* に関しても同様の結果となる (Marantz (2007, 2009))．
 (i) John reelectrocuted the zombie.
  a. John caused the zombie to be dead by electrocution again.
  b. #John caused the zombie to become dead again by electrocution, but last time he was killed it was with a chainsaw.

の直接的な反証となっていないと考えられる.

　第 1 に, (7) から (10) の様態と結果を判断するテストに対する B&K の捉え方があげられる. これらのテストは, 確かに文脈において, 殺害動詞や料理動詞が様態や結果を表す動詞と同様の振る舞いをするということを示している. しかしながら, これ自体は様態・結果の相補性仮説の直接的な反証とはならない. なぜなら, 真の反例となるべき文は, 単一の文の中で, 動詞が様態と結果の両方を同時に語彙化している文なのである (Rappaport Hovav and Levin (2010)).

　第 2 に, (11a) の LCS は, 厳密には様態・結果の相補性仮説の反例とはならないのである. つまり, 様態・結果の相補性仮説では, 単一の語根が様態修飾と結果項としての意味を同時に語彙化することはないと仮定している. (11a) の LCS からも明らかなように, 語根である殺害動詞と料理動詞は, BECOME の項であるが, 様態修飾要素ではない. つまり, この構造を仮定すること自体は, 様態・結果の相補性仮説にとって問題はないのである.

　一方で, (14b) は様態・結果の相補性仮説に対して, 大きな問題を投げかける. それは, 様態は [x ACT (y)] の関数を修飾する事で語彙化されるという仮定に対して, 様態が語根の特異性により語彙化される可能性を示しているのである. Rappaport Hovav and Levin (2010) では, 特定の動詞の多義性を認めながらも, (15) に示すように語根は, 1 つのオントロジータイプに分類され, そのタイプに基づき動詞の項構造の具現化が決定されるとしている (cf. Rappaport Hovav and Levin (2010: 脚注 2)).[6]

(15) Each root has an ontological categorization, chosen from a fixed set of types, including state, result state, thing, stuff, surface/container,

---

[6] Rappaport Hovav and Levin (2010: 脚注 2) では, 名詞転換動詞である *string* の多義性を指摘している. *string* は, *string a guitar* では stuff として分類され, *string pearls* では, one-dimensional location という異なるオントロジータイプとなる. この多義性に関して, 詳細な分析は提示されていないが, それぞれの文脈の中で動詞はどちらか一方のタイプとして分類されるとしている. 名詞転換動詞の多義性に関しては, Clark and Clark (1979) でも指摘されている. 以下の例の様に, *milk* という動詞も多義性を示す.

(i) a. Mary milked the tea. 'put milk in x'
　　b. Mary milked the cow. 'take milk out of x'

(Clark and Clark (1979: 793))

manner, instrument (cf. Jackendoff (1990), Rappaport Hovav and Levin (1998)). A root's ontological categorization determines its association with an event schema.

(Rappaport Hovav and Levin (2010: 23-24))

また，様態として語彙化される場合は，やはり様態修飾要素として，ACT 関数を修飾すると考えているのである．

しかしながら，実際には，オントロジータイプ分類は，彼らが主張するほどはっきりとしたものではないのではないと考えられる．つまり，それぞれのオントロジータイプが関連性を持つ場合があり，その関連性が動詞の項の具現化に影響している場合があると考えられるのである．

その一端は，以下の (16) と (17) の名詞転換動詞 (denominal verb) の分類に観察される．Kiparsky (1997) は，一見，名詞転換動詞と思われる動詞には，擬似名詞転換動詞も混在していると主張している．例えば，真の名詞転換動詞である (16a) の *tape* は，ベースの名詞 *tape* の「テープを使って，ある物をある場所に貼り付ける」という規範的な使用方法（目的）に基づき，動詞の意味が決定されている．*tape* の規範的な使用方法（目的）であるから，使用する道具は，*tape* でなければいけないのである．[7]

(16) True denominal instrumental verbs:
   a. #She taped the picture to the wall with pushpins.
   b. #They chained the prisoner with a rope.
   c. #Jim buttoned up his pants with a zipper.
   d. #Let's bicycle across France on our tricycles.
   e. #Screw the fixture on the wall with nails.
   f. #You have to padlock the door with a latch.
   g. #He snowplowed the sidewalk with a shovel.
   h. #The artist charcoaled the drawing with ink.

(Kiparsky (1997: 488-489))

---

[7] Kiparsky (1997: 482) は，名詞転換動詞の解釈に関して以下の原理を提案している．
  (i) If an action is named after a thing, it involves a canonical use of the thing.

対して,(17) の擬似名詞転換動詞は, Kiparsky (1997: 489) によると, 実際には様態動詞であるとしている. 例えば, (17a) の *hammer* は, "to strike with the flat side of a heavy object" という意味であり, 実際にハンマーを使用する必要はないのである.

(17) Pseudo-instrumental verbs, actually denoting manner of motion:
    a. He hammered the desk with his shoe.
    b. He brushed his coat with his hand.
    c. I paddled the canoe with a board.
    d. String him up with a rope!
    e. Can you whistle with a blade of grass?
    f. The convict sawed off — the bars with her dentures.
    g. She anchored the ship with a rock.
    h. We wedged the window open with a screwdriver.

(Kiparsky (1997: 489))

ここで問題にしたいのは,(16) と (17) の動詞のオントロジータイプである. (16) に関しては, 例えば, *tape* は, instrument と分類され, ベースとなる名詞の規範的な使用方法(目的)に基づく事象が語彙化されていると考えられる.[8] しかしながら,(17) の動詞は, どう分類されるであろうか. Kiparsky (1997) は, 擬似様態動詞の *hamm*er の意味は, "'to strike with the flat side of a heavy object,' and a hammer is an instrument dedicated to that purpose" (Kiparsky (1997: 489)) と説明している. つまり, 様態として分類される擬似様態動詞の成立の背景には, 道具としての *hammer* に代表される事象の描写がある. これは, 名詞転換動詞は事象構造を構築する際に, ベースとなる名詞の意味に基づき, 複数のオントロジータイプが密接な関連

---

[8] Namer and Jacquey (2013) は, 生成語彙意味論の枠組みで, 名詞転換動詞の意味の派生を提案している (cf. Pustejovsky (1995)). (i) のように, 名詞タイプに基づく名詞転換動詞の意味の派生を提案している.
(i) a. 名詞が artifact・location → TELIC value が動詞に継承.
    b. 名詞が natural entity → AGENTIVE value が動詞に継承.
彼らの分析が, 多義性を示す *milk* のような場合をどう分析するのか, さらに, 本論での様態・結果の相補性仮説の関連性に関しては, 今後の研究課題とする.

性を持つ可能性があることを示している（cf. Rappaport Hovav and Levin (2010)). もちろん, 様態と結果のように, 事象構造の中で両極にある概念に関しては, 単一の動詞に概念化される事は稀なケースであろう. しかしながら, ある動詞の語根が様態と結果の強い関連性を示すものであるなら, 単一の動詞でもB&Kが提案する様に,《様態＋結果》の語根が存在する可能性もあると考えられるのである.[9] そして,《様態＋結果》の意味を持つ語根は, その動詞が現れる統語環境によって, 様態か結果のどちらかが具現化される可能性があるのである.

ここで再び, B&Kが例外的な動詞として提示している殺害動詞と料理動詞の例に戻ることにする.

(18) a. 殺害動詞： crucify, drown, hang, guillotine, electrocute ...
 b. 料理動詞： barbecue, blanch, braise, broil, deep-fry, fry, grill, hard-boil, microwave, poach, roast, sauté, stew, toast ...

これらの動詞には, *guillotine* や *microwave* のような名詞転換動詞を含むが, それ以外の動詞は, 名詞転換動詞としては分析できないようである. しかしながら, それぞれの動詞類において, 共通点が観察される. それは, 殺害動詞ならば, 対象を殺害するという目的を語彙的に含み, 料理動詞では, 対象を調理して食べられる状態にするという目的を含むことである. その証拠として, 料理動詞の多くは, (19) に示すように, 料理名として使用される.

(19) 料理名： barbecue$_N$, braise$_N$, broil$_N$, fry$_N$, grill$_N$, roast$_N$, sauté$_N$, stew$_N$, toast$_N$ ...

また, これらの動詞は, 結果に導くための過程に関しても詳細な指定があるのである. 例えば, 殺害動詞の *guillotine* ならば, 猛毒を使って毒殺をしたのでは, *guillotine* の意味にならない. 料理動詞においても同様で, *sauté* な

---

[9] 特殊な動詞の語根が, 事象全体を描写し《様態＋結果》の意味を持つ可能性に関しては, 岩田彩志氏（個人談話）よりご指摘頂いた. また, Kiparsky (1997) などで議論されている名詞転換動詞などについてもご指摘頂いた.

らば，フライパンに油を入れてソテーするということが指定されているのである．つまり，これらの動詞は様態と結果に強い関連性があることを示しており，これらの動詞の語根が《様態＋結果》の素性を持つことを可能にしているのである．これらの動詞類の特殊性はB&Kの言うように，例外であると考えられる．

しかし，一方で，様態・結果の相補性仮説により，(5)に示した動詞の項構造の具現化パターンを説明できるという事実がある．よって，B&Kで議論された殺害動詞や料理動詞は，限られた動詞類に観察される特異な例として考えるのがよいであろう．つまり，B&Kの例外的な動詞類は，様態・結果の相補性仮説への直接的な反例ではなく，非常に特異な動詞類が例外的に存在すると考えることが妥当だと考えられる．これまでの考察をまとめると以下となる．

(20) a. 動詞は，様態と結果のどちらか一方を語彙化する．
　　 b. ただし，様態と結果というオントロジータイプに強い関連性がある動詞（名詞転換動詞など）は，語根の特異性により，様態と結果のそれぞれを描写することができる．

上記の(20a)で述べているように，基本的には様態・結果の相補性仮説は支持されると考えている．一方で，(20b)は，B&Kの主張を部分的に取り入れたものである．Rappaport Hovav and Levin (2010) では，様態動詞の語根は，LCSにおけるACTの修飾要素として導入されると仮定されている．これに対して，名詞転換動詞など特異な動詞類に関しては，語根自体の意味の特異性から解釈として，様態の意味が得られるのである．この場合に，具体的にどのような語彙操作により様態の解釈が得られるのかに関しては，生成語彙意味論の枠組みなどでの詳細な意味記述が必要となると考えているが，これに関しては，今後の課題とする (Pustejovsky (1995), Namer and Jacquey (2013))．次節では，日本語の多義動詞を中心に様態・結果の相補性仮説の検証を試みる．

4. 日本語から見る様態・結果の相補性仮説

様態・結果の相補性仮説は英語を中心とした議論であり，未だ日本語に関

して検証可能かどうか議論がなされていない．よって，本節では，日本語の動詞に焦点を当て，様態・結果の相補性仮説の検証を試みることにする．

4.1. 「殴る」と「壊す」

本節では，まず様態と結果の語彙化が明らかであると思われる「殴る」と「壊す」という動詞を用いて，様態・結果の相補性仮説の検証が可能な統語的テストを示していくことにする．

第1に，様態動詞である「殴る」では，(21a) が示すように，腕やその延長として手に持って使い，打撃を与えるような道具は容認される．しかし，打撃を与えられないようなナイフや液体，さらに腕を使わずに足で殴ることはできない．

(21) a. 太郎は，{素手で／木刀で／*ナイフで／*足で／*水で} 次郎を殴った．
　　 b. 太郎は，{素手で／木刀で／ナイフで／足で／水で} テレビを壊した．

これは，「殴る」が様態を指定していることを示している．これに対して，(21b) の「壊す」は，壊すための様態の指定はないため，テレビを壊すことの出来るものであるならば，様々な（身体を含めた）道具で修飾することが可能である．

第2に，結果を語彙化している (22b) では，変化の対象を主語とする交替が可能である．一方で，様態を表す (22a) では変化の対象を主語とすることができない．

(22) a. *次郎が殴った．
　　 b. テレビが壊れた．

第3に，「〜したが，Xは何ともなかった」という前文の状態変化を否定する文章との整合性である．対象の状態変化を表す (23b) では，文脈に矛盾が生じるのに対して，対象の状態変化を含意しない (23a) では矛盾が生じない．

(23) a. 太郎は，次郎を殴ったが，次郎は何ともなかった．

b. #太郎は,テレビを壊したが,テレビは何ともなかった.

第4に,結果構文の容認性である.日本語では,様態動詞を基盤にした強い結果構文 (strong resultative) は認可されない (影山 (1996), Washio (1997)).[10] 実際に, (24a) が示すように, 本来的に結果を含意しない「殴る」では, 結果構文を派生することが出来ない.

(24) a. *太郎は,次郎を血まみれに殴った.
　　 b. 　太郎は,テレビを粉々に壊した.

一方で,結果を語彙化している (24b) は,本来的結果構文を派生することができる.

第5に,それぞれの動詞に,「かかる」という動詞を複合することで,それぞれの違いを明らかにすることができる.「かかる」という複合動詞は,「x に向かって V しかける」という意味で, 前項動詞の行為の対象がニ格の着点句として表現される.[11]

(25) a. 　太郎は,次郎に殴りかかった.
　　 b. *太郎は,テレビに壊しかかった.

(25) の文法性からも明らかなように,本来的に結果を表さない様態動詞である「殴る」は,行為の対象である次郎をニ格の着点句へ交替することができる. これに対して,変化の対象を目的語に取る結果動詞の「壊す」は, 目的語がニ格の着点句へと交替できないのである.

---

[10] (24a) の非文法性が示すように,「殴った」は様態動詞であることから, 通常は結果構文を派生することができない. しかしながら, オノマトペをともなった (i) では,「ルフィがティーチを殴って, その結果, ティーチがボコボコになった.」という結果構文を派生することが可能である (臼杵 (2013), Usuki and Akita (2013)).

(i) ルフィはティーチをボコボコに殴った.

[11] 以下の構文は, 一見, 似た構文であるが,「x を V しにかかる」は全く異なる構文であると考えられる.

(i) a. *太郎は, 次郎を殴りにかかった.
　　 b. 　太郎は, テレビを壊しにかかった.

この構文の場合は,「ある結果状態の達成に向けて, ある行為を始めた」という意味であると考えられる. よって, 結果状態が指定されていない (ia) の容認性が低いのだと考えられる.

最後に，ぱなし構文においても，両者の違いが浮き彫りとなる．「ぱなし」構文は，動詞の語彙概念構造に基づく2種類の解釈（行為継続読み／状態放置読み）が可能である（臼杵 (2011))．例えば，(26) の「本を読みっぱなしだ」では，「本を読み続けている」という行為継続読みと，「本を読んだまま，片付けずに放置している」という状態放置読みが可能である．重要なのは，状態放置読みが可能になるのは，「ぱなし」が付加する動詞が，基本的には事象の終点を持つ達成動詞でなければならないということである．例えば，「読む」ならば，「本を読み終わる」という事象の終点を持つことで，状態放置読みが可能になっているのである．

(26) 拓哉は本を読みっぱなしだ．
  a. 行為継続読み：拓哉は本を読み続けている．
  b. 状態放置読み：拓哉は本を読んだが，片付けずに放置している．

以下の (27) のそれぞれの解釈からも明らかなように，(27b) の動詞は事象の終点となる「結果」を含意するので，状態放置読みが可能であるが，様態を含意しないために，行為継続読みが不可能なのである．[12] 対して，(27a) では，動詞が結果を含意しないため，状態放置読みが出来ないのである．

(27) a. 太郎は，次郎を殴りっぱなしだ． （行為継続／*状態放置）
  b. 太郎は，テレビを壊しっぱなしだ． （*行為継続／状態放置）

ここまでをまとめると，日本語においても，様態と結果を表す「殴る」と「壊す」に関して，上記の統語テストから，基本的には様態・結果の相補性仮説を支持するものと考えられる．それぞれの語根は，(28) に示すように，様態修飾要素，もしくは結果項として語彙化されているのである．

(28) a. [x ACT<hit> y]
  b. [[x ACT] CAUSE [y BECOME <broken>]]

しかしながら，日本語にも多義性を示す動詞が存在する．これは，様態・結果の相補性仮説に対して問題となりうる．次節では，本節で示した統語テ

---

[12] (27b) では，事象の繰り返しの解釈は可能である．つまり，複数のテレビがあり，次から次へと壊し続けるという意味は可能である．

ストを使用しながら，日本語の多義動詞の特徴を明らかにしていく．

4.2. 「塗る」の多義性

本節では，4.1 節で使用した統語テストを活用し，「塗る」という動詞の性質を明らかにする．

第 1 に，(29) に示すように，「塗る」は結果動詞と同じく，塗るための道具（もしくは，塗るために使えそうな道具）ならば，容認される．これは，結果動詞と同様に，様態に関して未指定であるからであると考えられる．

(29) 太郎は，{素手で／木刀で／ナイフで／足で／ペンキで} 壁を塗った．

第 2 に，(30) で文脈に矛盾が生じるかどうかである．前後の文脈に矛盾が生じることから，結果動詞と同じ振る舞いをすると考えられる．[13]

(30) #太郎は，壁をペンキで塗ったが，壁の色は変わらなかった．

第 3 に，(31) に示すように，結果を表す動詞と同様に，「塗る」から結果構文を作ることができる．これは，本来的に結果を含意した動詞であるということを示している（影山 (1996)，Washio (1997))．

(31) 太郎は，壁を真っ赤に塗った．

第 4 に，(32) に示すように，「かかる」と複合した場合には，結果動詞と同様に非文法的となる．

(32) *太郎は，ペンキで壁に塗りかかった．

最後に，「ぱなし」構文では，様態動詞や結果動詞とも異なり，容易に両方の解釈を得ることができる．これは，「塗る」が様態と結果の両方の意味を持つことができることを示している．

---

[13] 特殊な状況がない限り，この文脈には矛盾があると考えられる．特殊な状況とは，「経年変化で黒く汚れてしまった白壁を白いペンキで塗ったが，期待したほど白くはならなかった」といった文脈である．この意図ならば，前後の文脈の矛盾は解消される．この場合は，「当初の期待値に合わない」という解釈が容認性を上げていると考えられる．よって，これは語彙化された意味以外の文脈による影響であると考えられる．

(33) 太郎は，壁を塗りっぱなしだ．（行為継続／状態放置）

上記の「塗る」の統語テストの結果をまとめると，「塗る」は結果を語彙化している可能性が高いが，「ぱなし」構文の解釈からは，様態を語彙化している可能性もあるように考えられる．

この点に関連して，岸本 (2012) では，「塗る」を伴う壁塗り交替を考察している．壁塗り交替とは，(34) に見られる項の交替現象である．岸本 (2012) では，(34a) を主題目的語構文と呼び，(34b) を場所目的語構文と呼んでいる．また，主題目的語構文の成立条件としては，動詞が《移動》を表すことであり，場所目的語構文では，動詞が《状態変化》の意味を持つことであると提案している．

(34) a. ジョンは，赤いペンキを壁に塗った．（主題目的語構文）
　　 b. ジョンは，壁を赤いペンキで塗った．（場所目的語構文）

岸本 (2012) は，(34) の交替現象は，《移動》(X が Y を Z に移動させる：x causes y to move into/onto z) と《状態変化》(X が Z の状態変化を引き起こす：x causes z to change its state) の両方と整合的である意味を持つ動詞によって起きると提案している．さらに，複合動詞によって，「塗る」の意味の多義性を確認できるとしている．まず，《移動》を表す「付けた」を「塗る」と複合した場合は，(35a) の主題目的語構文のみが可能となり，《状態変化》を表す「つぶした」が複合した場合には，(36b) の場所目的語構文のみが可能となるのである．

(35) a. 　ジョンは，壁に赤い塗料を塗り付けた．
　　 b. *ジョンは，赤い塗料で壁を塗り付けた．

（岸本 (2012: 188)）

(36) a. *ジョンは，壁に赤い塗料を塗りつぶした．
　　 b. 　ジョンは，赤い塗料で壁を塗りつぶした．

（同上: 188）

これは，以下 (37) にまとめられているように，《移動》を意味する「付ける」や《状態変化》を意味する「つぶす」が「塗る」に複合する際に，意味の整合性から，それぞれ適切な意味を「塗る」から抽出するからである．

(37) a.　「塗る（移動／状態変化）」＋「付ける（移動）」
　　　　⇨「塗り付ける（移動/状態変化）」
　　　b.　「塗る（移動／状態変化）」＋「つぶす（状態変化）」
　　　　⇨「塗りつける（移動／状態変化）」

(同上: 188)

岸本 (2012) の壁塗り交替の分析を裏付けするさらなる証拠として，(38) の結果句の容認性があげられる．結果句は《状態変化》を表すのだが，(38a) の移動を表す主題目的語構文とは意味の整合性が保てないのである．[14]

(38) a.　＊太郎が花瓶にペンキを赤に塗った．
　　　b.　太郎が花瓶をペンキで赤に塗った．

以上のように，日本語の「塗る」という動詞には，多義性が観察される．この多義性を様態・結果の相補性仮説の観点からどのように捉えるべきであるか，次節で考察する．

4.3. 「塗る」の多義性と様態・結果の相補性仮説

　動詞の多義動詞の問題は，前節での「塗る」という日本語の語彙に特化した問題ではなく，様態・結果の相補性仮説に対して大きな問題となる可能性がある．Levin and Rappaport Hovav (2013) でも，*cut/climb* の多義性を取り上げている．

　まず，*cut* が結果動詞であることの証拠として，名詞 *cut*$_N$ が結果の解釈を持つことを指摘している（以下の例は，Levin and Rappaport Hovav (2013: 54) より抜粋）．

---

[14] Nakazawa (2012: 595) は，(i) の文法性に基づき，日本語の結果構文では，壁塗り交替が可能であるとしている．
　(i) a.　太郎が花瓶をペンキで赤く塗った．
　　　b.　太郎が花瓶にペンキを赤く塗った．
しかしながら，これらの例では，そもそも「赤く」が結果句かどうかという問題がある．この「赤く」は動作の様態を修飾する副詞的な表現であり，状態変化を表す真の結果句ではない可能性がある (cf. 加藤 (2007))．そうすると，《移動》か《状態変化》かといった問題ではなくなり，主題目的語構文でも場所目的語構文でも意味の整合性が保てるのである．

(39) a. break$_V$/a break$_N$, crack$_V$/a crack$_N$, split$_V$/a split$_N$
    b. (give it) a wipe, (give it) a kick, (go for) a walk/run

(39a) の結果動詞の名詞形は，結果の解釈を持つ．これに対して，(39b) の様態動詞の名詞形は，行為を表すが，その行為の結果は表さないのである．これと同様に，cut の名詞形も結果を表すことから，結果動詞であると考えられるのである．

一方で，cut が様態動詞としての特徴を示す場合があるとして，(40) の conative construction の容認性が取り上げられている．[15]

(40) a. Finally, she got the blade pulled out and started **cutting at** the tape on Alex ...　(www.authorhouse.com/BookStore/ItemDetail_bookid_28127.aspx)
    b. It had been a stupid act on her part, I thought to myself as I **cut at** the rope with my knife, aware that Sarnian Lady was sinking further ...　(www.etext.org/Fiction/Warlady/unzipped/warlady-2/2565-62)

(Levin and Rappaport Hovav (2013: 54))

Levin and Rappaport Hovav (2013) では，動詞の cut は基本的に結果動詞であるが，cut は，特定の道具（例：ナイフ，ハサミ）を特定の方法で使用することとの強い関連性があることで，様態の解釈も可能となる場合があると主張している．さらに，この関連性に基づき，結果の意味が欠落（drop out）した時にのみ，conative construction のような様態動詞としての振る舞いを示すと提案している．これをまとめると，以下の (41) となる．

(41) a. cut は，基本的に結果を語彙化し，かつ規範的な様態の意味を持つ．
    b. cut の結果の意味が欠落（drop out）した時にのみ，様態動詞とし

---

[15] conative construction は，以下の対比から明らかなように，様態動詞からのみ派生することができるとされている．
  (i) a. John hit at Mike.
      b. *John broke at the vase.

て語彙化される.[16]

この *cut* と対照的なのが，*climb* の多義性である（以下の (41) の例は，Levin and Rappaport Hovav (2013) より抜粋）．

(41) a. The plane/smoke climbed.
b. Kelly climbed down from the roof.

(41a) では，「飛行機/煙が上方へ上がっていった」という *climb* の方向性（様態・結果の相補性仮説では，方向性も結果として分類されている）が語彙化されているのに対して，(41b) では，*climb* の様態が語彙化されているというのである．Levin and Rappaport Hovav (2013) では，*climb* は，様態が基本的に語彙化されているが，同時に *climb* の表す様態に強い関連性のある方向の意味も語彙的に含んでいると考察している（詳しい議論は，Levin and Rappaport Hovav (2013) を参照）．以下に，彼らの主張をまとめる．

(42) a. *climb* は，基本的に様態を語彙化し，その様態と強い関連性を持つ方向（結果）の意味を持つ．
b. *climb* の様態の意味が欠落（drop out）した時にのみ，方向（結果動詞）として語彙化される．

彼らの多義性を示す *cut*/*climb* の分析に関しては，どのような語彙操作によって，動詞の LCS から結果や様態が欠落（drop out）するのか明らかではないという問題点も残っている．しかしながら，彼らの主張によると，これらの多義性を示す動詞も様態・結果の相補性仮説の反例とはならない．それは，それぞれの構文において，様態と結果のそれぞれが語彙化される場合があるが，その両方が同時に語彙化されることはないからである．

ここで，前節の「塗る」に関して考察することにする．岸本 (2012) は，

---

[16] Levin and Rappaport Hovav (2013) では，結果が欠落（drop out）するということが，どういった語彙操作なのか明らかにしていない．本章でもこの議論に立ち入ることはできないが，事象構造における視点の転換が密接に関係していると考えられる．岸本 (2011) では，ある特定の壁塗り構文の容認性には，解釈の強制（coercion）による視点の転換が関わっていると提案している（強制に関しては，Jackendoff (1997)，Pustejovsky (1995) を参照）．

「塗る」は《状態変化》と《移動》の両方の意味を持つと考えている．「塗る」の1つの意味が，《状態変化》だとすると，これは結果と考えてよいであろう．では，《移動》はどうだろうか．ここでの《移動》というのは，主語の行為者の移動ではなく，《行為者が塗料に働きかけ》→《塗料が壁に移動する》という意味である．つまり，「塗る」の《移動》の意味は，行為者の「塗る」という様態から副次的に生まれた塗料の移動であると考えられる．よって，「塗る」は様態と結果のそれぞれを語彙化する可能性があると考えられる．[17] ここで注目したいのは，(29) から (32) の例文である．これらの例文の文法性から，「塗る」は，結果動詞であることが基本であると考えられる．特に，(31) の本来的結果構文が認可されるということは，「塗る」は結果動詞であるという強い証拠となるのである．

　結果が語彙化された「塗る」が基本だとすると，問題になるのは，どのように様態の解釈を得るのかということである．まず，Levin and Rappaport Hovav (2013) の cut の議論のように，「塗る」には，塗られた結果状態をもたらすための道具（例：ペンキ，スプレー，ブラシ）と，その道具を使った行為（例：ブラシを左右に動かして，ペンキを壁の表面につける）への強い関連性があると考えられる．この「塗る」という動詞の道具や行為への強い関連性が，様態として語彙化される基盤となる．さらに，本章で取り上げた「塗る」が様態動詞となる場合は，複合動詞と主題目的語構文の場合である．これらの複合動詞や主題目的語構文では，適切な解釈を得るためには，様態動詞が必要となる．しかしながら，結果を語彙化している「塗る」では，解釈の破綻が起こってしまう．そこで，これらの構文や複合動詞では，解釈の破綻を回避するために強制 (coercion) により，「塗る」が様態の解釈を得ると考えられるのである (Pustejovsky (1995), Jackendoff (1997))．これをまとめると，以下の (43) となる．[18]

(43) a. 「塗る」は，基本的に結果を語彙化し，かつ結果（塗られた状態）をもたらす様態と強い関連性を持つ．

---

[17] 例文 (33) の「ばなし」構文の解釈の曖昧性からも，「塗る」が多義であることが観察される．

[18] Levin and Rappaport Hovav (2013) の cut/climb の多義性も強制という語彙規則によって説明できる可能性がある．これに関しては，今後の課題とする．

b. 「塗る」は，複合動詞や構文において，様態の解釈が強制された場合に，様態として語彙化される．

　これまでの議論を様態・結果の相補性仮説の観点から考察すると，日本語の「塗る」に関しても，本仮説の直接的な反例とはならないと考えられる．それは，Levin and Rappaport Hovav (2013) での *cut/climb* が本仮説の反例とはならないという議論と同様に，「塗る」の場合も結果が語彙化の基本となり，動詞が具現化される特定の環境（複合動詞や構文）によって，様態の意味が2次的に可能となると考えられるからである．また，「塗る」に関しても，結果と様態の両方の意味を同時に語彙化することはないと考えられるからである．

5. おわりに

　本章では，様態・結果の相補性仮説に対する特異な動詞類と多義性の問題などに焦点を当てた．まだ新しい仮説であるため，日本語での検証が進んでいないという現状がある．また，本章では十分に議論ができなかったが，名詞転換動詞や多義性の問題を様態・結果の相補性仮説の観点から検証するためには，語根自体のより精密な意味記述が必要となってくると考えられる．さらに，由本 (2005) において，モジュール形態論の枠組みで分析されている日本語の語彙的複合動詞（泣きはらす／たたきのめす／笑い飛ばす／突き倒す …）などを本仮説がどう扱うのか，今後の研究が待たれる．これらの問題に関しては，今後の研究課題としたい．

参考文献

Alexiadou, Artemis and Elena Anagnostopoulou (2013) "Manner vs. Result Complementarity in Verbal Alternations: A View from the Clear Alternation," *Proceedings of NELS* 42, 39–52.

Beavers, John and Andrew Koontz-Garboden (2012a) "Manner and Result in the Roots of Verbal Meaning," *Linguistic Inquiry* 43, 331–369.

Beavers, John and Andrew Koontz-Garboden (2012b) "Manner/Result Complementarity and the Limits of Event Structure," paper presented at CTF 2012,

Heinrich Heine University.

Clark, Eve V. and Herbert H. Clark (1979) "When Nouns Surface as Verbs," *Language* 55, 767-811.

Fillmore, Charles J. (1970) "The Grammar of *Hitting* and *Breaking*," *Reading in English Transformational Grammar*, ed. by Roderick A. Jacobs and Peter S. Rosenbaum, 120-133, Waltham, MA, Ginn.

Goldberg, Adele E. (1995) *Constructions: A Construction Grammar Approach to Argument Structure*, University of Chicago Press, Chicago.

Hay, Jennifer, Christopher Kennedy and Beth Levin (1999) "Scalar Structure Underlies Telicity in 'Degree Achievements'," *SALT* 9, 127-144.

Jackendoff, Ray (1990) *Semantic Structures*, MIT Press, Cambridge, MA.

Jackendoff, Ray (1997) *The Architecture of the Language Faculty*, MIT Press, Cambridge, MA.

影山太郎（1996）『動詞意味論―言語と意味の接点―』くろしお出版, 東京.

加藤鉱三（2007）「日本語結果述語は動作オプション表現である」『結果構文研究の新視点』, 小野尚之（編）, 217-248, ひつじ書房, 東京.

Kiparsky, Paul (1997) "Remarks on Denominal Verbs," *Complex Predicates*, ed. by Alex Alsina, Joan Bresnan and Peter Sells, 473-499, CSLI Publications, Stanford.

岸本秀樹（2011）「壁塗り構文と視点の転換」『日中理論　言語学の新展望1　統語構造』影山太郎・沈力（編）, 33-57, くろしお出版, 東京.

岸本秀樹（2012）「壁塗り交替」『ひつじ意味論講座第2巻　構文と意味』, 澤田治美（編）, 177-200, ひつじ書房, 東京.

Koontz-Garboden, Andrew and John Beavers (2009) "Questioning the Manner/Result Complementarity," paper presented at Semfest 10, Stanford University.

Levin, Beth (1993) *English Verb Classes and Alternations: A Preliminary Investigation*, University of Chicago Press, Chicago.

Levin Beth (2010) "What is the Best Grain-size for Defining Verb Classes?" paper presented at Conference on Word Classes: Nature, Typology, Computational Representations, Second TRIPLE International Conference, Università Roma Tre, Rome.

Levin, Beth (to appear) "Verb Classes within and across Languages," *Valency Classes: A Comparative Handbook*, ed. by Bernard Comrie and Andrej Malchukov, De Gruyter, Berlin.

Levin, Beth and Malka Rappaport Hovav (1995) *Unaccusativity: At the Syntax-Lexical Semantics Interface*, MIT Press, Cambridge, MA.

Levin, Beth and Malka Rappaport Hovav (2013) "Lexicalized Meaning and Manner/Result Complementarity," *Studies in the Composition and Decomposition of Event Predicates*, ed. by Boban Arsenijević, Berit Gehrke and Marín Rafael, 49-

70, Springer, Dordrecht.

Marantz, Alec (2007) "Restitutive Re- and the First Phase Syntax/Semantics of the VP," paper presented at the University of Maryland.

Marantz, Alec (2009) "Roots, Re-, and Affected Agents: Can Roots Pull the Agent under Little v," paper presented at Roots, Universitat Stuttgart, June 2009.

Mateu, Jaume and Victor AcedoMatellán (2012) "The Manner/Result Complementarity Revisited: A Syntactic Approach," *The End of Argument Structure?* vol. 38, *Syntax and Semantics,* ed. by María CristiaCuervo and Yves Roberge, 209-228, Bingley, Emerald.

Nakazawa, Tsuneko (2012) "On the Interpretation of Resultative Phrases in Japanese," *26th Pacific Asia Conference on Language, Information and Computation,* 592-601.

Namer, Fiammetta and Evelyne Jacquey (2013) "Word Formation Rules and the Genrative Lexicon: Representing Noun-to-Verb versus Verb-to-Noun Conversion in French," *Advances in Generative Lexicon Theory,* ed. by James Pustejovsky, Pierrette Bouillon, Hitoshi Ishihara, Kyoko Kanzaki and Chungmin Lee, 385-413, Springer, Dordrecht.

小野尚之 (2013)「様態・結果相補性の仮説と合成性」*Conference Handbook* 31, The 31st Conference of the English Linguistic Society of Japan, 207-212.

Pustejovsky, James (1995) *The Generative Lexicon*, MIT Press, Cambridge, MA.

Rappaport Hovav, Malka (2008) "Lexicalized Meaning and the Internal Structure of Events," *Theoretical and Crosslinguistic Approaches to the Semantics of Aspect*, ed. by Susan Rothstein, 13-42, John Benjamins, Amsterdam.

Rappaport Hovav, Malka and Beth Levin (1998) "Building Verb Meanings," *The Projection of Argument Structures: Lexical and Compositional Factors,* ed. by Miriam Butt and Geuter Wilhelm, 97-134, CSLI Publications, Stanford.

Rappaport Hovav, Malka and Beth Levin (2010) "Reflections on Manner/Result Complementarity," *Syntax, Lexical Semantics, and Event Structure*, ed. by Malka Rappaport Hovav, Edit Doron and Ivy Sichel, 21-38, Oxford University Press, Oxford.

臼杵岳 (2011)「「ぱなし構文」：語形成と意味のミスマッチ」*The Proceedings of KLS* 31, 180-191.

臼杵岳 (2013)「動詞の項構造拡張に関する一考察」『福岡大学研究部論集 A: 人文科学編』vol. 12 no. 4, 79-88.

Usuki, Takeshi and Kimi Akita (2013) "Fiction in an Encyclopedia: A Generative Lexicon Approach to Fictive Mimetic Resultatives in Japanese,"『言語学からの眺望 2013 福岡言語学会 40 周年記念論文集』, 福岡言語学会（編）, 308-321, 九州大学出版会, 福岡.

Washio, Ryuichi (1997) "Resultatives, Compositionality and Language Variation," *Journal of East Asian Linguistics* 6, 1-49.
由本陽子（2005）『複合動詞・派生動詞の意味と統語―モジュール形態論から見た日英語の動詞形成―』ひつじ書房，東京．

第 11 章

名詞転換動詞から見た様態・結果の相補性*

境　倫代

京都教育大学附属高等学校

1. はじめに

単一の非状態動詞は様態動詞と結果動詞に分類され，様態と結果という2つの意味概念を同時に語彙化するものはないとする議論がある．これを様態・結果相補性の仮説と呼び，Rappaport Hovav and Levin (2010)，Levin and Rappaport Hovav (2013) は (1) のように定義している．

(1) Manner/Result Complementarity: Manner and result meaning components are in complementary distribution: a verb lexicalizes only one.　　　　　(Levin and Rappaport Hovav (2013: 50))

様態動詞とは，ある行為を実行するうえでの様態を特定する動詞であり，一方，結果動詞とは，起こりうる結果状態を特定するものである．具体例は以下に示すとおりである．

---

* 本章は 2013 年 11 月 24 日に神戸市立外国語大学で開催された日本言語学会第 147 回大会ワークショップ（タイトル：語彙意味論の潮流：様態・結果の相補分布仮説とその先に見える世界）において行った口頭発表（タイトル：「手段」をあらわす動詞における様態・結果の解釈）をもとに大幅に加筆修正したものである．発表内容に対し多数の貴重なコメントを頂戴したことを心より感謝申し上げる．また，本章執筆にあたって，3 名の査読者の先生方から細部にわたって非常に有益で建設的なコメントをいただき，それらのコメントに基づき本章の記述を書き改めることができた．この場を借りて心よりお礼申し上げる．本章における不備・誤りはすべて筆者に帰するものである．

(2) a. Manner verbs: nibble, rub, scribble, sweep, flutter, laugh, run, swim ...
b. Result verbs: clean, cover, empty, fill, freeze, kill, melt, open, arrive, die, enter, faint ...

(Rappaport Hovav and Levin (2010: 21))

この様態・結果相補性の仮説をめぐっては，さまざまな議論がなされている（小野 (2013), Beavers and Koontz-Garboden (2012) など）．その中で Beavers and Koontz-Garboden (2012) は反例として guillotine のような殺害様態動詞をあげ，guillotine という動詞が用いられたときには，処刑の方法（様態）のみならず，処刑された人間が死に至ったという結果も含意していると主張している．その根拠として以下の例文を示している．(3a) は guillotine の目的語には必ず変化が生じていなければならないことを示しており，これは結果動詞の性質である．また，(3b) は，guillotine の主語には自然物が容認されないことを示しており，これは様態動詞の性質であると論じている．

(3) a. #The peasants guillotined the queen, but nothing is different about her.
b. #The heavy wind guillotined the queen (by releasing the blade).

(Beavers and Koontz-Garboden (2012: 349))

このような反例を出すことによって，Beavers and Koontz-Garboden は，(3) に示す動詞の語根 (root) は殺害の様態と結果 dead を同時に意味するものであり，様態・結果相補性の仮説にあてはまらない動詞が存在すると論じている．

しかしながら一方で，Beavers and Koontz-Garboden は純粋な様態動詞・結果動詞においてはこの仮説が主張する語彙化のパターンが当てはまると認めている．したがって，彼らの主張は，様態・結果相補性の仮説の反例を提示するだけにとどまり，その第 3 のグループとみなされる動詞と純粋な様態・結果動詞との関連や，どのようなプロセスでそのような 2 つの意味概念が同時に含意されるのかについては論じていない．

また，同じ殺害様態動詞であっても，次の例が示すように，必ずしも結果

状態が含意されているとは限らない．

(4) He poisoned her, but she was still alive.

この場合，poison は行為の手段すなわち様態のみを含意していると考えられる．一方，必ず結果の dead も意味されると Beavers and Koontz-Garboden が主張する guillotine の場合であっても様態は必ず含意される．これらのことを考えると，殺害様態動詞が担う主たる役割は殺害の様態を伝えることであり，dead という意味概念は何らかの理由で付随的に含意される要素ではないかという推測ができる．

このように，様態・結果相補性の仮説をめぐる議論を振り返ってみると，基本的なところでは，この仮説の妥当性は保たれているといえる．言い換えると，この仮説によってカバーできる純粋な様態動詞と結果動詞の存在は明らかであり，議論の焦点となるものは，Beavers and Koontz-Garboden (2012) が主張する殺害様態動詞等に見られる様態と結果を同時に意味する動詞の存在をどのように分析するかである．

ここで少し視点を変えてみると，殺害様態動詞と呼ばれるものには，guillotine, poison のように，殺害を目的とする道具や手段を表す名詞を基体とする名詞転換動詞が多く含まれる．他に，stab, garrote なども殺害に用いられる道具を表す名詞から転換して作られた動詞であり，様態だけでなくdead という結果を推測させる．このような，道具や手段を表す名詞から作られた名詞転換動詞という条件が，様態と結果を同時に意味する動詞の成立に何らかの影響を与えているのだろうか．

このような背景を踏まえて，本章では，様態・結果相補性の仮説についてその妥当性を踏まえたうえで，反例としてあげられている様態・結果を同時に含意するとみなされる動詞をこの仮説の枠組みの中で分析可能かどうかを探っていきたい．また，反例として名詞転換動詞があげられていることに注目し，名詞転換動詞の中で様態・結果という意味概念がどのように語彙化されているのかを生成語彙論（Pustejovsky (1995)）が提案するクオリア構造を用いて分析していくことにする．

本章の構成は次のとおりである．まず 2 節では，Rappaport Hovav and Levin (2010), Levin and Rappaport Hovav (2013) の主張する様態・結果相補性の仮説とそれをめぐる議論を概観する．続いて，3 節では，名詞転換動

詞の意味と用法について先行研究を概観する．そして，4 節では，手段や道具を表す名詞から作られた名詞転換動詞に関して，基体名詞の意味が動詞の中にどのように引き継がれていくのかを生成語彙論の枠組みの中で分析し，その上で，名詞転換動詞のクオリア構造の中で，様態と結果の意味がそれぞれどのように記載されているのか，それが，様態・結果相補性の仮説とどのように関わるのかを考察する．最後に 5 節はまとめである．

2. 様態・結果相補性の仮説とそれをめぐる議論とその問題点

2.1. 様態・結果相補性の仮説

　前節でも述べたように Rappaport Hovav and Levin (2010) ならびに Levin and Rappaport Hovav (2013) は，単一の非状態動詞の語根は，様態か結果かどちらか一方のみを語彙化し，両方を同時に語彙化することはないと主張している．彼らは，厳密に動詞によって与えられる語彙化された意味とその他の要素（動詞の項や文脈）から派生する意味を区別すべきであると主張し，前者を語彙化された意味，後者を推論される意味（語用論的意味）と呼ぶ．この「語彙化された意味」を Rappaport Hovav and Levin (2010) は (5) のように定義している．[1]

(5) In order to distinguish lexicalized meaning from inferences derived from particular uses of verbs in sentences, we take lexicalized meaning to be those components of meaning that are entailed in all uses of (a single sense of) a verb, regardless of context.

(Rappaport Hovav and Levin (2010: 23))

このような語彙化された意味を持つ語根（文脈に関係なく常に含意される動詞固有の意味）と事象スキーマ（事象タイプを表す構造的要素）が組み合わされることによって動詞の意味が表示される (Hale and Keyser (2002),

---

[1] 由本・影山 (2011: 186) では語彙的意味を次のように定義している．
(i) 語彙的意味とは，ある単語を聞いたときにその言語の話者なら誰もが認識するような定まった意味
(ii) 語用論的な意味とは単語が用いられる TPO（時，場所，場合・文脈）によって解釈が変動し，その場その場によって理解されるような意味．

Rappaport Hovav and Levin (1998) など). このとき語根の存在範疇 (ontological category) によって事象スキーマが決定する. その結果, 次のような意味表示がなされる.

(6) a. manner → [x ACT$_{<MANNER>}$] (*jog, run, creak, whistle* ...)
  b. instrument → [x ACT$_{<INSTRUMENT>}$]
    (*brush, chisel, saw, shovel* …)
  c. container → [x CAUSE [y BECOME AT $<CONTAINER>$]]
    (*bag, box, cage, crate, garage, pocket*…)
  d. internally caused state → [x $<STATE>$]
    (*bloom, blossom, decay, flower, rot, rust, sprout* ....)
  e. externally caused, i.e. result state
    → [[x ACT] CAUSE [y BECOME $<RESULT\text{-}STATE>$]]
    (*break, dry, harden, melt, open* ....)
              (Rappaport Hovav and Levin (2010: 24))

(6) で示されているように, 事象スキーマと語根の関係においては, 動詞の語根が意味述語 ACT を修飾する位置にある場合 (6a) (6b) と, 語根が意味述語 BECOME の項 (argument) に位置する場合 (6c) (6d) (6e) に分かれ, 前者の場合, 動詞は様態を語彙化し, 後者は結果の意味要素を語彙化していることになる. この結果, Rappaport Hovav and Levin (2010) は次の語彙化制約を導き出している.

(7) The lexicalization constraint: A root can only be associated with one primitive predicate in an event schema, as either an argument or a modifier.   (Rappaport Hovav and Levin (2010: 25))

さらに, 様態・結果相補性の仮説の妥当性を踏まえるならば, 語根と事象スキーマの関係に基づいて, 語根は次の (8a) のように様態, あるいは (8b) のように結果のどちらか一方のみを語彙化し, (8c) に示すように両方を語彙化する意味表示はありえないことになる.

(8) a. [x ACT$_{<ROOT>}$]
  b. [[x ACT] CAUSE [y BECOME$_{<ROOT>}$]]

c. *[[x ACT_{<ROOT>}] CAUSE [y BECOME_{<ROOT>}]]

しかし，Beavers and Koontz-Garboden (2012) は guillotine のような殺害様態動詞が様態だけでなく結果 dead も意味の中に含むと主張し，(8c) の意味構造が動詞の語彙意味として容認可能であると主張しようとしている．

2.2. 様態・結果を同時に含意する動詞の存在

1 節でも述べたように，本章では名詞転換動詞における様態・結果の相補性について議論することを目的としているが，ここでは，様態・結果相補性の仮説に対して，第 3 のグループの存在，すなわち，単一の動詞語根が様態・結果の両方を含意している場合があるとする議論についてもう少し触れておく．Beavers and Koontz-Garboden (2012) は，1 節でも取り上げた殺害様態動詞に加えて，(9) に示すような調理様態動詞 (manner-of-cooking verbs) や，(10) の二重目的語をとる弾道運動動詞 (ditransitive ballistic motion verbs) も，同様に様態と結果を同時に意味していると主張している．(9) は調理の仕方と食材の状態変化が含意され，(10) は投げるという様態と投げられた物の位置変化もしくは所有変化が含意されると主張している．

(9) a. Shane just braised the chicken.
  b. Shane just poached eggs.
  c. Shane just sautéed the onions.
              (cf. Beavers and Koontz-Garboden (2012: 351))
(10) a. John threw Sandy the ball again.
  b. John flipped Sandy the can again.
  c. John tossed Sandy the packet of peanuts again.
              (Beavers and Koontz-Garboden (2012: 362))

ここでこれらの動詞の分析に深く立ち入ることはできないが，(9) の調理様態動詞 braise, poach, sauté はいずれも調理の手段を表す動詞である．したがって，動詞は手段を表す様態動詞と捉えることができる．ただ，いずれも，その様態の中には「加熱する」という意味要素を含んでいる．さらに，動詞の項すなわち目的語である名詞はいずれも食材であり熱によって容易に変化

を起こすものである．このように，動詞の意味要素と動詞の項の性質から，結果状態を推論することは可能である．Beavers and Koontz-Garboden はこの推論可能な結果と動詞語根が表す様態を同列に動詞の語彙的意味とみなしているように思われる．次に (10) に関してであるが，反例としてあげてはいるものの，Beavers and Koontz-Garboden (2012) も自ら認めているように，目的語の位置変化や所有変化は動詞語根に起因するのではなく，二重目的語構文という構文そのものに起因する可能性があるのではないだろうか．さらに，throw 自身の持つ意味は次に示すとおり，「目的語で表される対象物に対して，弾道運動を引き起こす目的でその対象物に力を加えること」が語彙的な意味と考えられる．

(11) verbs of instantaneously causing ballistic motion (Gropen et al. (1989)) by imparting a force (Levin (1993: 147))

したがって，throw そのものには位置変化や所有変化が含意されているのではなく，やはり構文自体，あるいは，動詞の項と動詞の意味との相互作用により位置変化の解釈が可能になると考えられる．

次に，(3) や (4) で示されるような殺害様態動詞について，Beavers and Koontz-Garboden (2012) が主張するように，その語根が様態と結果を同時に語彙化しているのかどうかに着目して考えてみたい．彼らは，殺害様態動詞の語根が様態・結果を同時に語彙化しているとする根拠として次の例の中での again のスコープを取り上げ，(12) の hammer の場合，again は flat のみを修飾していると捉えることが可能だが，(13) の guillotine の場合，again は必ず guillotine と dead を同時にスコープに入れていなければならないことから，guillotine はその語根に 2 つの意味要素を含んでいると主張している．

(12) John hammered the metal flat again.
[[x ACT <hammering>] CAUSE [y BECOME <again(flat)>]]
(Beavers and Koontz-Garboden (2012: 357))
(13) John guillotined the zombie again.
Again [[x ACT <guillotining>] CAUSE [y BECOME <dead>]]
(cf. Beavers and Koontz-Garboden (2012: 359))

第11章　名詞転換動詞から見た様態・結果の相補性　　307

しかし，よく考えてみると，(14) (=(6b)) で示したように，guillotine は道具名詞から派生した名詞転換動詞であるので，本来，ACT の様態を表す修飾語として事象スキーマの中に組み込まれていなければならない．したがって，again のスコープの中に guillotine が入るのは当然のことであり，むしろ，BECOME 以下の結果状態が CAUSE 関数によって付加されている事象スキーマそのものが疑問である．

(14)　instrument → [x ACT$_{<INSTRUMENT>}$]
　　　(*brush, chisel, saw, shovel* ...)

(7) の語彙化制約を提案している Rappaport Hovav and Levin (1998, 2010) は事象スキーマとして (8c) を認めていないことになる．それに対して，Beavers and Koontz-Garboden (2012) は guillotine のような殺害様態動詞が結果動詞としての性質を持つことから，(13) の事象スキーマを妥当なものと考えているようだが，結果を含意することが直ちに (13) の事象スキーマにつながると判断するのは問題である．また，(4) で示したように，poison の場合には dead という結果状態はキャンセル可能である．このことから，道具を基体名詞とする殺害様態動詞であっても，必ずしも結果を含意するとは言い切れない．すなわち，その事象スキーマの中に必ず結果事象を持つとはいえないということである．このように考えると，道具を基体名詞とする殺害動詞であっても，個々の動詞に対して異なる事象スキーマを想定しなければならないということになる．果たして，このようなことが合理的といえるだろうか．このことは，つまり，殺害様態動詞のような動詞の意味を，語根と事象スキーマだけで表示することには限界があるということではないだろうか．

　ここまで様態・結果相補性の仮説とそれをめぐる議論を概観し，その問題点を指摘してきたが，Beavers and Koontz-Garboden (2012) が様態・結果相補性の仮説の反例としている動詞には，ある目的を実現するための「手段」を表すものが多いこと，もっと言えば，手段として用いられる「道具」を元にする名詞転換動詞が多く見られることに気がつく．次節以降では，この「手段」「道具」を表す名詞転換動詞に焦点を当て，様態・結果の相補性について議論する．

3. 名詞転換動詞の意味と用法

3.1. 代表的な名詞転換動詞

様態・結果相補性の仮説と名詞転換動詞との関係を議論する前に，名詞転換動詞について，先行研究に沿ってその基本的事項を確認しておきたい．

英語には次の例に見られるように，名詞がそのままの形で動詞として用いられるという現象が多く見られる．(15a) は「ブランケットをかける」，(15b) は「犬小屋に入れる」，(15c) は「自転車に乗っていく」の意味を表している．

 (15) a. Jane blanketed the bed. (Clark and Clark (1979: 769))
    b. Kenneth kenneled the dog. (Clark and Clark (1979: 772))
    c. John bicycled into town. (Clark and Clark (1979: 776))

このように名詞が転換（conversion）によって動詞を作るという語形成については，非常に生産性が高く，さまざまな名詞から動詞が作られる．基体になる名詞が動詞の意味の中でどのような役割を果たし，動詞自体がどのような意味を表すかについては多くの研究がなされてきた（Wojcik (1976), Clark and Clark (1979), Kageyama (1997), 影山・由本 (1997), 影山 (1999), Hale and Keyser (2002), 伊藤・杉岡 (2002), Harley (2005), 由本・影山 (2011), 由本 (2011) など）．

Clark and Clark (1979) は基体となる名詞に基づいて名詞転換動詞を詳細に分類しているが，その主なものは以下のとおりである．

 (16) a. Locatum verbs［元の名詞（対象物）が目的語（場所）に付加される］
     blanket the bed, butter the bread, roof the house, saddle the horse, salt the food, paper the wall, dress the boy など
    b. Location verbs［元の名詞（場所）に目的語（対象物）を置く］
     beach the boats, shelve the books, jail the prisoners, cellar the wine, box the apples, coffer the jewels など
    c. Agent verbs［目的語に対して元の名詞（動作主）のように振る舞う］

jockey the horse, referee the game, nurse the patient, butcher the cow, mother the child, fox the people など
  d. Goal and source verbs［元の名詞（結果）の状態にする—他動詞の場合目的語が source になる］
   powder the aspirin, fool the man, swarm the bees, loop the rope, knot the string, cash the check, copy the paper など
  e. Instrument verbs［元の名詞（道具）を使って目的語に働きかける］
   nail a notice on the wall, mop the floor, hammer the nail into the board, knife the man, dynamite the building など

このように多岐にわたる名詞転換動詞と基体名詞との意味関係はどのように一般化あるいは定式化できるのだろうか.

3.2. 名詞転換動詞の意味の成り立ち
3.2.1. 語用論的解釈

Clark and Clark (1979) は (16) に示した名詞転換動詞を提示するに当たって，名詞転換動詞の解釈は，基体となる名詞に関して話者と聞き手が共有しているその語に特有の情報や世界知識，あるいは文脈などに依存して決定されると主張している．すなわち，語用論的な要素から解釈が導き出されるということである．たとえば，(15b) は犬専用の小屋を表す名詞であるという世界知識を話者と聞き手が共有していることから「犬を犬小屋に入れる」という解釈が導き出され，(15c) は移動のための道具を表す名詞であることを両者が相互に理解していることから，「自転車に乗って移動する」という解釈が出てくる.

3.2.2. 統語的分析

Hale and Keyser (2002), Haugen (2009), Mateu (2012) などは名詞転換動詞の成り立ちに統語的な分析を与えている．彼らによれば, saddle や shelve などの名詞転換動詞は, 語彙的統語構造 (l-syntax) の中で, 名詞語根 (nominal root) が V に編入 (incorporate) されることによって名づけられる

と主張している。[2] (17) では，名詞語根である shelf /saddle が P の位置 (abstract preposition) を経由して V に編入されて location/locatum verbs となる。

(17)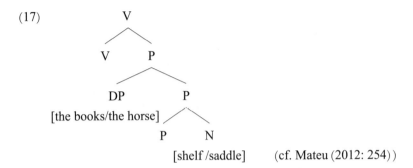

(cf. Mateu (2012: 254))

しかしながら，Kiparsky (1997) が指摘するように，このような統語的分析だけでは (18) (19) の例のような名詞転換動詞がなぜ容認されないのかを十分に説明できない。

(18) a. I put some fertilizer on the bush.
　　 b. #I bushed the fertilizer.
(19) a. I put a coat of paint on the house.
　　 b. #I housed a coat of paint.

(Kiparsky (1997: 481))

これは bush と fertilizer, house と a coat of paint の間に意味のある関係が不足していることに原因があると推測される。したがって，名詞転換動詞の語形成には意味に関する分析が必要である。この点について，Kiparsky (1997) も (20) のように同様の主張をしている。この中で Kiparsky が基体名詞の canonical use と表しているものは世界知識の中に含まれるものである。

---

[2] Hale and Keyser はこの操作（語根の V への編入）を表すのに conflation という用語を用いている。

(20) If an action is named after a thing, it would involve a canonical use of the thing.   (Kiparsky (1997: 482))

さらに，Hale and Keyser (2002) などの統語的分析に関してもう 1 つ問題なのは，扱われている名詞転換動詞の基体名詞が場所 (location) と対象物 (locatum) の場合だけで，(21) のような手段・道具を表す場合について議論されていない点である．

(21) a.　John hammered the metal.
　　 b.　Sue brushed the dog.
(22) a.　With a hammer, John hit the metal.
　　 b.　Sue stroked the dog with a brush.

(Harley (2005: 60))

このような手段・道具をあらわす名詞転換動詞の場合，(22) のように書き換えられることから，手段・道具を表す名詞の語根は意味構造の中では動詞の項ではなく様態を表す付加詞として挿入されていることがわかる．

3.2.3. 語彙概念構造（LCS）を用いた分析

　統語的分析だけでは捉らえきれない名詞転換動詞の成り立ちや多岐にわたる意味を Kageyama (1997)，影山 (1999)，伊藤・杉岡 (2002) は語彙概念構造（LCS）で的確に捉えている．LCS は，限られた数の意味述語とそれが取る項から構成され，外界の出来事を認識し動詞として言語化する際の式型（スキーマ）になると影山 (1999: 64) は論じている．したがって，この場合，2.1 節で議論した事象スキーマと同じ内容を表すものと考えられる．この LCS の中に基体名詞を挿入することで名詞転換動詞の意味を定式化したものを Kageyama (1997)，伊藤・杉岡 (2002) が提案している．彼らの示す LCS を，(6) で示したような Rappaport Hovav and Levin (1998, 2010) の事象スキーマに基づいて表記すると次のようになる．

(23) a.　Locatum verbs　NOUN = 付加対象
　　　　 [[x ACT-ON y] CAUSE [y BECOME WITH <***NOUN***>]]
　　 b.　Location verbs　NOUN = 場所
　　　　 [[x ACT-ON y] CAUSE [y BECOME AT <***NOUN***>]]

c. Goal and source verbs   NOUN = 結果
      [[x ACT-ON y] CAUSE [y BECOME AT <$_{STATE}$ **NOUN**>]]
   d. Agentive verbs   NOUN = 様態（動作主）
      [x ACT(-ON y) LIKE <**NOUN**>]
   e. Instrument verbs   NOUN = 手段・道具
      [x ACT-ON y BY-MEANS-OF <**NOUN**>]

　LCSを用いた意味表示を用いることによって，名詞転換動詞の語彙的意味のもう1つの側面が見えてくる．それは，本章が目標とする分析と直接関係する，様態・結果の相補性との関わりである．(23a) (23b) (23c) のLCSには，ACTで表される事象だけでなく，BECOMEで表される結果事象が含まれている．このことは，y項で表される事物に変化が起こり何らかの結果状態に至ったということを表す．したがって，付加対象物，場所，結果状態を表す名詞から作られた名詞転換動詞は結果を語彙化していると分析できる．

　次に，(23d) の動作主を基体名詞とする名詞転換動詞と (23e) の手段・道具を基体名詞とする名詞転換動詞のLCSを考えてみたい．(23) の他の動詞のLCSと明らかに違って，これらの動詞はBECOME関数で表される結果事象を持たない，ACTのみで表される動詞である．ただし，動作主の場合にはLIKE <NOUN>，手段・道具の場合にはBY-MEANS-OF <NOUN> というように項ではなくACTに対する修飾語（modifier）がLCSの中に組み込まれている．したがって，LCSで見る限り，動作主や道具を基体名詞とする名詞転換動詞は様態動詞と考えられる．しかしながら，すでに1節，2節で取り上げたように，様態・結果の相補性をめぐる議論の中には，様態と結果を同時に語彙化する動詞の存在を主張するものがあり，その中には次の例が示すように，手段・道具からの名詞転換動詞が含まれている．

   (24) a. The peasants guillotined the queen.
        b. The witch poisoned Snow White.
        c. They dynamited the house.

(24) に含まれる動詞も明らかに手段・道具を基体とする名詞転換動詞である．したがって，(23e) のLCSあるいは (6b) の事象スキーマを適用して

第 11 章　名詞転換動詞から見た様態・結果の相補性　　313

よいはずである．このことから (24) の動詞も LCS に BECOME 関数を持っていないといえることになる．しかし，Beavers and Koontz-Garboden (2012) はあえて次の事象スキーマを主張し，guillotine の事象スキーマには BECOME 関数が含まれると主張している．

(25)　John guillotined the zombie again.
　　　Again [[x ACT<guillotining>] CAUSE [y BECOME <dead>]]
　　　　　　　　　　　(cf. Beavers and Koontz-Garboden (2012: 359))

(25) を認めるということは，言い換えると (8c) の成立を認めることになる．なぜそういえるのか，また，次の hammer のような様態のみを語彙化している道具名詞転換動詞と何が異なるのか．

(26)　hammer → [x ACT$_{<hammering>}$]

このような点について，LCS や事象スキーマだけではその違いが見えてこない．そこで，次節では語彙の百科事典的な情報を取り込んだクオリア構造を含む意味表示を用いて考えていきたい．その中で，名詞転換動詞の成り立ちや，名詞から動詞への意味の引き継ぎがどのようなメカニズムを通して行われるのかを議論していくことにする．

4.　クオリア構造を用いた分析

4.1.　道具名詞転換動詞の様態の意味と結果の意味

　一言で道具を基体名詞とする名詞転換動詞といっても幅広い．代表的なものを挙げると次のとおりである．

(27)　移動 ski, skate, ship／固定 staple, screw, chain／清掃 rake, sponge／打撃 bat, bottle／切断 knife, ax／破壊 bomb, gas／捕獲 trap, net／演奏 fiddle, trumpet／その他 fork, chopstick など
　　　　　　　　　　　　　　　　　　　（由本・影山 (2011: 183) より）

ここで，道具を表す名詞転換動詞の事象スキーマと LCS をもう 1 度確認しておくことにする．

(28) a. [x ACT<INSTRUMENT>]

(Rappaport Hovav and Levin (2010: 24))

b. [x ACT-ON y BY-MEANS-OF < ***NOUN***>]

(cf. 伊藤・杉岡 (2002: 56))

(28) の事象スキーマあるいは LCS から読み取れることは「基体名詞で表される道具を用いて働きかける」ということである．また，Levin (1993) は道具動詞について次のように記述している．

(29) instrumental verbs: ... these verbs in their most basic meaning probably refer to using the instrument they take their name from in a conventional way. (Levin (1993: 123))

これらの記述からも明らかなように，道具を表す名詞転換動詞は「道具を使用する」ということがもっとも中心的な意味と言える．したがって，これが道具を表す名詞転換動詞の本来の意味と考えられる．しかし，通常，我々は「その道具を使うことによって起こりうると推論される結果事象」までも含めて，道具を表す名詞転換動詞の意味だと解釈することが多い．由本・影山 (2011) は，名詞転換動詞の意味の仕組みを考える際には，このような語用論的意味と語彙的意味の区別が重要だと述べている．

さて，ここで，話を様態・結果の相補性に戻そう．(28) (29) に基づくと，道具を表す名詞転換動詞は様態動詞であるといえる．[3] ところが，Beavers and Koontz-Garboden (2012) が様態・結果を同時に語彙化している動詞として挙げているものの中には，guillotine, poison などの道具を表す名詞転換動詞が含まれる．そこで考えられることだが，彼らが主張する殺害様態動詞の「結果」の部分とは，上で述べた「道具を使うことによって起こりうると推論される結果事象」に当たる部分なのではないだろうか．実際に，これら

---

[3] 伊藤・杉岡 (2002) では道具から派生した名詞転換動詞が異なる LCS を持つと分析される例が挙げられている．これは基体名詞の表すもの（次の例の場合 chain）が locatum（付加対象物）としての役割を果たしていると考えられる場合である．

(i) chain: [[x ACT-ON y] CAUSE [BECOME [y BE AT [WITH CHAIN]]]]

本章では，基体となる道具名詞が instrument（道具・手段）としての役割を果たしているものを分析対象とし，(i) のタイプのものについては扱わないものとする．

の動詞は，(28a)(28b)が示すように，語根が表す意味すなわち語彙的意味は様態に類別されるが，Beavers and Koontz-Garboden (2012) が指摘しているように，いくつかの点で結果動詞と同様の振る舞いをする．例えば，(30) の道具名詞転換動詞は，様態を表している一方で，容認度の低さを表す#の記号が示すように，通常取り消しができないという結果動詞特有の性質を持つ．

(30) a. #The peasants guillotined the queen, but she did not die.
b. #The army bombed the town, but it was not damaged.

したがって，道具を表す名詞転換動詞の場合，様態動詞ではあるけれど，単純に様態のみを語彙化している純粋な様態動詞と同列に扱うわけにはいかないといえる．ここでいう純粋な様態動詞とは，結果を含意しない様態動詞のことである．このような観点から道具名詞転換動詞を見てみると，様態動詞の中には，純粋な様態動詞とは言い切れないグループが存在するという視点も必要である．

4.2. 道具名詞から名詞転換動詞への意味の引き継ぎと目的・機能の役割

次に，「道具を使うことによって起こりうると推論される結果事象」について考えてみたい．道具には，本来の目的・機能が備わっている．したがって，道具を使うことによって，「そのような目的が達成される」あるいは「機能が果たされる」と考えることが推論される意味といえる．また，このような目的・機能は道具名詞が動詞に転換される時，動詞の意味に大きく関わっている．例えば，mop の目的・機能は「掃除をする」であり，動詞に転換したときには「モップを使って掃除をする」の意味を表す．

本章では，このような道具名詞から転換動詞への意味の引き継ぎを記述する仕組みとしてクオリア構造が有効であると考える．事実，すでに，クオリア構造を有効に活用して名詞から動詞への意味の引き継ぎを説明している分析がある．

由本・影山 (2011) は，クオリア構造と動詞の行為連鎖を併用して名詞から名詞転換動詞への意味の引き継ぎを次のように説明している．

(31) a. The enemy bombed the village. (村を爆撃する)

b. 名詞 bomb のクオリア構造
《目的・機能》それを用いて，対象物を破壊する．
c. 〈x が BOMB で y に働きかけ〉 → 〈y が変化〉 → 〈y が破壊状態〉　x = the enemy　y = the village

(由本・影山 (2011: 202))

この分析では，クオリア構造の目的役割の値として《目的・機能》を書き込み，この情報が行為連鎖の型を決定付けることになる．この場合，bomb の目的・機能が「破壊する」であるため，bomb の使用の結果，y が破壊された状態になることが推論可能である．そのため (31c) の行為連鎖が作り出される．

由本 (2011) は，(32a) に示すように，道具名詞の目的役割を動詞概念として捉え LCS で表記し，その LCS に，基体名詞としての道具を定項として代入してできた LCS (32b) がその道具名詞転換動詞の意味を表していると分析している．

(32) a. microwave (oven) のクオリア構造
$$\begin{bmatrix} 形式役割: & 人工物 \& 調理器具 (z) \\ 目的役割: & 食品 (y) を加熱する \\ & [[x\ ACT\ ON\ y]\ CAUSE\ [y\ BECOME\ [BE\ [AT\ HOT]]]] \\ & WITH\ z \end{bmatrix}$$

↓

$$\begin{bmatrix} b. & [x\ ACT\ ON\ y]\ CAUSE\ [y\ BECOME\ [BE\ [AT\ HOT]]] \\ & WITH\ MICROWAVE \end{bmatrix}$$

(由本 (2011: 133))

このように，人工物を元の名詞とする名詞転換動詞には元の名詞の目的役割が引き継がれることを，(31) では行為連鎖を使って，(32) では LCS を使って明快に分析している．

ここで1つ気になる点がある．それは，(31) (32) において，道具名詞の目的役割を引き継いだ結果，作られた名詞転換動詞が様態動詞としてのステータスを保持しているのかどうかという点である．(31c) の行為連鎖の場合，〈x が BOMB で y に働きかけ〉までが語彙的意味であり，それ以後の連

鎖は推論可能な意味として捉えるのであれば，bomb の「結果含意のない」様態動詞としてのステータスは保たれるといえるかもしれない．しかし，行為連鎖で表される意味構造を，そのように，ここまでが語彙的意味で，ここからは推論可能な意味でというように切り分けてよいという客観的な根拠はない．したがって，(31) では，道具を基体とする名詞転換動詞の語彙的意味と推論可能な意味の区別が捉えにくい表記となっている．(32b) については，もしこの LCS が microwave という名詞転換動詞の LCS であるとしたら，microwave は様態動詞ではなく，結果動詞ということになる．もし，そうであるならば，目的役割の動詞概念が結果状態を含むものである場合，それを継承した名詞転換動詞も結果状態を語彙化する結果動詞となる．しかし，本章では，道具名詞から転換してできた動詞は，(28) の意味表示で表されるように様態動詞であるという立場をとりたい．その立場に立った上で，道具名詞の目的役割が名詞転換動詞に継承された結果生じてくると推論される結果状態を記述するためには，(32) のような意味表記の趣旨は活かしつつ，それとは異なる記述の仕組みを考えなければならない．この仕組みについては次節で議論する．

4.3. 道具名詞から名詞転換動詞への意味の引き継ぎとクオリア構造

ここでは，クオリア構造を用いて，道具名詞の目的役割が名詞転換動詞へどのように継承されるか，そしてその結果，名詞転換動詞の意味表示の中で，様態動詞としての語彙的意味と，結果状態を含む推論可能な意味をどのように記述することが可能かを探っていきたい．なお，本章では，クオリア構造の表記方法に関して，名詞は Pustejovsky (1995) に基づくものとし，動詞の表記に関しては (33) の表記を用いる (Sakai (2009))．これは，Pustejovsky が動詞に対して用いている表記に概ね従っているが，構成役割（CONSTITUTIVE）には動詞 α で表される行為の中に必ず含まれる要素を書き込むことにする．そのほかの点では，主体役割（AGENTIVE）には動詞 α の行為そのものを値として書き込み，形式役割（FORMAL）には主体役割の結果として引き起こされる事象を値として記載する．[4] 目的役割（TELIC）には

---

[4] 主体役割と形式役割の関係は，原因と結果の関係に相当する．これは Pustejovsky (1995) に基づいている．

動詞 α で表される行為(動詞概念)の目的や機能を書き込むというように,Pustejovsky の手法に倣っている.

(33) 動詞 a のクオリア構造

$$\begin{bmatrix} \text{QUALIA}= \begin{bmatrix} \text{CONSTITUTIVE} = \text{action involved in } a \\ \qquad\qquad\qquad\quad \text{as an internal component} \\ \text{FORMAL} = \text{result state or action of } a \\ \text{TELIC} = \text{purpose or typical action of } a \\ \text{AGENTIVE} = a \end{bmatrix} \end{bmatrix}$$

また,基体名詞から名詞転換動詞への意味の引き継ぎに関して次の2点を規定しておく.

(34) a. 元になる名詞が人工物である場合,名詞の目的役割(TELIC)の値は名詞転換動詞の目的役割の値として引き継がれる.
   b. 元になる名詞はシャドウ項(shadow argument)として名詞転換動詞の項構造の中に表示される.[5]

次に,具体例を見ていくことにする.ここでは,手段・道具を表す名詞転換動詞 hammer と dynamite のクオリア構造を考えてみる.

(35) hammer $_N$

$$\begin{bmatrix} \text{ARGSTR}= \begin{bmatrix} \text{ARG} \qquad = x: \text{artifact (tool)} \\ \text{D-ARG1} = y: \text{animate\_individual (agent)} \\ \text{D-ARG2} = z: \text{physical\_object (patient)} \end{bmatrix} \\ \text{QUALIA}= \; [\text{TELIC} = \text{hit } (e_1, y, z)] \end{bmatrix}$$

(35)は道具名詞 hammer のクオリア構造である.ARG は人工物である hammer 自体であり,D-ARG1 は動作主,D-ARG2 は対象物を表している.この(35)を基体として作られた名詞転換動詞をクオリア構造で表示したものが(36)である.まず,道具 hammer が項構造のシャドウ項として書き込まれる.次に名詞 hammer の目的役割が動詞 hammer の目的役割として引

---

[5] Namer and Jacquey (2013) も N-to-V への転換の中で,基体となる名詞は動詞のクオリア構造の中ではシャドウ項になると主張している.

第 11 章　名詞転換動詞から見た様態・結果の相補性　　319

き継がれる．動詞 hammer の行為の中では，必ず hammer が使われるので，構成役割として書き込むことにする．こうしてできた (36) の動詞 hammer の意味は「動作主が対象物をたたくという目的でハンマーを使って対象物に働きかける」となる．このとき，(36) の構造の中には結果状態が含まれないので，hammer は純粋な様態動詞といえる．

(36)　hammer $_V$

$$
\begin{bmatrix}
\text{ARGSTR=} \begin{bmatrix} \text{S-ARG} = x: \text{artifact (tool)} = \text{hammer} \\ \quad [\text{TELIC} = \text{hit}(e_1, y, z)] \\ \text{ARG1} = y: \text{animate\_individual (agent)} \\ \text{ARG2} = z: \text{physical\_object (patient)} \end{bmatrix} \\
\text{EVENTSTR=} [E1 = e_1: \text{process}] \\
\text{QUALIA=} \begin{bmatrix} \text{CONSTITUTIVE} = \text{use}(e_1, y, x) \\ \text{TELIC} = \text{hit}(e_1, y, z) \\ \text{AGENTIVE} = \text{hammer\_with\_act}(e_1, y, z, x) \end{bmatrix}
\end{bmatrix}
$$

次に dynamite の場合を考えてみる．項構造については，hammer の場合と同様である．ところが，クオリア構造の目的役割が hammer とは大きく異なる．dynamite の目的役割は対象物を破壊することである．したがって，目的が達成された場合には，対象物に変化が生じることが明らかである．そして，この目的達成時に生じる対象物の状態変化が，本章でここまで議論してきた様態動詞による結果の含意につながるものであると考えられる．

このような道具名詞の目的役割をクオリア構造の中でどのように表記すればよいのかについて，Namer and Jacquey (2013) は興味深い提案をしている．彼らは道具名詞の目的・機能が状態変化をもたらす動詞概念として捉えることができる場合，その目的・機能を名詞の目的役割の中に主体役割と形式役割の値として書き込むことを提案している．この表記方法に基づいて，排水溝を意味する名詞 drain の目的役割を表したものが (37) である．

(37)　drain $_N$

$$
\begin{bmatrix}
\text{QUALIA=} \begin{bmatrix} \text{TELIC} \begin{bmatrix} \text{transition\_lcp} \\ \text{FORM} \quad \text{drained\_off\_state} \\ \text{AG} \qquad \text{draining\_off\_act\_with\_drain} \end{bmatrix} \end{bmatrix}
\end{bmatrix}
$$

(cf. Namer and Jacquey (2013: 400))

この表記法を用いて dynamite のクオリア構造を考えてみたい．名詞 dynamite の場合，対象物が破壊された結果状態も目的の中には含まれていると考えられる．これを表示するために，(38) では目的役割の中に主体役割の値として break，形式役割の値として broken を設定することにする．

(38) dynamite $_N$

$$\begin{bmatrix} \text{ARGSTR}= \begin{bmatrix} \text{ARG} & = \text{x: artifact} \\ \text{D-ARG1} & = \text{y: animate\_individual (agent)} \\ \text{D-ARG2} & = \text{z: physical\_object (patient)} \end{bmatrix} \\ \text{QUALIA}= \begin{bmatrix} \text{TELIC}= \begin{bmatrix} \text{FORMAL} = \text{broken\_result } (e_2, z) \\ \text{AGENTIVE} = \text{break\_act } (e_1, y, z) \end{bmatrix} \end{bmatrix} \end{bmatrix}$$

このように表記した名詞 dynamite から動詞 dynamite への転換を記述したものが (39) である．

(39) dynamite $_V$

$$\begin{bmatrix} \text{ARGSTR}= \begin{bmatrix} \text{S-ARG} = \begin{bmatrix} \text{x: artifact} = \text{dynamite} \\ \text{TELIC} = \begin{bmatrix} \text{FORMAL} \\ \quad = \text{broken\_result } (e_2, z) \\ \text{AGENTIVE} \\ \quad = \text{break\_act } (e_1, y, z) \end{bmatrix} \end{bmatrix} \\ \text{ARG1} = \text{y: animate\_individual (agent)} \\ \text{ARG2} = \text{z: physical\_object (patient)} \end{bmatrix} \\ \text{EVENTSTR}= \begin{bmatrix} \text{E1} = e_1\text{: process} \\ \text{E2} = e_2\text{: state} \end{bmatrix} \\ \text{QUALIA}= \begin{bmatrix} \text{FORMAL} = \text{dynamited\_result } (e_2, \diamondsuit[\text{TELIC}]) \\ \text{CONSTITUTIVE} = \text{use } (e_1, y, x) \\ \text{TELIC}= \begin{bmatrix} \text{FORMAL} = \text{broken\_result } (e_2, z) \\ \text{AGENTIVE} = \text{break\_act } (e_1, y, z) \end{bmatrix} \\ \text{AGENTIVE} = \text{dynamite\_with\_act } (e_1, y, z, x) \end{bmatrix} \end{bmatrix}$$

(39) では，名詞 dynamite がシャドウ項として動詞 dynamite の項構造に挿入され，名詞 dynamite の目的役割がそのまま動詞 dynamite のクオリア構

造の目的役割として取り込まれる．この目的役割が結果状態をも含んでいるので，動詞 dynamite のクオリア構造の中には結果状態が取り込まれたことになり，これが起こりうると推論される結果の意味を生み出す原因となる．そして，この目的役割の結果状態を動詞 dynamite の推論可能な意味として表示するために，本章では，Pustejovsky (1995: 223) に倣って dynamite の形式役割の中に ◇[TELIC] という値を書き込むことにする．これは主体役割で表される行為の結果，項の目的役割で示される目的が達成される可能性があるということを表記するものである．[6] このとき，dynamite の形式役割の値はあくまでも dynamited としている．これは「壊れた」ではなく，「ダイナマイトが用いられた」ということを表し，「壊れた」という結果状態はあくまでも目的役割が達成されたことから含意される意味であることを示すためである．

　以上の説明をまとめると，動詞 hammer の場合，「対象物に対してハンマーを使って働きかける」という様態は主体役割の値としてクオリア構造に書き込まれ，名詞から引き継いだ「たたく」という目的は目的役割の値としてクオリア構造に書き込まれている．この場合，目的役割には結果の値が含まれないので，動詞 hammer はあくまでも様態を意味し，結果の含意は出てこない．

　これに対して，動詞 dynamite の場合，「対象物に対してダイナマイトを使って働きかける」という様態が dynamite_with という値で主体役割に書き込まれる．一方で，名詞から引き継いだ「破壊する」という目的は状態変化を意味することから，目的役割の中に主体役割（原因）と形式役割（結果）の値として書き込まれている．そして，この目的が達成された場合の結果状態が動詞 dynamite のクオリア構造の形式役割の中に，◇[TELIC] として書き込まれることになる．したがって，動詞 dynamite によって含意される結果状態は目的役割に書き込まれた結果の値が dynamite の形式役割に反映したものとして書き込まれたことになる．道具を基体名詞とする名詞転換動詞の場合，この点が break のような純粋な結果動詞と大きく異なる点である．

---

[6] Pustejovsky (1995: 222) は，動詞の項が持つ目的役割が達成される可能性を表記する仕組みとして，動詞の形式役割の中に ◇[TELIC] という値を書き込むことを提案している．本章もそれに基づいている．

(40) で示すように，break の場合には，原因と結果の値が，目的役割を経由することなく，直接，原因は主体役割の値として，結果は形式役割の値として書き込まれるからである．

(40) break
$$\left[\text{QUALIA}= \begin{bmatrix} \text{FORMAL} & = \text{broken\_result}\,(e_2, y) \\ \text{AGENTIVE} & = \text{break\_act}\,(e_1, x, y) \end{bmatrix}\right]$$

(cf. Pustejovsky (1995: 80))

このように結果の値がクオリア構造の中でどのように指定されているかを考えることによって，道具を基体とする名詞転換動詞のような，様態動詞だけれど結果状態も含意しうる動詞と本来の結果動詞との違いを明らかにすることができる．

4.4. 殺害様態動詞の場合

Beavers and Koontz-Garboden (2012) が様態・結果を同時に語彙化すると主張する殺害様態動詞にも同様の分析が当てはまる．(41) に示す guillotine の例を見てみよう．

(41) guillotine v
$$\begin{bmatrix} \text{ARGSTR}= & \begin{bmatrix} \text{S-ARG} = \begin{bmatrix} x\text{: artifact} = \text{guillotine} \\ \text{TELIC} = \begin{bmatrix} \text{FORMAL} \\ \quad = \text{dead\_result}\,(e_2, z) \\ \text{AGENTIVE} \\ \quad = \text{kill\_act}\,(e_1, y, z) \end{bmatrix} \end{bmatrix} \\ \text{ARG1} = y\text{: individual} \\ \text{ARG2} = z\text{: animate\_individual} \end{bmatrix} \\ \text{EVENTSTR}= \begin{bmatrix} \text{E1} = e_1\text{: process} \\ \text{E2} = e_2\text{: state} \end{bmatrix} \\ \text{QUALIA}= \begin{bmatrix} \text{FORMAL} = \text{guillotined\_result}\,(e_2, \Diamond[\text{TELIC}]) \\ \text{CONSTITUTIVE} = \text{use}\,(e_1, y, x) \\ \text{TELIC}= \begin{bmatrix} \text{FORMAL} = \text{dead\_result}\,(e_2, z) \\ \text{AGENTIVE} = \text{kill\_act}\,(e_1, y, z) \end{bmatrix} \\ \text{AGENTIVE} = \text{guillotine\_with\_act}\,(e_1, y, z, x) \end{bmatrix} \end{bmatrix}$$

dynamite の例と同様，道具 guillotine はシャドウ項として動詞 guillotine の項構造に書き込まれる．名詞 guillotine の目的役割は，kill という行為と dead という結果状態を含むので目的役割の中に主体役割と形式役割として書き込まれる．それが動詞 guillotine のクオリア構造の目的役割の値として継承される．その結果，道具を使用したことによって起こりうる結果としての dead が guillotine のクオリア構造に取り込まれたことになる．こうして，動詞 guillotine は道具 guillotine を使って働きかけるという様態動詞としての意味を主体役割の値として持ち，かつ，目的役割の中の形式役割の値として dead という値も持つことになる．この値は，目的が達成された場合の結果状態として guillotine の形式役割の中に ◇[TELIC] という値として書き込まれる．

この分析は，道具名詞を基体とする名詞転換動詞だけでなく，crucify や electrocute のように，特定の道具がなくては成立しない行為を表す動詞にも適用可能である．そのような道具をシャドウ項として，動詞の項構造に書き込み，後はその道具の目的・機能を目的役割の中に主体役割と形式役割の値として書き込むことで，(39) (41) と同様の分析を行うことができる．

目的役割に結果状態を書き込むことの利点は他にもある．

(42) a. He poisoned her but she was still alive.
　　 b. She knifed him but he was still alive.

(42) の例が示すように，結果の含意が取り消されるとき，結果が目的役割の値として記載されていると考えれば，実現が保障されないこともあるといえる．しかし，一方で，poison と guillotine に見られる結果の取り消しの可否の相違が何に起因するのかという問題が残る．どちらも kill という目的を持った殺害様態動詞であるという点では，クオリア構造の記載事項も同じと考えられる．したがって，今のところ，定式化された解決策を提案することはできないが，世界知識に拠ることはできる．道具とその目的とを考えたとき，世界知識から，目的の達成可能性はその語によって様々であることがわかる．たとえば，清掃道具の broom や mop から派生した転換動詞の場合，目的役割は「ある場所から汚れを除去すること」であるが，その道具で清掃した後に汚れが残っている状況は十分起こりうるので，結果の取り消しは容易に想定できる．しかし，guillotine の場合，「断頭台で首を切る」という状

況のもとで人が死んでないという状況は世界知識から考えて極めて想定しにくく，取り消しは通常できないと考えられる．では poison はどうかというと，poison には様々なものがあり，猛毒なものもあればそうでないものもある．このような世界知識に基づくと，キャンセルができる状況もあれば，できない状況もあることが想定可能である．このような観点から guillotine と poison に見られるキャンセルの可否に関する差異を説明することができる．

　ここまで，シャドウ項として動詞の項構造に書き込まれた道具名詞について，その目的役割の値として原因と結果を書き込むことによって，道具名詞転換動詞が様態動詞でありながら，なぜ結果状態まで表す場合があるのかということを説明してきた．それでは，このように，道具名詞転換動詞の目的役割の値として書き込まれたことによって推論可能となる結果状態は，結局，語彙的意味にもなり得るのだろうか．Pustejovsky はクオリア構造に記載される 4 つの役割はそれぞれ対等なものであり，いずれもその語彙の意味とみなしているようである．このように考えると，目的役割に書き込まれた結果も語彙的意味とみなされることになる．しかし，目的役割の中に埋め込まれた形式役割の値として書き込まれた結果は，break のように，直接，形式役割の値として書き込まれた結果とは違い，やはり間接的である．果たして，このような間接的な結果を語彙的意味とみなしてよいものだろうか．また，目的役割に書き込まれたことから推論可能な結果状態の実現の可否は，先にも述べたように世界知識に拠るところが大きい．(42) が示すように，目的が実現しなければ結果も含意されない．この点では，Rappaport Hovav and Levin (2010: 23) が主張する「語彙化された意味とは，ある単一の動詞が用いられるすべての場合において，文脈に関係なく含意される意味要素である」という定義には当てはまらない．このようなことから，目的役割に書き込まれたからといって，機械的に，結果が語彙化された意味であると結論付けることには疑問が残る．しかしながら，ここで，はっきり言えることは，道具を基体名詞とする名詞転換動詞の中には，様態・結果相補性の仮説の枠組みでは説明しきれないものが存在するということである．言い換えると，道具名詞転換動詞は道具を用いて働きかけるという様態を表す動詞であるが，結果を含意しない純粋な様態動詞とは異なり，道具名詞の目的役割に応じて，結果を含意する場合があるということである．

5. 結語

　本章では，様態・結果相補性の仮説の反例として取り上げられている動詞について，様態・結果の両方を語彙化しているといえるのかどうかという疑問を出発点として，名詞転換動詞からみた様態・結果の相補性について考察を重ねてきた．

　名詞転換動詞の意味を LCS や事象スキーマで記述している先行研究に基づくと，BECOME 関数を持っている名詞転換動詞は結果状態を語彙化していると考えられ，結果動詞と分類できる．一方で，道具や動作主を元の名詞とする名詞転換動詞の場合には ACT 関数しか持っていないので様態動詞として分類可能である．ところが，道具を使って働きかけるという様態の意味だけでなく，道具を使ったことで起こりうると推論できる結果もその動詞の語彙化された意味の一部として捉える必要があると論じている先行研究がある．これを踏まえて，本章では，クオリア構造の中で，道具を基体にする名詞転換動詞の語根が表す様態の意味と，目的が達成された際に起こりうると推論できる結果の意味を記述する仕組みを提案した．

　基体名詞をシャドウ項として名詞転換動詞の項構造に取り入れ，そのシャドウ項の目的役割の中に，主体役割と形式役割を設定し，そこに原因と結果に相当する値を書き込む．この目的役割がそのまま動詞のクオリア構造の目的役割として継承される．そして，この目的役割に記載された結果の値が，起こる可能性があると推論できる結果の意味であると主張した．動詞の様態としての意味は動詞の主体役割の値として書き込まれ，目的役割に書き込まれた結果が実現した場合を想定して，その結果を動詞の形式役割の中に ◇[TELIC] という値として書き込んだ．このような分析から，原因と結果が動詞のクオリア構造の主体役割と形式役割の値としてそれぞれ指定される場合には純粋な結果動詞となり，様態が主体役割に，結果が目的役割の結果として指定される場合には，様態動詞ではあるが，結果状態も含意しうる動詞となり，殺害様態動詞やそのほかの道具名詞転換動詞がこれに当てはまると主張した．したがって，これらの動詞は結果状態を含意する場合があることは事実であるが，様態動詞としての基盤は保持しているといえる．

参考文献

Beavers, John and Andrew Koontz-Garboden (2012) "Manner and Result in the Roots of Verbal Meaning," *Linguistic Inquiry* 43:3, 331-369.
Clark, Eve V. and Herbert H. Clark (1979) "When Nouns Surface as Verbs," *Language* 55:4, 767-811.
Hale, Ken and Samuel Jay Keyser (2002) *Prolegomenon to a Theory of Argument Structure*, MIT Press, Cambridge, MA.
Harley, Heidi (2005) "How do Verbs Get Their Names? Denominal Verbs, Manner Incorporation, and the Ontology of Verb Roots in English," *The Syntax of Aspect. Deriving Thematic and Aspectual Interpretation*, ed. by Nomi Erteschik-Shir and Tova Rapoport, 42-64, Oxford University Press, Oxford.
Haugen, Jason D. (2009) "Hyponymous Objects and Late Insertion," *Lingua* 119, 242-262.
伊藤たかね・杉岡洋子 (2002)『語の仕組みと語形成』研究社, 東京.
Kageyama, Taro (1997) "Denominal Verbs and Relative Salience in Lexical Conceptual Structure," *Verb Semantics and Syntactic Structure*, ed. by Taro Kageyama, 45-96, Kurosio, Tokyo.
影山太郎 (1999)『形態論と意味』くろしお出版, 東京.
影山太郎 (2011)「ヒト名詞と道具名詞」『日英対照　名詞の意味と構文』, 影山太郎 (編), 61-87, 大修館書店, 東京.
影山太郎・由本陽子 (1997)『語形成と概念構造』研究社出版, 東京.
Kiparsky, Paul (1997) "Remarks on Denominal Verbs," *Complex Predicates*, ed. by Alex Alsina, Joan Bresnan and Peter Sells, 473-499, CSLI Publications, Stanford.
Levin, Beth (1993) *English Verb Classes and Alternations*, University of Chicago Press, Chicago.
Levin, Beth and Malka Rappaport Hovav (2013) "Lexicalized Meaning and Manner/Result Complementarity," *Studies in the Composition and Decomposition of Event Predicates*, ed. by Boban Arsenijević, Berit Gehrke and Rafael Marín, 49-70, Springer, Dordrecht.
Mateu, Jaume (2012) "Conflation and Incorporation Processes in Resultative Constructions," *Telicity, Change, and State. A Cross-Categorial View of Event Structure,* ed. by Violeta Demonte and Louise McNally, 252-278, Oxford University Press, Oxford.
Namer, Fiammetta and Evelyne Jacquey (2013) "Word Formation Rules and the Generative Lexicon: Representing Noun-to-Verb Versus Verb-to-Noun Conversion in French," *Advances in Generative Lexicon Theory*, ed. by James Pustejovsky,

Pierrette Bouillon, Hitoshi Isahara, Kyoko Kanzaki and Chungmin Lee, 385-413, Springer, Dordrecht.

小野尚之 (2013)「様態・結果相補性の仮説と合成性」*Conference Handbook* 31, 207-212, The English Linguistic Society of Japan.

Pustejovsky, James (1995) *The Generative Lexicon*, MIT Press, Cambridge, MA.

Rappaport Hovav, Malka and Beth Levin (2010) "Reflections on Manner/Result Complementarity," *Lexical Semantics, Syntax, and Event Structure*, ed. by Malka Rappaport Hovav, Edit Doron, and Ivy Sichel, 21-58, Oxford University Press, Oxford.

Sakai, Michiyo (2009) *The Generative Mechanisms of Structuring Events and Realizing Arguments*, Doctoral dissertation, Osaka University.

Wojcik, Richard H. (1976) "Where Do Instrumental NPs Come From?" *The Grammar of Causative Construction*, ed. by Masayoshi Shibatani, 165-180, Academic Press, New York.

由本陽子 (2011)『レキシコンに潜む文法とダイナミズム』開拓社, 東京.

由本陽子・影山太郎 (2011)「名詞が動詞に変わるとき」『日英対照 名詞の意味と構文』, 影山太郎(編), 178-208, 大修館書店, 東京.

第 12 章

イベント統合の類型から見る様態・結果の相補性仮説[*]

江口　清子

Applied Technology High School, Abu Dhabi

1. はじめに

　単一の動詞の中にどのような意味概念が含まれるのか，ということは，Chomsky (1970) の語彙論的仮説 (Lexicalist hypothesis) 以降，語形成は統語部門から独立した語彙部門で行われるものであるとする生成文法学者の間での大きな関心事である (Jackendoff (1983, 1990), Levin and Rappaport Hovav (1995), Pinker (1989), Pustejovsky (1995), Tenny (1994) など)．その流れの中で現れた「様態・結果の相補性 (Manner/Result complementarity) 仮説」とは，Rappaport Hovav and Levin (2010) によって提唱された，単一の動詞語根において《様態》と《結果》の両方の意味概念が同時に含まれることはないとする仮説であり，近年の動詞の語彙意味概念研究に数多くの議論をもたらしている．しかしながら，先行する研究は英語をデータとするものが中心であり，従来，個別言語に依拠するものであると考えられてきた語彙の意味に関して普遍性を見いだすためには，今後，様々な言語での論証が待たれる．

---

[*] 本章は，日本言語学会第 147 回大会 (2013 年 11 月 24 日：於神戸市外国語大学) ワークショップ「語彙意味論の潮流：様態・結果の相補分布仮説とその先に見える世界」において行った口頭発表「イベント統合の類型から見る様態・結果の相補分布」をもとに，改訂を加えたものである．ワークショップ構成員 (司会：由本陽子氏，コメンテータ：岸本秀樹氏，口頭発表者：臼杵岳氏，境倫代氏) ならびに，発表内容に対し，数々の貴重なコメントをくださった方々に心より謝意を表する．なお，本章で用いる例文のうち，記載のないものはすべて著者の作例であり，ハンガリー語の例文については複数のインフォーマントに文法性判断をお願いした．ただし，本章に残る問題点はすべて著者に帰するものである．

他方，認知言語学においても，動詞がどのような意味概念を含むのかについては重要な研究課題となっている (Croft (1991), Langacker (1987, 1991) など)．とりわけ Talmy の移動表現の分析に基づく一連の研究，いわゆる事象フレームの類型論 (event frame typology) は一顧に値する．この類型論は，移動の経路概念をどの言語形式で表すかに着目し，世界の諸言語を分類したものであるが，移動以外の事象の表現にも適用される点で数多くの研究に影響を与えている．Beavers et al. (2010) もその1つで，そこでは Rappaport Hovav and Levin (2010) の様態・結果の相補性仮説がこの Talmy の類型論と並行するものであると想定されているが，実際に検討してみると，異なる主張である点が見えてくる．

本章では，様態・結果の相補性仮説および Talmy の類型論がそもそも何を意図したものであるのかを概観し，どのような点において様態・結果の相補性仮説と異なるのかを検討する．その上で，言語の類型によって様態動詞の性質が異なると考える Levin らの解釈では説明できない2つの問題（①日英語における様態移動動詞と着点句の共起可能性の差異，②言語間における「強い結果構文」の成立要件の差異）について，ハンガリー語のデータ考察に基づいて論じる．結論として，状態動詞以外の動詞を様態動詞と結果動詞に分類することで普遍的に説明できる事実は数多くあり，また確実な反証もないことから，基本的には様態・結果の相補性仮説を支持する立場を取る．一方で，動詞語根に着目して《様態》と《結果》を二分することと，言語の類型を考えることとは異なる次元の話であり，言語によって（特にアスペクト性において）動詞の性質が異なるものではないことを主張する．

2. 様態・結果の相補性仮説

様態・結果の相補性仮説では，まず，状態動詞以外の動詞は，様態動詞と結果動詞のいずれかに分類されるということが仮定されている．様態動詞としては (1a) のようなもの，結果動詞としては (1b) のようなものが例として挙げられている．

(1) a. 様態動詞： nibble, rub, scribble, sweep, flutter, laugh, run, swim, ...
    b. 結果動詞： clean, cover, empty, fill, freeze, kill, melt, open, arrive, die, enter, faint, ...
                                    (Rappaport Hovav and Levin (2010))

この分類は単なる動詞分類ではなく，Fillmore (1970) 以来議論されてきた動詞の項の具現化パターンの差異 (Goldberg (1995), Jackendoff (1990), Marantz (1993), Pesetsky (1995) など) に説明を与えるものでもある (cf. Levin (to appear))．例えば (2) の *break* という動詞は，自動詞としても他動詞としても具現化されるが，(3) の *hit* は他動詞としてしか具現化されない．

(2) a. The boy broke the window.   (Fillmore (1970))
    b. The window broke.
(3) a. The boy hit the window.
    b. *The window hit.

前者はいわゆる状態変化動詞，後者は打撃・接触の動詞として知られるものであるが，様態・結果の相補性仮説の文脈では，この前者のような状態変化動詞は《結果》を表す動詞，後者のような打撃・接触の動詞は《様態》を表す動詞として分類される．そして，この仮説が提唱している内容は「様態と結果の意味の構成要素は相補分布している，つまり動詞は《様態》と《結果》のうちのどちらか1つの意味しか語彙化しない」(Levin and Rappaport Hovav (2013)) というものである．この仮説は Rappaport Hovav and Levin (1998) で定式化された「規範的具現化規則 (canonical realization rules)」を背景にもち，(4) のような語彙化制約 (the lexicalization constraint) が仮定されている．

(4) 語彙化制約：
    動詞語根はイベントスキーマにおいて，動詞の項として，あるいは修飾要素としてのどちらか一方としてしか関連づけられない．
                                    (Rappaport Hovav and Levin (2010))

具体的に見てみると，動詞語根で表される意味概念が意味構造上のどこに現れるのかという話であり，語根が意味するものが修飾要素として解釈されるものと，項として解釈されるものの2つに分かれるということが述べられている．前者には《様態》，《道具》などを表す語根から成る動詞があり，これを語彙概念構造 (lexical conceptual structure; 以下 LCS) で表すと (5) のようになる．つまり，動詞語根は LCS 上の ACT の部分を修飾する役割を担うものだという解釈である．

(5) 修飾要素としての動詞語根
    a. manner: [x ACT$_{<MANNER>}$]
    b. instrument: [x ACT$_{<INSTRUMENT>}$]

一方，動詞語根が項として具現化されるものには，《容器》を表す語根から成る動詞や，内的に引き起こされる変化の結果状態を表す語根から成る動詞（いわゆる非対格動詞），[1] 外的に引き起こされる変化の結果状態を表す語根から成る動詞が含まれる．それらを LCS で表すと (6) のようになる．容器やそれぞれの状態といった意味が LCS 上の < > で括られた位置に項として具現化されるというものである．

(6) 項としての動詞語根
    a. container: [x CAUSE [y BECOME AT < *CONTAINER* >]]
    b. internally caused state: [x < *STATE* >]
    c. externally caused state (=result state):
        [[x ACT] CAUSE [y BECOME < *RESULT-STATE* >]]

つまりこの仮説に従えば，動詞語根が LCS 上の ACT も修飾するし，結果状態を表す項としても具現化される，という (7) のような意味構造を持つ動詞は存在しないと言うことができる．

(7) *[[x ACT$_{<MANNER>}$] CAUSE [y BECOME < *RESULT-STATE* >]]

---

[1] 自動詞は非能格動詞と非対格動詞の2つのクラスに分類されるとする「非対格仮説 (unaccusative hypothesis)」(Permutter (1978), Burzio (1986)) に基づく．非対格動詞の唯一項（内項）は他動詞の目的語と同様のふるまいを見せる．

このシンプルかつとても強い仮説に対して，結果と様態を同時に語彙化している動詞があるのではないかという Beavers らの反論がある (Beavers and Koontz-Garboden (2012))．Beavers らは (9) との対比において，(8) のような殺害動詞の例をその根拠として挙げている．

(8) John guillotined the zombie again.
again [[x ACT<guillotining>] CAUSE [y BECOME <dead>]]
(9) John hammered the metal flat again.
[[x ACT<hammering>] CAUSE [y BECOME <again (flat)>]]

(9) の動詞 hammer の場合，again は，道具である hammer を修飾することはなく，結果状態である flat のみを修飾していると捉えられるが，(8) の動詞 guillotine の場合，again は必ず，道具である guillotine と，結果状態である dead を同時に修飾していなければならない．したがって，guillotine には《様態》と《結果》の両方が含意されているという．[2]

他方で，以上で概観した様態・結果の相補性仮説とはまったく異なる文脈において，動詞に語彙化される《様態》と《結果》に着目する研究がある．認知言語学における Talmy の事象フレームの類型論である．様態・結果の相補性仮説はこの類型論と矛盾のないものとして想定されているが，前者は動詞語根にのみ着目したものであり，特定の意味概念（移動表現においては経路）をどの言語形式で表すのかという基準に基づく Talmy の本来の意図とは異なるものである．以下では Talmy の類型論の背景を概観した上で，様態・結果の相補性仮説の主張とどのような点で相容れないのかについてまとめる．

3. イベント統合の類型論と様態・結果の相補性仮説

前節では様態・結果の相補性仮説について概観したが，本節では認知言語学の分野で登場した Talmy による事象フレームの類型論について紹介することにする．3.1 節ではまず Talmy の類型論がどのようなものかを概観す

---

[2] 本章では議論の都合上，この論争の詳細に立ち入ることはしないが，基本的には境（本書）と同様に，Beavers らの反証は根拠に乏しいものであるとの立場を取る．

第 12 章　イベント統合の類型から見る様態・結果の相補性仮説　　333

る．次に，Talmyの類型論と様態・結果の相補性仮説との関わりを概観する．特に 3.2 節では，結果構文を通して，状態変化事象の表現について，3.3 節では Talmy の類型論に対する解釈の違いに焦点を当てる．

3.1. 事象フレームの類型論

　事象フレームの類型論は Talmy の移動表現の一連の研究を指すが，中でも本章で注目するのはイベント統合（event integration）の類型論（Talmy (1991)）である．この類型論は，それに先立つ自身の研究「語彙化パターン (lexicalization patterns) の類型論」（Talmy (1985)）を発展させたものであるため，ここではまず，語彙化パターンの類型論について概観する．

　語彙化パターンの類型論とは，移動表現の観察に基づき，移動事象の言語化において世界の諸言語を二分することができるということを提唱する類型論である．移動事象は人間の基本的な経験であり，いかなる言語もそれを表出する手段を有することが予測される．移動事象には，移動物，移動の経路，経路を規定する参照物が関与するが，Talmyはそのそれぞれを，《図 (Figure)》，《経路 (Path)》，《地 (Ground)》と呼ぶ．これに加え，移動物が移動する際の《様態 (Manner)》や，移動を引き起こす《原因 (Cause)》なども移動事象に関与する重要な要素である．語彙化パターンの類型論では，これらの要素のうち，どの意味概念がどの言語形式で表されるのか，特に動詞にどのような意味要素が語彙化されるのかに着目して考察することで，類型化が試みられている．例えばボトルが洞穴から漂いながら洞窟の内側から外へと移動する事象を叙述すると，英語では (10a)，スペイン語では (10b) のようになる．注目されるのは，「内側から外へ」という移動の経路概念であるが，英語では動詞以外の要素（不変化詞の *out* あるいは句前置詞の *out of*）で表されるのに対し，スペイン語では動詞 *salió* で表される．

(10) a.　The bottle　floated　**out of**　the cave.　(Talmy (1985: 69))
　　　　 Figure　　　Manner　Path　　　Ground
　　b.　La botella　**salió**　　de　　la cueva　flotando.
　　　　 the bottle　moved.out　from　the cave　floating
　　　　 Figure　　　Path　　　Path　 Ground　　Manner

Talmyは移動事象を複合的なイベントと見なし，この類型論をイベント統合の類型論へと発展させた．移動物が浮かびながら移動することを表現した(10)を例にとると，「移動する」という事象は移動事象の中核を担うとされ，「枠付けイベント (framing event)」と呼ばれる．一方，「ボトルが浮かんでいる」という事象は枠付けイベントに対して特定の補助関係にあるとされ，「共イベント (coevent)」と呼ばれる．重要なのは，枠付けイベントの中での図と地の関係（移動事象の場合は経路）を表す要素であり，これは中核スキーマと呼ばれる．イベント統合の類型論では，スペイン語のように，この中核スキーマを動詞で表す言語を「動詞枠付け言語 (verb-framed language)」（以下「V 言語」），英語のように，中核スキーマを動詞以外の要素で表す言語を「衛星枠付け言語 (satellite-framed language)」（以下「S 言語」）と呼んでいる．[3]

　なお，スペイン語タイプの言語では経路は動詞で表され，様態は動詞以外の要素（(10b)では動詞の分詞形 *flotando*）で表される．一方，英語タイプの言語では経路が動詞以外の要素で表されるため，動詞（(10a)では *float*）では移動の様態が表現される．このように，動詞が表す概念という観点から，V 言語は「経路型言語」，S 言語は「様態型言語」とも呼ばれる．[4]

---

[3] Talmy (1991) は衛星 (satellite) を「動詞と姉妹の位置にあり，それを修飾する要素」と定義し，経路が表されるのは動詞か衛星のどちらかだとしている．しかし，動詞と姉妹の位置にはないもの，例えば英語の前置詞句でも経路は表現されることからも明らかなように，衛星を動詞と対立させて考えることには問題がある．なお，後述の通り，Talmy の指す「動詞」とは品詞としての動詞ではなく，動詞句の主要部（主動詞）のことである．また，移動事象の時間的な輪郭を決定するという意味で「枠付け」という用語が用いられるが，その輪郭は必ずしも経路特性のみによって決まるわけではないため，この用語にも問題がある．これらを踏まえて，松本（近刊）では「経路主要部表示型言語」vs.「経路主要部外表示型言語」という類型の再定式化が提案されている．本研究もこの立場を取るものであるが，本章では用語の混乱を避けるため，「動詞枠付け言語（V 言語）」「衛星枠付け言語（S 言語）」という用語を用いる．

[4] その後，Talmy (2000) では，経路概念について，①参照物との位置関係を表す《配置 (Conformation)》，②移動の局面を表す《ベクトル (Vector)》，③話者の位置との関係を表す《直示 (Deixis)》の 3 つに下位分類されている．中でも《直示経路（以下，ダイクシス）》は他の経路概念とは異なる点が見られるため，ダイクシスに着目した研究も進められている (Koga et al. (2008)，松本 (2014) など)．その他，心理学的アプローチに基づき，動詞の使用を談話レベルで比較した，いわゆる「様態卓立性の類型論」(Slobin (1996, 2004)) が提案されている (Berman and Slobin (1994)，秋田他 (2009, 2010)，秋田（本書）も参照). 経路

3.2. 状態変化事象の表現とイベント統合の類型論

さて，この類型論は移動表現に留まらない点で興味深い．その1つには状態変化事象の表現がある．[5] (11a) の英語の例では衛星である形容詞の *shut* が状態変化後の結果状態を表し，動詞 *kick* は状態変化をもたらすための手段を表している．一方，(11b) のスペイン語の例では動詞 *cerré* が状態変化を含意し，その手段は衛星で表している．

(11) a. I kicked the door shut.　　　　　　　　（松本・井上 (2003: 280)）
　　 b. Cerré　　　la　　puerta　de　　una　patada.
　　　　close.1SG　the　door　from　a　　kick[6]

この (11a) の英語の例はいわゆる結果構文 (resultative construction) である．結果構文とは，動詞が同一節内に結果述語 (resultative predicate) をともなって，動詞が表す行為の結果，何らかの状態変化が生じることを表す文を指す．結果述語とは，動詞が表す活動の結果の状態を表現するもので，その叙述の対象は直接内項に限られる (Levin and Rappaport Hovav (1995))．[7] (11a) では，形容詞の *shut* が結果述語として機能し，内項である *the door* の状態変化を叙述している．

結果構文に関しては数多くの先行研究があるが (Simpson (1983), Car-

概念の表出手段を軸に言語の類型を検討する Talmy の類型論がいわば経路の類型論であるのに対し，Slobin の類型論は，様態の表出手段を軸に言語類型を検討する，様態の類型論と言える．

[5] 他にも，衣類の着脱動詞に関する類型的な考察（當野・呂 (2003)）もある．V言語である日本語には「着る」「かぶる」「履く」「脱ぐ」など，衣類の着脱に関する動詞が豊富に存在し，同様の傾向が同じV言語に分類されるマラーティー語にも見られる．一方，S言語である英語，スウェーデン語，中国語は 'put on' 'take off' のように，動詞以外の要素をともなった表現が用いられるというものである．

[6] 本章の例文で用いる略号は以下の通りである．なお，形態素境界にはハイフン「-」で，同一形態素内に複数の文法要素が含まれる場合にはピリオド「.」で示す．ACC=accusative; ALL=allative; DEF=definite; ILL=illative; INST=instrumental; NOM=nominative; PL=plural; PRF=perfective; POSS= possessive; PST=past; SG=singular; SUB=sublative

[7] Levin and Rappaport Hovav (1995) では「直接目的語の制約 (Direct Object Restriction)」と呼ばれるが，影山 (1996) が指摘するように，英語の *break* のような非対格動詞であれば自動詞の主語でもその叙述の対象となるため，より厳密には「内項の制約」とされるべきである．

rier and Randall (1992), Levin and Rappaport Hovav (1995), 影山 (1996, 2001), Washio (1997) など), 英語と日本語とではその成立要件が異なることが知られている. 例えば, 次に挙げる英語の例 (12) と日本語の例 (13) を比較するとその違いが明らかになる.

(12) a. The stained glass broke to pieces.　　　　　　(影山 (2001))
　　 b. She polished the mirror to a brilliant shine.
　　 c. The earthquake shook the old houses to pieces.
　　 d. The boxer knocked the man breathless.
(13) a. ステンドグラスが粉々に壊れた.　　　　　　　(ibid.)
　　 b. 彼女は鏡をピカピカに磨いた.
　　 c. *地震が古い家々をバラバラに揺すった.
　　 d. *ボクサーはその男をフラフラに打った.

(12) と (13) はそれぞれ同じ事象を単文で表現しようとしたものであるが, 英文ではすべてが容認されるのに対し, (13c, d) に示すように, 日本語では容認されないものがある. この観察に基づき, 結果構文は Washio (1997) にしたがえば, 「弱い (weak) 結果構文」と「強い (strong) 結果構文」[8] の2種類に分けられる. 前者は (12a, b), (13a, b) のような例で, 動詞が状態変化を含意する, いわゆる結果の動詞であるような結果構文を指す. 一方, 後者は (12c, d), (13c, d) のような例で, 動詞が状態変化を含意しない, いわゆる様態の動詞であるような結果構文を指す. このように, 様態の動詞から強い結果構文を作ることができるかどうかは言語によって差がある.

(14) はいずれも強い結果構文であり, (14a) はドイツ語, (14b) は英語, (14c) はイタリア語の例, (14d) は日本語の例である. 英語, ドイツ語では容認されるのに対し, イタリア語, 日本語では容認されない.

(14) a. He ran his Nikes threadbare.　　　(Carrier and Randall (1992))
　　 b. Die Jogger laufen ihren Schuhe in Fetzen.
　　　　 the joggers run their shoes in pieces
　　　　　　　　　　　　　　　(Kaufmann and Wunderlich (1998))

---

[8] 影山 (1996, 2001) の用語では「本来的結果構文」と「派生的結果構文」と呼ばれる.

'The joggers runs their shoes into pieces.'
c. *Corre   le   sue scarpe a brandelli.   (ibid.)
   run.1SG   his   shoes   to pieces
   Lit. 'He runs his shoes into pieces.'
d. *ジョンは，靴をぼろぼろに走った.   (岸本 (2005))

Talmy の類型論において，英語，ドイツ語は S 言語，イタリア語，日本語は V 言語に分類されるため，この言語事実は類型の分類に沿うものであり，この点で Talmy の類型論を結果構文の類型に適用させる研究も少なくない．Beavers et al. (2010)，Rappaport Hovav and Levin (2010) もそのような研究に数えられるものである．しかし実際にはこれから外れてしまう例が観察される．ハンガリー語は Talmy の類型論では S 言語に分類される[9]ため，結果構文の容認度を並行して論じることはできない．(15) は (14) をハンガリー語に訳した文であるが，複数のインフォーマントにより，このような例は容認されないことが確認されている．

(15) *Erika   kopott-ra   fut-ott-a
     Erica.NOM   thredbare-SUB   run-PST.3SG-DEF
     a   cipő-jé-t.
     the   shoe-POSS.3SG-ACC
     Lit.「エリカは靴をぼろぼろに走った．」

Beavers et al. (2010)，Rappaport Hovav and Levin (2010) において，様態の動詞から強い結果構文を作ることができるかどうかの違いはそれぞれの言語の様態動詞の性質の違いに還元して説明がなされているが，果たしてこの説明は普遍的に述べることができるものであるだろうか．これは，3.3 節で後述する英語の to 句と，日本語のニ句の違いの問題にも関連する事項である．いずれも動詞の語彙的アスペクトを，統語的操作を加えることによって変更するという共通点があるため，4 節で合わせて考察を行う．

---

[9] ハンガリー語の移動表現に関わる要素には，動詞，動詞接頭辞，副詞，後置詞，格接辞がある．基本的なパターンでは移動の様態が主動詞で表され，経路は主動詞以外の形式（動詞接頭辞，格接辞など）で表されるという点で，典型的な S 言語だと考えられる．詳細は江口（近刊）を参照されたい．

3.3. 事象フレームの類型論に対する3つの解釈

さて，3.1節で概観した事象フレームの類型論において「動詞が表す概念」と言ったときの「動詞」が何を指すのかについて，いくつかの異なる解釈が存在するという指摘がMatsumoto (2003 [2011])においてなされている．1つ目は，様態型言語と経路型言語で動詞語彙の偏りが異なるとするもの，2つ目は，動詞句の主要部である動詞がどの概念を表すのかという点に着目するもの，3つ目は，類型タイプによって様態移動動詞の性質が異なるとするものである．本節ではそれぞれの解釈を少し詳しく見てみることにする．

1つ目はWienold (1995)などにおける解釈で，そこでは，様態型言語（S言語）とはすなわち，様態移動動詞が豊富で，経路移動動詞は皆無，または少数である言語であるのに対し，経路型言語（V言語）とはすなわち，経路移動動詞が豊富で，様態移動動詞は基本的な移動の様態を表すものに限定される言語だとされる．実際，S言語に分類される英語には，V言語に分類される日本語では「歩く」と訳されるものに *amble, lumber, plod, ramble, stride...* のように数多くの動詞が観察される（cf. Levin (1993)，松本 (1997)）．それに対し，日本語では「入る」「下りる」のように移動経路を包入する動詞が多く観察されるが，英語においては *enter, pass* のようなロマンス語からの借用語を除いては皆無である（Matsumoto (1996)）．しかしこれに対しMatsumoto (2003 [2011])は，①ジャミンジュン語はS言語に分類されるが，主要部には一般的な動詞のみを用いて，様態と経路の両方を衛星で表す，②フランス語はV言語に分類されるが，様態移動動詞を豊富にもち，それを主要部以外の要素として使うことができるなどを例に挙げ，Talmyの類型論と移動動詞の種類の分布については必ずしも一致するものではないとしている．

2つ目は事象フレームの類型論（Talmy (1985, 1991, 2000)）が本来意図した解釈で，中でもイベント統合の類型論（Talmy (1991)）で明らかにされるように，「動詞枠付け（verb-framed）」と言ったときの「動詞（verb）」をカテゴリーとしての動詞と捉えているのではなく，動詞句の主要部である動詞とするものである．前出のスペイン語の例文 (1b) では実際，移動の様態が動詞の分詞形で表されており，カテゴリーで言えばこれも動詞に相当するが，Talmyはこれを様態が語彙化された動詞の例とはしていない．また，「上 (shàng)」（上がる／上げる），「进 (jìn)」（入る／入れる）のような移動

経路動詞を豊富に持つ中国語については，上述の Wienold らの解釈で分類すれば，スペイン語，日本語と同じ V 言語ということになる．しかし，これらの動詞が複合動詞として用いられた場合，[10] 松本・井上 (2003) にしたがい，中国語では複合動詞の主要部が前項動詞であるとすれば，英語と同じ S 言語ということになる．[11] 松本・井上 (2003) は，前項動詞が主要部である証拠として，(16) の例を挙げ，後項動詞の「进」や「上」は他動詞ではなく，したがって使役者を項として選択しないが，複合動詞全体の主語は前項動詞の「扔」と同じ使役者であることから，全体の主要部は前項動詞だと説明している．[12]

(16) a.　张三扔进教室一个球　　　　　　　　　(松本・井上 (2003: 278))
   「張三は教室にボールを投げ入れた．」
   b.　张三扔上房项一个球了
   「張三はボールを屋根に投げ上げた．」

　3 つ目の解釈は，Levin and Rappaport Hovav (1995) に代表されるもので，様態・結果の相補性仮説はこの 3 つ目の解釈の流れを汲むと考えられるため，本章の議論と深く関わるものである．そこでは，様態型言語 (S 言語) とはすなわち様態移動動詞が幅広い経路表現と共起する言語，経路型言語 (V 言語) とはすなわち様態移動動詞が共起する経路表現が限定される言語と捉えられ，両タイプにおいて，様態移動動詞のアスペクト的性質が言語によって異なる可能性が示唆されている (Jackendoff (1990), 影山・由本 (1997), Rappaport Hovav and Levin (1998) など)．たびたび議論になるものとして，上述の結果構文の容認性問題の他，S 言語に分類される英語における to 句と，経路型言語に分類される日本語のニ句との共起可能性の問題

---

[10] 方向性を表す後項動詞は「方向補語」とも呼ばれる．
[11] その後，中国語と同様に主要部の決定に議論を要するタイ語などの動詞連続構文 (serial verb construction) を有する言語の観察に基づいて，第 3 の類型として「均等枠付け言語 (Equipollently-framed language)」を区別する立場 (Slobin (2004), Zlatev and Yangklang (2004)) も登場した．
[12] 松本・井上 (2003) は，日本語では，このような複合動詞においては後項動詞が主要部であるとしている．その証拠として，主体の移動を表す構文と客体の移動を表す使役移動構文とで異なる経路動詞が用いられるが，いずれの場合も主語を決定するのは後項動詞 (例：「飛び上がる」と「投げ上げる」の「上がる」と「上げる」) であることが挙げられている．

が挙げられる．(17) に示すように，英語の様態移動動詞 ((17a) では *run*) は着点を表す to 句と共起するが，日本語の様態移動動詞 ((17b) では「走る」) はニ句とは共起しない，というものである．

(17) a. Erica ran to the bus stop.
b. エリカはバス停 {??に／まで} 走った．

Talmy の類型論では動詞句の主要部で表される意味概念という観点での分類であるため，カテゴリーとしての動詞にのみ着目する点で，そもそも解釈が異なる．さらに，松本 (1997) が指摘するように，英語と日本語とで様態移動動詞の性質が異なるということはなく，[13] (17) のような差異は英語前置詞の to と日本語ニ格の性質の違いに求められるものである．[14]

以上，様態・結果の相補性仮説とは異なる分野の研究でありながら，同様に《様態》《結果》という意味概念に着目する Talmy の類型論について，主にその違いに焦点を当てて概観した．通言語的に意味概念は普遍的なものとして想定する Talmy の類型論に対し，様態・結果の相補性仮説では，言語によって動詞の性質が異なると考える点で両者は大きく異なる．

次節では，本章で取り上げた 2 つの問題（①日英語における様態移動動詞と着点句の共起可能性の差異，②言語間における強い結果構文の成立要件の差異）について，ハンガリー語のデータ考察に基づいて論じる．

4. 動詞の語彙的アスペクトの変更

3 節では，Talmy の類型論，特にイベント統合の類型論について概観し，様態・結果の相補性仮説との解釈の相違についてまとめた．「動詞」を動詞句

---

[13] 松本 (1997:182) は様態移動動詞について，「…日英語共に移動者の身体との相対関係による移動が含意されている〈中略〉つまり，移動者の動かす足は，その動かした足の位置よりも前に降り，足の位置によって定義される身体の位置は前に移る，という意味での移動が表されている」としている．

[14] 松本 (1997) は，経路動詞がニ格を取る場合とヲ格を取る場合とでテイル形の解釈が変わることに着目し，ヲ格が移動の過程を焦点化するのに対し，ニ格は結果性と関連するもので，結果が既に動詞によって焦点化されていることを要求するとしている．本章もこの分析に従う．

の主要部として捉えるのか，語彙（厳密には語根）のレベルで捉えるのか，という違いによって，従来，たびたび議論の的となってきた問いに対する説明が異なってくる．本節では，前節で取り上げた2つの問題，①日英語における様態移動動詞と着点句の共起可能性の差異，②言語間における強い結果構文の成立要件の差異について，ハンガリー語のデータに基づき考察する．

4.1. 様態移動動詞と着点句の共起可能性

次の (18a, b) はいずれも (17a) をハンガリー語に訳出したものである．(18b) は動詞 *fut* 'run' が動詞接頭辞[15] *oda-* 'to.there' をともなっているのに対し，(18a) ではそれがない．

(18) a. Erika a buszmegálló-hoz fut-ott.[16]
   Erika.NOM the bus.stop-ALL run-PST.3SG
   「エリカはバス停に走った．」
 b. Erika oda- fut-ott a buszmegálló-hoz．
   Erika.NOM to.there- run-PST.3SG the bus.stop-ALL
   「エリカはバス停に走った（走って到着した）．」

(18b) では，移動の経路は動詞接頭辞 *oda-* 'to.there' と格接辞 *-hoz*[17] 'at.to'[18] の両方で表されているが，(18a) では格接辞 *-hoz* のみで表される．両

---

[15] 原語では igekötő「語に結びつくもの」と呼ばれる要素．基体動詞と結びつき，複雑述語を形成する．その際，語に固有のアクセントを失うほか，① 中立文では動詞に前置される，② 文中の他の要素がフォーカス位置に置かれる場合は動詞に後置される，③ 動詞をともなわずに単独で諾否疑問文の答えになりうる，④ 助動詞と共起する場合，助動詞に前置される，のような統語的特徴を持つ．詳細は江口 (2007) を参照されたい．

[16] 典型的な膠着言語であるハンガリー語では，文法関係は語順ではなく，格接辞によって表示（主格はゼロ表示）される．一方で，語順にはトピックやフォーカスといった情報構造が大きく関与する．基本的に，文のトピックとしての機能を担う要素は文頭に置かれ，その直後にはイントネーションの区切れ目が存在する．動詞の直前に置かれるものはフォーカス要素として解釈され，その他の要素は動詞に後置される．

[17] ハンガリー語には母音調和の現象が見られ，音韻的環境により複数の異形態が存在する．このような母音の交替がある場合，本章では便宜上，次のように示す．① a/e が交替する場合：A，② o/e/ö が交替する場合：V．

[18] ハンガリー語で概念 TO を表す格接辞には，*-bA* (IN.TO)，*-rA* (ON.TO)，*-hVz* (AT.TO) の3種類があり，参照物の形状によって使い分けがなされる．

者の意味の違いは，(18b) にはバス停に到着したという解釈しかないが，(18a) の場合は到着していなくてもよい，というものである．この事実は，(19) で示すような，本来移動を表さない動詞の場合，より明確に浮かび上がる．(19) の各文で用いられている動詞 *táncol* 'dance' はそれ自体で移動を表現するものではないが，(19b) では，動詞接頭辞 *be-* 'in' と格接辞 *-ba* 'into' をともなうことで移動を表現する文となっている（江口 (2007, 近刊))．一方，(19a) は (19b) と同じ格接辞 *-ba* はともなっているが，動詞接頭辞はともなっておらず，全体で移動事象としての解釈も得られず，非文法的である．

(19) a. *Erika   a   ház-ba   táncol-t.
        Erica.NOM   the   house-ILL   dance-PST.3SG
        Lit. 「エリカは家へと踊った.」
    b. Erika   be-táncol-t   a   ház-ba.
        Erica.NOM   in-dance-PST.3SG   the   house-ILL
        「エリカは踊って家の中に入っていった.」

ハンガリー語で概念 TO を表す格接辞 (*-bA* 'into', *-rA* 'onto', *-hVz* 'at.to') は，移動の終結点を表し，限界性 (telicity) をもちうる様態の動詞と共起可能である点において英語の *to* と共通するが，動詞が語彙的にもつアスペクトを変更する機能は持ち合わせていないという点においては異なる．つまり，3 つの言語において異なるのは，それぞれの着点句の性質であり，様態動詞のもつ性質，意味概念は基本的に同じだと考えられる．なお，いずれの例も動詞が《様態》と《結果》の両方の意味概念を同時に語彙化するわけではないため，「様態・結果の意味が相補分布する」とする仮説の反証となるものではない．

4.2. 強い結果構文の成立要件

3.2 節で紹介したように，ハンガリー語においては強い結果構文は容認されず，基本的に容認されるのは，弱い結果構文と呼ばれる動詞が状態変化 (＝結果) を表す場合に限定される．

(20) a. Erika   piros-ra   fest-ett-e   a   kerítés-t.
       Erica.NOM   red-SUB   paint-PST.3SG.DEF   the fence-ACC
       「エリカはフェンスを赤く塗った.」
    b. *Erika   kopott-ra   fut-ott-a
       Erica.NOM   thredbare-SUB run-PST.3SG-DEF
       a   cipő-jé-t.   (=(15))
       the shoe-POSS.3SG-ACC
       Lit.「エリカは靴をぼろぼろに走った.」

日本語と同様,ハンガリー語においても,結果述語を加えることによって動詞のアスペクト解釈を変更することは通常不可能で,結果述語の現れる環境は限定的なものであることがわかる.ハンガリー語は移動表現の類型論ではS言語に分類されるため,この事実は,S言語では強い結果構文も容認されるとの予測に反するものである.

しかし,(21) のように,強い結果構文でも容認される場合がある.

(21) a. Erika   tisztá-ra   töröl-te
       Erica.NOM   clean-SUB   wipe-PST.3SG.DEF
       az   asztal-t.
       the table-ACC
       「エリカはテーブルをきれいに拭いた.」
    b. János   lapos-ra   kalapál-ta
       John.NOM   flat-SUB   hammer-PST.3SG.DEF
       a   fém-et.
       the metal-ACC
       「ヤーノシュは金属をハンマーで平らに叩いた.」

これらの結果構文成立の要件については,結果述語の内容が動詞のクオリア構造 (qualia structure) の目的役割 (telic role) に含まれるもので,影山 (2005, 2007) などで提唱される結果述語の下位分類[19]によって説明され

---

[19] Wechsler and Noh (2001) の「結果状態の予測可能性」の度合いを具体化したもので,結果状態が動詞そのもののLCSに含まれるものから,動詞の目的役割から推定されるもの,動詞の辞書情報からは予測できないものへとA～Gの7タイプに分けられ,結果構文の

る.なお,(21a) の動詞 *töröl*「拭く」,(21b) の動詞 *kalapál*「ハンマーで叩く」は,(22a, b) で示すように,いずれも *sokáig*「長い間」と共起可能であり,動詞自体が結果を含意するものではない(つまり《様態》と《結果》の両方の意味概念を同時に語彙化した動詞の例というわけではない).

(22) a. Erika　　　　sokáig　　　　　töröl-te
　　　 Erica.NOM　 for.a.long.time　 wipe-PST.3SG.DEF
　　　 az　 asztal-t.
　　　 the　table-ACC
　　　「エリカは長時間テーブルを拭いた.」
　　b. János　　　　sokáig　　　　　kalapál-ta
　　　 John.NOM　 for.a.long.time　 hammer-PST.3SG.DEF
　　　 a　 fém-et.
　　　 the　metal-ACC
　　　「ヤーノシュは長時間金属をハンマーで叩いた.」

しかし,同じく S 言語である英語では容認される構造が,ハンガリー語では容認されないという事実についてはさらなる説明が必要である.ハンガリー語では,(23) で示すように,事象の終結を表す手段として通常,動詞接頭辞((23a) では *meg-*,(23b) では *ki-*)が用いられる.

(23) a. Erika　　　　meg-fest-ett-e　　　　　(piros-ra)　a　kerítés-t.
　　　 Erica.NOM　PRF-paint-PST.3SG.DEF　 red-SUB　 the fence-ACC
　　　「エリカはフェンスを(赤く)塗った.」
　　b. Erika　　　　le-töröl-te　　　　　　　(tisztá-ra)
　　　 Erica.NOM　down-wipe-PST.3SG.DEF　 clean-SUB
　　　 az　 asztal-t.
　　　 the　table-ACC
　　　「エリカはテーブルを(きれいに)拭いた.」

これが強い結果構文の成立を阻んでいると考えられる.つまり,動詞に動詞接頭辞を付加するという基本的な手段により結果含意が保証されるため,わ

成立範囲が言語によって段階的に異なることを示している.

ざわざ結果述語を付加するという迂言的な方法を用いなくてもよいのである．(24a) は結果述語が付加され非文となっている例，(24b) は，(24a) に並行する文で，動詞接頭辞を用いた文法的な例であり，この事実をよく反映している．

(24) a. *A   kutya   éber-re   ugat-ta
          the   dog.NOM   awake-SUB   bark-PST.3SG.DEF
          a   szomszéd-ok-at.   (Bende-Farkas (2000))
          the   neighbor-PL-ACC
          Lit.「犬が隣人を起こすように吠えた．」
    b. A   kutya   fel-   ugat-ta
          the   dog.NOM   up   bark-PST.3SG.DEF
          a   szomszéd-ok-at.   (ibid.)
          the   neighbor-PL-ACC
          「犬が吠えて隣人を起こした．」

つまり，(25) で示す日本語において動詞の複合によって動詞の語彙的アスペクトが変更されるのと同様に，ハンガリー語においては動詞接頭辞付加によって動詞の語彙的アスペクトを変更する操作がなされるものであると考えられる．

(25) a. *ジョンは　壁を　粉々に　叩いた．   (岸本 (2005))
    b. ジョンは　壁を　粉々に　叩き割った．

動詞接頭辞付加によってハンガリー語の語彙的アスペクトが変更されることを示す典型的な例として，Vendler (1967) による英語動詞の四分類をハンガリー語動詞に当てはめて分類した場合，活動動詞と達成動詞は，動詞接頭辞をともなうか否かで対をなすという事実が知られている．(26a) は動詞接頭辞をともなわない活動動詞の例，(26b) は (26a) の各動詞に動詞接頭辞が付加された形態を持つ達成動詞の例である．

(26) a. fut「走る」, tanul「勉強する」, olvas「読む」, mászik「這う」, eszik「食べる」, iszik「飲む」, néz「見る」, hallgat「聞く」, beszél「話す」, takarít「掃除する」

b. be-fut「駆け込む」, meg-tanul「習得する」, el-olvas「読み終える」, fel-mászik「登る」, meg-eszik「食べてしまう」, meg-iszik「飲んでしまう」, meg-néz「見終える」, meg-hallgat「聞き終える」, meg-beszél「話し合う」, ki-takarít「掃除し終える」

他にも興味深いものとして，いわゆる場所格交替 (locative alternation) がある．場所格交替とは本来，動詞の形態的変化をともなわず，2 つの目的語 (移動物と場所) 名詞句の格のみが変化することによって起こる構文交替であるが，ハンガリー語においては動詞接頭辞付加に関わる構文交替であることが Ackerman (1992) において指摘されている．

(27) a. A   paraszt   (rá-)rak-ta   a   széná-t
        the   peasant.NOM   onto-load-PST.3SG   the straw-ACC
        a   szekér-re.
        the   wagon-SUB
        「農夫は荷馬車に藁を積んだ．」

   b. *A   paraszt   (rá-)rak-ta   a   szekér-et
        the   peasant.NOM   onto-load-PST.3SG   the wagon-ACC
        a   széná-val.
        the   straw-INST
        Lit.「農夫は藁で荷馬車を積んだ．」

(28) a. *A   paraszt   meg-rak-ta   a   széná-t
        the   peasant.NOM   PRF-load-PST.3SG   the straw-ACC
        a   szekér-re.
        the   wagon-SUB
        Lit.「農夫は荷馬車に藁を積んだ．」

   b. A   paraszt   meg-rak-ta   a   szekér-et
        the   peasant.NOM   PRF-load-PST.3SG   the wagon-ACC
        a   széná-val.
        the   straw-INST
        「農夫は藁で荷馬車を積んだ（＝いっぱいにした）．」

(27a) と (28a) は対格接辞 -t をともなった藁の荷馬車への移動の表現である。動詞接頭辞をともなわない，あるいは動詞接頭辞 rá- をともなう (27a) は文法的であるのに対し，動詞接頭辞 meg- をともなう (28a) は非文法的である。[20] 一方，(27b) と (28b) は対格接辞 -t をともなった荷馬車の状態変化（空の状態から，藁でいっぱいになった）の表現であるが，動詞接頭辞 meg- をともなわない (27b) が非文となる．この事実は，ハンガリー語においては動詞接頭辞を付加せずには場所格交替の現象は起こらないことを示している．

最後にイベント統合の類型論に話を戻すと，類型論は，V言語は強い結果構文を好まないということと，S言語は動詞以外の要素で結果を表す傾向にあることは予測するが，S言語は強い結果構文を好むということまでは予測しない．結果述語は結果を表すための動詞以外の要素の1つに過ぎない．結果を表すためのより基本的な言語表現（例えば，中国語の方向補語やハンガリー語の動詞接頭辞など）をもつ言語であればそれを使う方が自然だと感じられるのだろう．インフォーマントによって文法性判断の基準にぶれがあるのもそのためだと考えられる．(24a) や (29a)[21] は，文法性判断の協力してくれたインフォーマント8名ともが容認できないとしたものの，うち3名は文学作品などにおいては想定範囲内であると回答している．

(29) a. *Mari   éber-re   ráz-ta
       Mary.NOM awake-SUB shake-PST.3SG.DEF

(影山 (2006))

---

[20] ハンガリー語の動詞接頭辞は様々な品詞が副詞として文法化したものであるが，方向経路を示すものが多く含まれる．Ackerman (1992) は動詞接頭辞を方向性 (directionality) に関連するか否かで，[+DIR] の素性をもつものと，[−DIR] の素性をもつものとに分けて分析を行っている．(27) では，[+DIR] の素性を持つ動詞接頭辞 rá- 'onto' によって全体は移動の意味に特化され，主題（藁）の場所（荷馬車）への移動と捉えられるのに対し，(28) では，[−DIR] の素性を持つ動詞接頭辞 meg- 'PERF' によって全体は状態変化の意味に特化され，場所（荷馬車）の状態変化と捉えられるというものである．

[21] (24a) は，影山 (2007: 43) で「bark awake タイプ」に分類され，「主動詞は本来は目的役割を持っていないが，意図的な状況において何からの目的役割がオンラインで作り上げられる」と説明されるもの，(29a) は「shake awake タイプ」に分類され，「主動詞は辞書表記として目的役割を含むが，その中身は1つに特定されていないので，慣習化の範囲内で様々な結果述語が可能」と説明されるものである．

       a   ferj-é-t.
       the husband-POSS.3SG-ACC
       Lit.「メアリーは夫を揺り起こした.」
    b. Mari   fel- ráz-ta
       Mary.NOM   up   shake-PST.3SG.DEF
       a   ferj-é-t.
       the husband-POSS.3SG-ACC
       「メアリーが夫を揺り起こした.」

5. まとめ

　本章では，異なる分野でありながら，単一の動詞の中にどのような意味概念が含まれるのかという共通する関心に基づき誕生した様態・結果の相補性仮説と Talmy の類型論について，互いにどのような点で共通し，どのような点で異なる主張であるのかを検討した．項の具現化のパターンなど，状態動詞以外の動詞を様態動詞と結果動詞に分類することで普遍的に説明できる事実は数多くあり，また確実な反証もないことから，様態・結果の相補性仮説は否定されるものではないと考える.

　一方で，動詞語根に着目して《様態》と《結果》を二分することと，言語の類型を考えることは異なる次元の話であり，様態・結果の相補性仮説における Talmy の類型論への解釈は修正する必要があることを述べた．その根拠として，言語によって，特にアスペクト性において動詞の性質が異なるとする解釈では説明できない2つの問題（①日英語における様態移動動詞と着点句の共起可能性の差異，②言語間における強い結果構文の成立要件の差異）について，ハンガリー語のデータに基づいて論じた．つまり，これらの差異は言語間で動詞の性質が異なるために生じるものではなく，個々の言語によってアスペクト解釈を変更する手続きが異なる，という個別言語的な事情によるものである.

　今後の課題としては，《様態》と《結果》の意味概念を複雑述語や接辞付加，つまり動詞と動詞，あるいは動詞に関連する要素の組み合わせで表現できる言語では，前置詞句，結果述語などを付加するというようなそれ以外の手段での結果の表現は限定的であるのではないかという問いを検証することが残

されている.松本(近刊)でも述べられているようにTalmy (1991)が衛星と呼んだ要素は「動詞関連要素 (adverbal elements)」と「名詞関連要素 (adnominal elements)」の2つに大きく分けられ,両者は特に動詞の語彙的アスペクトへの影響という点で異なるのではないかと考えられる.なお,動詞関連要素を伴う表現で《様態》と《結果》の意味概念の両方を表現する例としては日本語の「叩き割る」などの複合動詞,「叩いて割る」のようなテ形複雑述語,中国語の「打死」のような複合動詞,ハンガリー語の *tele-rak* (full-load) のような動詞接頭辞が付加された動詞などが挙げられる.

参考文献

Ackerman, Farrell (1992) "Complex Predicates and Morphological Relatedness: Locative Alternation in Hungarian," *Lexical Matters, CSLI Lecture Note No. 24*, ed. by Ivan A. Sag and Anna Szabolcsi, 55-83, Stanford University Press, Stanford.

秋田喜美・松本曜・小原京子 (2009)「移動事象は日英語話者にどう聞こえどう見えるのか:移動表現の類型論における音象徴語の位置付け」『神戸言語学論叢』No. 6, 1-19.

秋田喜美・松本曜・小原京子 (2010)「移動表現の類型論における直示的経路表現と様態語彙レパートリー」『レキシコン・フォーラム5』, 1-25, ひつじ書房, 東京.

Beavers, John, Beth Levin, and Shiao Wei Tham (2010) "The Typology of Motion Events Revisited," *Journal of Linguistics* 46, 331-377.

Beavers, John, and Andrew Koontz-Garboden (2012) "Manner and Result in the Roots of Verbal Meaning," *Linguistic Inquiry* 43, 331-369.

Bende-Farkas, Ágnes (2000) "Complex Predicates and Discourse Referents: The Case of Hungarian, Handout of Talk Given at the Workshop on Predicative Constructions, Berlin, October 2000.

Berman, Ruth A., and Dan I. Slobin (1994). *Relating Events in Narrative: A Crosslinguistic Developmental Study.* Lawrence Erlbaum Associates, Hillsdale, NJ.

Burzio, Luigi (1986) *Italian Syntax: A Government-Binding Approach,* Dordrecht, Reidel.

Carrier, Jill, and Janet Randall (1992) "The Argument Structure and Syntactic Structure of Resultatives," *Linguistic Inquiry* 23, 173-234.

Chomsky, Noam (1970) "Remarks on Nominalization," *Readings in English Transformational Grammar*, ed. by Roderick A. Jacobs and Peter S. Rosenbaum, 184-221, Ginn, Waltham, MA.

Croft, William (1991) *Syntactic Categories and Grammatical Relations*, University of Chicago Press, Chicago.

江口清子 (2007)『ハンガリー語動詞接頭辞と語形成』博士論文, 神戸大学大学院.

江口清子 (近刊)「ハンガリー語の移動表現」『移動表現の類型論』, 松本曜 (編), くろしお出版, 東京.

Fillmore, Charles J. (1970) "The Grammar of Hitting and Breaking," *Reading in English Transformational Grammar* ed. by Roderick A. Jacobs and Peter S. Rosenbaum, 120-133, Ginn, Waltham, MA.

Goldberg, Adele E. (1995) *Constructions: A Construction Grammar Approach to Argument Structure*, University of Chicago Press, Chicago.

Hale, Ken and Samuel Keyser (1987) *A View from the Middle*, Lexicon Project Working Papers 10, MIT.

Jackendoff, Ray S. (1983) *Semantics and Cognition*, MIT Press, Cambridge, MA.

Jackendoff, Ray S. (1990) *Semantic Structures*, MIT Press, Cambridge, MA.

影山太郎 (1996)『動詞意味論』くろしお出版, 東京.

影山太郎 (2001)「結果構文」『動詞の意味と構文』, 影山太郎 (編), 第6章, 大修館書店, 東京.

影山太郎 (2005)「辞書的知識と語用論的知識―語彙概念構造とクオリア構造の融合にむけて」『レキシコンフォーラム No. 1』, 影山太郎 (編), 65-101, ひつじ書房, 東京.

影山太郎 (2006)「結果構文のタイポロジーに向けて」『人文論研究』56:2, 45-61, 関西学院大学.

影山太郎 (2007)「英語結果述語の意味分類と統語構造」『結果構文の新視点』, 小野尚之 (編), 33-65, ひつじ書房, 東京.

影山太郎・由本陽子 (1997)『語形成と概念構造』研究社出版, 東京.

Kaufmann, Ingrid and Dieter Wunderlich (1998) "Cross-linguistic Patterns of Resultatives," *Working Papers 'Theory of the Lexicon' No. 109, SFB 282*, University of Düsseldorf.

岸本秀樹 (2005)『統語構造と文法関係』くろしお出版, 東京.

Koga, Hiroaki, Koloskova, Yuria, Mizuno, Makiko, and Aoki, Yoko (2008) "Expressions of Spatial Motion Events in English, German, and Russian: With Special Reference to Japanese," *Typological Studies of the Linguistic Expression of Motion Events, Volume II. A Contrastive Study of Japanese, French, English, Russian, German and Chinese: Norwegian Wood*, ed. by Christine Lamarre, Toshio Ohori and Takahiro Morita, 13-44, 21st Century COE Program Center for Evolutionary Cognitive Sciences at the University of Tokyo.

Langacker, Ronald (1987) *Foundations of Cognitive Grammar, Vol. 1: Theoretical Prerequisities*, Stanford University Press, Stanford.

Langacker, Ronald (1991) *Foundations of Cognitive Grammar, Vol. 2: Descriptive Application*, Stanford University Press, Stanford.
Levin, Beth (1993) *English Verb Classes and Alternations*. University of Chicago Press, Chicago.
Levin, Beth (to appear) "Verb Classes Within and Across Languages," *Valency Classes: A Comparative Handbook*, ed. by Bernard Comrie and Andrej Malchukov, De Gruyter, Berlin.
Levin, Beth and Rappaport Hovav (1986) "The Formation of Adjectival Passives," *Linguistic Inquiry* 17, 623-661.
Levin, Beth and Rappaport Hovav (1995) *Unaccusativity: At the Syntax-Lexical Semantics Interface*, MIT Press, MA.
Levin, Beth and Rappaport Hovav (2013) "Lexicalized Meaning and Manner/Result Complementarity," *Subatomic Semantics of Event Predicates*, ed. by Boban Arsenijević, Berit Gehrke and Raphael Marín, 49-70, Springer, Dordrecht.
Marantz, Alec (1993) "Implications of Asymmetries in Double Object Constructions," *Theoretical Aspects of Bantu Grammar*, ed. by Sam Mchombo, 113-150, CSLI Publications, Stanford.
Matsumoto, Yo (1996) *Complex Predicates in Japanese: A Syntactic and Semantic Study of Notion 'Word,'* CSLI Publications and Kurosio, Stanford and Tokyo.
松本曜 (1997)「空間移動の言語表現とその拡張」『日英語比較選書 6：空間と移動の表現』, 中右実(編), 第 II 部, 125-230, 研究社出版, 東京.
Matsumoto, Yo (2003) "Typologies of Lexicalization Patterns and Event Integration: Clarifications and Reformulations," *Empirical and Theoretical Investigations into Language: A Festschrift for Masaru Kajita*, ed. by Shuji Chiba et al, 403-418, Kaitakusha, Tokyo. [Reprinted in *Cognitive Linguistics (Critical Concepts in Linguistics)* Vol. III, ed. by Adele E. Goldberg, 422-439, Routledge, London, 2011.]
松本曜 (2014)「日本語の空間移動表現：通言語的実験から捉える」『国語研プロジェクトレビュー』4:3, 191-196.
松本曜 (近刊)「移動表現に関する課題」『移動表現の類型論』, 松本曜(編), くろしお出版, 東京.
松本曜・井上京子 (2003)「意味の普遍性と相対性」『認知意味論』, 松本曜(編), 第 6 章, 251-294, 大修館書店, 東京.
Permutter, David (1978) *Impersonal Passive and the Unaccusative Hypothesis*, BLS 4, 157-189.
Pesetsky, David (1995) *Zero Syntax: Experiencers and Cascades*, Cambridge, MIT Press, MA.
Pinker, Steven (1989) *Learnability and Cognition: The Acquisition of Argument*

Structure, Cambridge, MIT Press, MA.

Pustejovsky, James (1995) *The Generative Lexicon*, Cambridge, MIT Press, MA.

Rappaport Hovav, Malka and Beth Levin (1998) "Building verb meanings," *The Projection of Argument Structures: Lexical and Compositional Factors*, ed. by Mariam Butt and Wilhelm Geuter, 97-134, CSLI Publications, Stanford.

Rappaport Hovav, Malka and Beth Levin (2010) "Reflections on Manner/Result Complementarity," *Lexical Semantics, Syntax, and Event Structure*, ed. by Malka Rappaport Hovav, Edit Doron and Ivy Sichel, 21-38, Oxford University Press, Oxford.

Simpson, Jane (1983) "Resultatives," *Papers in Lexical Functional Grammar I*, ed. by Lori Levin, Malka Rappaport and Annie Zaenen, 143-157, Indiana University Linguistics Club, Bloomington.

Slobin, Dan I. (1996) "From 'Thought and Language' to 'Thinking of Speaking'," *Rethinking Linguistic Relativity*, ed. by J. Gumperz and S. Levinson, 70-96, Cambridge University Press, Cambridge.

Slobin, Dan I. (2004) "The Many Ways to Search for a Frog: Linguistic Typology and the Expression of Motion Events," *Typological and Contextual Perspectives,Relating Events in Narrative vol. 2*, ed. by Sven Strömqvist and Ludo Verhoeven, 219-257, Lawrence Erlbaum, Mahwah, NJ.

Talmy, Leonard (1985) "Lexicalization Patterns: Semantic Structure in Lexical Forms," *Language Typology and Syntactic Description 3: Grammatical Categories and the Lexicon*, ed. by Timothy Shopen, 57-149, Cambridge University Press, Cambridge.

Talmy, Leonard (1991) "Path to Realization: A Typology of Event Conflation," *Proceedings of the Seventeenth Annual Meeting of the Berkeley Linguistic Society*, 480-519, Berkeley Linguistic Society, University of California, Berkeley.

Talmy, Leonard (2000) *Towards a Cognitive Semantics II*: Typology and Process in Concept Structuring, Cambridge, MIT Press, MA.

Tenny, Carol (1994) *Aspectual Roles and the Syntax-Semantics Interface*, Kluwer, Dordrecht.

當野能之・呂仁梅 (2003)「着脱動詞の対照研究:日本語・中国語・英語・スウェーデン語・マラーティー語の比較」『世界の日本語教育』13, 127-141.

Vendler, Zeno (1967) *Linguistics in Philosiphy*, Cornell University Press, Ithaca, NY.

Washio, Ryuichi (1997) "Resultatives, Compositionality and Language Variation," *Journal of East Asian Linguistics* 6:1, 1-49.

Wechsler, Stephen and Bokyung Noh (2001) "On Resultative Predicates and Clauses," *Language Science* 23, 391-423.

Wienold, Götz (1995) "Lexical and Conceptual Structures in Expressions for Movement and Space: with Reference to Japanese, Korean, Thai, and Indonesian as Compared to English and German," *Lexical* knowledge in the Organization of Language, ed. by Urs Egli, Peter E. Pause, Christoph Schwarze, Arnim Von Stechow and Götz Wienold, 301-340, John Benjamins, Amsterdam.

Zlatev, Jordan and Yangklang, Peerapat (2004) "A Third Way to Travel: The Place of Thai in Motion-Event Typology," *Relating Events in Narrative, vol. 2: Typological and Contextual Perspectives,* ed. by Sven Strömqvist and Ludo Verhoeven, 159-190, Lawrence Erlbaum, Mahwah, NJ.

第 13 章

様態表現の類型論における様態の典型性[*]

秋田　喜美
名古屋大学

1. はじめに

　Talmy (1991) 以来の事象フレームの類型論における主たる関心は，各言語が空間移動の経路（path）をどのように表すかであった．一方，「どのような仕方で移動するか」という様態（manner）は空間移動の重要な構成要素とされながらも，その表現の類型は経路表現の類型論に依存するものとして副次的に扱われてきた．本章では，この想定が不十分であるという認識を出発点に，特に様態の「典型性」(typicality) という観点から様態表現の類型論を考察する．具体的には，英語およびいくつかの言語を用いた量的調査に基づき，以下の 2 つの通言語的な提案を行う．

(1) a.　典型的な様態ほど動詞として語彙化されやすい．
　　 b.　典型的な様態ほど節の主要部に現れやすい．

---

[*] 本章は，日本英語学会第 7 回国際春季フォーラム（於同志社大学，2014 年 4 月 19 日）で行われたワークショップ "Revisiting Talmy's Framing Typology" にて "Manner and the framing typology" という題目で発表した内容に改訂を加えたものである．編者の由本陽子先生と小野尚之先生，2 名の査読者のほか，同ワークショップの構成員，さらにデータ収集において貴重な情報をご提供くださった江口清子氏，河内一博氏，守田貴弘氏，長屋尚典氏，高橋清子氏，山本恭裕氏に心より謝意を表したい．本章に残る問題点はすべて著者の責任である．本研究は科学研究費補助金（若手研究（B），no. 24720179：基盤（C），no. 25370425）およびスペイン経済・競争力省補助金（FFI2013-45553-C3）の補助を受けている．

(1a) は語彙レベル，(1b) は統語・言語使用レベルの仮説である．様態の典型性という尺度は事象フレーム類型を問わず働くと考えられ，このことは，認知意味類型論における詳細な意味分析の重要性を例示するものといえる．

本章の構成は以下のとおりである．2 節では，事象フレームの類型論の中で様態表現がどのように扱われてきたかをまとめる．3 節では，「様態の典型性」に関する Croft et al. (2010) の提案および関連研究の指摘を紹介する．4 節では，本章における「典型性」の指標を提示した上で，検証すべき仮説を引き出す．5 節では語彙化に関する仮説 (1a)，6 節では構文選好に関する仮説 (1b) を，いずれも主に量的データに基づき検証する．7 節は本章の締め括りとして，より広い視点からまとめと展望を述べる．

2. 事象フレームの類型論における様態表現

Talmy (1991, 2000) による事象フレームの類型論は，複雑事象の中核をなす「枠付け事象」が各言語でどのように表現されるかを論じることから，「枠付け類型論」とも呼ばれている．枠付け事象とは，研究の中心となっている空間移動事象でいえば，移動の経路によって定義される．これは，移動事象の骨格が〈内→外〉や〈上→下〉といった経路によって規定されることによる（事象フレームの類型論の概要については序章を参照）．

この議論において「様態」とは，下に引用するように，枠付け事象とそれを肉付けする「共事象」(Co-event) との関係の 1 つとして定義される．

> In the Manner relation, ... the Co-event co-occurs with the Motion event and is conceptualized as an additional activity that the Figure of the Motion event exhibits — an activity that directly pertains to the Motion event but that is distinct from it. In this conceptualization, the Co-event can "pertain" to the Motion event in several ways, such as by interacting with it, affecting it, or being able to manifest itself only in the course of it. (Talmy (2000: 45))

様態は経路と相補的な関係をなすと想定される (Beavers et al. (2010)，江口（本書），境（本書），臼杵（本書））．実際，経路を主に主動詞（例：entró（入る））で表すスペイン語では，flotando（浮きながら）という様態動詞の分詞

形が用いられる．一方で，経路を不変化詞（例：up）や前置詞（例：into）といった主動詞以外の要素で表す英語では，float という様態動詞が代わりに主動詞の位置を占める．このように，様態表現の類型論は，一見，事象フレームの類型論に依存しているかのように見える（Wienold (1995), Slobin (2000) も参照）．

一方で，様態表現の類型論は，事象フレームの類型論と完全には相関しないことも指摘されている（Matsumoto (2003 [2011]), Slobin (2004), Beavers et al. (2010)）．例えば，英語が衛星枠付け言語であることと，様態移動動詞を豊富に持つこと（Levin (1993) の英語動詞のリストなどを参照）が関連づけられることがある（Wienold (1995)）．しかし，例えば Matsumoto (2003 [2011]) が指摘するように，動詞枠付け言語の中にも，フランス語のように比較的様態移動動詞に富む言語も存在する．そのため，事象フレームの類型論（経路表現の類型論）と様態表現の類型論は，部分的に相関することはあっても，全く同一視することはできない（Akita (to appear)）．本章は，この可能性を追究していく．

3. 様態の典型性

本章は，様態表現の類型論の 1 つの構成要素として，近年 Croft et al. (2010) によって提案された「様態の典型性」に着目する．この観点自体は必ずしも新しいものではなく，関連する尺度が Croft et al. 以前にも時折持ち出されている．とはいえ，それらの尺度は明確な客観的指標を共有してはいないため，まずはそれぞれを概観しておく必要がある．以下，Croft et al. を含め 3 つの指摘を紹介する．

3.1. 典型性

Croft et al. (2010) は様態と結果（経路を含む）の組み合わせの典型性・自然さをもとに，以下のような普遍的一般化を提案している．

> ... more typical or natural process + result combinations in complex events will be encoded in more highly integrated morpho-syntactic constructions ... （Croft et al. (2010: 225)）

すなわち，典型的で自然な様態・経路の組み合わせは，非典型的で不自然なものに比べ統合度の高い形態統語構文で実現されやすい，という提案である．この形態統語的統合度については，(2) の階層を設定し，右に行くほど統合度が低くなるとする．

(2) 二重枠付け構文（double framing），衛星枠付け構文（satellite framing）＞動詞枠付け構文（verb framing），複合動詞構文（compounding）＞等位接続構文（coordination）[1]

(Croft et al. (2010: 220) を改訂)

Croft et al. は，ブルガリア語，日本語，アイスランド語において，様態の典型性による形態統語的実現可能性の差を指摘する．例えば，日本語における〈外→内〉という移動を表す表現として，「{走っ／這っ／浮い} て○○に入る」という「等位接続」型のテ形接続とされる構文はいずれも問題ないが，より統合度の高い複合動詞については「{駆け／*這い／*浮き} 込む」のような差が見られる．これは，内部への移動の様態として走行は典型的だが，腹這いや浮遊は非典型的であることに起因するという．同様に，「{歩い／?踊っ} て横切る」や「{*歩き／踊り} ながら横切る」という対比が得られるのも，ある場所を横切る移動の様態として，歩行は典型的だが舞踏はそうではないことによる，という説明になる（Kawachi (2014) も参照）．

---

[1] 形態統語的統合度とは，様態表現と経路表現の依存関係として捉えられている (Croft et al. (2010: 221-222))．まず，等位接続構文（例：走りながら出る）では様態と経路が別個の節で表されており，統合度が低い．一方，動詞枠付け構文（例：come running）における様態副詞的表現（例：running）や，複合動詞構文（例：走り出る）における様態を表す非主要部動詞（例：走り）は，動詞であろうとそのままの形では単独で生起できず，その意味で経路動詞（例：come, 出る）に依存している．さらに，衛星枠付け構文（例：run out）における経路衛星（例：out）のほか，(i) の二重枠付け構文における 2 つの経路形態素（動詞接頭辞 vy-（外へ）と前置詞 iz（から））も，様態を表す主動詞なしでは生起できない．

(i) Ja **vy-** bežal **iz** doma. (ロシア語)
　　I **out-** ran **from** house:GEN
　　'I ran out of the house.'

(Croft et al. (2010: 208)；もとは Talmy (1985: 105))

すなわち，査読者のご指摘の通り，形態統語的統合度とは例えば一語性（wordhood）とは関連しつつも異なる概念と考えられる．注 2 も参照．

6節で扱う英語については，これらのいずれの移動様態・経路も衛星枠付け構文で表現可能である（{run/crawl/float} into, {run/dance} across）．一方，動詞枠付け構文は，基本的に直示動詞 come/go を主動詞とする例に限られるという特徴がある（例：come running vs. *enter the room running）．[2]

3.2. 内在性

関連する観察として，Allen et al. (2007: 42) はアニメーションを用いた心理学的実験により，様態の「内在性」(inherence) と統語的実現の関係を論じている．彼らによれば，成人英語話者は，偶発的 (incidental) な様態を伴う移動（例：くるくるスピンしながら坂を下る移動）よりも，内在的な様態を伴う移動（例：回転により坂を登る移動）について，頻繁に衛星枠付け構文，つまり統合度の高い構文を用いたという．逆に，内在的な様態を伴う移動よりも，偶発的な様態を伴う移動について，頻繁に統合度の低い動詞枠付け構文を用いたという．Croft et al. の観察と異なるのは，彼らが各様態動詞による特定の構文への生起可能性を論じているのに対し，Allen et al. は特定の構文の使用のされやすさ（選好）を論じている点である．Allen et al. が行ったような発話実験において，ある構文が使用されなかった理由としては，別の構文が選好されたという場合と，そもそもその構文が使用不可能であったという場合が考えられる．本章ではこの点を踏まえて，複数の構文が使用可能な文法的環境における構文選好を議論することにする（Slobin (2000) など参照）．[3]

典型性と内在性は，異なりつつも大部分が重なる概念と考えられる．ある

---

[2] Croft et al. (2010) では述べられていないが，様態・結果の組み合わせの典型性（ないし因果関係の強さ）を形態統語的統合度と関連づけるという考えは，Van Valin and LaPolla (1997) が論じる類像的 (iconic) な統語モデルと親和性を持つ．すなわち，(2) における形態統語構文の3分法は，Van Valin and LaPolla の指示役割文法 (Role and Reference Grammar) により精密化される可能性がある．

[3] 様態の内在性・偶発性という概念は，Talmy (2000: 46) の共事象の分類における「様態」(Manner) と「付随事象」(Concomitance) の区別（ないし連続体）に関連するものと思われる．Talmy は，様態の例としてランプを通り過ぎるコマのスピン運動を，付随事象の例としてパーティーへ行く女性による緑のドレスの着用を出している．前者は移動（経路）にとって直接的な原因となりうるが，後者はなりそうにない．Allen et al. のいう「内在的な

移動にとって内在的な共事象であれば,それは典型的な共事象といえよう.
一方,ある移動にとって典型的な共事象は,必ずしも内在的な共事象とは限
らない.会社訪問におけるスーツの着用がその一例である.

3.3. 基本性

さらに関連する議論として,様態の「基本性」(basicness) と動詞としての
語彙化の関係が指摘されている.Wienold (1995: 314) は日本語,韓国語,
タイ語,Matsumoto (2003 [2011]: 409) は日本語,英語,ドイツ語,フラン
ス語,ヒンディー語,ツワナ語などの例をもとに,歩行,走行,飛行,遊泳
といった基本的な様態を表す動詞は非常に多くの言語に存在する,との考え
を述べている (Slobin (1997, 2000), Oh (2003) も参照).「基本性」という
用語は,典型性や内在性のみならず中立性や馴染み度などとも解釈可能であ
るが (Akita (to appear)),いずれにしても,これらの概念の適用範囲は大部
分が重なるものと考えられる.

4. 典型性の指標

前節で見たように,典型性に類する概念は,いくつかの事象フレームの類
型論研究で用いられてはいるものの,その指標は直感的なものに留まってい
る.そこで本章では,英語コーパスにおける様態移動動詞の延べ頻度(出現
回数)を,各動詞が表す様態の典型性の指標とすることで,語彙化と構文選
好に関する仮説の量的検証を試みる.

この指標の援用には,2つの想定が必要となる.1つは,典型的な様態は
非典型的な様態よりも頻繁に言及されるという想定である (Gries (2006) ほ
か参照).もう1つは,移動様態の典型性は経路の種類によって劇的には変
わらないという想定である.例えば,腹這いという移動様態は,部屋の中へ
の移動であろうと,部屋を横切る移動であろうと,成人の移動様態としては
非典型的と考えられる.

本章では,Levin (1993: 265-266) の動詞分類における run 系動詞 124 語
を対象とし,British National Corpus (BNC) における各動詞の延べ頻度を

様態」は,このコマの例よりもさらに様態性の高いものと考えられる.

参照した．得られた用例は，すべてが様態移動動詞の例というわけではなかった．例えば，run の用例には〈営む〉という意味の他動詞用法や，解析エラーによる名詞の run も含まれていた．こうした例をデータから排除するため，各動詞についてランダムに得た 50 件の用例（50 件以上の用例が得られた動詞は 103 語）を確認し，そのうちの様態移動動詞用法の割合を算出した．例えば，run は 50 例中 16 例（32.000％）が様態移動動詞の用例であった．この動詞は BNC に 38,304 例見られるため，その 32.000％ に当たる 12,257 例がコーパス全体における様態移動動詞用法の推定頻度となる．図 1 に，この方法で得られた様態移動動詞の延べ頻度の概要を示す．上位 5 語 (walk, run, fly, climb, jump) はとりわけ頻度が高く，3,000 件を越えている．これらの動詞は，上述の研究でも典型的・内在的・基本的と見なされており，頻度という指標の有効性が窺われる．一方で，scutter や traipse といった動詞については，様態移動動詞用法が 1 件も得られなかったため，コーパス全体での推定頻度も 0 件となった．

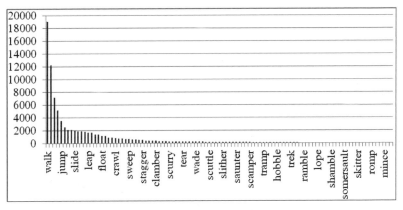

図 1．英語様態移動動詞の推定延べ頻度

以上を踏まえた上で (1) の仮説から導き出される具体的予測は，以下の 2 つである．

(3) 英語動詞の頻度が高い（＝典型性が高い）様態は：
 a. 他言語でも動詞として存在しやすい．(< (1a))
 b. 統合度の高い衛星枠付け構文に生じやすい．(< (1b))

(3a) の予測は，3.3節で紹介した様態の「基本性」と動詞としての語彙化の関係を具体化したものである．すなわち，各英語様態移動動詞の延べ頻度と，それに対応する動詞を持つ言語の数は正の相関を示す，という予測である．一方，(3b) の予測は，3.2節で述べた様態の「内在性」と構文選好の関係を，量的に検証可能な課題にしたものである．すなわち，各英語様態移動動詞の延べ頻度と，その衛星枠付け構文への生起率は正の相関を示す，という予測である．以下，両予測がどれほど成り立つかを見ていく．

5. 研究1：語彙化

まず，語彙化に関する予測については，ある程度支持する結果が得られた．本章で対象としたのは以下の19言語である．[4,5]

(4) a. 動詞枠付け言語：
イロカノ語（山本 (2014)），トルコ語（Özçalişkan and Slobin (2003)），スペイン語 (Slobin (2000), Ibarretxe-Antuñano (2004))，バスク語 (Ibarretxe-Antuñano (2004))，韓国語 (Wienold (1995))，シダーマ語 (Kawachi (2007), 河内（近刊))，フランス語 (Fong and Poulin (1998), Morita (2009))，イタリア語 (Cardini (2008))，日本語（松本 (1997))，ツワナ語 (Schaefer (1985))，ヒンディー語 (Narasimhan (2003))，ビルマ語（松本 (2004))

b. 衛星枠付け言語：
ロシア語 (Soschen et al. (2005))，ドイツ語 (Wienold (1995))，ハンガリー語（江口（近刊)），スウェーデン語（當野 (2005))，クプサピニ語 (Kawachi (2014))，中国語 (Chen and Guo (2009))，タイ語 (Wienold (1995), Takahashi (1997))

---

[4] 括弧内は様態移動動詞一覧の出典である．これらのうち，包括的なものはごく一部であるため，本調査は準備的な性質を持つといえる．

[5] (4b) のうち，動詞連続における主要部が決めがたい中国語とタイ語は，中間タイプの言語（equipollently-framed language）とされることもある (Slobin (2004) ほか)．

本調査では，英語は特に様態動詞に富み，様態移動動詞の言語間比較において比較基準を提供してくれると想定した．具体的には，(4) の各動詞一覧における英訳および和訳をもとに，これらの言語が各英語様態移動動詞に相当する動詞を有するか否かを検証した．[6]

結果は，(3a) の予測を支持するものとなった．すなわち，英語における各様態移動動詞の延べ頻度と，それに相当する動詞を持つ言語の数（最大 19 言語）の間に正の相関が得られた（$r = .688$, $N = 103$, $p < .001$）．したがって，典型性の高い様態ほど，それを表す動詞が通言語的に存在しやすいことになる．図 2 は，英語様態移動動詞 103 語を頻度順に 3 等分し，それらに相当する各言語の動詞の数をまとめたものである．英語動詞として頻度の高い様態（＝典型的な様態）ほど，通言語的に存在しやすいことが分かる．

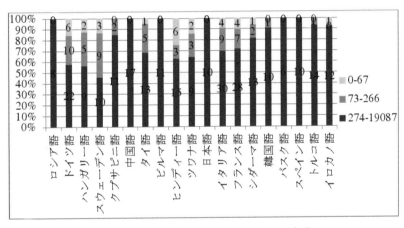

図 2. 様態の典型性と動詞としての語彙化

すべてないしほとんどの言語で相当する様態移動動詞が得られた語としては，(5) の walk のほかに，run, fly, jump, slide, roll, crawl などが挙げられる．

(5) walk: ходить（ロシア語），gehen（ドイツ語），gyalogol（ハンガ

---

[6] この調査法は，(4) の動詞一覧における翻訳に大きく依存することとなるが，研究の第一歩としては有意義と考えた．

リー語），gå（スウェーデン語），wąstą́ą́te/wǫstǫ́ǫ́te（クプサピニ語），zǒu（中国語），dəən（タイ語），hyau'（ビルマ語），chalnaa（ヒンディー語），-tsàmày-（ツワナ語），歩く（日本語），camminare（イタリア語），marcher（フランス語），k'aaf-（シダーマ語），ketta（韓国語），ibili（バスク語），caminar（スペイン語），yürümek（トルコ語），pagna（イロカノ語）

一方，scuttle, hurtle, slither, trundle, sidle, canter などは英語以外の言語では相当する動詞が見出しにくかった．英語，ドイツ語，中国語，イタリア語，日本語の包括的な対応表を付録 A に収録する．

以上のように，英語を含めた 20 言語の語彙的状況は，様態の典型性と範疇的実現の関係性をある程度支持するものと考えられる．

6. 研究 2：構文選好

つづいて，様態の典型性と構文選好の関係性について，英語を例に検証する．基盤とするのは引き続き BNC である．ここでは，50 件以上の用例が得られた 103 語の様態移動動詞それぞれについて，ランダムに採取した 50 件の用例がどういった構文をとっているかを見た．4 節と同様の方法で，その結果からコーパス全体における構文分布を推定し，典型性（＝各動詞の推定延べ頻度）との関係を探った．得られた構文タイプは非常に限られており，衛星枠付け構文（例：run into the room）と動詞枠付け構文（例：come running）のほかは，本研究では対象外となる非移動動詞用法（4 節を参照）のみであった．[7]

結果は，量的指標では (3b) の予測を明確に支持することができず，英語様態動詞の延べ頻度と，統合度が高いとされる衛星枠付け構文への生起率の

---

[7] 典型的な様態であれば，改めて言語化されなくとも推測可能であるため言及自体がなされない，という可能性も考えられる (Akita and Matsumoto (in preparation))．本調査は，様態が言及された場合の構文選好を対象とするため，この問題については保留となるが，今後「言語化されない」という選択肢も含めた包括的な調査が望まれる (Matsumoto (2013))．そうした調査においては，英語の go やドイツ語の gehen（歩く，行く）などのデフォルト移動動詞の存在も考慮に入れる必要があろう．

間には有意な相関は得られなかった ($r = .097$, N = 103, $p = .329$). これは, 英語における衛星枠付け構文への選好が極端であることによる, いわゆる天井効果である (3.1 節末参照). 実際, 多くの様態動詞が衛星枠付け構文のみで観察され, 全体としても同構文への平均生起率は 97.626％にも達し, さらに衛星枠付け構文への生起率が最低であった hike でさえも 77.778％と高い数値をとどめた (全体の集計結果については付録 B を参照).

一方で, 質的観点からは仮説 (1b) に肯定的な結果も得られた. 1 つは, 特に高頻度な様態移動動詞における動詞枠付け用法の欠如である. これらの動詞は, (6) のように, 常に統合度の高い衛星枠付け構文で用いられた.

(6) a. Carson parked the Mercedes on the forecourt off the road, and walked around to help Alison out. (G03, W_fict_prose)
 b. As soon as the doctor arrived, he ran breathlessly into the house and burst into the room without knocking. (FRK, W_fict_prose)
 c. Suddenly I have twisted the gun out of his hand — but it flies away from us across the ground. (J13, W_fict_prose)
 d. The monster still struggled to climb through a door too small for his immense frame. (HGS, W_fict_prose)
 e. He jumped down and tethered the horse. (BP1, W_fict_prose)

もう 1 つは, 頻度の低い動詞における動詞枠付け構文への比較的高い生起率である. (7) はその例である.

(7) a. She stopped as Don Gillies came hurrying over. (AN7, W_fict_prose)
 b. ... he saw me and he came dashing across all the gardens. (KE3, S_conv)
 c. Trucks would come hurtling down the hill, ... (C86, W_fict_prose)
 d. The silhouette of a small man in German uniform came shambling along the wire.' (B0U, W_biography)

e. And he went staggering back and of course the horse trough got him here and he sat down in it. (GYT, S_interview_oral_history)
f. Yeah, she came into my room running and then turned around and went out hopping! (KCW, S_conv)

これらの様態移動動詞については，速度を重要な意味側面とするものが多いように思われ，典型性以外の意味要素の関与も含め追究していく必要がある（Boas (2008) なども参照）．[8]

本節では，全体としては様態の典型性と構文選好の間には明確な関係が観察されなかったが，いくつかの個別例においてはそれが示唆された．ただし，本研究が観察対象とした動詞枠付け構文は，いずれも主動詞が直示動詞のものであったため，特別な意味制約が働いている可能性は否めない（Matsumoto (2013), Morishita (2013) 参照）．今後は，移動表現において英語よりも構文的多様性に富む言語における同様の調査が必要である．

7. 結論

本章では，様態表現の類型論における「様態の典型性」という要素の関与を，語彙化と構文選好という2局面について主として量的に考察した．その結果，典型性の高い様態は通言語的に動詞として語彙化されやすく，統合度の高い構文を選好しやすいことが窺われた．

本成果から得られる一般的な示唆として，以下の2点を強調したい．1つ目は，様態の典型性という尺度は，事象フレームの類型論とは別個に働くという点である（Matsumoto (2003 [2011]), Akita (in preparation)）．すなわち，程度の差こそあれ，動詞枠付け言語でも衛星枠付け言語でも，典型性が課する制約に従うと考えられる（Croft et al. (2010)）．この点は，事象フレームの類型論を複数のパラメターの複合体ないし副産物と考える近年の研究の流れ（Beavers et al. (2010), Imbert (2012), Matsumoto (2013)）に同調するものといえる．

---

[8] Morishita (2013) は，知覚的顕著性 (perceptual salience) という観点より同様のデータを解釈している．

2つ目は，認知意味類型論における詳細な意味分析の必要性である．典型性という意味要素は，「様態」を一括りに考える意味理論では捉えきれない情報である．さらに，Talmy (2000) による様態と付随事象の記述（注3 参照）にもあるように，典型性は程度概念である．こうした詳細かつ連続的な意味範疇を扱うには，フレーム意味論 (Fillmore and Baker (2010)) などの「百科事典」的意味観に立った，具体性の高い状況基盤の枠組みが有効である．例えば，障子という人工物を構成する百科事典的知識（障子フレーム）の中には，既に〈滑り〉の要素とともに，それと不可分である〈移動〉の要素が含まれている．そのため，障子の移動にとって〈滑り〉という共事象は常に様態となる．一方，コマの百科事典的知識（コマフレーム）の中には，〈スピン〉という要素は含まれていようが，〈移動〉という要素が含まれているとは考えにくい．そのため，コマの移動にとっての〈スピン〉の様態性はやや落ちると考えられる．さらに，ドレスフレームを考えてみると，〈ドレスの着用〉はパーティー会場への〈移動〉を目的とはするが，その因果関係はコマの移動にとってのスピンほどは強くないはずである．このように，移動の枠付け事象と共事象の因果関係は，フレームごとに詳細な程度差をもって記述していくことになる (Talmy (2000: 31) 参照)．そうした記述においては，項構造構文の研究を中心に進む，従来想定されていたよりも具体的な意味レベルでの一般化の試みがヒントを与えてくれよう (Boas (2003), Croft (2003), Iwata (2008))．

最後に，直接的な今後の課題として，本調査の範囲拡大に加えて，「典型性」の捉え直しが必要と考えられる．Croft et al. (2010) が様態と結果の組み合わせについて提案した典型性を，本章では様態（つまり枠付け事象と共事象の関係）の典型性と捉え直した上で検証した．一方で，様態の典型性は，より状況依存的に移動主 (Figure)，基準物 (Ground)，経路との組み合わせで決まる，という考え方も可能である．例えば，移動主が成人か乳幼児か，あるいは蛇かという違いは典型となる移動様態を大きく左右するし（例：歩行 vs. 這い這い vs. にょろにょろ蛇行），基準物がアスファルトなのか氷なのかも典型的移動様態の決定要因となる（例：歩行 vs. 滑り）．また，地球の重力のせいで，経路が〈下→上〉なのか〈上→下〉なのかでも，様態が大きく変わることがある（例：重い足取り vs. 軽い足取り）．さらに，「様態」と一括りにされうる複数事象の間にも因果関係が見出せる．例えば，〈心的高揚〉と

第13章　様態表現の類型論における様態の典型性

いう感情は〈スキップ〉という四肢運動パタンを導きうるし,〈疲労〉という身体的状態は〈よたよた歩き〉という特定の歩行タイプを招きうる.

　こうした概念要素間の因果関係が示唆するのは,再びフレームの関与である.すなわち,典型性のみならず様態そのものも,ある程度具体的な移動の場面ごとに定まるものであり,フレームを単位とした記述を必要とするものと考えられる.例えば,乳幼児フレームには〈這い這い〉という典型的な移動様態が,氷フレームには〈滑り〉という移動様態が含まれるといった具合である.その意味では,本調査は,これらの詳細を平均化した上での「様態の典型性」を観察したことになる.今後,特定の意味論的枠組みの導入も含め,詳細な意味分析に基づく類型論的研究が深まりを見せることを期待する.

付録A

英語様態移動動詞の推定延べ頻度と,他言語における相当動詞の有無.

	英語	頻度	ドイツ語	中国語	イタリア語	日本語
1	walk	19087	gehen	zǒu	camminare	歩く
2	run	12257	laufen, rennen	pǎo	correre	走る
3	fly	7200	streichen, fliegen	fēi	volare	飛ぶ
4	climb	5221	steigen, klettern	pá, dēng	arrampicar-e/si	這う
5	jump	3534	springen	tiào, yuè	balzare, balzellare, buttarsi, saltare, sbalzare	跳ねる
6	travel	2523	reisen			
7	swim	2118	schwimmen		nuotare	泳ぐ
8	rush	2118		qiǎng	catapultarsi	

	英語	頻度	ドイツ語	中国語	イタリア語	日本語
9	slide	2071	rutschen	liū, huá	derapare, franare, sbandare, scivolare, sdrucciolare, sgusciare, slittare, smottare	滑る
10	wander	1891			girellare, gironzolare	
11	race	1888	rasen, rennen			
12	hurry	1833	eilen	gǎn	affrettarsi	急ぐ
13	leap	1721		cuàn	balzare, balzellare, guizzare, saltare	
14	drift	1718				
15	roll	1420		gǔn	rotolare, (av/ri)voltolarsi	転がる
16	march	1374			marciare, incedere	
17	float	1196	schweben, schwimmen		nuotare	
18	creep	1191			strisciare	
19	stumble	937			inciampicare	
20	stride	915		kuà, mài		
21	crawl	861	krabbeln, kriechen	pá	strisciare	
22	bounce	794			rimbalzare	

第13章 様態表現の類型論における様態の典型性　　369

	英語	頻度	ドイツ語	中国語	イタリア語	日本語
23	dash	736	wetzen	chōng	filare, fiondarsi	
24	scramble	715				
25	sweep	708	streichen			
26	charge	637				
27	stroll	633	bummeln	duó	girellare, gironzolare, passeggiare, spaziare	
28	speed	582	rasen, sausen		accelerare	
29	stagger	531	torkeln		barcollare, traballare	
30	roam	439	streichen, streunen			
31	hop	401	hüpfen, hoppeln		saltare, salte(re)llare	
32	glide	398	schleichen, gleiten		planare, veleggiare	
33	clamber	397			inerpicarsi	
34	dart	366		yōng, pū	guizzare, irrompere, sgorgare, zampillare	
35	gallop	325		bēn	galoppare	駆ける
36	limp	325			arrancare, zoppicare	
37	scurry	297	huschen			

	英語	頻度	ドイツ語	中国語	イタリア語	日本語
38	*sneak*	295		*liū*	*intrufolarsi, sgattaiolare, squagliar-e/sela (squagliarsi, squagliarsela), svicolare, svignar-e/sela*	
39	*trot*	288	*traben*		*trottare, trotterellare*	
40	*lurch*	274				
41	*tear*	266	*preschen*			
42	*stray*	252				
43	*skip*	251	*hopsen*		*saltare, salte(re)llare*	
44	*jog*	246			*trotterellare*	
45	*wade*	242	*waten*			
46	*nip*	241				
47	*trudge*	237			*strascicarsi*	
48	*shuffle*	227	*latschen*		*(ac)ciabattare, trascinarsi*	
49	*scuttle*	224				
50	*hurtle*	218				
51	*parade*	208			*sfilare*	
52	*journey*	208				
53	*slither*	206				
54	*bound*	205				
55	*flit*	203	*flitzen*			
56	*file*	198				
57	*saunter*	183	*schlendern, zokkeln/zuckeln*			

第 13 章　様態表現の類型論における様態の典型性　　　　　　　371

	英語	頻度	ドイツ語	中国語	イタリア語	日本語
58	tiptoe	163				
59	amble	162				
60	plod	160				
61	scamper	157			zampettare	
62	prowl	145				
63	trundle	137				
64	meander	135				
65	tramp	133				
66	bolt	120				
67	totter	116			traballare	
68	sidle	113				
69	hobble	110	humpeln		arrancare	
70	strut	102				
71	troop	99				
72	inch	92	staksen			
73	trek	87				
74	lumber	87				
75	zoom	85				
76	canter	84				
77	ramble	83	streifen		bighellonare	
78	waddle	83	watscheln			
79	pad	78				
80	bowl	73				
81	lope	67				
82	stomp	65	stapfen			
83	prance	62				
84	tack	61				
85	shamble	60				

	英語	頻度	ドイツ語	中国語	イタリア語	日本語
86	hasten	57	hasten			
87	skulk	54				
88	vault	54			volteggiare	
89	somersault	52				
90	streak	51				
91	slink	50				
92	slouch	42				
93	skitter	41				
94	zigzag	37			zigzagare	
95	coast	33				
96	stump	33				
97	romp	31			scorrazzare	
98	hike	25	wandern			
99	rove	23	streifen, schweifen			
100	slog	22				
101	mince	11				
102	cavort	4				
103	backpack	4				
104	traipse	n/a				
105	toddle	n/a	zotteln		sgambettare, trotterellare	
106	scoot	n/a				
107	scud	n/a				
108	sleepwalk	n/a				
109	swagger	n/a	wandeln			
110	whiz	n/a				
111	sashay	n/a				
112	perambulate	n/a				

第 13 章　様態表現の類型論における様態の典型性　　　　373

	英語	頻度	ドイツ語	中国語	イタリア語	日本語
113	*promenade*	n/a				
114	*scutter*	n/a				
115	*scram*	n/a				
116	*skedaddle*	n/a				
117	*carom*	n/a				
118	*clump*	n/a				
119	*dodder*	n/a				
120	*frolic*	n/a				
121	*gambol*	n/a				
122	*goosestep*	n/a				
123	*lollop*	n/a				
124	*mosey*	n/a				

付録 B

英語様態移動動詞の推定延べ頻度と，衛星枠付け構文への推定生起率．

		頻度	衛星枠付け構文への生起件数	動詞枠付け構文への生起件数	衛星枠付け構文への生起率
1	*walk*	19087	13917	0	100%
2	*run*	12257	8427	0	100%
3	*fly*	7200	4628	0	100%
4	*climb*	5221	2344	0	100%
5	*jump*	3534	2790	0	100%
6	*travel*	2523	1850	0	100%
7	*swim*	2118	921	46	95.238%
8	*rush*	2118	1755	121	93.548%
9	*slide*	2071	1847	0	100%
10	*wander*	1891	1476	0	100%
11	*race*	1888	1398	0	100%

		頻度	衛星枠付け構文への生起件数	動詞枠付け構文への生起件数	衛星枠付け構文への生起率
12	*hurry*	1833	1283	183	87.500%
13	*leap*	1721	1569	39	97.561%
14	*drift*	1718	1536	0	100%
15	*roll*	1420	976	0	100%
16	*march*	1374	859	34	96.154%
17	*float*	1196	410	0	100%
18	*creep*	1191	1074	29	97.368%
19	*stumble*	937	558	0	100%
20	*stride*	915	832	42	95.238%
21	*crawl*	861	630	0	100%
22	*bounce*	794	700	23	96.774%
23	*dash*	736	613	70	89.744%
24	*scramble*	715	541	0	100%
25	*sweep*	708	708	0	100%
26	*charge*	637	509	0	100%
27	*stroll*	633	525	0	100%
28	*speed*	582	411	34	92.308%
29	*stagger*	531	287	72	80.000%
30	*roam*	439	321	0	100%
31	*hop*	401	251	10	96.154%
32	*glide*	398	294	0	100%
33	*clamber*	397	381	0	100%
34	*dart*	366	334	0	100%
35	*gallop*	325	251	0	100%
36	*limp*	325	199	7	96.429%
37	*scurry*	297	285	0	100%
38	*sneak*	295	268	9	96.774%
39	*trot*	288	183	17	91.304%

第 13 章　様態表現の類型論における様態の典型性　　　　　　　375

		頻度	衛星枠付け構文への生起件数	動詞枠付け構文への生起件数	衛星枠付け構文への生起率
40	*lurch*	274	188	8	96.000%
41	*tear*	266	266	0	100%
42	*stray*	252	194	0	100%
43	*skip*	251	198	0	100%
44	*jog*	246	73	9	88.889%
45	*wade*	242	224	0	100%
46	*nip*	241	241	0	100%
47	*trudge*	237	222	0	100%
48	*shuffle*	227	217	0	100%
49	*scuttle*	224	198	5	97.500%
50	*hurtle*	218	184	30	86.047%
51	*parade*	208	89	0	100%
52	*journey*	208	177	0	100%
53	*slither*	206	145	5	96.875%
54	*bound*	205	156	19	88.889%
55	*flit*	203	181	0	100%
56	*file*	198	198	0	100%
57	*saunter*	183	168	7	95.833%
58	*tiptoe*	163	137	3	97.674%
59	*amble*	162	158	0	100%
60	*plod*	160	126	0	100%
61	*scamper*	157	130	0	100%
62	*prowl*	145	117	0	100%
63	*trundle*	137	130	3	97.436%
64	*meander*	135	111	0	100%
65	*tramp*	133	118	4	96.774%
66	*bolt*	120	77	0	100%
67	*totter*	116	55	6	90.000%

		頻度	衛星枠付け構文への生起件数	動詞枠付け構文への生起件数	衛星枠付け構文への生起率
68	sidle	113	111	2	98.000%
69	hobble	110	100	3	96.667%
70	strut	102	65	0	100%
71	troop	99	90	2	97.727%
72	inch	92	92	0	100%
73	trek	87	75	0	100%
74	lumber	87	74	3	96.667%
75	zoom	85	85	0	100%
76	canter	84	52	2	96.154%
77	ramble	83	62	0	100%
78	waddle	83	63	2	97.059%
79	pad	78	78	0	100%
80	bowl	73	58	0	100%
81	lope	67	54	4	93.023%
82	stomp	65	63	0	100%
83	prance	62	46	3	93.750%
84	tack	61	61	0	100%
85	shamble	60	48	6	88.889%
86	hasten	57	57	0	100%
87	skulk	54	25	1	95.455%
88	vault	54	51	0	100%
89	somersault	52	24	1	95.000%
90	streak	51	51	0	100%
91	slink	50	43	2	95.349%
92	slouch	42	42	0	100%
93	skitter	41	30	0	100%
94	zigzag	37	29	0	100%
95	coast	33	33	0	100%

		頻度	衛星枠付け構文への生起件数	動詞枠付け構文への生起件数	衛星枠付け構文への生起率
96	*stump*	33	24	0	100%
97	*romp*	31	23	0	100%
98	*hike*	25	11	3	77.778%
99	*rove*	23	13	0	100%
100	*slog*	22	21	0	100%
101	*mince*	11	11	0	100%
102	*cavort*	4	3	0	100%
103	*backpack*	4	4	0	100%

参考文献

Akita, Kimi (in preparation) "The Typology of Manner Expressions: A Preliminary Look."

Akita, Kimi and Yo Matsumoto (in preparation) "Manner Salience Revisited: Evidence from Two Japanese-English Contrastive Experiments."

Allen, Shanley, Aslı Özyürek, Sotaro Kita, Amanda Brown, Reyhan Furman, Tomoko Ishizuka and Mihoko Fujii (2007) "Language-Specific and Universal Influences in Children's Syntactic Packaging of Manner and Path: A Comparison of English, Japanese, and Turkish," *Cognition* 102, 16-48.

Beavers, John, Beth Levin and Shiao Wei Tham (2010) "The Typology of Motion Expressions Revisited," *Journal of Linguistics* 46, 331-377.

Boas, Hans C. (2003) *A Constructional Approach to Resultatives*, CSLI Publications, Stanford.

Boas, Hans C. (2008) "Toward a Frame-Constructional Approach to Verb Classification," *Grammar, Constructions, and Interfaces: Special Issue of Revista Canaria de Estudios Ingleses* 57, 17-48.

Cardini, Filippo-Enrico (2008) "Manner of Motion Saliency: An Inquiry into Italian," *Cognitive Linguistics* 19, 533-569.

Chen, Liang and Jiansheng Guo (2009) "Motion Events in Chinese Novels: Evidence for an Equipollently-Framed Language," *Journal of Pragmatics* 41, 1749-1766.

Croft, William (2003) "Lexical Rules vs. Constructions: A False Dichotomy," ed. by Hubert Cuyckens, Berg Thomas, Dirven René and Klaus-Uwe Panther, 49-68,

John Benjamins, Amsterdam/Philadelphia.
Croft, William, Jóhanna Barðdal, Willem Hollmann, Violeta Sotirova and Chiaki Taoka (2010) "Revisiting Talmy's Typological Classification of Complex Events," *Contrastive Construction Grammar*, ed. by Hans C. Boas, 201-235, John Benjamins, Amsterdam/Philadelphia.
江口清子 (近刊)「ハンガリー語における移動表現」『移動表現の類型論』, 松本曜 (編), くろしお出版, 東京.
Fillmore, Charles J. and Collin Baker (2010) "A Frames Approach to Semantic Analysis," *The Oxford Handbook of Linguistic Analysis*, ed. by Bernd Heine and Heiko-Narrog, 313-340, Oxford University Press, Oxford.
Fong, Viviane and Christine Poulin (1998) "Verb Classes and Aspect Shift," ms., Stanford University.
Gries, Stefan Th. (2006) "Corpus-Based Methods and Cognitive Semantics: The Many Meanings of *to Run*," *Corpora in Cognitive Linguistics: Corpus-Based Approaches to Syntax and Lexis*, ed. by Stefan Th. Gries and Anatol Stefanowitsch, 57-99, Mouton de Gruyter, Berlin/New York.
Ibarretxe-Antuñano, Iraide (2004) "Language Typologies in Our Language Use: The Case of Basque Motion Events in Adult Oral Narratives," *Cognitive Linguistics* 15, 317-349.
Imbert, Caroline (2012) "Path: Ways Typology Has Walked Through It," *Language and Linguistics Compass* 6, 236-258.
Iwata, Seizi (2008) *Locative Alternation: A Lexical-Constructional Approach*, John Benjamins, Amsterdam/Philadelphia.
Kawachi, Kazuhiro (2007) *A Grammar of Sidaama (Sidamo), a Cushitic Language of Ethiopia*, Doctoral dissertation, University at Buffalo, the State University of New York.
Kawachi, Kazuhiro (2014) "Patterns of Expressing Motion Events in Kupsapiny," *Recent Advances in Nilotic Linguistics*, ed. by Osamu Hieda, 103-136, Tokyo University of Foreign Studies, Tokyo.
河内一博 (近刊)「シダーマ語の空間移動の経路の表現」『移動表現の類型論』, 松本曜 (編), くろしお出版, 東京.
Levin, Beth (1993) *English Verb Classes and Alternations: A Preliminary Investigation*, University of Chicago Press, Chicago.
松本曜 (1997)「空間移動の言語表現とその拡張」『空間と移動の表現』, 田中茂範・松本曜(編), 126-229, 研究社, 東京.
Matsumoto, Yo (2003 [2011]) "Typologies of Lexicalization Patterns and Event Integration: Clarifications and Reformulations," *Empirical and Theoretical Investigations into Language: A Festschrift for Masaru Kajita*, ed. by Shuji Chiba et al.,

403-417, Kaitakusha, Tokyo. [Republished: *Cognitive Linguistics*, ed. by Adele E. Goldberg, 422-439, Routledge, London.]

松本曜 (2004)「ビルマ語」神戸大学大学院文化学研究科言語学科講義資料, 2004年11月8日.

Matsumoto, Yo (2013) "Determinants of Manner, Path, and Deixis Saliency across Languages," paper presented at International Workshop SYLEX III: Space and Motion across Languages and Applications, University of Zaragoza, 21 November 2013.

Morishita, Yuzo (2013) *A Quantitative Constructional Approach to Converbal Motion Constructions in English*, Doctoral dissertation, Kobe University.

Morita, Takahiro (2009) *La catéorisation des verbes de délacement en japonais et français*, Doctoral dissertation, EHESS.

Narasimhan, Bhuvana (2003) "Motion Events and the Lexicon: A Case Study of Hindi," *Lingua* 113, 123-160.

Oh, Kyung-ju (2003) *Language, Cognition and Development: Motion Events in English and Korean*, Doctoral dissertation, University of California, Berkeley.

Özçalışkan, Şeyda and Dan I. Slobin (2003) "Codability Effects on the Expression of Manner of Motion in Turkish and English," *Studies in Turkish Linguistics*, ed. by Sumru Özsoy, Didar Akar, Mine Nakipoğlu-Demiralp, Eser Erguvanlı-Taylan and Ayhan Aksu-Koç, 259-270, Boğaziçi University Press, Istanbul.

Schaefer, Ronald P. (1985) "Motion in Tswana and Its Characteristic Lexicalization," *Studies in African Linguistics* 16, 56-87.

Slobin, Dan I. (1997) "Mind, Code, and Text," *Essays on Language Function and Language Type: Dedicated to T. Givón*, ed. by Joan Bybee, John Haiman and Sandra A. Thompson, 437-467, John Benjamins, Amsterdam/Philadelphia.

Slobin, Dan I. (2000) "Verbalized Events: A Dynamic Approach to Linguistic Relativity and Determinism," *Evidence for Linguistic Relativity*, ed. by Susanne Niemeier and René Dirven, 107-138, John Benjamins, Amsterdam/Philadelphia.

Slobin, Dan I. (2004) "The Many Ways to Search for a Frog: Linguistic Typology and the Expression of Motion Events," *Relating Events in Narrative: Typological and Contextual Perspectives*, ed. by Sven Strömqvist and Ludo Verhoeven, 219-257, Lawrence Erlbaum, Mahwah.

Soschen, Alona, Ekaterina Pechenkova, Vladimir Polyakov and Ekaterina Khomenko (2005) "Verb Lexicalization in Russian (Taken as Example Verbs of Motion)," *Text Processing and Cognitive Technologies* 11, 415-424.

Takahashi, Kiyoko (1997) "Verbs for Global Locomotory Body Motion in Thai," *Proceedings of the 16th International Congress of Linguists*. 15 pages. http://www.kuis.ac.jp/~kiyoko/GLBM.pdf

Talmy, Leonard (1985) "Lexicalization Patterns: Semantic Structure in Lexical Forms," *Language Typology and Syntactic Description, Vol. 3: Grammatical Categories and the Lexicon*, ed. by Timothy Shopen, 57-149, Cambridge University Press, Cambridge.

Talmy, Leonard (1991) "Path to Realization: A Typology of Event Conflation," *Proceedings of the Seventeenth Annual Meeting of the Berkeley Linguistics Society*, 480-519.

Talmy, Leonard (2000) *Toward a Cognitive Semantics, Vol. II: Typology and Process in Concept Structuring*, MIT Press, Cambridge, MA.

當野能之 (2005)「スウェーデン語の移動表現」関西言語学会第 30 回記念大会ワークショップ「経路の多様性と移動表現のタイポロジー」配布資料, 関西大学, 2005 年 6 月 4 日.

Van Valin, Robert D., Jr. and Randy J. LaPolla (1997) *Syntax: Structure, Meaning, and Function*, Cambridge University Press, Cambridge.

Wienold, Götz (1995) "Lexical and Conceptual Structures in Expressions for Movement and Space: With Reference to Japanese, Korean, Thai, and Indonesian as Compared to English and German," *Lexical Knowledge in the Organisation of Language*, ed. by Urs Egli, Peter E. Pause, Christoph Schwarze, Arnim von Stechow and Götz Wienold, 301-340, John Benjamins, Amsterdam/Philadelphia.

山本恭裕 (2014) 「イロカノ語バギオ方言における移動表現を含む動詞連続構文」草稿, 大阪大学.

コーパス

British National Corpus. http://corpus.byu.edu/bnc/

第 14 章

事象フレームの類型論における意味的焦点の相違
―無生物主語構文による分析―[*]

斎藤　珠代
東北大学

1. はじめに

　Talmy (1972, 1985, 2000a, b) は，動詞が経路を語彙化する言語（動詞枠付け言語），動詞が様態を語彙化し，動詞の周りにある衛星が経路を語彙化する言語（衛星枠付け言語），そして動詞が経路でも様態でもなく Figure（移動しているもの）を語彙化する言語[1] の 3 パターンに世界の言語が分かれるとしている．ここではそのうち 2 つの類型（動詞枠付け言語と衛星枠付け言語）を扱う．
　しかし，Talmy 自身も認めているが，衛星枠付け型に分類される言語である英語の状態変化事象においては，衛星枠付け型と動詞枠付け型の表現が両方とも現れる現象が多く確認されている．

(1) a.　He choked to death on a bone.（衛星枠付け）
　　b.　He died from choking on a bone.（動詞枠付け）

(1) の (a), (b) は同じ種類の出来事，つまり「彼が（骨で）のどを詰まらせ

---

[*] 本章は Morphology and Lexicon Forum (MLF) 2012（2012 年 9 月 22 日，於東北大学）の口頭発表「フレーム化言語類型論における意味的焦点の役割について」に修正を加えたものである．発表に対し，数々の貴重なコメントをいただいたことに謝意を表する．

[1] Talmy (1985) で唱えられている 3 つの類型のうち 3 つ目の型に入るのが非常に稀なタイプのアツゲウィ語で，動詞が経路でも様態でもなく Figure（移動しているもの）を語彙化するケースである．しかし，本章では中核スキーマである経路が動詞に語彙化されるか否かで 2 つの類型に分けている．

て死んだ」ことを表しているが，英語においては (1a) の衛星枠付け型も (1b) の動詞枠付け型も，両方とも口語的に用いられることを Talmy (2000a) は指摘している．Talmy (2000a) で取り上げられている同様の例は以下の通りである．

(2) a. I burnt him to death.
　　b. I killed him by burning him.
(3) a. I kicked the door shut.
　　b. I shut the door with a kick.
(4) a. I shook him awake.
　　b. I awoke him with a shake.
(5) a. *I kicked the window broken.
　　b. I broke the window with a kick.

(2)-(4) では，それぞれ，a の衛星枠付け型と b の動詞枠付け型が，いずれも口語的に用いられる．そして，(5) においては，むしろ (a) の衛星枠付け型が許容されず，(b) の動詞枠付け型のみしか容認されない．本来ならば，英語は衛星枠付け型に分類されるので，(5a) の衛星枠付け型が口語的な表現として現れるはずである．したがって，この現象は Talmy の類型論に完全には合致せず，衛星枠付け型言語とされる英語において両枠づけ型が混在していることになり，なんらかの要因が背後に働いている可能性がある．本章では，この Talmy の類型論に見られる例外的現象に意味的焦点が関わっていると考える．

　本章の主張は，衛星枠付け型と動詞枠付け型には意味の微妙な相違があり，話者が文脈や場面によってどちらかの型を選択する理由があるため，両枠付けが混在するというものである．その微妙な相違とは，状態変化における行為を焦点化するか，あるいは結果を焦点化するかという「焦点化」の違いである．具体的には衛星枠付け型の構文は結果を焦点化し，動詞枠づけ型の構文は行為，過程を焦点化すると考える．

　前述の (2)-(5) の 2 つの枠付け型はどちらも状態変化を表していることは確かだが，それでは双方の型には全く何の違いもないのだろうか．(2) の 2 つの文は同じ出来事を，衛星枠付け型と動詞枠付け型という異なる言語化の方法で表しているといえる．同じ出来事を表していることは，この 2 つ

を，影山 (1996: 45) に倣って次のように出来事の流れで図示してみると 1 つの型に収まることからわかる．すなわち次の1つの構造で両方の文のイベントを表すことができる．

(6)

　　行為から結果への流れ
　　　1：行為　　　　　　➔　　2：過程　　　　　➔　　3：結果
　　彼女が彼に火をつける　　　火が燃えて彼を焼く　　　彼が焼死する

(6) のような同一の構造を持つイベントが，2つの構文で現れているのが (2) の (a), (b) だといえる．しかし，もし (2a) と (2b) があらゆる意味において全く同一だとしたら，なぜこの2つの型が，そもそも別に存在するのかという疑問が残る．この2つの構文の含意は全く同一なのだろうか．Bolinger (1972) によると，言語的意味とは現実世界における単なる出来事の報告にはとどまらず，伝達内容の中心部分，そしてそれに対して周辺部分，話し手の態度といった多くのことを含んでいる．そして，その上でBolinger は形が違えば意味が違う，意味が違えば形が違うと主張している．この Bolinger の言うような意味と形式の一対一対応という考え方に立脚すると，(2a) と (2b) は形が違う以上含意にも何らかの相違があるといえる．本章ではその相違は，焦点化の違いであると考える．2つの構文に焦点化の違いがあるとすれば，1つの言語で2つの型が混在することも十分起こり得る．結果として英語の状態変化事象では，衛星枠付け型と動詞枠付け型が現れるのではないだろうか．

2. 状態変化における焦点化

　ではなぜ，状態変化事象では2つのパターンが生じるのだろうか．ここで，Yes, No のスコープという観点から考察してみよう．高見 (1997) は，質問と否定の答えの談話において，次のような事実を指摘している．

(7) A: Were you a teenager in the 60's?
　　B: No.
(8) A: Were you still a teenager in the 60's?

B:　No.

(高見 (1997: 18))

　(7) も (8) も答えの文は No のみで，残りがすべて省略されているが，高見によると，(7B) において否定されているのは，新情報の in the 60's の部分であり，(8B) において否定されているのは，やはり新情報の still a teenager の部分であるという．高見は，談話における Yes, No のスコープは意味的に重要度の高い部分，つまり疑問文における焦点要素にかかると述べている．
　そこで，本研究課題に適用した以下の談話を見てみよう．

　(9)　A:　Did he choke to death?（衛星枠付け）
　　　B1: *Yes, he choked, but he is still alive.
　　　B2:　No, he choked, but he is still alive.
　(10)　A:　Did he die from choking?（動詞枠付け）
　　　B1:??Yes, he died, but not from choking.
　　　B2:　No, he died, but not from choking.

(9) で A に対する答えの B1 が非文であるのは，Yes のスコープが質問文の to death を含むためである．つまり，Yes は to death も含めた命題を肯定するのであるが，B1 では，それと矛盾する but he is still alive という記述があるために非文となる．同じ理由で，B2 では否定のスコープに to death を含むので，but he is still alive とは矛盾が生じない．つまり，この疑問文の疑問の焦点は様態の choked ではなく結果の to death の方であり，その結果を否定した No で始まる文が容認可能になることがわかる．そして，(10) で A に対する B1 の答えが不自然なのは，Yes のスコープが from choking を含んでいながらそれと矛盾する but not from choking という記述があるためで，B2 は No のスコープに from choking を含むので but not from choking とは矛盾が生じない．No のスコープは意味的に重要な部分，すなわち焦点と同義なので，動詞枠付けの場合には様態が焦点となっていることが分かる．以上の談話パターンから，同じ出来事を言語化する際にも，衛星枠付け型では結果に焦点があり，動詞枠付けは行為・過程に焦点があるといえる．文脈や場面により英語話者も結果を焦点化する場合もあれば，行為を焦点化

する場合もあろう．そのために，状態変化事象において両枠付けが混在する現象がみられるのだと考えられる．

しかし，移動事象では英語はTalmyの類型論の通り衛星枠付け型を優勢に示す．[2] 焦点化に違いがあるために両フレームが混在するとすれば，状態変化事象のみならず移動事象においても焦点化の相違は存在するので，両フレームはやはり混在するはずである．この問題には，英語において存在する動詞の種類と数が絡んでいると考えられる．斎藤 (2012) において収集されたデータ[3] のうち，移動事象で動詞枠付け型を取っているデータを確認すると，使用されている動詞（経路動詞）は非常に限られており，以下の16種類であった．

(11) approach, arrive, ascend, climb, come, cross, dive, enter, fall, follow, go, leave, lift, pile, reach, return

一方で状態変化事象において動詞枠付け型を形成するのに用いられていた動詞（変化動詞）は以下の通り53種類見られた．

(12) appear, arise, awake, batter, bear, blush, break, burst, cease, clean, close, collapse, crack, darken, die, dip, disappear, discolor, distort, drench, dry, emerge, enrich, fade, flake, flush, grow, kill, light, loosen, materialize, mellow, moisten, occur, open, part, redden, remove, rise, saturate, sharpen, shoot, shut, sink, soak, tear, turn, unfasten, uproot, vaporize, weary, wound, yellow

収集したデータ総数は日本語と英語のペアで「移動」で257ペア，「状態変

---

[2] この事実はTalmy (2000a) においても主張され，斎藤 (2012) のパラレル・コーパスによる調査でも，広範囲のデータにおいて英語の移動事象は衛星枠付け型を優勢に示した．

[3] 小野 (2004) を踏襲し，パラレル・コーパスの手法を用いて収集したデータである．この手法は文学作品の原典と翻訳から手作業でデータを収集する方法で，任意のページを開き，「移動」と「状態変化」の表現を見つけたら，対訳で対応する表現を拾っていく方法である．日本語作品10作品と英語作品10作品（原典と対訳）を用い，収集したデータ総数は日本語と英語のペアで「移動」で257ペア，「状態変化」で208ペアとなった．これらのペアが動詞枠付けか衛星枠付けのどちらに適合するか確認したところ，日本語は動詞枠付け型が移動で92％，状態変化で83％を示し，英語では衛星枠付け型が移動で76％，状態変化で51％を示した．

化」で208ペアであったことを考えると，移動の方が若干データ総数が多いにもかかわらず経路動詞が少なく，状態変化においては動詞枠付け型を形成する変化動詞の比率が高いことがわかる．Matsumoto (2003) は，Manner + Motion のパターンと Path + Motion のパターンの言語があり，前者は manner language, 後者は path language と呼ばれることを指摘している．移動事象については，英語は manner language で日本語は path language と考えられており (Wienold (1995))，このことは日英語の移動事象の枠付け型に当然影響を与えていると言える．[4] Ohara (2002) も，英語は様態型の言語で移動様態動詞を多く持ち，それに対して日本語は経路型の言語で移動経路動詞を多く持つと述べている．Levin (1993) において英語の動詞の種類と数を調べると，移動動詞 (verbs of motion に分類されている247個) のうち経路が語彙化されているものが23, 様態が語彙化されているものが211となっている．移動様態動詞を使うと，経路は動詞以外の要素（サテライト）で表現せざるを得ないので衛星枠付け型になり，経路動詞を使えば当然動詞に経路が語彙化されて動詞枠付け型を示す．Levin の動詞のリストによると英語は様態動詞が多く (211個)，結果として衛星枠付け型が優勢になるといえる．以上の点から移動事象については英語は様態型といえたが，状態変化についてはどうだろうか．Levin (1993) のリストでは動詞枠付け型を形成するのに必要な変化動詞は369あり，[5] 非常に豊富であると言える．動詞枠付け型を形成する移動経路動詞の乏しさ (23個) に比べると状況が大きく違い，移動と同様のことはいえないことがわかる．[6] つまり，移動事象では移動経路動詞の少なさから衛星枠付け型を優勢に示すが，状態変化では変化動詞が豊富なため衛星枠付け型に必ずしも偏らず，他の要因が働く余地があると考えられる．その要因の1つが本研究で扱っている焦点化ではないだろう

---

[4] この区別自体が動詞／衛星枠付け言語の概念を反映したものともいえるので，なぜ移動事象の表現で衛星に偏るかを，path language だからという理由に帰することは循環論になるとも考えられるが，この点は本章では扱わず今後の課題としたい．

[5] 変化動詞369のうち，advance, climb, drop, fall, jump, rise, sink は移動動詞とも同定できるものと考えられる．

[6] Beavers et al. (2010: 6) は，使用できる言語要素の有無が枠付け型を決定する要因となると述べている．Beavers たちの挙げている使用できる言語要素には，様態動詞 (manner verb) と結果動詞 (result verb) も含まれているので，そういった動詞の有無もフレーム型を決定するということになる．本論旨もその考えに従うものである．

か.本節で取りあげたように動詞の種類と数という観点から見てみると,Talmyの5つのマクロ・イベントの中でも移動と状態変化は異なる性質を持つイベントで,同等には扱えないといえる.[7]

3. 焦点化と無生物主語構文

本節では実際の言語データから状態変化使役を集め,行為,結果いずれに焦点があるかを調べ,Talmyの衛星枠付け型と動詞枠付け型がどちらに合致するか確認していく.その際,結果に焦点がある(以降「結果焦点型」と呼ぶ)であることを同定する方法として,無生物主語構文との共起性を取り上げる.これは,続く3.1節で扱う2つの先行研究(Ikegami (1990), Green (1974))より導いたもので,具体的には無生物主語構文は結果焦点型であるという観点である.その無生物主語構文が衛星枠付け型をとる傾向があるという事実から,衛星枠付け型構文もまた,結果焦点型であるという仮定が成り立つ.

3.1. 無生物主語構文に関する先行研究
3.1.1. 使役動詞からの分析 (**Ikegami (1990)**)

Ikegami (1990) は,英語の使役動詞がどのようなふるまいをするか,SEUコーパス[8] を使って調べている.具体的には,have, let, get, make の4つの使役動詞を取り上げ,その中でも get と make が意味的焦点について,対照的なふるまいをすることを指摘し,get は「行為指向的 (action-oriented)」,make は「結果指向的 (result-oriented)」という対立があると述

---

[7] 脚注4に記したように,この議論は逆に衛星枠付け型言語だから様態動詞が多くなり,動詞枠付け型言語だから経路動詞が多くなっている可能性もあり,循環論になる恐れがあるが,ここではこれ以上論じない.

[8] SEU は Survey of English Usage の略で,1959年に Sir Randolph Quirk によって始められ,現代イギリス英語の使用実態を探るために集められたデータである.現在,University College London が中心となって作業を進めており,多くのトピック,状況,形式ばっている表現とそうでないものをカバーするコーパスである.池上が調査のために滞在した1986年から1987年時点では,口語と書き言葉の200サンプルのテキストが収められていた.

べている．以下で，Ikegami の議論に沿って get から順に見ていこう．

　Ikegami は，get は 4 つの使役動詞の内でも，使役者 (causer) の支配力を強調している動詞であると述べている．get においては，使役者 (causer) の支配力が被使役者 (causee) の自発性を大きくしのいでいる．しかし，被使役者が全く自発性を欠いているわけでもない．したがって，そこで緊張関係が生じ，意図されたイベントの成就に何らかの困難が伴うのが get の構文の特徴であるという．get のすべての事例において，使役者 (主語) は人間名詞であり，被使役者 (目的語) も圧倒的に人間名詞であった．人間名詞以外の目的語を取った例が 2 つあったが，以下の通り，やはりイベントの成就に困難が伴っているという含意がある．

(13)　A:　...because things aren't all that good at the moment.
　　　B:　yeah, but if it would be possible to get them to go up, <u>I'll try</u>, but I don't think they can. (S8.1.9)
(14)　it's the ink hasn't come out very well. I mean there the pen wasn't working properly, but it did work afterwards — it was a question of getting the ink to flow. (S11.1.53)

(Ikegami (1990: 188))

(13) においては，get them to go up の them は前の文の things を指すので人間ではないが，下線部の I'll try という表現からこの使役のイベントの成就に困難が伴っていると判断できると池上は述べている．(14) についても，目的語はインクという無生物だが，「インクが出ない，ペンが機能しない」という文脈から，インクを出すのに困難が伴っていると考えてよい．そして，get の構文においては，使役の構造は行為 (action) の構造と非常に近くなる．たとえば，コーパスの中のある会話において，I'll ask her to ring you (S9.1.1) が，I'll get her to ring you (S9.1.9) にシフトしている例があり，前者は行為動詞の ask が用いられ，後者ではそれが使役動詞の get に置き換えられている．この例は，get の行為性の強さを示していると Ikegami は考えている．つまり get 構文においては，主語は人間で，使役者の被使役者への支配力・行為性が強く，被使役者の自発性が弱い．また，イベントの成就に困難を伴っている場合が多い．そして，行為動詞に言い換えられるほど使役者の行為性が強い．

次に make についての Ikegami の観察を見てみよう．make は 4 つの使役動詞の中でも最も頻繁に用いられ，[9] 使役動詞のプロトタイプ的存在であるが，精査してみると意味的制約があることがわかると Ikegami はいう (1990: 193)．Ikegami によると，make は生物主語よりも，無生物主語とともに用いられる傾向にあり（無生物：生物が 6：4 の割合），人間の主語を取った場合も，その人間が意図的に被使役者に働きかけたという意味合いがないという．この特徴について Ikegami は次のように述べている．

> This general lack of the notion of agentivity on the part of the subject has an effect of shifting the semantic focus on the result rather than the process of causation. (Ikegami (1990: 193))

すなわち，主語の動作主性の欠如は，意味的焦点を使役の「プロセス」から「結果」へとシフトさせる効果があるということである．get に特徴的だった，使役者が被使役者に意図的に働きかけ何らかの効果をもたらそうとするような面は，make では全般に欠けていると Ikegami は言う．したがって，make の構文においては，主語は使役者（causer）というよりむしろ原因 (cause) であり，原因と結果の連鎖として make の構文は現れる．そして，make 構文においては目的語が圧倒的に人間になっている．一般的には主語の場所には人間が来やすいことを考慮すると，make において主語に無生物を，目的語に人間を取る傾向があることは注目に値することであると Ikegami は考えている．そして，人間の目的語を取った 75 例の内，40％以上が，不定詞の部分に feel (22 例) と think (10 例) を取っていた．他の事例でも心的状態あるいは感情に関する動詞 (doubt, long for, miss, pine, realize, seem, suffer, want, wonder など) を取っていた．つまり，make が表す使役関係の典型的構造は，何らかの原因が働いて，目的語である人間名詞が心的・感情的変化を起こすという構造である．

もう 1 つの make における特徴は，法助動詞と共に用いられる割合が低いということである．60 例が法助動詞を伴わずに単純現在と過去で現れたのに対して，9 例の will/would，7 例の can/could，そして may と must と should が 1 例ずつしか現れなかったので，法助動詞なしに対する法助動詞

---

[9] Ikegami (1990) では，have が 19 例，get が 38 例，make が 118 例見つかっている．

ありの割合が 3 : 1 となる.これは get が 1 : 2 と逆転していたのと比較すると,好対照を示していると Ikegami は考え,次のように述べている.

> This again reflects the result-oriented character of the causative make as contrasted with the action-oriented character of the causative get.
>
> (Ikegami (1990: 195))

つまり,Ikegami によると make には結果指向性 (result-oriented) があり,get には行為指向性 (action-oriented) があるということになる.以下で make が結果指向性を持つ具体的事例を確認していこう.

まず,Ikegami は次の 3 例を make のプロトタイプ的使用例として挙げており,すべて心的変化を表す動詞 (wonder, want, feel) が不定詞の部分に来ている.

(15) It does make you wonder whether they get money　(W12.8.7)
(16) It's made me want to study modern architecture.　(W7.31.5)
(17) ... it was making her feel a bit homesick because it was so English.
(S4.4.4)

(Ikegami (1990: 195))

上記の 3 例において,主語はすべて抽象主語の it であり,目的語は人間,不定詞は心的変化を表す動詞である.「原因」+make+「人間+心的変化」という構図である.不定詞に心的変化でなく,活動的な動詞が来る場合も,文脈から含意は心的変化であるような事例が次の (18) である.

(18) Darling — I am happy — just thinking about you makes me sort of jump around and feel all joyful.　(W7.4.8)

(Ikegami (1990: 195))

jump という動詞が来ているが,これは「あなたの事を考えるだけで,飛びあがるようで幸せになる」という文脈なので,実際に飛び上がるというよりそのような心的変化を起こすという意味である.そして心的変化以外に肉体的変化 (被使役者にコントロールする力はない) も不定詞部分に現れる.

(19) I know it nearly made me heave up my supper! (W7.5f.4)

(Ikegami (1990: 195))

上記は「吐きそうになる」という肉体的変化を引き起こす場合だが,「吐く」という肉体的変化はほとんど自然に起こるものなので,上記で確認した心的変化と同様に,コントロールは不可能であるといえる.以上のように,makeにおいては,被使役者の側の自発的な変化が典型的に現れ,使役者はそれを引き起こす「原因」のような存在になり(支配力が弱く),getにおいて被使役者の自発性が弱く,使役者の支配力が強かったこととは対照的である.

さらに,makeにおける被使役者の脱動作主化(de-agentivized)と呼ぶべき現象もIkegamiは指摘している.

(20) he uttered a low 'Uh' of approval and pleasure which made little Miss Umbrige hold her whalebone umbrella in a tightly grip.

(W6.3.208-1)

(21) She gave him one of her long loving, wistful stares, which always made him curl up his toes inside his socks with embarrassment.

(W6.3.202-2)

(Ikegami (1990: 196))

上記の(20)は「彼」の低い声が,心ならずもMiss Umbrigeに傘を固く握らせたという意味であるし,(21)では「彼女」の切ないまなざしが彼を身もだえさせたという意味なので,どちらも被使役者の側で避けることが出来ずに自然に起こったような変化で,被使役者の動作主性はかなり弱まっている.以上のように,makeの構文においては,目的語である被使役者からの抵抗はほとんどなく,結果の成就に困難が伴っていない.

そして,人間の主語の時も,makeではgetの場合と違ってその主語は意図的に働きかけているという意味合いがないと池上は述べている.

(22) the pretty girls with their straps down and their long legs just make me long for something quite different. (W5.1b.9)
(23) we make other people feel miserable. (S4.94c.8)
(24) he does rather make one talk about him. (W5.1a.45)

(Ikegami (1990: 196))

(22) では，the pretty girls が意図的に対象に働きかけて何かを切望させたというより，少女の存在そのものが被使役者の心に変化を引き起こしたと解釈できる．同じことが (23) にもいえる．主語の we は意図的に他人にみじめな思いをさせるというより，「我々」の存在が，そのような気持ちを他者に引き起こしてしまうと考えられる．そして，(24) では主語の he は「彼の人格，彼の振る舞い」と言う意味で，彼が意図的に使役者として働きかけているという意味合いは薄い．これらの例では，無生物ではなく人間の主語をとっているが，主語の動作主性は背景化している．

以上の Ikegami の観察からどのような仮定が導けるだろうか．Ikegami は，make は結果指向性が強く，get は行為指向性が強いと述べている．そして，同時に make は圧倒的に無生物主語を取り，get はすべてが人間主語であったことを指摘している．このことから，無生物主語は結果指向性が強い構文とよくなじみ，人間主語構文は行為指向性が強い構文と相性がいいという傾向があるという仮定が引き出せる．

次に同じく無生物主語構文に言及している Green (1974) を見ていこう．

3.1.2. 二重目的語構文と与格構文からの分析（Green (1974)）

Green (1974) は，二重目的語構文と与格構文の意味の違いについて論じており，ここでも，前節で見た Ikegami と同様の無生物主語と結果指向性に関する事実を見出すことができる．

まず teach と show を例にとって見てみよう．teach と show を主動詞とする構文では，二重目的語構文の方が結果の達成を含意するのに対して，与格構文は必ずしも含意しないことを Green は指摘している．同じイベントを 2 通りで表している次の teach の例を見てみよう．

(25) a. Mary taught John linguistics.
　　 b. Mary taught linguistics to John.

(Green (1974: 157))

(25a) は，二重目的語構文で，John が言語学を習得した，という結果の成就を含意する．それに対して，(25b) の与格構文では必ずしもその含意がある必要はなく，John はただ単に言語学の授業の受講生であっただけで，習得の達成には至っていなくても構わない．その意味で，(25) の (a) と (b) は同

第14章 事象フレームの類型論における意味的焦点の相違

義ではない．この事実は次の例文 (26) により証明される．

(26) a. In 1955 they taught arithmetic to children, but they didn't teach them anything.

b. *In 1955 they taught children arithmetic, but they didn't teach anything to them.

(Green (1974: 158))

上の文はどちらも，結果の成就を後に続く文がキャンセルしている例文であるが，(26a) は容認可能なのに対して，(26b) は容認不可能である．これは，(26a) の与格構文が結果の成就をキャンセルできる，つまり前の文は結果まで意味に含んでいないのに対して，(26b) の二重目的語構文は結果の成就まで含意しているので，それをキャンセルすると矛盾を起こしてしまうということを示している．この容認度の違いからは確かに，二重目的語構文が結果を含意し，与格構文はそうではないということが明らかになる．同じことは show にもいえる．

(27) a. John showed Fido a bone.
b. John showed a bone to Fido.

(Green (1974: 158))

(27a) は二重目的語構文で，Fido は骨を知覚しているという結果の達成まで含意する．しかし (27b) の与格構文の方は，この含意がある場合とない場合の両方の解釈ができる．John は Fido に骨を見せたつもりであるが Fido は違う方角を見ていて気付いていない場合でもこの構文は取れる．

以上の通り，二重目的語構文は結果の成就を含意し，与格構文は必ずしもそうではないことが分かったが，Green はさらに，この２つの構文のうち二重目的語構文の方のみが無生物主語を許すという点を指摘している．

(28) a. Several mistakes taught John the secrets of Chinese cooking.

b. *Several mistakes taught the secrets of Chinese cooking to John.

(29) a. Being criticized taught John criticism.

b. *Being criticized taught criticism to John.

(30) a. A little experience will show Mary the absurdity of that claim.

b. *A little experience will show the absurdity of that claim to Mary.
(31) a. Interviewing personnel managers will show Mary the meaning of sexism.
b. *Interviewing personnel managers will show the meaning of sexism to Mary.

(Green (1974: 158-159) 改編)

(28) から (31) のすべてにおいて, (b) の与格構文は無生物主語を許容しない. 以上の例から, Green は teach と show にそれぞれ 2 種類あることを提案している (それぞれ, teach1, teach2, show1, show2 としている). teach1 と show1 は二重目的語を取り結果成就を含意する意味構造を持つ動詞としての teach, show で, teach2 と show2 は与格構文を取り結果成就について未定の意味構造をもつ動詞としての teach と show である. そして, teach1, teach2, show1, show2 の意味構造を以下のように定義している.

(32) 二重目的語構文
　　a. teach1
　　　 Subject CAUSE i.o. to "LEARN" d.o. BY TEACHING d.o.
　　b. show1
　　　 Subject CAUSE i.o. to "PERCEIVE" d.o. BY MAKING MANIFEST d.o.
(33) 与格構文
　　a. teach2
　　　 Subject INTENDING i.o. to "LEARN" d.o., subject TEACH d.o.
　　b. show2
　　　 Subject INTENDING i.o. to "PERCEIVE" d.o., subject MAKE-MANIFEST d.o.

(Green (1974: 162))

この意味構造は, 二重目的語を取る方の teach と show (teach1 と show1) は目的語の状態変化を必ず起こしている (CAUSE によって示されている) のに対して, 与格構文の teach と show (teach2 と show2) では, 明らかなのは主語の意図性のみである (INTEND によって示されている) ということを

表している．たとえば次の例で確認してみよう．

(34) a.　Greta showed Sam the meaning of true love.
　　 b.　Greta showed the meaning of true love to Sam.

(Green (1974: 158))

(34a) では，主語に必ずしも意図性はなく，単に Greta の Sam に対する振る舞いや行動が図らずも真実の愛の意味について Sam に教えたという解釈が可能だが，(34b) では，Greta は意図的に Sam に理解させようとして，言葉で，あるいは哲学的描写で真実の愛について示したという含意になると Green は述べている．

そして，二重目的語構文と与格構文の意味の差が出ない動詞とされる give でさえも，容認度に差が出る場合があることを Green は指摘している．give は以下のように人間主語を取った場合，この 2 つの構文で意味は同義となると考えられている．

(35) a.　Mary gave John an apple.
　　 b.　Mary gave an apple to John.

(Green (1974: 157))

上の 2 つの文はどちらも John にリンゴが渡っているという点で同義である．しかし，同じ give でも肉体的・精神的状況に変化を与える表現の場合には，以下のように相違が出る．

(36) a.　Mary gave John an inferiority complex.
　　 b.　*Mary gave an inferiority complex to John.
(37) a.　Mary gave John a cold.
　　 b.　*Mary gave a cold to John.[10]

(Green (1974: 83))

---

[10] give の構文において，与格構文 (give something to someone) の方は移動事象の衛星枠付け型と似ているように見えるが (walk to school に類似している)，give の構文はマクロ・イベントではないので Talmy の 2 類型は適用できないと考えられる．マクロ・イベントとは，主要イベントと共イベント（移動においては着点と様態）が 1 つの文に統合されたものだが，give の構文においてはその 2 つの要素は存在せず，様態がない．show にも同様

以上の Green の主張から引き出せることは，劣等感を与える，風邪をうつす，といった場合，主語は意図的にそれを移譲しているというより，主語の意図性は弱まり，結果として移譲が起こっていると考えた方が自然であるという点である．そしてその場合，上の (36), (37) の文でどちらも (b) が非文になっているように，与格構文とは相いれない．つまり，主語の意図性が弱まることは行為から結果に焦点が移ることを意味し，その場合，二重目的語構文の方のみが許容されるのである．そして，そのような結果成就を含意する方の構文は無生物主語構文と相容れるということが Green の一連の例証により明らかとなった．

3.1.3. 2つの先行研究から導けること

3.1.1 節および 3.1.2 節では，2つの先行研究から結果焦点型の構文に起こりやすい現象，すなわち無生物主語との共起を導いた．Ikegami (1990) は英語の使役動詞のいくつかをコーパスにより分析し，そのうち make が，結果指向性が強いことを指摘し，同時にその構文は無生物主語を取りやすいことを明らかにした．Green (1974) は 二重目的語構文と与格構文の違いを検証し，前者は結果を必ず含意し，同時に無生物主語を許容すると論じた．以上の2つの先行研究から，結果焦点型の構文は無生物主語を取りやすく，そこでは主語の行為性や動作主性が背景化していると考えられる．

3.2. 無生物主語構文との共起性の検証

もし，前節で見たように，結果焦点型の構文が無生物主語と相性がいいとしたら，本章の仮説に適用するとどうなるだろうか．仮説では衛星枠付け型は結果焦点型，動詞枠付け型は行為焦点型であった．だとすると，衛星枠付け型の構文は無生物主語構文を取りやすく，動詞枠付け型の構文は取りにくいという結果が予測できる．

データからこの点を確認するために，斎藤 (2012) で収集したデータから，他動詞の状態変化の表現を集めて，どちらの枠付け型が優勢になるか調べた．英語の文学作品から取ったデータのうち，他動詞を含む状態変化

のことがいえる．したがって，give, show の構文はマクロ・イベントではなく，Talmy の言う unitary event（単一イベント）である．

第14章 事象フレームの類型論における意味的焦点の相違

データは71見つかり，それぞれの枠付け型の分布が以下の表3-1, 3-2, 3-3のようになった．

表3-1： 他動詞使役文のデータ全体

動詞枠付け	衛星枠付け	合計
35 (49%)	36 (51%)	71 (100%)

表3-1より，全体では動詞枠付け型と衛星枠付け型は約半々の割合で現れている（49%, 51%）ことがわかる．このデータは人間の主語と無生物主語の両方を含むので，別々に示した表を次の表3-2と表3-3に示す．

表3-2： 無生物主語の文

動詞枠付け	衛星枠付け	合計
4 (18%)	18 (82%)	22 (100%)

表3-3： 人間主語の文

動詞枠付け	衛星枠付け	合計
31 (63%)	18 (37%)	49 (100%)

表3-2から明らかなように，文が無生物主語を取った場合，衛星枠付け型の割合が優勢になり（82%），これは予測通りの結果である．表3-3では，逆に人間主語の場合動詞枠付け型が優勢になっている（63%）ことがわかる．この結果から，英語の無生物主語構文は人間主語構文よりも，衛星枠付け型を取る傾向にあるといえる．

次節以降で表3-1, 3-2, 3-3にまとめたデータを詳しく見ながら分析を加えていく．無生物主語構文が衛星枠付け型を取りやすいことは，衛星枠付け型が結果焦点型であることを意味する．そしてデータの中に現れた例外的データ（無生物主語で動詞枠付け型）も，Dixon (1979), Silverstein (1976), 角田 (1991) の名詞句の階層の理論を適用すれば，その主張に反しないことを以下で説明していく．そして，反対に人間主語構文は行為焦点型であることも論じる．ここでもその主張から外れる例外的データが見られるが，それらは主語の意図性が背景化されている場合であり，焦点が行為から結果にシフトしているという説明が成り立つ．

3.2.1. 無生物主語構文のデータ

無生物主語構文は予測通り衛星枠付け型を優勢に示した．無生物主語構文は結果指向性があるので，このことは，仮説通り衛星枠付け型表現が結果焦点型であるということを意味している．以下に，そのデータの一部を示す．すべて，衛星枠付け型を示す無生物主語の文である．

(38)　It drove me indeed to the brink of lunacy.　(1, p. 25)[11]
　　　*it はここでは「不安」という無生物主語を示す．
(39)　A momentary hush passed over the group of people ...　(5, p. 10)
(40)　... but it plunged the little prince into a deep depression.
　　　　　　　　　　　　　　　　　　　　　　　　　　　(7, p. 34)
　　　*it はここでは，「しばらくの間王子様が小さな星に滞在した」という事実，という抽象名詞句を指す．
(41)　And that puffs him up with pride.　(7, p. 20)
　　　*that はこの場合「虚栄心」を意味する．

以下の (42)-(46) もすべて無生物主語，抽象主語をもち，衛星枠付け型でイベントを表現している．

(42)　A hideous ecstasy of fear and vindictiveness, a desire to kill, to turture, to smash faces in with a sledge hammer, seemed to flow though the whole group of people like an electric current, turning one even against one's will into a grimacing, creaming lunatic.
　　　　　　　　　　　　　　　　　　　　　　　　　　　(5, p. 14)
(43)　... and some defect in the foundation had just brought the structure down in noisy ruin.　(3, p. 31)
(44)　A thousand rocket bombs would not batter it down.　(5, p. 27)
(45)　A gust of wind can blow them out ...　(7, p. 69)
(46)　And if the planet is too small, and if there are too many baobabs, they make it burst into pieces.　(7, p. 15)

---

[11] 1 は出典の文献番号，p. 25 はページ数を表す．文献番号は巻末のリストの通りである．

以上の例のように，無生物主語構文においては衛星枠付け型が典型的に現れたが，その中で，表 3-2 にあるように，4 つのデータだけは動詞枠付け型で現れた．これは予測に反する例外的事例ということになる．しかし，それら 4 つの例外的データ (47)-(50) には共通の特徴があることは注目に値するであろう．すなわち，それらのデータは主語が無生物であるだけでなく，目的語も無生物であった．

(47) Cold November rains drenched the earth, ... (4, p. 1)
(48) Something like a reluctant smile, rather rusty from long disuse, mellowed Marilla's grim expression. (6, p. 25)
(49) It was a noise that set one's teeth on edge and bristled the hair at the back of one's back. (5, p. 11)
(50) ... red velvet pincushion hard enough to turn the point of the most adventurous pin. (6, p. 28)

これら 4 つのデータは，無生物主語でも動詞枠付け型を取っていて，仮説から予想される結果に反するようにみえる．しかし，主語のみでなく目的語も無生物であるので，以下の名詞句の階層性という理論を適用して説明することで，この矛盾は解決する．

　Dixon (1979), Silverstein (1976), 角田 (1991) は，名詞句が階層性を成すことを提案している．3 人の主張は細かい点で異なるが，基本的にはある種の名詞句はイベントを他動的にコントロールするような動作主として機能しやすい性質を持ち，他の名詞句はそれほどその性質を持たない，という階層性が存在するという理論である．[12] たとえば，一人称の代名詞は 3 人称や固有名詞などの他の名詞句よりも，動作主として機能しやすい．これは様々な言語を見渡してみても適合する通言語的現象であると角田は述べている．Dixon らは階層の下にある名詞の方が主語になり，より上にある名詞が，下にある名詞の目的語としての地位をとることは，階層性を破るので，一般的に起こらないとしている．Dixon (1979) が動作主性の可能性として提示し

---

[12] Silverstein は動作主になりやすい名詞句の階層であるとし，Dixon は話し手にとっての重要さを示す階層だとしている（角田 (1991: 41)）．

た階層は以下の図 3-1 のとおりである.[13]

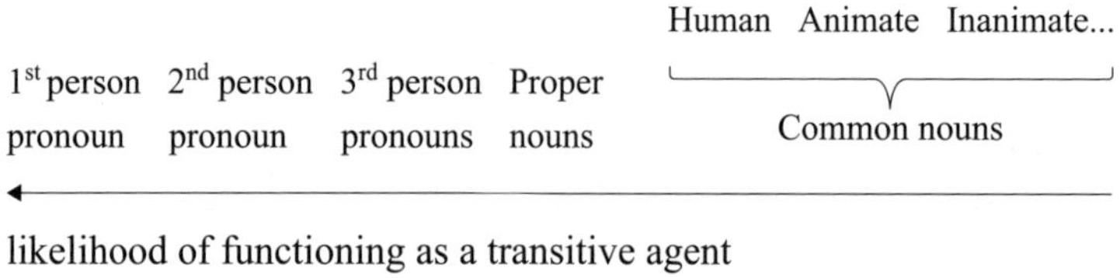

```
                                    Human   Animate   Inanimate...
1st person  2nd person  3rd person  Proper       ⌣
 pronoun     pronoun     pronouns   nouns      Common nouns
◄──────────────────────────────────────────────────────────────►
likelihood of functioning as a transitive agent
```
(Dixon (1979: 85))

図 3-1： Dixon の階層

角田 (1991) はこの階層に手を加え，Silverstein (1976) をベースにしながら改良した階層を，図 3-2 のように提案している.

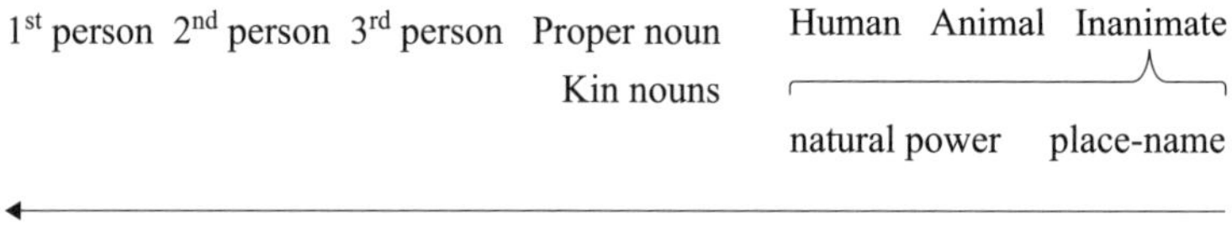

```
1st person  2nd person  3rd person  Proper noun   Human   Animal   Inanimate
                                    Kin nouns        ⌣
                                                natural power   place-name
◄──────────────────────────────────────────────────────────────►
```

図 3-2： 角田の階層

角田が作り変えた階層で，Dixon のものと最も違う点は，無生物名詞が 2 つの種類に分けられている点である.「自然の力」が「地名」よりも上の階層に来ている.たとえば，次の例文はこの階層を下から上へ破っていないため，自然な文となる.

(52) 津波が三陸地方を襲った.

津波は自然の力で，地名である三陸地方よりも上の階層にあるので，主語に

---

[13] 同様の論点が Kuno and Kaburaki (1977)，久野 (1978) において，英語の能動態と受動態について論じられている.
(51) a.??Then, John was hit by me.
　　 b.??ソノ時，太郎が僕にナグラレタ.

(久野 (1978: 146))

ここで John は固有名詞で me (僕) は一人称である.つまり，前者は後者より低い階層にあることになる.より低い名詞を動作主の場所に置いたことが，これらの文を不自然な文にしている.

立つことで不自然さは出ない.しかし,角田によるとこの階層を破る以下の文は,(52)の文よりも若干不自然さがある.

(53) 大波が太郎をさらった.

この文では太郎が固有名詞で,大波よりも階層の上の方にある.大波は無生物名詞で階層の下にあるので,下にある名詞が主語となり,上にある名詞を目的語にとっており,階層を破ることになるのである.

　この階層を本節での例外事例4つに当てはめてみると,それらの例は階層を破っていないといえる.(47)から(50)のデータはすべて主語のみでなく,目的語も無生物であった.無生物の目的語は無生物の主語に対して階層を破っていないので,人間の目的語を取るときほど無理はないといえる.言語現象は単独の原理で説明できるものではなく,さまざまな要因が同時に絡んでくると考えられるので,焦点化による制限に名詞句階層の制限が加わって,不自然さが緩和されることも起こりうるといえる.そして階層性を破っていないので,無生物主語による不自然さを解消するために主語の意図性を弱めて衛星枠付け型にする必要がなくなり,動詞枠付け型が現れているのであろう.このことは,集めたデータの英文に対応する日本語の文を見てみると,より明確に理解できる.日本語では一般に,他動詞を用いた無生物主語構文は避けられる傾向にある.その代わりに,「～なので,～なった」の形の「原因の副詞節」と「自動詞文」の組み合わせが使われやすい.しかし,目的語も無生物の場合は,英語の構文のような形の無生物主語構文が不自然さを伴わずに用いられることがある.(54)と(55)を見てみよう.

(54) 十一月の冷ややかな雨が大地を暗く染め,... (9, p.7)
(55) ... 微笑の影がマリラのいかつい表情をやわらげた. (12, p.39)

上の2つの文は,主語も目的語も無生物であるため,角田の名詞句の階層を侵害していない.両文の構造は「(主語)が(目的語)に～した」という英語の無生物主語構文と同様の他動的構文を取っていて,「(主語)のために,(目的語)が～なった」という日本語によく見られる副詞節+自動詞文の文体にはなっていない.それに対して,以下の(56)から(61)では,目的語が人間なので階層性を侵害している.おそらくそのために他動的構文ではなく,「(主語)のために,(目的語)が～なった」という「原因」+「自動詞文(結

果)」をとっていると考えられる．

(56) 自分はその不安のために夜々，輾転し，呻吟し，発狂しかけた事さ
えあります． (8, p. 13)
(57) …黒い制服姿が近づくのを認めると，椅子の回りに集まっていた
人々は一瞬，水を打ったように静まり返った． (10, p. 18)
(58) 王子さまはこの惑星にほんの少しの間しかいなかったけれど，それ
でも彼はとても憂鬱な気分になった． (11, p. 62)
(59) 見栄ですっかりふくらんじゃってる． (11, p. 38)
(60) ほんの少しの風でも火は消えてしまう． (11, p. 113)
(61) 小さな星にバオバブがあんまりたくさんはびこると，星は壊れてし
まう． (11, p. 30)

上のデータのすべてが，「副詞節（原因）」+「自動詞文（結果）」の構造になっ
ている．これは階層に逆行しなかったケースの (54) と (55) が「(主語) が
(目的語) に~した」の構造をとっていることとは対照的である．名詞句の階
層を破った時は，日本語は無生物主語の他動詞構文を取らず，「原因」+「結
果」の自動詞文を取る．そして名詞句階層の侵害がない時には，日本語も無
生物主語構文の他動詞構文をとることができる．以上のデータは，名詞句階
層の侵害が構文の形に影響することを英語のみでなく日本語でも示してお
り，通言語的に見られる現象であることを示唆しているといえる．

3.2.2. 人間主語構文のデータ

　人間を主語にとるデータのほとんどは，動詞枠付け型でイベントを表現し
ていた．これは主語の意図性を，もたらされる「結果」よりも重視した行為
焦点型の表現といえるので，動詞枠付け型は行為焦点型という本章の仮説と
一致する．しかし，いくつかは例外的な衛星枠付け型を取っていた．これら
のケースをよく観察してみると，動作主の意図性が背景化していることが文
脈から読み取れる場合が多く，行為から結果に焦点がシフトして衛星枠付け
型を取ったと考えられ，仮説は維持されると言ってよいだろう．その例の1
つが以下の文である．

第 14 章　事象フレームの類型論における意味的焦点の相違　　　403

(62)　... but because the human beings around me had rigorously sealed me off from the world of trust or distrust.　(1, p. 38)

(62) では，話し手 (me) はとても神経質な少年で，自ら他人と距離を取り，人々から孤立していったという文脈である．この文脈では，人間 (human being) は意図的に彼を排除しようとしたというより，彼自身が周囲の環境に過剰に反応して人間嫌いになったことが前後のストーリー展開によりわかるので，主語の human being の意図性は弱まって背景化していると言ってよい．そのため人間の主語でも行為より結果に焦点が移り衛星枠付け型を取ったのではないかと考えられる．次の例を見てみよう．

(63)　... a lonely, heart-hungry, friendless child cried herself to sleep.
(6, p. 30)

(63) では，さびしい子供が泣き寝入りに眠ってしまったという場面である．ここで，彼女は眠りに落ちるために意図的に泣いたわけではない．泣いているうちに疲れきって，結果として寝てしまったのである．ここでも意図性は背景化し，焦点は行為から結果にシフトしている．このことが，人間の主語でも衛星枠付け型を取っていることに影響していると考えられる．

　次に，心的過程を表現する際に衛星枠付け型を取っている例を見てみよう．3.1.1 節の Ikegami (1990) で見たとおり，嬉しくなったり悲しくなったりするような心的過程というのは，意図的に変化させるというより，自然に変化するものである．したがって，そこでは意図性が弱まっている．

(64)　... like all the other things she used to spin into existence inside her mind in those dark days.　(4, p. 4)

人間が何かを思いつくとき，普通それは自然発生的に起こるものである．したがって，(64) の主語 (she) は意図性を欠く動作主となり，人間の主語を取っていても衛星枠付け型になっていると考えられる．次のような例も，感覚的な変化で，やはり自然発生的で意図性を欠く例である．

(65)　Badger was rather good at nosing people like that out.　(2, pp. 12-13)

nosing something out (嗅ぎだす) は感覚的な過程であり，人間が何かの臭気

を感じ取るとき意図的に嗅ぐというより，臭気のほうが感覚に入ってくるので，その時意図性はかなり弱まっているといえる．この文もやはり，主語の意図性を消して，結果焦点型となり衛星枠付け型を取っている．

もう1つの例は「不定の they」のケースである．

(66) They wanted injections before they had teeth pulled. (2, p. 7)

(66) の文の前後の文脈から，ここでの they は特定の人々を指すのではなく，一般の人を指すことがわかる．この場面では，現代の人々の精神が軟弱だと嘆く語り手が「人は歯を抜くときに麻酔を要求する」と言っている．このように，一般の人が主語になる場合，特定の人が主語になるときと比べると，具体性に欠ける．その結果，主語一人一人の意図性が漠然として薄まっていくと予測できる．したがって，行為から結果に焦点がシフトし，人間主語でも衛星枠付け型を取っているのではないかと考えられる．

3.2.3. データの検証のまとめ

本節では，3.1節で2つの先行研究から導いた無生物主語構文と結果指向性の結びつきから，無生物主語と衛星枠付け型の関連を，実際にデータにより検証した．斎藤 (2012) のデータから他動詞使役文を拾うと，文が無生物主語を取った場合，衛星枠付け型の割合が82％と優勢になり，予測通り衛星枠付け型は無生物主語構文を取りやすく，結果焦点型であると言えた．この結果について，3.2.1節および 3.2.2節において，無生物主語構文と人間主語構文のデータに分けてデータの詳細を分析した．無生物主語構文は衛星枠付け型を取る割合が高かったが，18％（4例）が例外として動詞枠付け型を示した．しかし，目的語も無生物なら角田 (1991) の名詞句階層を侵害しないので，主語の動作主性を背景化する必要性がなく，動詞枠付け型が自然に取られると説明ができる．一方，人間主語の方の構文では多くが動詞枠付け型で現れ，動作主性や行為性・意図性が焦点化されていた．ここでも例外となる衛星枠付け型のデータが見つかったが，それらのデータでは脱動作主性と呼べるような，意図性が弱まる現象がみられた．そして，使役者は意図性のある動作主というより，単に変化を引き起こす「原因」として捉えられるようなケースが多かった．データの中では様々な文脈からそのことが読み取れ，また心的過程や感覚的変化などの自然に起こる変化も，意図性を欠いて

いるケースとして見つかった．全般に，この分析の結果は仮説と一致し，衛星枠付け型は結果焦点型，動詞枠付け型は行為焦点型という結果となった．

4. まとめ

本章では Talmy の枠付け化類型論に見られる問題点として，英語の状態変化事象における両枠付け型の混在を取り上げ，その両枠付け型は単に形が違うだけではなく意味が違うという立場に立ち，その違いとは意味的焦点の違いであるという仮説を提起した．すなわち，衛星枠付け型と動詞枠付け型は焦点の置かれる位置が違うという仮説である．状態変化だけを扱う理由としては，移動事象については英語の経路動詞が少ないことから，どうしても様態動詞＋サテライトの衛星枠付け型が優勢にならざるを得ないが，状態変化は変化動詞が豊富なので，動詞枠付け型でも衛星枠付け型でもどちらでも言語化できる．その時に背後に働くのが本章で議論した焦点化の概念であろうと考えた．

そして，本章での仮説を証明する際に，無生物主語構文との共起性を根拠とした．実際にデータを観察したところ，無生物主語構文は衛星枠付け型になる傾向があることが分かり，仮説通り衛星枠付け型は結果焦点型であるということが確認できた．また，無生物主語構文は動詞枠付け型を取る場合もあったが，そのような場合は目的語も無生物であり，角田の名詞句の階層性を侵害していないことが分かった．人間が主語の場合は動詞枠付け型の割合が多く，いくつか見られた衛星枠付け型のデータにおいても主語の意図性が弱まっていて結果焦点型に傾いていることが観察できた．

1つの出来事を言語化する場合も，話者の意図や文脈により行為が強調されるケースと結果に焦点が置かれるケースがあるだろう．行為に焦点がある場合は動詞枠付け型が好まれ，結果に焦点がある場合は衛星枠付け型になる傾向があるのではないかと考えられる．そう考えると英語の状態変化事象で両枠付けが混在するのも不思議ではない．[14] 以上のように，本章では意味的

---

[14] このことは，日本語が行為焦点型だから動詞枠付け型に偏り，英語が結果焦点型だから衛星枠付け型を優勢に示すのではないか，という考察につながるが，その議論を進めるためには，同じく動詞枠付け型に分類されているフランス語やスペイン語なども行為焦点型な

焦点化という概念を導入することにより，Talmy の類型論における例外的現象に説明を加えた．

参考文献

Beavers, John, Beth Levin and Shao W. Tham (2010) "The Typology of Motion Expressions Revisited," *Journal of Linguistics* 46, 331-377.
Bolinger, Dwight (1972) *Meaning and Form*, Longman, London.
Dixon, Robert M. W. (1979) "Ergativity," *Language* 55, 59-138.
Green, Georgia M. (1974) *Semantic and Syntactic Regularity*, Indiana University Press, Bloomington.
池上嘉彦 (1981)『「する」と「なる」の言語学』大修館書店，東京．
Ikegami, Yoshihiko (1988) "Transitivity: Intransitivization vs. Causativization: Some Typological Considerations Concerning Verbs of Action," *On Language: Rhetorica, Phonologica, Syntactica*, ed. by Caroline Duncan-Rose and Theo Vennemann, 389-401, Routledge, London.
Ikegami, Yoshihiko (1990) "'HAVE/GET/MAKE/LET/ + Object + (*to*) Infinitive' in the SEU Corpus,"『文法と意味の間—国広哲弥教授還暦退官記念論文集—』，国広哲弥教授還暦退官記念論文集編集委員会(編)，181-203, くろしお出版，東京．
影山太郎 (1996)『動詞意味論』くろしお出版，東京．
Kuno, Susumu and Etsuko Kaburaki (1977) "Empathy and Syntax," *Linguistic Inquiry* 8, 627-672.
久野暲 (1978)『談話の文法』大修館書店，東京．
Levin, Beth (1993) *English Verb Classes and Alternations*, University of Chicago Press, Chicago.
Matsumoto, Yo (2003) "Typologies of Lexicalization Patterns and Event Integration: Clarifications and Reformulations," *Empirical and Theoretical Investigations into Language: A Festschrift for Masaru Kajita*, Kaitakusha, Tokyo.
Ohara, K. Hirose (2002) "Linguistic Encoding of Motion Events in Japanese and English: A Preliminary Look,"『慶応大学日吉紀要英語英米文学』第 41 号，122-153.
小野尚之 (2004)「移動と変化の言語表現：認知類型論の視点から」『対照言語学の新展開』，佐藤滋・堀江薫(編)，3-26, ひつじ書房，東京．
斎藤珠代 (2012)「パラレル・コーパスから見るタルミーの類型論における日英語の移

のか，といった点も調べなければならない．

動と変化の言語表現」『日本英文学会第 84 回大会プロシーディングス』143-144.
Silverstein, Michael (1976) "Hierarchy of Features and Ergativity," *Grammatical Categories in Australian Languages*, ed. by Robert. M. W. Dixon, 112-171, Humanities Press, New Jersey.
高見健一 (1997)『機能的統語論』くろしお出版, 東京.
Talmy, Leonard (1972) "Semantic Structures in English and Atsugewi,"Doctoral dissertation, University of California, Berkley.
Talmy, Leonard (1985) "Lexicalization Patterns: Semantic Structure in Lexical Forms," *Language Typology and Syntactic Description vol. 3: Grammatical Categories and the Lexixon*, ed. by Timothy Shopen, Cambridge University Press, New York.
Talmy, Leonard (2000a) "A Typology of Event Integration," *Toward a Cognitive Semantics II*, 213-288, MIT Press, Cambridge, MA.
Talmy, Leonard (2000b) "Lexicalization Patterns," *Toward a Cognitive Semantics II*, 21-146, MIT Press, Cambridge, MA.
角田太作 (1991)『世界の言語と日本語』くろしお出版, 東京.
Wienold, Götz. (1995) "Lexical and Conceptual Structures in Expressions for Movement and Space: With Reference to Japanese, Korean, Thai, and Indonesian as Compared to English and German", *Lexical Knowledge in the Organization of Language*, ed. by UrsEgli, Peter E. Pause, ChristophSchwarze, Arnim von Stechow and Götz Wienold, 301-340, John Benjamins, Amsterdam.

文献リスト

1. Donald Keene: *NO LONGER HUMAN* (1958)
2. Agatha Christie: *And then there were none*（1939）
3. Somerset Maugham: *Of human Bondage*（1915）
4. Jay Rubin: *Norwegian wood*（2003）
5. George Orwell: *1984*（1950）
6. Lucy Maud Montgomery: *Anne of Green Gables*（1908）
7. Richard Howard: *The Little Prince*（2000）
8. 太宰治: 人間失格（1990）
9. 村上春樹: ノルウェイの森（1991）
10. 新庄哲夫: 1984 年（1972）
11. 池澤夏樹: 星の王子様（2005）
12. 村岡花子：赤毛のアン（1954）

第 15 章

事象フレームの言語類型と第二言語習得
―移動と状態変化の表現をめぐって―

スプリング・ライアン

東北大学

1. はじめに

　Talmy (1985, 1991, 2000, など) の提案した事象合成における言語類型化の仮説は，認知言語学的な観点や語彙意味論的な観点など様々な方面で考察されているが，これを第二言語習得に応用した研究も少なからず行われている．このような研究はいずれも，第二言語学習者の目標言語のタイプが母語と異なる場合，目標言語における事象フレームの習得に困難が生じることを指摘している．(Beavers et al. (2010), Slobin (2004), Cadierno (2008), Spring and Horie (2013) など)
　しかし，これまでの研究を見てみると，第二言語のフレーム習得の困難さにおいて，言語理解を中心に考察した研究と，言語産出を中心に考察した研究では，困難さの要因についての見解に相違が見られる．例えば，Inagaki (2001, 2002) はフレーム化習得の困難は母語と対象言語の異なる言語要素によるものと見なしているのに対して，Cadierno (2004, 2008) はフレーム化習得の困難はフレーム化に伴う認知プロセスによると指摘している．また，これまでの第二言語の事象フレーム習得に関する研究はすべて，移動表現を取り上げたものばかりである．Talmy (2000) によれば，事象フレームの類型的相違を示すものには，移動表現の他にも 4 つの主事象タイプがあるとされ，移動事象と同じ言語類型が他の事象タイプにも適用できると考えられている．もし Talmy (1991, 2000) があげた言語類型化が他の事象タイプにも用いられるのであれば，他の事象タイプにおいても第二言語のフレーム習得に同じような影響を及ぼすと推測できる．

小論は Talmy (1991) があげた言語類型化を第二言語習得に適用し，以下の二点を議論することを目標とする．

1. 事象フレームの言語類型化が，移動表現以外の状態変化表現において同じような困難さを生じさせるかどうかを検証すること
2. 事象フレームの類型的相違が第二言語の理解と産出に異なる影響を与えるかどうかを検証すること

2 節では Talmy (1985, 1991 他) が提案した言語類型化と，それに対する議論や訂正を紹介する．3 節ではこれまで Talmy が提案した類型化を第二言語習得に適用する研究を紹介する．4 節では先行研究を踏まえ，本研究の目的を達成するための実験とその結果を述べる．最後に，5 節では実験から得た結果を踏まえ，明らかになったことを述べる．

2. 事象合成における言語類型化

Talmy (1985) は，2 つ以上の出来事を 1 つの事象として概念化し，単一の文で表すことを「事象合成」と呼ぶ．例えば，以下の (1) は「太郎が自転車に乗った」という事象及び「太郎が学校に行った」という事象を含んでいるが，この 2 つの事象は 1 つの文に合成される．

(1) 太郎が自転車で学校に行った．

さらに，Talmy (1991) による事象合成の類型化の仮説とは，事象合成の表現における「枠付け」(フレーム化) の仕方によって言語がいくつかのタイプに分かれるというものである．Talmy (1991) によれば，主事象は主動詞にコード化される（動詞にフレーム化される）か衛星（サテライト）[1] によってコード化される（衛星にフレーム化される）かによって，世界の言語を「動詞枠付け言語 (verb-framed languages)」と「衛星枠付け言語 (satellite-framed languages)」の 2 種類に分類することができる．

さらに，Slobin (2004) によれば，動詞枠付けと衛星枠付けの他に，等価枠付け (equipollent-framing) というもう 1 つの枠付け方法があると指摘して

---

[1] 衛星は英語の不変化詞やドイツ語の接頭辞などの動詞と関連している言語要素である．

いる．タイ語や中国語では移動の経路（主事象）も移動の様態（共事象）も等しく動詞にコード化される表現が多くあることが分かり，衛星枠付けや動詞枠付けと異なるパターンであること考えられる．例えば，以下の中国語の例 (2) では，移動の経路も移動の様態も動詞にコード化されている．このようなパターンでは，主事象と共事象が同等の文法形式にてコード化されていると考えられる（Chen and Guo (2009) も参照）．

(2)　他　　走　　進　　楼　　　了．
　　　He　walk　enter　building　PFV
　　　"He walked into the building."

元々，Talmy (1991) は，中国語やタイ語の言語では移動の経路と移動の様態が個別の動詞にコード化されているため，中国語やタイ語を衛星枠付け言語と見なしている．しかし，上の (2) から分かるように，中国語では移動の経路が明らかに不変化詞のような衛星ではなく，動詞にコード化されている点で，英語やロシア語などの衛星枠付け言語とは異なる．また，Slobin (2004) は等価枠付け言語が動詞枠付け言語と異なる点として，(i) 等価枠付け言語が移動の様態を動詞にコード化されることと，(ii) 母語話者が一般的に移動の様態を表す頻度が高いことをあげた．以下の日本語の例文 (3a,b) から分かるように，日本語のような動詞枠付け言語では，移動の様態を主動詞に表すことができない．

(3) a. *太郎が駅に走った．
　　 b. 太郎が走って，駅に行った．

なお，(3b) のような表現では移動の様態は動詞にコード化されているが，明らかに主動詞ではない．一方，上の (2) のように，中国語では移動の経路と移動の様態が同等な文法形式（動詞）にコード化されているため，どちらが主動詞かは明らかではない．なお，日本語では連用形で結ばれている複合動詞があり，そのような表現は等価枠付けパターンと見なされるが，Slobin (2004) によれば，日本語のような動詞枠付け言語ではそのような表現があまり使われないのに対して，中国語やタイ語のような言語では，等価枠付けパターンを一般的に使用されている．

　以上，これまでの研究では，言語タイプとしてあげられたのは「動詞枠付

け言語」,「衛星枠付け言語」,「等価枠付け言語」という3タイプであり,これまでの第二言語フレーム化習得研究でもこの3タイプしか取り上げられているので,本論はこの3タイプに絞ることにする.

次に,Talmy が提案した言語類型化は主に移動表現の観点から研究されてきたが,状態変化表現において,同じ言語類型化が可能であると指摘する研究もいくつかある (Talmy (2000), 小野 (2004) など). Talmy (2000) が定義する事象では,図 (figure) になるものがなんらかの移行 (transition) を行うものとされる.移動表現においては,移動する物が図になり,図の位置が地になり,位置の変更が移行になる.状態変化表現の概念化では,変化する物事が図,物事の状態が地になり,その物事の状態変化は移行になる.移動表現においては,経路が位置の変更がどの方向に移行されているかを示すのが経路である.状態変化表現においては,状態の変化がどの方向に移行されているかを示すのが経路である.このように,移動表現と状態変化表現は地の経路を主事象にしているという共通点がある.例えば,以下の移動表現 (4a) では,「外から中へ」という移動の経路が主事象であり,状態変化表現 (4b) では,「個体から液体へ」という変化の経路が主事象である.

(4) a. John entered the room.
    b. The ice melted.

Talmy (2000) は上記の (4a) のような移動表現と (4b) のような状態変化表現において,同じように「移行」が主事象であるため,同じような意味構造があると論じる.そのため,Talmy は移動表現に関してだけではなく,状態変化表現に関しても,同じような「枠付け」の方法による言語の類型化が可能であると主張した. Talmy (2000) は状態変化表現にこの2つの枠付け方法があるということの証拠として,以下の (5a, b) をあげている.

(5) a. The leaves withered away.
    b. Las hojas se desintegraron al secarse.
      "The leaves disintegrate due to withering."

(Talmy (2000b: 242-244))

上記の英語の文 (5a) では,変化の様態・原因は主動詞 *withered* にコード化され,変化の経路(存在している状態から無くなっている状態へ)は不変化

詞 *away* にコード化されているため，(5a) は衛星枠付けと見なされる．一方，スペイン語の文 (5b) では，変化の様態・原因は主動詞 *desintegraron* にコード化され，変化の様態・原因は副詞節 *al secarse* にコード化されているため，(5b) は動詞枠付け表現である．

なお，状態変化の衛星枠付けパターンとして，(6) に見られるような，いわゆる結果構文もあげられる．

(6) a. He hammered the metal flat.
b.*?太郎は金属を平たいに叩いた．

英語では移動表現における衛星と見なされるものは不変化詞と前置詞のみであるが，[2] この結果構文では，衛星に当たるものが形容詞である点で，移動表現にはないコード化の形式をもっている．

Washio (1997) によれば，以上の (6b) のように日本語の状態変化表現において，衛星が主動詞に本来的に内在する意味を特定化しない場合は許容されない．

なお，移動表現において，英語は衛星枠付け言語，日本語は動詞枠付け言語，中国語は等価枠付け言語と見なす研究が多い (Slobin (2004)，Spring and Horie (2013) など)．Talmy (2000) は移動表現のみならず，状態変化表現において同じ類型化が可能と唱えるが，上述のように状態変化表現では移動表現よりも多様な枠付け表現がみられるという観察の下で，本当にそう言えるだろうか．Talmy (2000)，Slobin (2004)，Spring and Horie (2013) などによれば，Talmy (1991) が提案する類型化はどの表現が許容されるかという類型化ではなく，どの表現が一般的に使われているかという類型化である．そこで，小野 (2004) は日本語と英語の小説とそれぞれの訳文を比較し，状態変化表現の類型化の妥当性を実証する研究を行った．その結果，移動表現においても，状態変化表現においても，英語では衛星枠付け表現が一般的に使用され，日本語では動詞枠付け表現が一般的に使用されたことが明らかになり，移動表現と状態変化表現の両方において同じような類型化ができることを指摘した．

---

[2] Talmy (2000) によれば，前置詞は衛星の定義に含まれないが，Talmy (2009)，Harr (2012) などは前置詞を衛星として見なすので，本論にも衛星として見なす．

3. 移動表現における第二言語フレーム化習得

次に，Talmy (1985, 1991, 2000 など) が提案した言語類型化を第二言語習得の分野に適用する研究を見ておこう．これらの研究は学習者の母語が対象言語と異なるタイプである場合，どのような困難が生じるかを観察している．本節ではこれまでの第二言語フレーム化習得研究で明らかになったことを示す．

Cadierno (2004) はスペイン語（動詞枠付け言語）母語話者とデンマーク語（衛星枠付け言語）を母語とするスペイン語学習者のスペイン語を観察し，母語話者と学習者のフレーム化における共通点と相違点を調査した．その結果，(i) スペイン語母語話者が学習者よりも経路動詞（動詞枠付けパターン）を多く使用した，(ii) スペイン語母語話者が学習者よりも移動の経路を詳しく説明した，(iii) スペイン語学習者と母語話者は移動の様態を表す傾向が類似していたという 3 点が明らかになった．また，Cadierno and Lund (2004) はデンマーク語母語話者とスペイン語を母語とするデンマーク語学習者のフレーム化を観察することによって，(i) 学習者が母語話者ほど衛星枠付けパターンを使用しなかったこと，(ii) 学習者が境界交差[3] に関する表現を誤用したなどが分かった．Cadierno (2004) や Cadierno and Lund (2004) はこの結果から，母語と異なるタイプのフレーム化習得には困難が伴い，その困難は母語のフレーム化が第二言語に転移したから生じたものであると論じた (Cadierno (2004, 2008))．

また，Navarro and Nicholadis (2005) は英語母語話者とスペイン語を母語とする超級英語学習者のフレーム化を調査し，さらに第二言語習得におけるフレーム化習得の困難さを指摘した．学習者が上級レベルに達すると，衛星枠付けパターンを母語話者と同じぐらいの頻度で使用できるようになったが，母語話者と異なり，学習者は移動の様態を表す動詞 (*run, jump* など) と衛星を一緒に使用することがほとんどできなかった．学習者は典型的な衛星

---

[3] 境界交差というのは移動しているものが明らかな境界を渡ることを示す．例えば，ものが部屋の外から中へ入ると，どの時点で「外」から「中」になったのがはっきりしているため，「太郎がビルに入った」のような表現は境界交差を指摘する表現である．一方，移動しているものが坂の下から上へ上ると，どの時点で「下」から「上」になったのがはっきりしていないため，「太郎が坂を上った」のような表現は境界交差を指摘する表現ではない．

枠付けパターン（移動の様態を表す動詞＋衛星）を使用せずに，移動の様態が含まれない動詞を衛星枠付け表現で使用していた．この結果から，Navarro and Nicholadis (2005) は (i) 上級レベルに至っても母語と異なるタイプを学習する際に対象言語のフレーム化習得が非常に難しい，(ii) 学習者にとって，衛星枠付け表現の使用よりも，移動の様態を表す動詞を衛星と組み合わせる方が困難であるということを指摘した．

　Spring and Horie (2013) はアジア圏の言語に分析対象を広げ，英語母語話者，日本語（動詞枠付け言語）を母語とする英語学習者と，中国語（等価枠付け言語）を母語とする英語学習者のフレーム化を調査し，3つ目のタイプである等価枠付け言語 (Slobin (2004)) を含めた第二言語フレーム化習得の研究を行った．その結果，(i) 等価枠付け言語を母語とする学習者が動詞枠付け言語を母語とする学習者よりも早い段階で衛星枠付けパターンを習得する，(ii) 衛星と移動の様態を表す動詞の組み合わせのみならず，衛星と直示動詞（come や go）の組み合わせも学習者にとって困難である，(iii) 英語能力（TOEFL の成績）よりも英語圏での滞在期間の方がフレーム化習得に影響を及ぼすことが分かった．

　以上の研究はどれも第二言語の産出に注目し，学習者が母語話者と同じような枠付けを使用するかどうかを調査したものである．また，それらの研究はどれも観察した結果を母語のフレーム化の転移によるものであると論じた．一方，Inagaki (2001, 2002) は第二言語の理解に注目し，フレーム化習得を調査したが，その結果，母語と対象言語に存在する言語要素の違いによるものと論じている．

　Inagaki (2001, 2002) は Spring and Horie (2013) などと同様に，母語と異なるタイプの言語を第二言語として習得している学習者を対象とした．しかし，Spring and Horie (2013) などと異なり，学習者が移動の様態を表す動詞（以下，移動様態動詞という）と前置詞句の組み合わせが表す意味を正しく解釈できるかどうかという点に絞った．英語では「移動様態動詞＋前置詞句」というパターンは，位置と移動という2つの意味を両方表すことができるため，両義的である．例えば，以下の (7) は「ジョンが橋の下で泳いだ」（位置）と「ジョンが橋の下に泳いで行った」（移動）の両方の解釈が可能である．一方，動詞枠付け言語である日本語では，移動様態動詞と衛星の組み合わせでは移動の意味が許容されない「ジョンが橋の下に泳いだ」は位置の

意味は許容されるが，(7) のように移動の意味解釈が不可能である．

(7) John swam under the bridge.

Inagaki (2001) は日本語を母語とする英語学習者と英語母語話者を対象に調査した結果，英語母語話者は当該のパターンが移動を表すことを理解できたのに対して，英語学習者は移動の意味を理解することができなかった．

さらに，Inagaki (2002) は Inagaki (2001) を踏まえ，英語を母語とする日本語学習者の日本語における移動表現の理解力を調べた結果，日本語学習者は英語学習者よりも早い段階で第二言語の移動表現を正しく理解することができるようになることを指摘した．Inagaki (2002) によれば，日本語では「ニ」と「デ」という格助詞があり，「ニ」は移動の意味しか表すことができず，「デ」は位置の意味しか表すことができないため，日本語の移動表現は英語の移動表現よりも曖昧性が少ないという．このことから，英語の移動表現は日本語の移動表現よりも曖昧性が高いため，日本語学習者が英語学習者よりも早い段階で第二言語の移動表現を習得することができたと理由づけている．

以上，先行研究を概観すると，母語と第二言語のタイプが異なる際，フレーム化習得が困難であることが多くの研究で一致していることが分かる．しかし，第二言語の産出に基づいた研究 Spring and Horie (2013) などにおいて，その結果は母語のフレーム化とそれに関わる認知プロセス（どのように合成イベントをカテゴリー化するかということ）からの転移によるものであると考えるのに対して，Inagaki (2001, 2002) は自分が得た結果は母語に存在する言語要素の転移によるもの（母語に存在する動詞・形容詞などを単なる，直接に第二言語に置き換えようとするかどうかということ）に過ぎないと主張した．類似している結果を報告しているにもかかわらず，なぜ Inagaki や Spring and Horie などが結果の要因に関して考え方が異なるのであろうか．

第二言語のフレーム化習得における困難さの要因に関して，Spring and Horie (2013) などが Inagaki (2001, 2002) と考え方が異なる理由はいくつか考えられる．まず，第二言語習得は非常に複雑な過程であり，フレーム化も Beavers et al. (2010) などが指摘したように様々な要因による現象であるため，第二言語フレーム化習得が複数の要因によるものであると思われ

る．また，言語産出と言語理解は異なるスキルである（Treiman et al. (2003)）ため，母語と対象言語のタイプが異なる際，第二言語の産出と第二言語の理解は異なる影響を受ける可能性もある．母語のフレーム化が第二言語の産出と第二言語の理解に異なる影響を与える可能性が考えられるため，本研究は第二言語の産出と第二言語の理解を両方とも調査することにした．

4. 状態変化表現の第二言語フレーム化習得に関する実験

　1節であげた研究目標を成し遂げるために，言語産出実験と言語理解実験という2つの実験を行うことにした．まずは，事象フレームの言語類型化が，移動表現以外の状態変化表現に第二言語習得において同じような困難さを生じさせるかどうかという点を調査するために，Spring and Horie (2013) の移動表現における実験に準じた方法で実験を行うことにした．これは先に述べたように，本研究の目的が，移動表現において観察される第二言語習得問題が，状態変化表現にも観察されるかどうかを実証することだからである．状態変化事象についても同じ実験を行うことによって，それぞれの結果の比較が可能になると考えた．Spring and Horie (2013) の移動表現における実験の結果では，中国人英語学習者が日本人英語学習者よりも早い段階で英語の衛星枠付けパターンを使えるようになること，または，移動の経路よりも，移動の様態を表す方が困難であったことが明らかになった．もし事象フレームの言語類型化が移動表現以外の状態変化表現に同じような困難さを生じさせるのであれば，本研究の言語産出実験において，類似した結果が予測できる．つまり，中国人英語学習者は日本人英語学習者と同じ段階で，より高い頻度で英語の衛星枠付けパターンを使用し，変化の様態・原因をより多く表すことが想定される．

　また，事象フレームの類型的相違が第二言語の理解と産出に異なる影響を与えるかどうかを検証するために，言語理解実験を行い，その結果を言語産出実験と比較することにした．もし Inagaki が主張するように，事象フレームの類型的相違によって第二言語習得に生じる困難さが母語に存在する言語要素の転移によるものであるのであれば，言語理解実験と言語産出実験において，学習者は同じパターンで困難さを示すことが予測される．中国語では英語の形容詞に相当する衛星がある（*gānjìng* で (clean) や *kāi* (open) な

ど)が,日本語では衛星枠付け文が基本的に許容されない.一方,英語の前置詞や不変化詞に相当する衛星は中国語と日本語の状態変化表現では許容されない.もしInagakiの主張が正しければ,中国人英語学習者は変化を形容詞で表した英語の衛星枠付け文を日本人英語学習者よりも容易に理解・産出することができる.また,変化を前置詞や不変化詞で表した英語の衛星枠付け文に関して,中国人英語学習者と日本人英語学習者の言語理解・産出に差は見られないと予測される.

4.1. 言語理解実験の方法

言語理解実験では短い動画14編を被験者に見せ,各動画について英文を5つずつ提供した.そして,被験者に各英文が動画の内容を正しく表しているかどうか(動画の内容と一致し,かつ文法的に正しい)を1~5の段階で評価してもらった.文が正しいと思った場合は[5]で評価し,文が正しくないと思った際は[1]で評価するよう指示した.問題の作成の実例は以下の図1に表している.

図1 言語理解実験における問題の実例

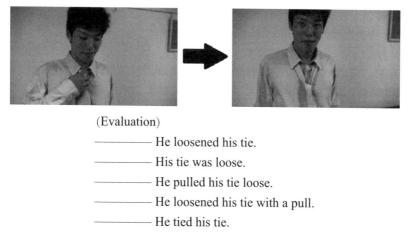

  (Evaluation)
  ———— He loosened his tie.
  ———— His tie was loose.
  ———— He pulled his tie loose.
  ———— He loosened his tie with a pull.
  ———— He tied his tie.

各動画に伴う表現は衛星枠付け文,動詞枠付け文やダミー問題などを含んだ.提示した文のタイプと例文は以下の通りである.

動詞枠付け文（様態・原因を表していない）
(8) a. He loosened his tie.
   b. She opened the door.

動詞枠付け文（様態・原因を修飾語で表す）
(9) a. He loosened his tie with a pull.
   b. She opened the door by kicking it.

衛星枠付け文（変化を不変化詞で表す）
(10) a. He cut the apple in half.
   b. He ripped the paper into two pieces.

衛星枠付け文（変化を前置詞句で表す）
(11) a. He pulled the tie down.
   b. He brushed the flour off.

衛星枠付け文（変化を形容詞で表す）
(12) a. He pulled the tie loose.
   b. She kicked the door open.

ダミー問題
(13) His tie was loose.

被験者が正しい文に高い点数 [5] を与えると，その文を正しく理解できたと見なす．正しい文に低い点数 [1] を与えると，その文を正しく理解できなかったと見なす．被験者の回答を問題タイプ別の平均を取り，グループ間に比較した．

　実験は，被験者を中国在住中国人（中国人学習者），日本在住日本人（日本人学習者），アメリカ在住アメリカ人（英語母語話者）の被験者3グループで行った．中国人は全員，武漢にある大学の英語学部の1年生，日本人学習者は全員，仙台にある大学の英語学部の1年生であった．英語母語話者は全員，アメリカ合衆国のノースカロライナ州にある大学の学生だったが，学年は1年生から4年生まで様々であった．また，中国人学習者と日本人学習者の英語レベルを測るために，JACET（The Japan Association of College English Teachers）の英語語彙3000レベルテストを被験者に受けてもらった．その結果，中国人学習者と日本人学習者の英語語彙レベル点数の間に有意差が見られなかったことから，2グループ間の英語語彙レベルは同等であると

判断した（$F[1,50] = 1.045, p=0.312$）．また，日本人学習者と中国人学習者には英語圏への滞在経験がないことをアンケート調査によって確認した．被験者のデータは以下の表1に示した．すべての有意差は一元配量分散分析によって確認した．

表1　言語理解実験の被験者データ

	中国人学習者	日本人学習者	英語母語話者
人数	24	26	19
年齢	18.17 (SD=0.76)	18.54 (SD=0.51)	21.4 (SD=2.09)

*SD = 標準偏差

4.2. 言語理解実験の結果

4.1節で説明した実験を行い，まずは被験者の動詞枠付け表現に対するスコアを観察した．以下の図2は被験者の動詞枠付けパターン文に対する評価の平均を示したものである．

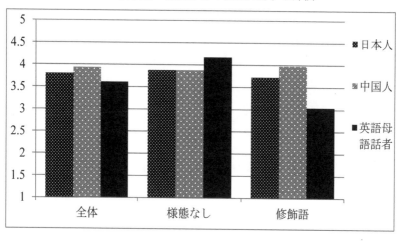

図2　被験者の動詞枠付け表現に対する評価

図2から分かるように，全体の動詞枠付け表現（変化の様態を表したものと修飾語で表したものを合わせた数字）に対する評価は3グループ間にあまり差が見られなかった（$F[2, 67] = 2.455, p=0.094$]）．また，動詞枠付け表現の

評価において，結果の原因・様態が表わされていない表現 (e.g. *He loosened his tie.*) においても，結果の原因・様態が修飾語で表されている表現 (e.g. *He loosened his tie with a pull*) においても，日本人学習者と中国人学習者の間にほとんど差が見られなかった．

つまり，日本人学習者と中国人学習者は英語における動詞枠付け状態変化表現を同じぐらい正しく解釈していたことになる．しかし，結果の原因・様態が修飾語で表されている動詞枠付け表現に対する評価において，学習者が英語母語話者よりも遥かに高く評価をつけ，母語話者と学習者の間に有意差が観察された（日本人学習者と英語母語話者の間に $F[1, 44] = 18.956$, $p<0.01$, 中国人学習者と英語母語話者の間に $F[1, 42] = 15.672$, $p<0.001$）．このことから，英語母語話者は動詞枠付け表現において，原因・様態が修飾語にコード化されている表現に関して違和感を覚えていることが分かる．一方，学習者は原因・様態が修飾語でコード化されても，違和感を持たず，原因・様態が修飾語でコード化されない場合も，同程度の点数を与えた．

次は被験者の衛星枠付け表現に対するスコアを観察した．以下の図3は被験者の衛星枠付け表現に対する評価の平均を表したものである．

図3　被験者の衛星枠付け表現に対する評価

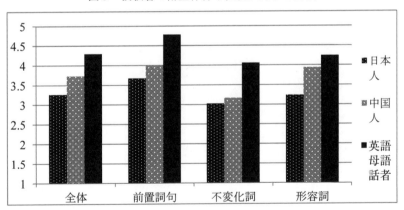

図3を図2と比較すれば，衛星枠付け表現に対して，動詞枠付け表現に対するよりも英語母語話者が英語学習者と比べて高く評価していることが明白である．全体的な動詞枠付け表現の評価に関して，英語母語話者と英語学習者

の間に有意差が見られなかったのに対して，衛星枠付け表現の評価に関しては，最も低い評価を与えた日本人学習者と中国人学習者の間に有意差が見られ，また中国人学習者と最も高い評価を与えた英語母語話者の間にも有意差が見られた．このことから，学習者の動詞枠付け表現の解釈能力は英語母語話者に近いが，学習者の衛星枠付け表現の解釈能力は英語母語話者と大きく異なることが分かる．

また，衛星枠付け表現をタイプ別にすると，日本人学習者と中国人学習者の相違点が分かる．前置詞句で変化を表す表現（e.g. *He cut the apple in half.*）と不変化詞で変化を表す表現（e.g. *He pulled the tie down.*）においては，日本人学習者と中国人学習者の間に有意差が観察されなかったが，形容詞で変化を表す表現（e.g. *She kicked the door open.*）においては，中国人学習者が日本人学習者よりも評価が高かった．さらに，前置詞句で変化を表す表現と不変化詞で変化を表す表現においては，英語母語話者と学習者の間に有意差が見られたが，形容詞で変化を表す表現においては，英語母語話者と日本人学習者の間に有意差が見られたのに対して，英語母語話者と中国人学習者の間に有意差が見られなかった．この結果と統計分析は以下の表2にまとめてある．

表2　被験者の衛星枠付け表現に対する評価の比較

比較	全体	前置詞句	不変化詞	形容詞
日中	有意差：有り $F[1, 50] = 8.93$, $p=0.004$	有意差：無し $F[1, 50] = 2.513$, $p=0.119$	有意差：無し $F[1, 50] = 0.467$, $p=0.498$	有意差：有り $F[1, 50] = 8.492$, $p=0.005$
日英	有意差：有り $F[1, 44] = 59.36$, $p<0.001$	有意差：有り $F[1,44] = 32.063$, $p<0.001$	有意差：有り $F[1,44] = 23.025$, $p<0.001$	有意差：有り $F[1, 44] = 28.907$, $p<0.001$
中英	有意差：有り $F[1 = 15.067$, $p<0.001$	有意差：有り $F42] = 21.569$, $p<0.001$	有意差：$2] = 32.444$, $p<0.001$	有意差：無し $F[1, 42] = 1.822$, $p=0.185$

前置詞句で変化を表す衛星枠付け表現（e.g. *He ripped the paper into two.*）と不変化詞で変化を表す衛星枠付け表現（例えば *He brushed the flour off.*）に対して，学習者間に有意差が見られなかったのに，学習者と英語母語話者

の間に有意差が見られたことから,これらの表現において,日本人学習者と中国人学習者の意識・理解能力が同じ程度であり,英語母語話者と異なることが分かる.また,形容詞で変化を表す衛星枠付け表現 (e.g. *He stomped the box flat.*) に対して,中国人英語学習者と日本人英語学習者の間に有意差が見られたのに対して,中国語英語学習者と英語母語話者の間に有意差が見られなかったことから,これらの表現において,中国人英語学習者と英語母語話者の意識がほぼ同じであり,日本人学習者と異なることが言える.

4.3. 言語産出実験方法

事象フレームの言語類型化が,移動表現以外の状態変化表現に第二言語習得において同じような困難さを生じさせるかどうかという点を調査するために,Spring and Horie (2013) の移動表現における実験と同じ実験方法で実験を行うことにした.Spring and Horie (2013) と同様に,短い無声動画14編を被験者に見せ,その内容を1文で説明してもらった.問題の実例は以下の図4に表している.動画の内容は以下の通りであった.

図4 言語産出実験における問題の実例

① 男の子がリンゴを切ったことによって,リンゴが半分になった.
② 男の子が箱をぶつけたことによって,箱が倒れた.
③ 扇風機が風邪を吹いたことによって,ロウソクが消えた.
④ 女の子がドアを蹴ったことによって,ドアが開いた.
⑤ 男の子がポットをごしごしこすったことによって,ポットがきれいになった.
⑥ 男の子が箱を踏んだことによって,箱が平らになった.
⑦ 男の子が俎板を拭いたことによって,小麦粉が落ちた.
⑧ 女の子がスカートを切ったことによって,スカートが短くなった.

⑨ 男の子がネクタイを引っ張ったことによって，緩くなった．

言語産出実験に関して，被験者を中国在住中国人英語学習者（中国人学習者），日本在住日本人英語学習者（日本人学習者），アメリカ在住アメリカ人（英語母語話者），中国在住中国人（中国語母語話者），日本在住日本人（日本語母語話者）という5グループに分けた．英語学習者は言語理解実験と同じ環境で集まったが，言語産出実験と言語理解実験に共通する被験者はいなかった．英語学習者と英語母語話者には英語で動画を説明してもらい，中国人母語話者と日本語母語話者には自分の母語で動画を説明してもらった．中国人学習者と日本人学習者の英語レベルは，言語理解実験と同じく，JACETテストによって測定した．その結果，2グループ間の英語語彙レベルは同等である（$F[1, 53] = 0.577, p=0.451$）．被験者のデータは以下の表3にまとめてある．

表3 言語産出実験の被験者データ

	中国人学習者	日本人学習者	英語母語話者	中国語母語話者	日本語母語話者
人数	26	27	50	11	15
年齢	18.30 SD = 0.84	19.22 SD =1.22	23.52 SD = 7.37	26.82 SD = 3.31	24.5 SD = 7.98
英語テスト	67.69% SD = 13.29%	65.06% SD = 11.89%	N/A	N/A	N/A

*SD = 標準偏差

4.4. 言語産出実験の結果

本実験の妥当性を実証するために，まずは母語話者による母国語の回答を検討した．Spring and Horie (2013) の移動表現における実験の結果において，英語母語話者は衛星枠付け表現を最も多く使用し，日本語母語話者は動詞枠付け表現を最も多く使用し，中国語母語話者は等価枠付け表現を一番使用した．本研究の母語話者が状態変化において，同じような結果が見られないと，移動表現と状態変化表現の結果を比較できないと考える．本研究で設定した実験においては，母語で状態変化表現を表す際に，英語母語話者は一般的に *She kicked the door open* のような衛星枠付け表現を使用する傾向が

あった（73.27％の使用率）．また，中国語母語話者は *nǚ-shēng yòng jiǎo jiāng mén tī kāi*（彼女が足を使って，ドアを蹴り開けた）のような等価枠付け表現を最も使用した（60.53％の使用率）．最後に，日本語母語話者は「彼女は足でドアを開けた」のような動詞枠付け表現を最も多く使用した（68.39％の使用率）．これら，3グループの間に有意差が確認できた（$F[2, 76] = 54.333, p<0.001$）．この結果から，本実験の設定上，状態変化表現において，英語を衛星枠付け言語，中国語を等価枠付け言語，日本語を動詞枠付け言語と見なすことが妥当であることが示されたと考えられる．

　以上の実験設定上で，学習者の英語表現における枠付けパターンを観察し，英語母語話者と比較した．その結果は以下の図5にまとめてある．図5から分かるように，中国人学習者は日本人学習者よりもずっと英語母語話者に近い頻度で衛星枠付け表現を使用している．日本人学習者が15.16％の割合で衛星枠付け表現（例えば *He cut the apple to half*）を使用したのに対して，中国人学習者が45.67％の割合で衛星枠付け表現を使用した（例えば *The fan's wind blows out the candle*）．この2グループの間には有意差が確認できた（$F[1, 53] = 41.397, p<0.001$）．しかし，中国人学習者と英語母語話者の間にも有意差が確認できた（$F[1, 76] = 50.78, p<0.001$）ので，中国人学習者は日本人学習者よりも衛星枠付けを使用するとは言えるが，英語母語話者と同程度に使用するとは言えないことが分かった．

図5　状態変化における学習者の衛星枠付け使用率

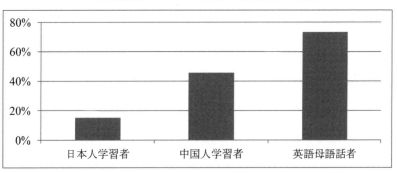

　なお，3節で指摘したように，状態変化表現において許容されるパターンが移動表現において許容されるパターンより多い．英語に関しては，状態変

化表現において，(8a-c) のように3つの衛星枠付けパターンは可能である．

(14) a. He cut the apple into 2 pieces　　　　　（動詞＋前置詞句）
　　　b. He wiped the flour off.（動詞＋不変化詞）
　　　c. She kicked the door open（動詞＋形容詞）

学習者と英語母語話者の衛星枠付け使用傾向をより詳しく知るために，今度は学習者と英語母語話者がどの程度に各パターンを使用したかを調査した．この結果は以下の図6にまとめてある．

図6　学習者の衛星枠付け使用率（パターン分け）

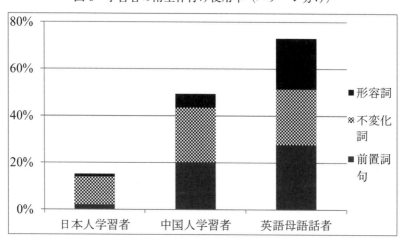

図6から分かるように，日本人学習者と中国人学習者は「動詞＋不変化詞」というパターンをある程度習得している．しかし，中国人学習者が「動詞＋前置詞句」というパターンを習得しているのに対して，日本人学習者は「動詞＋前置詞句」というパターンをあまり習得していないようである．「動詞＋前置詞句」というパターンの使用において，中国人学習者と日本人学習者の間に有意差が見られたが（$F[1, 53] = 11.653, p=0.001$），英語母語話者と中国人学習者の間に有意差が見られなかったことから（$F[1, 76] = 1.325, p=0.253$），中国人英語学習者は「動詞＋前置詞句」というパターンを習得しているのに対し，日本人学習者は習得していないことが明らかである．また，「動詞＋形容詞」というパターンに関しては，中国人学習者と日本人学習

者は両者ともあまり習得していないようである．「動詞＋形容詞」というパターンの使用率に関しては，日本人学習者と中国人学習者の間に有意差は見られなかった（$F[1, 53] = 1.13, p=0.293$）が，英語母語話者と学習者の間に有意差が見られた（中英：$F[1, 76] = 22.496, p<0.001$，日英：$F[1, 77] = 45.086, p<0.001$）．

次に，衛星枠付けパターンの使用について英語学習者と英語母語話者がどの程度で変化の様態・原因を主動詞で表したかを調べた．以下の図7は学習者と英語母語話者が変化の原因・様態を主動詞にコード化した割合を示したものである（e.g. The candle blew out.）．なお，図7では，被験者が変化の原因・様態を主動詞以外のところにコード化した表現（e.g. The candle went out because of the wind.）と変化の原因・様態を表さなかった表現（e.g. The candle went out.）を区別していない．

図7　学習者の衛星枠付け使用（主動詞での様態コード化分け）

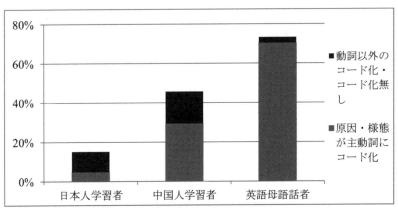

図7が示すように，衛星枠付けを使用では，日本人学習者の様態・原因を主動詞にコード化する割合が最も少なく（32.5％），中国人学習者が中間的であり（64.3％），英語母語話者が最も多く様態・原因を主動詞にコード化した（96.01％）．英語学習者の間に有意差が見つかり（$F[1,53] = 41.397, p<0.001$），また中国人学習者と英語母語話者の間に有意差が確認できたため（$F[1,76] = 50.78, p<0001$），様態・原因を主動詞にコード化するかどうかに関しては，中国人学習者が日本人学習者より習得が進んでいると言える．し

かし，まだ英語母語話者と同じ程度の使用をするほど習得していないと言える．

5. 考察

以上の結果を踏まえて，1節で述べた問題にどのような答えを与えることができるかを考えてみよう．まず次の点を考えてみよう．

(i) 事象フレームの言語類型化は，移動表現と状態変化表現において同じような困難さを生じさせるか．

Spring and Horie (2013) は，本研究と同様に，被験者に動画を見せ，1文で動画の内容を説明してもらった．その結果，移動表現において，中国人英語学習者は日本人英語学習者よりも早い段階で英語の衛星枠付け表現ができるようになることが分かった．さらに，中国人英語学習者が日本人英語学習者よりも早い段階で移動の様態を動詞でコード化することができるようになるという結果も報告した．ただし，中国人英語学習者においても，日本人英語学習者においても，英語の衛星枠付け表現が使えるようになっても，移動の様態を動詞でコード化することができるようになるのにまだ時間がかかることが分かった（日本人英語学習者はレベルが高くても，ほとんど移動の様態を動詞でコード化しなかった）．この結果から，(i) 中国人英語学習者は日本人英語学習者よりも早い段階で英語母語話者に近い枠付けパターンの使用が可能になり，(ii) 学習者にとって衛星枠付け表現の使用よりも，移動の様態を主動詞にてコード化する方が困難であることを示した．本研究は状態変化表現を同じ実験方法で観察した結果，Spring and Horie (2013) の移動表現に関する実験と合致するようなデータを得た．

本研究で紹介した実験の結果から，状態変化表現に関しては，等価枠付け言語（中国語）を母語とする学習者は動詞枠付け言語（日本語）を母語とする学習者よりも衛星枠付け言語（英語）のフレーム化を早い段階で習得するということが分かった．まず，第二言語の産出に関して，中国人学習者が日本人学習者よりも多く衛星枠付けパターンを使用した上に，日本人学習者よりも変化の様態・原因を主動詞にコード化し，日本人学習者よりも幅広い英語の状態変化を表す衛星枠付けパターンのタイプを使用していた．しかし，

中国人学習者は日本人学習者よりも早い段階で英語母語話者に近い枠付けパターンの使用・理解ができたが，それでも英語母語話者と同等のレベルとは言えない．このことから，中国人英語学習者と日本人英語学習者は英語のフレーム化を異なる過程を通じて習得すると考えられる．また，第二言語の理解に関する実験に関して，中国人学習者や日本人学習者が衛星枠付け表現の解釈が困難であったことが分かった．この結果は Inagaki (2001) の結果と一致している．Spring and Horie (2013) や Inagaki (2001) と本研究の平行性から，第二言語フレーム化習得に関して，移動表現と状態変化表現において同じような困難が生じることが明白となった．

次に，理解と産出の問題について考えてみよう．

(ii) 事象フレームの類型化相違が第二言語の理解と産出に異なる影響を与えるか．

本研究で紹介した第二言語の理解に関する実験の結果と第二言語の産出に関する実験の結果を比較すると，理解において困難なパターンと産出において困難なパターンが異なることが分かった．

まず，第二言語の理解に関する実験を見ると，英語の衛星枠付けパターンの理解に関しては，「動詞＋不変化詞」と「動詞＋前置詞句」というパターンにおいて，日本人学習者と中国人学習者の間に差が見られなかったが，「動詞＋形容詞」というパターンに関しては，中国人学習者が日本人学習者よりも理解力が高く，英語母語話者とほぼ同じであった．中国語では以下の (15a-d) のように英語の「動詞＋形容詞」に類似しているような状態変化表現が許容されるため，中国人英語学習者がこの 1 つのパターンだけ日本人英語学習者よりも理解力が上であったということは，母語に存在する言語要素（動詞＋形容詞というパターン）からの転移によるものと考えられる．つまり，事象フレームの言語類型化による困難さは母語のフレーム化からの転移によるものではなく，母語に存在する言語要素によるものであると考えられる．この解釈は Inagaki (2001, 2002) と一致している．

(15) a. 他　　洗涤　　暖壶　　很　　干净．
　　　　He　　wash　　pot　　very　　clean
　　b. He washed the pot clean.

c. 他　　踢　　开　　门　　了.
He　　kick　　open　　door　　PFV
d. He kicked the door open.

しかし，第二言語の産出に関する実験の結果を見ると，中国人学習者が日本人学習者よりも「動詞＋形容詞」というパターンを使用することは観察されなかった．むしろ，中国語には「動詞＋不変化詞」や「動詞＋前置詞句」が存在しないのに，中国人学習者は日本人学習者よりも「動詞＋不変化詞」と「動詞＋前置詞句」という2パターンを多く使用した．もし第二言語の事象フレーム化習得は本当に母語に存在する言語要素からの転移によるものであれば，第二言語の産出に関する実験では，第二言語の理解に関する実験と同様に，中国人英語学習者が「動詞＋形容詞」というパターンに関して，習得が早い（たくさん使用する）ことが予測される．しかし，本研究の第二言語の産出に関する実験の結果はそれらの予想と異なった．むしろ，Cadierno (2004, 2008) や Spring and Horie (2013) と同じような結果が観察された．

また，第二言語の理解と第二言語の産出に異なるような影響が生じたのは言語理解と言語産出が異なるスキルを求めるためと考えられる（Treiman et al. (2003))．言語理解は受身的であり，語彙目録を利用して瞬時的に意味を取ろうとするスキルである．一方，言語産出は能動的であり，ある概念・思考を言語要素に切り替えるスキルである（同上）．言語理解は，意味を理解しようとする受身のスキルであるため，第二言語の言語要素・パターンが母語の言語要素・パターンと似ている場合は，同じように語彙目録からすぐに意味に結び付けることができる．そのため，第二言語の理解において，母語のフレーム化からの転移によって影響されるというよりも，母語に存在する言語要素からの転移によって影響されると考えられる．一方，言語産出においては概念・思考を言語化する必要がある．

Sorroli and Hickmann (2010)，Slobin (1996) などによれば，言語の枠付け方が発話者の焦点などの認知プロセスに影響を及ぼす．具体的に，Sorroli and Hickmann (2010) は衛星よりも主動詞の方に焦点におくため，衛星枠付け言語の母語話者が様態・原因に焦点をおくのに対して，動詞枠付け言語の母語話者が移動・変化に焦点をおくと論じている．このように焦点が枠付

けのしかたによって影響を受けるとなると,話している言語の枠付けのしかたが話者の概念化に影響を及ぼすことになる.つまり,言語産出はフレーム化に影響される.したがって,母語と異なる枠付けタイプである言語を習得する際に,母語で概念化を行ってから第二言語に置き換えようとすると,母語の言語要素よりも,母語のフレーム化からの転移に影響されると考えられる.

参考文献

Beavers, John, Beth Levin, and Shiao Wei Tham (2010) "The Typology of Motion Revisited," *Journal of Linguistics* 46, 331-337.

Cadierno, Theresa (2004) "Expressing Motion Events in a Second Language: A Cognitive Typological Perspective," *Cognitive Linguistics, Second Language Acquisition, and Foreign Language Teaching*, ed. by Michel Achard and Susanne Niemeier, 13-49, Mounton de Gruyter, Berlin.

Caiderno, Theresa (2008) "Learning to Talk About Motion in a Foreign Language," *Handbook of Cognitive Linguistics and Second Language Acquisition*, ed. by Nick Ellis and Peter Robinson, 239-275, Routledge, New York.

Cadierno, Theresa and Karen Lund (2004) "Cognitive Linguistics and Second Language Acquisition: Motion Events in a Typological Framework," *Form-meaning Connections in Second Language Acquisition*, ed. by Bill Van Patten, Jessica Williams, Susanne Rott and Mark Overstreet, 139–154, Lawrence Erlbaum, Mahwah, NJ.

Chen, Liang and Jiansheng Guo (2009) "Motion Events in Chinese Novels: Evidence for an Equipollently-framed Language," *Journal of Pragmatics* 41, 1749-1766.

Harr, Anne-Katharina (2012) *Language—Specific Factors in First Language Acquisition. The Expression of Motion Events in French and German*, De Gruyter, Munich.

Inagaki, Shunji (2001) "Motion Verbs with Goal PPs in L2 Acquisition of English and Japanese," *Studies in Second Language Acquisition* 23, 153-170.

Inagaki, Shunji (2002) "Japanese Learners' Acquisition of English Manner-of-motion Verbs with Locational/directional PPs," *Second Language Research* 18:1, 3-27.

Navarro, Samuel and Nicoladis, Elena (2005) "Describing Motion Events in Adult L2 Spanish Narratives," *Selected Proceedings of the 6th Conference on the Acquisition of Spanish and Portuguese as First and Second Languages*, ed. by David

Eddington, 102-107, Cascadilla Proceedings Project, Somerville, MA.
小野尚之 (2004)「移動と変化の言語表現：認知類型論の視点から」『対照言語学の新展開』, 佐藤滋・堀江薫・中村渉(編), 3-26, ひつじ書房, 東京.
Slobin, Dan I. (1996) "From 'Thought and Language' to 'Thinking for Speaking'," *Rethinking Linguistic Relativity. Studies in the Social and Cultural Foundations of Language* (17), ed. by John Gumperz and Stephen Levinson, 70-96, Cambridge University Press, Cambridge.
Slobin, Dan I. (2004) "The Many Ways to Search for a Frog: Linguistic Typology and the Expression of Motion Events," *Language in Mind: Advances in the Study of Language and Thought*, ed. by Susan Goldin-Meadow and Dedre Gentner, 157-192, MIT Press, Cambridge, MA.
Soroli, Efstathia and Maya Hickmann (2010) "Language and Spatial Representations in French and English: Evidence from Eye-movements," *Space in Language*, ed. by Giovanna Marotta, Alessandro Lenci, Linda Meini and Francesco Rovai, 581-600, Editrice Testi Scientifici, Pisa.
Spring, Ryan and Kaoru Horie (2013) "How Cognitive Typology Affects Second Language Acquisition: A Study of Japanese and Chinese Learners of English," *Cognitive Linguistics,* 24:4, 689-710.
Talmy, Leonard (1985) "Lexicalization Patterns: Semantic Structure in Lexical Form," *Language Typology and Syntactic Description* 3, ed. by Timothy Shopen, 36-149, Cambridge University Press, Cambridge.
Talmy, Leonard (1991) "Path to Realization: A Typology of Event Conflation," *Proceedings of the 17th annual meeting of the Berkeley Linguistics Society*, 480-519, Berkeley Linguistics Society, Berkeley.
Talmy, Leonard (2000) *Toward a Cognitive Semantics: Typology and Process in Concept Structuring*, MIT Press, Cambridge, MA.
Talmy, Leonard (2009) "Main Verb Properties and Equipollent Framing," *Research in the Tradition of Dan Isaac Slobin*, ed. by Jiansheng Guo, Elena Lieven, Nancy Budwig, Susan Ervin-Tripp, Keiko Nakamura and Seyda Özçalışkan, 389-402, Psychology Press, New York/London.
Treiman, Rebecca, Charles Jr. Clifton Meyer, Antje S. Meyer and Lee H. Wurm (2003) "Language Comprehension and Production," *Comprehensive Handbook of Psychology Vol. 4: Experimental Psychology*, 527-548, John Wiley & Sons, New York.
Washio, Ryuichi (1997) "Resultatives, Compositionality and Language Variation," *Journal of East Asian Linguistics* 6, 1-49.

第 16 章

「ひとつまみ」と「ひと刷毛」
—モノとコトを測る「ひと」の機能—*

由本陽子・伊藤たかね・杉岡洋子
大阪大学　　東京大学　　慶應義塾大学

1. はじめに

　日本語の名詞は，英語などとは異なり，数（単数／複数）を体系的に表さないことがよく知られている．たとえば英語では，可算名詞と不可算名詞の区別があり，可算名詞は数詞と単数／複数形によってその数が表され（one apple, two pencils），不可算名詞では，量を表す修飾表現が用いられる（much/little water）．それに対して，日本語では，量の修飾は個体を表す名詞と物質名詞の両方で可能だが（たくさんのリンゴ，少しの水），数詞をそのまま名詞につけてモノの数量を表すことができず（(1a)），数量を表す場合は，(1b, c) のように数詞に計量詞または類別詞を付けて用いるのが一般的である．

(1) a. *ひとリンゴ，*ふた鉛筆，*三イヌ
　　b. 〈計量詞〉　ひと箱のリンゴ，3 匙のミルク，3 皿の料理
　　c. 〈類別詞〉　1 本の鉛筆，3 人の学生，ふたしずくの雨，5 粒のダイヤ，ひとかけらのパン

＊ 本章は Morphology & Lexicon Forum 2013（2013 年 9 月 8 日　於慶應義塾大学日吉キャンパス）およびレキシコンフェスタ（2015 年 2 月 1 日　於国立国語研究所）で発表した内容を修正し拡張したものである．その際貴重なご意見を頂いた方々，また本章の刊行にあたり有益なコメントをしてくださったお二人の査読者に感謝申し上げたい．なお本章のもとになっている研究は，以下の科学研究費の助成を受けて行った研究の成果の一部である（基盤研究 (C) 24520437（代表者：由本陽子）基盤研究 (B) 25284089（代表者：伊藤たかね　分担者：杉岡洋子））．

第 16 章 「ひとつまみ」と「ひと刷毛」　　　433

　計量詞（1b）は，モノの量を表す名詞で，たとえば「（ひと）箱（のリンゴ）」は，箱という容器を介して，そこに入っているモノ（リンゴ）の量を表す．英語にも同様の表現があり，a box of apples，two glasses of water などに見られるように，可算名詞・不可算名詞共に，計量詞による数量表現が可能である．いっぽう，類別詞（1c）のほうは，「本」は細長い棒や線状のもの，「人」は人間というように，名詞が表すモノの形状や範疇によって選択される．類別詞は日本語を含む東アジアの言語には数多く存在するが，英語など欧米の言語には一般に見られない（cf. 影山・眞野・米澤・當野（2012））．
　このように，数詞が直接つくことができないのが日本語の名詞の特徴と言うことができる．そこで問題になるのが，(2) のように類別詞や計量詞とは考えられない名詞に「ひと」が結合している例である．

(2) a. ひと目（会う），ひと汗（かく），ひと風呂（浴びる），ひと（太刀）浴びせる，ひと刷毛塗る，ひと筆入れる
　　b. *ひとつの汗，ひと風呂 ≠ ひとつの風呂，ひと目 ≠ ひとつの目
　　c. *ふた目（会う），*ふた汗（かく），*ふた風呂（浴びる），*?ふた太刀（浴びせる）

(2a) の「ひと」は，「一（いち）」という概念を表す数詞ではあるものの，それは (2b) に示すように，結合している名詞（汗，風呂，目，など）が表すモノの数を表しているわけではない．さらに，これらの表現は (2c) のように基本的にふたつ以上の数の表現を許さない．つまり，(2a) に見られる「ひと」は，後続する名詞が表すモノを数えていないと同時に，これらの名詞は類別詞や計量詞ではないと考えられる．[1]
　では，これらの「ひと」は何を表しているのだろうか．たとえば，「ひと目会う」の例では，「ひと」は目の数を数えているのではなく，「ひと目会う」全体で「ちょっと会う」という意味を表す．したがって，「ひと」は動作およびそれを含む事象の「量」を表していると言うことができる．つまり，本来

---

[1] モノではなく時間や空間を表す名詞に「ひと」がつく「ひと夏」「ひと晩」「ひと部屋」のような例はふたつ以上，数えることもできる（「ふた晩」「三（み）部屋」）．これらの表現に現れる名詞は時間や空間の決まった量（単位）を表しており，計量詞に準ずる性質をもつと言える．そのために，直接的に「数える」ことが可能になっていると考えられる．

は「一」(ひとつ) という数を表す語が，何らかのしくみによって (2a) に見られる例のようにコト（事象）を測る働きをしていると考えられる．

　これと関連して「ひと」は動詞連用形につくこともでき「ひと眠り（する）」のような例では後述するように「ひと」がつくことで「少し（眠る）」という意味になることから「ひと」はコトを測る機能をもつと言えるが，いっぽうで「ひとつまみ（の塩）」のようにモノを測る用法も見られる．「ひと」のこのような多様な振舞いと機能についてはこれまで包括的に取り上げられることはなかった．

　本章では，これらの「ひと」の機能について統一的な説明を示すことを目指して，以下の点を順番に考察する．

(3) a. 「ひと＋動詞連用形／動名詞」における「ひと」の機能（2 節）
　　b. (2a) のような「ひと＋名詞」がコトを測る解釈を得る仕組み（3 節）
　　c. 「ひと」がモノを測る用法の解釈の仕組み（4 節）
　　d. 「ひと」の機能の全体像（5 節）

2. 動詞連用形や事象名詞に付加する「ひと」

2.1. ひと＋動詞連用形

　「ひと」が動詞連用形につく「ひと泳ぎする」のような表現があることは，以前から指摘されてきた（影山 (1996) など）．本節では，「ひと」の機能を考える糸口として，動詞連用形や動名詞につく「ひと」について見ていく．

　「ひと＋動詞連用形」（以下「ひと V」）[2] の代表的なものとして，次のような例があげられる．

(4) a. ひと泳ぎする，ひと眠りする，ひと休みする，ひと働きする
　　b. ひと蹴りする，ひと振りする，ひと突きする，ひと跳びする

(4a) は活動を表す自動詞に「ひと」がついた例である．活動動詞は意図的で

---

[2] 本章では「ひと＋動詞連用形」の形になっているものを便宜的に「ひと V」と表記することにする．

継続可能な動作を表わし，継続時間を表す副詞と共に現れることができる（「30分泳ぐ」，「5時間眠る」など）．また，活動動詞は限界性（telicity）をもたず，たとえば「泳ぐ」であれば「手と足を動かして水中で進む」という均質な動作が一定の時間にわたって継続するという解釈をもつ．これらの動詞につく場合，「ひと」は「少しの間（動作をする）」という意味を付け加えるが，これは単に時間を測っているだけではなく，時間を限定することで動作（(4a) では運動や睡眠など）の量を表す表現になることもある．たとえば，「ひと働き」の場合は，短い時間というだけでなく，少量のひとまとまりの仕事をするという意味で使われることも多い．活動動詞が表す動作はその一部を切り取っても同じ動作であることから，「少し泳ぐ」ことも「泳ぐ」という動詞で表すことができる．また，ここで「ひと眠り」とは言えるが「ふた眠り」とは言えない理由は，「ひと」が数を数えているのではなく，動作にまとまりを与えているからだと考えられる．すなわち，「ひと」がつくことで動詞が表す事象が開始と終了の時点が特定できる性質すなわち「有界性」（[+bounded] という素性で表す）を得るということである．

　(4b) の「蹴る」なども一般に活動を表す他動詞だとされるが，「（壁を）蹴る」のような動作は1回で終了することもあり，その場合の動作は1回で有界性をもつ点で，「泳ぐ」のような普通の活動動詞とは異なる．ただし，同じ動詞が動作を反復して行うことも表し，その場合は活動動詞と同様に有界性をもたない [−bounded] の解釈になり，継続時間を表す副詞とともに現れることができる（「壁を3分間蹴った（＝壁を複数回蹴った）」など）．この一回性と反復可能性という二面性を含む特徴は，「突く」，「振る」などの動詞にも見られ，これらは「一回相（semelfactive）動詞」と呼ばれる（Rothstein (2007)）．一回相動詞は，反復動作の回数を数えられるという特徴をもつ（e.g. John kicked the wall three times／壁を3回蹴る）．これらの動詞に「ひと」をつけると，その動作が1回であることを示すことによって有界性を確定することになる．[3] したがって，(4a, b) の動詞は，一回相をもつかもたないかの違いこそあれ，「ひと」が「少し」または「1回」という意味を加える

---

[3] 同様に，「肩をひとたたきする」の場合は（ポンと）1回たたくという解釈になるが，肩こりを治すための動作の場合は，継続動作の解釈になるので複数回たたくことが含意される（査読者のコメントによる）．

ことで動作の「量」を測る働きをしていると言える.[4]

　さらに，次のような例に用いられている動詞は主語に意図性を要求しないが，内在的に事象をコントロールできる性質を持つ主語をとるため活動動詞に準ずる性質をもち，そのために「ひと」がつくことが可能になっていると考えられる.

　　(5)　(天気が) ひと荒れする，(風が) ひと吹きする，スープがひと煮立ちする

これらの場合も動詞に「ひと」がつくことで，「少し」「少しの間」という意味が与えられ，動詞が表す事象がある一定量であることを明示している．

　「ひと」は上記のような活動動詞の連用形につくことができる一方で，次のような結果状態を含意する [+bounded] の動詞にはつかないことが指摘されてきた (影山 (1996)).

　　(6)　a.　*ひと壊しする，*ひと殺しする，*ひと作りする，*ひと倒しする
　　　　b.　*ひと壊れする，*ひと消えする，*ひと溶けする，*ひと倒れする，*ひと着きする

これは，(6) のような動詞は特定された結果状態を含意しその結果状態に向かっての変化を表すため，「ひと」によってその事象の一部を測りとることができないからだと考えられる．つまり，たとえば (6a) の「壊す」という動詞が表す使役変化は行為 ([x ACT-ON y]) と状態変化 ([BECOME [y BE AT BROKEN]]) という2つの事象から成るが，その一部を切り取ろうとしても，その行為の一部には状態変化が含まれないため，「ひと」によって切り取ることができない．これが上で見た「泳ぐ」などの継続性をもつ動詞や「蹴る」などの反復可能な一回相動詞との違いである．さらに (6b) の自動詞の場合は，瞬間的な変化のみを表し動作を含まないため，測りとる対象が存在せず「ひと」が結合できない．では，次のような変化を含意する動詞に「ひと」がついた例はどう考えればよいだろうか．

---

[4] 一回相動詞の場合，継続動詞とは異なり，「ひと」が測り取る対象が1回の動作でももと有界性をもつため，1より大きい数詞との結合がそれほど不自然でない場合も見られる (ふた蹴りする，ふた振りする).

(7) a. シチューをもうひと温めする．
    b. ビールを冷蔵庫でひと冷やしする．
    c. ゆでたじゃがいもを軽くひと潰しした．

(7a, b) の「温める」と「冷やす」は結果状態を含意するので本来は限界性をもつ [+bounded] の動詞だが，Dowty (1979) などが指摘するように，温度を表す状態述語は段階性をもつため，その結果状態への段階的な移行（'degree achievement'）が継続するという解釈が可能である．つまり，これらの動詞は結果状態へ移行する途中経過についても同じ動詞で表すことが可能である点で，(6) の「壊す」などとは異なっている．したがって，「ひと温め」という表現は，その途中経過の「温める」動作の部分を測りとることで，「少し温める」という意味をもつわけである．(7c) の「潰す」も使役変化動詞で「潰れた状態」という限界点を含意するが，「ひと」がつくことで限界点に至る過程の一部が測り取られ，「完全に潰れてはいない状態」という途中経過の意味が出てくる．これは料理の中でそういう行為が可能であるという世界知識によって可能になる解釈と考えられる．

いずれの場合も，継続や反復，段階的変化といった [−bounded] の事象を表す動詞に「ひと」がつくことで，それが1回限りあるいは一定の変化やひとまとまりの動作という，[+bounded] の事象に変わっている．したがって，(7) のような例も含めて「ひと」は，[−bounded] の事象の一部を測り取ることで，事象の有界性（[+bounded]）を明示する働きをもつという一般化が可能だと考えられる．このことは，次のような対比によっても確かめることができる．

(8) a. 太郎は3時間 {?ひと泳ぎした／泳いだ}．
    b. 太郎は {?ひと泳ぎし／泳ぎ} 続けた．　　（山梨 (1995: 247)）
    c. 今朝は30分でひと働きした．／??今朝は30分で働いた．
    d. 警備員たちは交替で休憩する必要がある．全員がひと眠りするのに5時間かかるだろう．（交替に1人ずつの解釈）
    cf.?全員が眠るのに5時間かかる．（「寝入るまで」の解釈のみ）

(8a, b) に示したように，「ひと泳ぎ」は継続する動作と共起する副詞（3時間）や「続ける」と共に使うと不自然であるのに対して，限界点を示す副詞

((8c)「30分で」)による修飾は自然である.また,(8d)からわかるように,「ひと眠り」は一定の睡眠時間を表すので,やはり限界点を要求する「5時間かかる」のような表現による修飾が可能である.

「ひとV」と同様の機能をもつ構文として,英語のいわゆる「軽動詞構文」をあげることができる.軽動詞構文は,'give / have / take a V' といった形で,ある1回の動作を表すが,日本語の「ひとV」と同じように活動動詞が入ることができるいっぽうで,限界性をもつ状態変化または使役変化動詞はこの構文を作ることができない(影山(1996: 77-82)).

(9) a. have a bite, have a look, give a kick, give a pull, take a walk, take a swim
b. *have an arrive, *have a kill, *give a make

この構文では,不定冠詞 (a, an) がつくことによって,1回あるいはひとまとまりの動作を表している.冠詞を持たない日本語においては,数詞の「ひと」が事象を限定する働きをしているわけで,英語の軽動詞構文と日本語の「ひとV」は事象に有界性を与えるという同じ機能を果たしているのである.

2.2. 動名詞や事象名詞に付加する「ひと」

「ひと」は,動詞の連用形だけでなく,(10)のように動名詞(Verbal Noun)にも付加することができる.

(10) a. 大きくひと呼吸する.ひと旋回して着陸した.
b. 照明をひと工夫する.朝食前にひと勉強する.問題を解くのにひと苦労する.
c. ほっとひと安心したのも束の間,次の質問が来た.

(10a)の例では,「ひと」がつくことで1回の動作(呼吸や回転)を表しているが,(10b)はひとまとまりの少量の動作を表し,「ちょっと工夫する」,「少し勉強する」,「少し苦労(=努力)する」とほぼ同義である.さらに,(10c)の「ひと安心」は動作ではなく心的変化を表すが,「ひとまず安心すること」(『広辞苑 第六版』)という意味をもち,「ひと」がつくことで一時的な状態というまとまりを表していると言える.このように,「ひと」は動名詞につく場合も,動詞連用形につく場合と同様,事象に1回もしくは一定の量という

[+bounded] の性質を与える働きをする．
　さらに，「ひと」が事象を表す名詞につく，次のような例も見られる．

(11) a. ひと仕事する．夏の最後にもうひと旅したい．
　　 b. もうひと商売やろう．ひと悶着起こす．ひと波乱ある．ひと騒動起きる．

ここでも「ひと」は，名詞が表す事象に対して，1 回または一定の量という [+bounded] の解釈を与える働きをしている．(11) の例に含まれる名詞は，意味の上では動作や出来事を表すが，(10) の例の動名詞とは異なり，「する」を直接つけて動詞として用いると，「を」が削除されたと感じられ不自然になる（「??仕事する」，「?商売する」）．したがって，これらは項構造を有する動名詞（e.g. 数学を勉強する／数学の勉強）とは異なり，単純事象名詞だと考えられ，動詞の性質を持たないと考えられる (Grimshaw (1990))．にもかかわらず「ひと」はこれらの事象を表す名詞に付加できることから，「ひと」の付加は，意味的に事象を表す語につくという選択制限を示すと考えることができる．

2.3. 「ひと」による有界性の明示

　以上の観察から，「ひと」には事象に対して有界性を明示的に与える働きがあることが明らかになった．このことは次のような日本語の特徴が関わっていると思われる．すなわち Kageyama (2001) が指摘するように，日本語は境界性の弱い言語であり，事象に有界性を付与するには明示的なマーカーが必要となるということである．Kageyama (2001: 31) によれば，日本語では，動作動詞に起点，着点や結果述語をつけるだけでは限界性を変更することができず，(12) のような V-V 複合語にすることによってはじめて明確に限界性が表される．さらに，到達動詞でさえ，(13a) に示すように反復解釈が簡単には生じないこと，また，(13b) のような文も反復行為の読みはなく状態持続の読みしかないことから，これらの動詞が境界 (boundary) のはっきり存在する事象を形成していないと考えられることも指摘されている (ibid.: 33)．

(12) a. 30分で島に {*泳ぐ／泳ぎ着く}．　　　　（着点）
　　　b. 鉄を平らに {*たたく／たたきのばす}．　（結果述語）
　　　c. 歯磨きをチューブから {*押す／押し出す}．（起点）
(13) a. *客（たち）が2時間到着した．　（反復解釈が不可）
　　　cf. The guests arrived for 2 hours.
　　　b. *ビールを2時間冷蔵庫に入れた．（反復解釈が不可）

　このように境界性の弱い日本語の動詞において，有界性を明確にして計量できる概念に変更するひとつの方策として「ひと」が機能していると考えられる．
　では，本来は数を表す「ひと」という数詞になぜそのような機能があるのだろうか．日本語では動詞のみならず名詞においても，冠詞がないために境界性の有無が明確には表せないが，1節で見たように，計量詞や類別詞に数詞がつくことでモノの量を表す．そして，計量詞として用いられるのは，容器を表す名詞が多い（ひと箱のみかん，ひと袋の砂糖，など）．モノについては容器のようなものに入れることによって計量が可能になるわけである．これに対して，動作を測るときには容器のような概念が想定できないため，動作を表す語に直接「ひと」が付加されると考えられる．ただし，形態的には「ひと」は動詞に直接に付加することはできず（cf. *ひと泳ぐ），(4) のような動詞連用形名詞や，動名詞（cf. (10)），事象名詞（cf. (11)）が，「ひと」と共起するのである．
　つまり，動名詞や事象名詞につく「ひと」の第一の機能は動詞が表す動作・事象の境界を明確に与えることである．実際の用法においては，「ひと」は「ちょっとの間の，軽く」という意味と，転じて「一つと数え上げるに値すること，かなりのこと」（『広辞苑第六版』）という意味で用いられる場合が多いが，これらは，「ひと（つ）」の数詞としての意味（「一」）との連合により生じる語用論的なものであり，意味的な機能は動作・事象の有界性をプラスに確定しそれを明示することだと考えるべきである．
　この「有界性の確定」という意味操作のひとつとして，英語においては不可算名詞に冠詞や数詞をつけて可算名詞にすることが知られている．たとえば，beer は液体なので不可算名詞だが，a beer と冠詞をつけることで 'a glass of beer' または 'a kind of beer' という意味を表し，または数詞をつけ

て two beers のように数えられる名詞になる (cf. Bach (1986: 11)). 英語においても物質名詞には自由に冠詞をつけられるわけではなく, a cup of coffee, two bowls of rice のように容器を数えることで量を表すのが一般的であるので, このように物質名詞から直接的に個体解釈の可算名詞を産み出す機能は,「もっとも一般的な容器」という意味合いで Universal Packager と呼ばれている (cf. Jackendoff (1991: 25)). ここでいう容器 packager の働きとは, 本来は連続体であるものを個体化することである. したがって, 事象に有界性 [+bounded] を与えるという「ひと」の働きも, 前述の Universal Packager と本質的に同じものと捉えることができるだろう.

ただし, 日本語の「ひと V」という表現は特に V が継続動詞である場合はひとまとまりという規定しかできず, (14) のように 2 以上の数詞を含むことができない.

(14) *ふた泳ぎする, *ふた眠りする, *三歩きする

動作の回数を数える場合は一般に助数詞を使った表現が必要になる (2 回泳ぐ, 3 回眠る, など).[5] その点で物質名詞を「数える」ことができる英語の Universal Packager (two coffees, three beers) とは異なる. また英語の軽動詞構文が「ひと V」と同じ機能をもつことを 2.1 節で指摘したが (cf. (9)), 英語では軽動詞構文でも数詞を表すことができる (give a kick / give a few kicks, take a sleep / take two sleeps, take three walks).

以上をまとめると,「ひと」は, 事象の有界性を明示的に確定することで事象を量化するということができる. そして,「ひと」が規定する「値」は, 付加する基体が表す事象のアスペクト (事象構造) によって異なる. 継続事象につく場合は, 限られた時間の枠 (「少しの間」) で継続動作の一部を切り取る (ひと泳ぎ, ひと勉強, ひと仕事, など). また, 反復可能な動作を表す一回相動詞では, 1 回の動作を表す (ひと蹴り, ひと押し, ひと呼吸, など). さらに, 段階的変化を表す動詞の場合は, 一定の変化の程度を表す (ひと温め, ひと冷やし, など). いずれの場合も,「ひと」は何らかの事象を意味カテゴリとして選択し, その事象の有界性を明示し [+bounded] にするという

---

[5] ただし,「ひと」をベースとした構文「ひと〜ふた〜 (する)」では可能である. e.g.「ひと泳ぎふた泳ぎしてみる」(山梨 (1995))

働きをするのである．

3. 具体物を表す名詞に付加する「ひと」

前節では「ひと」が動詞連用形や事象名詞に付加され，事象の有界性解釈を確定することを見た．しかし，具体物を表す名詞に付加される「ひと」にも同じような働きがある．以下の例で「ひと」が結合しているのは，「刷毛」「汗」のように一般には類別詞や計量詞とは見なされないような具体物を表す名詞（以下 N）である．これらの「ひと+N」は，事象名詞に付加された場合と同様何らかの行為を表し，事象解釈が与えられている．

(15) a. ペンキを<u>ひと刷毛</u>塗る．料理を<u>ひと口</u>食べる．
　　 b. 出勤の前に<u>ひと汗</u>かく．仕事の後で<u>ひと息</u>つく．

興味深いことに，このような「ひと N」には，(15a) のような，仮にパラフレーズするなら「ペンキを刷毛で塗る」「料理を口で食べる」のように，N が動詞によって表される行為において付加詞として働くものである場合と，(15b) のような「汗をかく」「息をつく」といった動詞の項（目的語）にあたるものである場合との 2 種類がある．本節では，これらを区別してそれぞれの解釈メカニズムについて考察し，いかに名詞の意味から事象が読み取られているのかを明らかにしたい．

3.1. 「ひと」+道具を表す N

まず，(16b) に示すように，本来は「道具」を表すような名詞に「ひと」が結合している (16a) のような場合について考えてみる．

(16) a. ご飯をひと箸食べる．ペンキをひと刷毛塗る．オーロラをひと目見たい．料理をひと口食べる．ひと足前に進む．
　　 b. ご飯を箸で食べる．ペンキを刷毛で塗る．オーロラを自分の目で見る．料理を自分の口で食べる．自分の足で進む．

これらの名詞が「ひと」と結合することによって与えられている事象解釈は，「箸で食べ物をつかむ」「刷毛にペンキをつけて壁に塗る」といった行為だと考えられる．つまり，「ひと箸食べる」とは「食べ物を箸でつまむという行為

を1回行って食べる」ことであり，「ひと刷毛塗る」とは「刷毛にペンキをつける行為を1回行って塗る」ことである．したがって，「ひとN」が表す行為と，共起している動詞が表す行為との関係を考えてみると，前者は後者が表す事象の部分 (subevent) を成し，しかもその進捗状況の尺度を測るのに最も適するものと言える．たとえば，「ご飯を食べる」行為は，日本人であれば箸でご飯をつかんで口に運びそれを咀嚼して飲み込むという一連の動作によって成り立っているが，ご飯をどの程度食べたかは，「ひと箸」によって表される箸でつかむ動作が何度行われたかによって測ることができる．よりわかりやすいのは，「ひと足進む」における「ひと足」である．「ひと足」は足を動かして歩く行為を表し，どれだけ進んだかを測り取っている．これは「ひとN」が「100メートル進む」における「100メートル」と同じ働き，すなわち計量句 (measure phrase, 以下MP) としての機能を果たしていることを示している．

　ここで注意しておきたいのは，「箸」「刷毛」などがそれ自体モノを測り取る計量詞としての機能はもたないということである．たとえば，「??ご飯をひと箸この容器に入れてください．」とか「??ペンキをひと刷毛余らせた．」とは言えない．これらは，単独ではあくまでも道具を表す名詞であり，「ひと」と結合することで行為の読みが導かれてはじめて事象の進行状況を測る働きが果たせるのである．

　では，これらの名詞からどのようにしてそのような事象解釈が得られるのだろうか？　本章では，生成語彙論 (Pustejovsky (1995)) に基づき，名詞と動詞それぞれのクオリア構造の合成を考え，以下に示す (18c) のようなプロセスによって事象解釈が導き出されると考えたい．まず，「ひと刷毛塗る」を例にとると，「刷毛」は「ひと」が選択する計量詞として解釈される容器ではない．そこで「ひと」が結合できるもうひとつのタイプ，事象として解釈されることになる．そこで名詞「刷毛」のクオリア構造内の情報を参照し，「タイプ強制」による事象読みが引き出される．「タイプ強制」とはPustejovsky (1995) の用語で，begin the book のような表現の意味合成（共合成）において begin の事象を補部とするという選択素性を満たすために book のクオリア構造から reading a book または writing a book という事象解釈を強制的に導き出し適切な解釈を与えるメカニズムのことである．これを生成語彙論の意味記述で表せば，(17) のようになる．

(17) begin $\begin{bmatrix} \text{ARGSTR} = \text{ARG1} = \text{x: human} \\ \qquad\qquad\quad \text{ARG2} = \text{y: event} \end{bmatrix}$ +

book $\begin{bmatrix} \text{QUALIA} = \text{CONST} = \text{bound\_pages (z)} \\ \qquad\qquad\;\; \text{FORMAL} = \text{print\_matter (z)} \\ \qquad\qquad\;\; \text{TELIC} = \text{read (e, w, z)} \\ \qquad\qquad\;\; \text{AGENTIVE} = \text{write (e', v, z)} \end{bmatrix}$

$\Rightarrow$ begin the book:

$\begin{bmatrix} \text{ARGSTR} = \text{ARG1} = \text{x: human} \\ \qquad\qquad\quad \text{ARG2} = \text{y: event} \\ \text{QUALIA} = \text{FORMAL} = \text{read}(e_2, x, z) \\ \qquad\qquad\;\; \text{AGENTIVE} = \text{begin\_act}(e_1, x, y) \end{bmatrix}$

(cf. 小野（2005: 49-50））

「ひと」と具体物を表す名詞との共合成においても同様の分析が可能である．本節で扱っている「ひとN」の名詞は道具を表すものであるので，常に目的役割（TELIC ROLE）として何らかの行為を表す事象が記されており，「ひと」の選択素性を満たすためにこの事象解釈が強制的に引きだされると考えるのである．たとえば「ひと刷毛」であれば，「刷毛によってペンキを塗りつける行為」という解釈が導かれる．さらに，前節で述べたように「ひと」が測り取る事象は有界 [+bounded] であるから，これはその行為のある瞬間の部分を切り取ったもの，すなわち「刷毛を1回動かすこと」を表すことになる．さらに，それが動詞「塗る」が表す事象を構成するサブイベント（下位事象），すなわち動詞の構成役割（CONST ROLE）とマッチしていると考えられる．これが付加詞の位置に現れることによってVP「ペンキを塗る」という行為の進捗状況を測るMPとして働くことができるのである．以上のような解釈のメカニズムをまとめると以下のようになる．

(18) a. 「刷毛」の目的役割：動かすことによって（液体や粉末などを何かに）塗りつける
   b. 「塗る」の構成役割：刷毛などを使ったペンキなどの移動
   c. 「ひと刷毛（塗る）」の意味解釈
       i) 「ひと」は計量詞または事象を選択して [+bounded] な名詞

第16章 「ひとつまみ」と「ひと刷毛」　　　　　　　　　　　　445

　　　　　句を作る. 有界性が未指定な事象を選択する場合, それに
　　　　　有界の解釈を与える働きをもつ.
　　　ii) 「刷毛」は計量詞になる容器とは解釈されない具体物を表す
　　　　　ため「ひと」は事象を選択するしかない.
　　　iii) 「ひと」が事象を選択する解釈を導くために「刷毛」の目的
　　　　　役割から「ペンキ (など) を塗りつけるために動かす」とい
　　　　　う事象解釈が強制され (coercion), この事象には
　　　　　[+bounded] の解釈が与えられる.
　　　iv) 「ひと刷毛」によって表される事象が「塗る」の構成役割
　　　　　(18b) と一致するため, VP の付加詞に現れると事象を計測
　　　　　する MP としての解釈を生じる.

　このように付加詞として働く「ひと N」が計量句 (MP) として解釈される
のは, 「ひと」が事象の有界性を明示する機能をもつがゆえに, 事象の一場面
を切り取り, それが継続相の動詞の進捗状況を測るものさしとなっているか
らである. ここで注意したいのは, 次節で詳しく述べるように「ひと」の機
能は, モノとコト共通に [+bounded] を与えることであると一般化できる
が, 道具を表す名詞と「ひと」が結合する場合は, 仮に名詞をモノとして解
釈すると, 容器とは考えられないような「刷毛」では, ひとかたまりのもの
を測りとることができず, その結果, 「刷毛」には事象解釈が強制され, 「1 回
刷毛を動かす」という [+bounded] のコトとしての解釈が強制されるという
ことである. このように, 結合する N の意味によってモノかコトの解釈が
選ばれているのである. モノとコトに共通に有界性という素性を想定する立
場は意味論で広く受け入れられており (2.3 節参照), 「ひと」はモノ・コトの
いずれと結合する場合も基本的に同じ機能を果たしていると考えることがで
きる. たとえば Jackendoff (1991) の分析では, 非有界のもの ([−b] 素性
をもつ) に有界性を与え [+b] に変える関数が提案され COMP と称されて
いるが, 「ひと」にはこの COMP 関数の働きがあると言えるだろう.
　事象を計測する付加詞 MP にもいろいろあり, 移動に関して言えば (19)
に示すように距離だけでなく「3 歩」のように移動を構成する動きの回数で
行為を測るものもある. 「ひと N」は後者の部類に属し, たとえば「ひと足」
は「1 歩」と言い換えることもできる.

(19) a. 子供が 300 メートル走った．
　　 b. 赤ちゃんが 3 歩歩いた．

「ひと N」が MP であることを示す証拠としては，(20a) の例のように，「で」の有無によって「ひと N」の解釈が異なることが挙げられる．これは (20b) に示すように，MP の一般的な性質である．「で」を付加しない場合は事象の進捗状況を測る表現となり，「で」を伴う場合は，手段・様態を表す．「ひと」と結合しない限り，モノを表す名詞にこのような 2 種類の意味はない．(21) のようなコンテクストでは両者の意味の違いが明確になる．

(20) a. ひと刷毛で塗る ≠ ひと刷毛塗る
　　　　ひと口で食べる ≠ ひと口食べる
　　　　ひと筆で書く ≠ ひと筆書く
　　 b. 1 回で食べる ≠ 1 回食べる
　　　　（報告を）500 字で書く ≠ 500 字書く
(21) a. 家具にニスをひと刷毛塗るごとに輝きを増す．
　　 a′. ?家具にニスをひと刷毛で塗るごとに輝きを増す．
　　 b. ?その饅頭はひと口食べるのに苦労した．
　　 b′. その饅頭はひと口で食べるのに苦労した．
　　 c. ?ひと筆描いた絵
　　 c′. ひと筆で描いた絵　（＝一筆書）

ここで注意しておきたいのは，「で」を伴う場合でも「ひと N」には道具そのものを表す解釈は生じないことである．つまり，このタイプの「ひと N」は助詞の有無に関わらず名詞が本来表すモノの解釈を持たないと言える．

(22)　ひと刷毛（で）塗る ≠ *ひと刷毛を使って塗る
　　　ひと箸（で）食べる ≠ *ひと箸を使って食べる

さらに (23) のような「もう」「ほんの」といった程度を表す修飾語が付加できることや，(24) のように程度を尋ねる疑問文の答えとして適切であることも，付加詞として現れるこれらの「ひと N」が MP であることを示す証拠となる．

(23)　もうひと口食べれば味がわかる．ほんのひと刷毛塗っただけだ．ほ

んのひと目見ただけだ．
(24) a. 「どれくらい塗りましたか？」「(たった) ひと刷毛です」
    b. 「どれくらい食べましたか？」「ひと口食べただけです」

ここで注意したいのは，「ひと N」は，(25) のように動詞を修飾する付加詞の位置以外にも現れ得ることである．また，(26) のように「で」が省略できず，もっぱら手段として解釈されている場合もある．たとえば「ひと目で」は「ちょっと見ることによって」という意味である．したがってこれらの場合では「ひと N」が MP として働いているとは言えない．ただし，このような場合でも「ひと N」が事象の解釈を与えられていることは間違いない．たとえば「ひと太刀で」とは「太刀1本で」という意味ではなく「太刀を1回振って」という意味である．以上のことから，(18c) (iv) で仮定したように，N がモノを表す「ひと N」は文脈とは無関係に「ひと」と N の結合の段階ですでに事象読みが与えられており，それが VP の付加詞の位置に現れてはじめて事象の進捗を測る MP としての機能を発揮すると考えられるのである．

(25) a. 最後のひと刷毛が顔を明るくする．(メイクアップ講習にて)
    b. ひと足ごとに立ち止まる．ひと目ぼれ
(26) a. 何が間違いかがひと目 *(で) わかる．
    b. ろうそくをひと息 *(で) 吹き消した．
    c. ひと太刀 *(で) 敵を倒した． (「で」が必須)

以上の考察から，モノ名詞につく「ひと」には以下の2種類があるということになる．まず，「箱，匙，袋」のような容器として解釈できる名詞と結合すると，その容器で測り取られる具体物の量を表す計量詞となる．いっぽう，具体物の量を測る容器とは考えにくい「刷毛」のような名詞と結合すると，「ひと」は事象を測り取る解釈となり，名詞の方には「ひと」が要求する事象としての解釈を満たすためタイプ強制が適用され，クオリア構造内から導き出された事象解釈によって VP が表す事象の進行状況を測ることになる．これを簡潔にまとめると以下のようになる．

(27) a. 「ひと箱」＝箱で測り取られるモノ (entity) の量
    ⇒「ひと箱のミカン」

箱に入る量でミカンを測る
b.「ひと刷毛」＝刷毛を動かす行為の量
⇒「ひと刷毛塗る」
刷毛を1回動かすという行為により「ペンキを塗る」という事象のサブイベントを切り出し，さらに付加詞位置に現れていることにより MP として解釈される．

3.2.「ひと」＋対象を表す N

前節で扱った道具を表す名詞以外にも具体物を表すと思われる名詞が「ひと」と結合して事象の解釈が与えられる場合がある．それは，(28) のような「ひと N」が動詞の主語や目的語のように見える場合である．

(28) a. ひと汗かく，ひと息つく，[6] ひと声かける
b. ひと雨ふる，ひと風吹く

これらの「ひと N」が前節で扱ったものと同様に事象解釈をもつことは，動詞と独立して現れた場合でも具体物ではなくそれぞれ括弧内に示したような何らかの出来事を表すことから明らかである．

(29) a. ひと雨ごとに暖かくなる．（雨が降る）
b. 仕事のあとのひと汗が気分転換になる．（汗を流す）

このタイプの「ひと N」が前節で扱ったものと異なっている点は，動詞の項に相当する名詞が結合しているというだけでなく，その事象解釈を引き出す際に名詞の目的役割ではなく，主体役割 (AGENTIVE ROLE) が利用されていることである．たとえば「ひと汗かく」における「ひと汗」は汗を分泌させる原因になるような行為を表し，「ひと息」は息をはくことを表す．さらに注意すべきことは，この種の「ひと N」についても VP において事象の量を測る MP としての働きが見られるということである．たとえば，「ひと汗かく」は「ちょっと汗をかく」，「ひと雨ふる」は「短時間雨がふる」とほぼ同義であるから，「ひと N」が事象の量を測る副詞的な働きをしていること

---

[6] ここで扱う「ひと息」は (26b) の手段を表す「ひと息」とは異なる．

は明らかである．そこで，本章ではこのタイプの「ひとN」の解釈が以下のようなプロセスによって導かれていると考える．

(30) a. 「汗」の主体役割：体温が上がる，体が（汗を）分泌するような行為をする
   b. 「ひと汗かく」の意味解釈
     i) 「ひと」は計量詞または事象を選択して [+bounded] の解釈を明示する働きをもつ．
     ii) 「汗」は容器には解釈できない具体物を表すため「ひと」は事象を選択するしかない．
     iii) 「ひと」が事象を選択する解釈を導くために「汗」の主体役割から「（体が）x（=汗）を分泌するような行為」という動作の事象解釈が強制され，この事象には [+bounded] の解釈が与えられる．
     iv) 「ひとN」が [+bounded] の事象として解釈されると「かく」の項としての解釈ができない．「ひと汗」が表す事象が「汗をかく」の構成役割と一致するので，「ひとN」は副詞的にMPとして解釈される．
     v) 本来の目的語「汗」は余剰となるため表されない．
       [ひと汗]$_{MP}$ [汗をかく]$_{VP}$

「汗」は確かに「かく」に選択される項であるが，ここで提案する分析では，「ひと汗」は前節で扱ったものと同様付加詞であり，そのことによってMPとして働いていると考えている．「ひとN」が副詞的修飾要素であるという本章の分析は (31) のような例によって支持される．すなわち，下線部で示すように名詞に修飾語句をつけたり，名詞をより特定するような類似の名詞で言い換えたりすると「ひとN」がそれと重なって用いることができ，その場合明らかに付加詞の位置に現れると考えられるのである．つまり (30)(v) における項としての名詞の省略は語用論的な性質のものだと言えるだろう．

(31) a. ひと汗 気持ちのよい汗 をかく．
   b. 温泉 をひと風呂あびる．
   c. ひと声，隣人によろしくと 声をかける．

d. ひと息，ゆったりと息をつく．

逆に，「ひとN」が単独で現れる場合に「を」や「が」をつけるとかなり不自然となる．このことは，「ひとN」が動詞の項ではないことを示していると思われる．

(32) a. ウォーキングでひと汗（*を）かく．困った時はひと声（*を）かけてください．
b. ひと雨（*?が）降って涼しくなった．ひと風（*?が）吹いたら花びらが舞い散った．

つまり，一見すると動詞の主語や目的語のように見える「ひとN」も，事象の継続期間や量を測るMPとして機能している付加詞だと考えることができ，前節で扱った「ひと刷毛」タイプと一律に分析できることになる．

ここで問題となるのが，以下のように格助詞が現れて自然に感じられる例である．

(33) (?)仕事帰りにジムでひと汗をかいた．
　　　待望のひと雨が降った．

しかし，以下に示すように，具体的な数量を表すMPにも格助詞がついて表される場合とそうでない場合2つの用法が観察されるものがあることから，格助詞の有無はMPであるか否かの決定的な判断材料とはならない．これらの例で格助詞はMPを経路項（Path）に変換し，MPとしての機能を際立たせる働きをしていると考えられる．

(34) マラソンコースのうち5キロ（を）歩く．一万歩（が）歩けた．
　　　100年（を）生き抜いた．

あるいは，「ひと雨」「ひと声」などについては，「久しぶりのひと雨／たまのひと声」のような修飾語と共起できることから，本来MPであったものが事象名詞としても定着しているために格助詞を伴う用法もあるとも考えられる．これは前節で扱ったタイプに観察された(25)に示した用法に対応するものである．

また，(35)の3種類の表現の比較からも，格助詞の有無がMPかどうか

の判断において決定的要因とは言えないことが明らかになる．まず，「汗を流す」は，出た汗を水で洗い流す意味と運動などをして発汗することの両方の意味を持ち得るのに対して，「ひと汗流す」には前者の意味がない．そして問題の「ひと汗を流す」の解釈についても，やはり前者の意味はない．すなわちこれは，(21) で述べたように MP が格助詞をもって表されている例であると考えられる．

(35) a. 汗を流す
  b. ひと汗流す
  c. ひと汗を流す（??冷たいシャワーでひと汗を流した）

このように「ひと N」は N が項に相当する名詞の場合も VP が表す事象を測る MP としての機能をもっており，そのために一般に格助詞を伴わない方が自然なのだと考えられる．このことは，(36) の例からより明らかになる．これらは前節で扱った目的役割を基盤とした道具を表す名詞に「ひと」が結合したものでありながら，項であるかのように動詞に隣接した位置に現れている例であるが，これらの場合も (32) 同様，「を」をつけると不自然になる．また，(31) と同様に，修飾語句を伴えば，「を」を伴う項と重なって表すことができる．

(36) a. ひと太刀（?を）浴びせる．ひと筆（?を）入れる．魚にひと塩（*を）ふる．髪にひとくし（*を）入れる．
  b. ひと筆赤を入れる．魚にひと塩荒塩をふる．

つまり，動詞に対して項に当たる名詞かどうか，また，事象解釈の強制において目的役割，主体役割のいずれが利用されるかということには関わりなく，「ひと N」がいったん事象読みを与えられると VP の付加詞となることができ，VP が表す事象を測る MP としての機能をもつと言える．[7]

以上，3 節では，まず，道具を表す名詞と結合した「ひと」がクオリア構造

---

[7] 「小首をかしげる」「小腹がすく」などにおける「小」も表面上は具体物を表す名詞につきながら副詞的機能を果たすことが知られているが (cf. Kitagawa (1986))，これらは格助詞を省略することができず，統語的には項の位置にあると考えられ，この点で本章が扱う「ひと N」とは異なる．

を利用して事象解釈を与えられ，それが付加詞の位置に現れると MP として動詞を修飾し事象を測る機能を担うことを見た．また，一見すると動詞に選択される項であるように思われる「ひと N」も，同様の事象解釈と MP としての機能が与えられており，解釈においては名詞の主体役割が利用され，本来の動詞の項は「ひと N」との余剰性によって表現されていないとする分析を提案した．前節で扱った「ひと」と比較すると，「ひと V」における「ひと」は直接動詞の連用形と結合し動詞が表す事象に明確に有界性を与える働きを担っているのに対し，本節で見た具体物と結合する「ひと」は，具体物に事象解釈を強制し，付加詞の位置において MP として働くことにより VP に有界性を付与するものだと考えられる．

4. モノを測る「ひと」

1 節では「ひと」の本来の数量詞の用法として計量詞に付加してモノの量を測る役割をもつことに触れ，さらに 2 節で動詞連用形に付加してコト（事象）を測り取る用法とを概観し，3 節ではこれらの既知の用例に加えて「ひと N」において名詞に付加されながらコトの量を測り取る用例を「ひと」が持つことを見てきた．この節では，モノを測る「ひと」に焦点を当て，まず 4.1 節で「ひと V」がモノを測る用法を検討し，4.2 節で本来的な計量詞と考えることのできる容器名詞を用いた「ひと N」がモノを測る用法を見る．

4.1. 動詞連用形に付加してモノを測る「ひと」の用法

「ひと V」には 2.1 節で見た「ひと泳ぎする」等とは異なる以下のような用法がある．

(37) ひとつまみの塩，ひとすくいの砂，ひとつかみの米，ひとにぎりの土，ひとかかえの本，ひとつつみの粉薬，ひと巻きの毛糸，ひとたらしの醤油，ひと振りの塩，ひとしぼりのレモン汁，ひと盛りの土

(37) では，他動詞の連用形に「ひと」が付加され，モノの量を測る働きをしている．英語にも似た例が見られる．

(38) a pinch of salt, a scoop of ice cream, a roll of paper, a squeeze of lemon juice, a dash of wine, a sprinkle of sugar

第 16 章 「ひとつまみ」と「ひと刷毛」　　　453

　(37) のような例は, 2.1 節で見た「ひと V する」とは異なり, DP 内で「ひと V の」が名詞を修飾する形になっている．これまで論じてきたように，「ひと」は計量詞か事象を選択して有界の名詞句を作る働きをもつと考えられるが，事象によってモノの量を測るという解釈はできないため，モノを表す名詞を修飾するこの用法では計量詞の解釈が選ばれると考えられる．

　では，本来的に事象を表す V に「ひと」が付加されることによってどのように計量詞の解釈が得られるのだろうか．(37) の例を検討すると，それぞれ V の表す動作の結果としてモノの一定量が測り取られていることがわかる．「塩をつまむ」ことによって一定量の塩が指の間にある，「粉薬を包む」ことによってその包みの中に一定量の薬が入っている，あるいは塩（のびん）を振ることによって一定量の塩が出てくる，といった具合である．すなわち，V の表す動作（モノに対する働きかけ）の結果として得られるモノの一定量を意味する結果名詞が，モノの量を表す計量詞として解釈されていると考えられる．

　したがって，「ひと V のモノ」の解釈は以下のように示すことができる．[8]

(39) 「ひとつまみの塩」の意味解釈
　　 i) 　「ひと」は計量詞または事象を選択し, [+bounded] な名詞句を作る．
　　 ii) 　「ひと V の」はモノを修飾するため事象ではあり得ないので，計量詞の解釈が強制される．
　　 iii) 　「つまみ」は「つまむ」という行為の結果生まれる一定量を表す結果名詞の解釈が可能であり，計量詞として解釈されて「ひと」の選択素性を満たす．
　　 iii) 　「ひとつまみ」は, [+bounded] な一定量を表す名詞句として，「つまむことによってできるまとまりの量」と解釈される．

---

[8] モノの量を測る「ひと V」の中には，「ひと切れのパン」のように，自動詞の連用形を含む例も見られる．この場合も, (37) のような他動詞の場合と同様の分析が可能と思われるが，なぜ「ひと切りのパン」ではなく自動詞が用いられるのかなど，さらなる検討を要する．また，「ひと張りのテント」のような例では，「張り」は計量詞ではなく類別詞として機能していると思われる．ここでは，動詞「張る」の表す動作の結果として生じる産物の形などの特徴を表す結果名詞が，類別詞として機能していると考えられるが，類例は少ないようである．

この「ひとVのモノ」の用法と2.1節で見た「ひとVする」とでは，Vに課される意味制約が異なることに注意したい．(37)のような「ひとVのモノ」の例の中には(40a)のように「ひとVする」の形で用いることもできるものもあるが，(40b, c)のように容認されないものもある．

(40) a. 砂をひとすくいする．塩をひと振りする．レモン汁をひとしぼりする．
b. *粉薬をひと包みする．*?毛糸をひと巻きする．*土をひと盛りする．
c. *本をひとかかえする．*土をひと握りする．*土をひとつかみする．

2.1節で見たように，「ひとVする」では，「ひと」は非有界の動詞（活動動詞，一回相動詞）に付加されて有界性を確定する働きを持ち，反復が想定されない有界事象を表す動詞には付加することはできない（*ひと壊しする）．(40a)のような例は，一回相の解釈が可能な動詞であるため，「ひとVする」の用法が可能であると考えられる．これに対して，(40b)の動詞は対象の状態変化を意味する有界の動詞である．(41a)に示すように，(40b)の動詞はテアル構文に現れることができるが，このことは周知のようにこれらの動詞が結果状態を含むことを示している．

(41) 粉薬が包んである．毛糸が巻いてある．ごはんが盛ってある．

いっぽう，(40c)の動詞は，対象ではなく主語の表す人の身体（の一部）の位置変化を表しており，「すわる」「腰をかがめる」のような姿勢変化動詞に近い意味をもつ有界の他動詞であると考えることができる．(42)のようにテイル形が進行形ではなく主語の結果状態を表すことが，この分析を支持する．

(42) a. 学生が本をかかえている．子供が土をつかんでいる．
b. 学生がすわっている．老人が腰をかがめている．

(42a)は進行の解釈は得にくく，状態解釈が優位であるが，本や土の状態ではなく学生や子供の状態（姿勢）を示していると考えられる．これは(42b)の姿勢変化動詞と同じ振る舞いである．このように，「ひとVのモノ」の

「ひと V」では有界の変化動詞が許される点で「ひと V する」とは異なっている．

このような相違があるのは，(39) に示した「ひと V のモノ」の解釈を，「ひと V する」の解釈と比較すれば当然のことである．前者においては V がモノの量を表す計量詞としての結果名詞であることが要求されており，V は結果をもち得る動詞でなければならない．したがって (40b, c) のような変化を表す動詞がこの用法に現れるのである．これらの動詞では，2.1 節で見たように，「ひと」によって部分を切り取ることができない（切り取った部分に結果が含まれない）ため，「ひと V する」の用法は許されない．

いっぽう，(40a) は一回相動詞であるため「ひと V する」も可能であるが，その 1 回の行為の結果として一定量のモノが測り取られる点が特徴的である（1 回すくって手やひしゃくに入る水の量，1 回（びんを）振って出る塩の量）．この特徴によって「ひと V のモノ」用法が許されていると考えられる．実際，「ひと V する」が可能な 1 回相動詞であっても，行為の結果の解釈が得にくい動詞の場合には「ひと V のモノ」用法は容認されにくい．

(43) *ひと働きの業務，*ひとたたきのマッサージ，*ひと休みの夏

この節では「ひと V のモノ」の用法における「ひと V」の解釈メカニズムを検討し，「ひと」がモノを測るために計量詞の解釈を強制し，V の表す行為の結果を表す名詞としてモノの量を示す解釈が生まれることを見た．[9] このような計量詞用法は，「ひと」のもっとも基本的な用法である「ひと箱のみかん」のような用法につながるので，次節でそれを検討する．

4.2. 名詞に付加してモノを測る「ひと」の用法

「ひと（一）」は本来，「ふた（二），み（三），よん（四）…」というより大きな数と対比を成す数詞であると考えられる．すでに 2 節，3 節で見たように，コトを測り取る「ひと」の用法は，一部の例を除いてふたつ，みっつ，

---

[9] これに対して，「ひとかたまり」「ひとまとまり」のような例では，「ひと」は数詞ではなく結果状態を表す副詞的要素（ひとつにかたまる／まとまる）と考えられる．計量詞ではないので，2 以上の数と結合できない (cf. *ふたかたまり)．「ひと続き（の文）」などの例も同様である．

と数える用法は容認されにくい (cf. (14) (2c))．これに対して，モノを測る計量詞表現は，4.1 節で見た動詞の連用形を用いる場合も，本来的な計量詞である容器名詞の場合も，「ひと」だけでなく，より大きな数を表す数詞とも共起可能である (cf. (44a, b))．

(44) a. ふた箱のみかん，3 袋の米，4 皿の料理，5 カップのだし汁
　　　b. ふたつまみの塩，三すくいの水，4 包みの粉薬，5 巻きの毛糸

(44a, b) のようなモノを測る用法は，(45) に示すように，類別詞を用いて数えることのできる名詞（「みかん，米，毛糸」など）を測ることもあるが，(44a, b) のように計量詞を用いた場合，みかんの個数，米の粒数などは問題になっておらず，数えられない名詞と同じように物質名詞として扱われていると考えてよい．

(45)　ひとつのみかん，二粒の米，一本の毛糸

さらに，(44a) の場合，「二，三，四，五」は純粋な数詞と考えられるが，この数詞は容器の数を数えているわけではないことに注意したい．「5 カップのだし汁」というときに，5 つのカップで計量する必要はなく，同じカップで 5 回測れば良いので，数詞はあくまでモノ（この例ではだし汁）の量を「5 カップ分」というようにカウントしている．[10] そのように考えると，「箱，袋，皿」などの容器を表す名詞は，計量詞として用いられている場合には容器というモノを表すのではなく，容器によって測られる一定量を表すと考えるのが妥当であることがわかる．すなわち，モノの量を測る数詞が付加されることにより，容器というモノを表す名詞の意味が変化し，その容器で測る量という解釈が強制されていると考えることができる．これは，「ひと山のみかん」，「ひと束のわら」の「山，束」のような語が計量詞として用いられることとも整合する．「山，束」は容器ではないが，モノが集まって作る形状の名称である．その形状によって一定のまとまりを表し，容器で測るのと同様の有界的な一定量を示すことができるのである．

---

[10]「三箱のみかん」と言うときに普通は箱が 3 つあると考えられるが，これは語用論的な要因によるものと思われる．カップでだし汁を測る場合とは異なり，箱で測ったみかんはその箱のまま運んだり貯蔵したりするのが普通だからである．

このように考えると，(44a) のような基本的な容器名詞由来の計量詞の用法は，動詞由来の結果名詞を用いた (37)，(44b) の用法とつながってくる．数詞が付加する計量詞はモノの量を表すということであり，「ひと」を含む数詞は，量を表す名詞を選択し，本来的に量を表すわけではない表現に付加されると，量を表す意味の強制を引き起こすのである．容器を意味する「箱」や「皿」が量を表し，動作を意味する動詞の連用形が，その動作によって測り取られるモノの量を表して，計量詞の働きをするのは，このような「ひと」を含む数詞の機能によると言える．

さらに，(44a) のような容器を表す名詞を用いた典型的な計量詞表現であっても，その背後には実は容器にモノを入れる動作（箱や袋に詰める，皿に盛る，など）が隠れていると考えることができる．また，「ひと山，ひと束」の場合も，その背景には山に盛ったり束にまとめたりする動作があり，「山」や「束」は，それらの動作の結果としてできる結果産物と捉えられる点で (44b) の用法と非常に近い．「ひと皿の料理」と「ひと盛りの料理」，「ひと匙の砂糖」と「ひとすくいの砂糖」，「ひと束のわら」と「ひとくくりのわら」といった例の類似性を見れば，その共通点は明白であろう．容器を表す名詞には，そのクオリア構造の目的役割に「モノを入れる」といった行為が記載されているはずであり，いっぽう，「山」や「束」は主体役割にそれぞれ「モノを積み上げる」「ものをまとめる」といった行為が記載されているはずである．一見，事象と関係しない名詞を用いた計量詞表現の解釈にも，クオリア構造を通して箱に詰めたり，匙ですくったり，山に盛ったりする動作によって計量するという解釈を行うメカニズムが含まれていると考えることができるのである．

5. 「ひと」の 4 用法

2 節，3 節でコトを測る用法の「ひと」を検討し，4 節でモノを測る用法を見た．これらの用法には，どのような相違点と類似点があるだろうか．

すでに見たように，モノを測る場合には，「ひと」がより大きな数を表す数詞（「ふた，み，...」）と対立するが ((44))，コトを測る場合には一般にそのような対立が見られない ((14), (2c))．これは，モノを測る表現（「箱」，「つまみ」）が名詞であるために「数える」ことが容易であるのに対して，コトを

測る「ひとV（泳ぎ）」や「ひとN（汗）」といった表現は，事象を数えあげるというより事象の量を測ることを主たる機能としているためだと言える．つまり，「ひと泳ぎ」「ひと汗」などの表現で切り取られる事象の量が，モノのようにきちんと測り取ることが難しく，そのため「ひとまとまりの」「ちょっと」といった意味を持つからであると考えられる．[11]

　このように考えると，「ひと」の用法は，モノを測る場合とコトを測る場合とでやや性質が異なることがわかる．モノを測る場合には，純粋な数詞としてモノの量を測るのに適した計量詞を選択し，「箱」のような容器を表す名詞や「つまみ」のような動作を表す動詞連用形から，一定量を表す意味への強制を引き起こす．いっぽう，コトの量を測るときは，必ずしも純粋な数詞としては機能せず，「ちょっと」といった意味を表す修飾語として，事象を測り得る語に付加される．これが，「ひと泳ぎ」のように直接動詞に付加される場合には，その動詞の表す事象自体の量を測り取る．いっぽう，事象を測る「ひと」が名詞に付加された場合には，名詞本来のモノを表す解釈では事象を測ることができないため，3節で見たように，名詞のクオリア構造から事象を読み込んで「コト」の解釈を強制し，さらにそれがMPとして付加詞に現れるとその事象をサブイベントとする事象全体を測る用法が生まれると考えられる．

　本章で考察してきた「ひと」の用法を，「ひと」が付加する基体のカテゴリ，「ひと」が付加して生まれる「ひとN/V」の解釈，「ひとN/V」によって測り取られる対象，という側面から整理すると，以下のように図示することができる．

---

[11] 限られた例として，「ふた蹴りする」（注4）や「頬紅をふた刷毛塗る（と表情が明るくなります）」のように，コトを測る場合でも2以上の数詞がつくこともあり得る．これは，一回相動詞のように動作が数えられたり，「ひと刷毛」のように名詞のクオリア構造から読み込まれるサブイベント（刷毛を動かす）が数えられるためだと考えられる．

第 16 章 「ひとつまみ」と「ひと刷毛」　　　　　　　　　　　　459

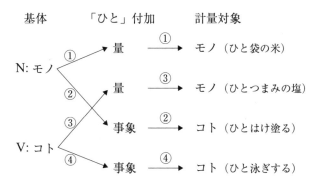

図1　「ひと」の4用法

　①の解釈では，容器名詞に「ひと」が付加されることにより，容器そのもののモノ解釈ではなく，容器にモノを入れることで測り取れる量の解釈が強制され，その量によってモノ（米）を測り取る．③の解釈では，動詞連用形に「ひと」が付加されることにより，動詞の表す動作によって測り取れるモノの量の解釈が生まれ，その量によってモノ（塩）を測り取る．このように①と③はほとんど同質の解釈メカニズムによっていると言える．

　②の解釈では，3節で見たように，「ひと」が付加されることによって名詞のクオリア構造の目的役割や主体役割から事象解釈が強制的に導き出され，「少し」といった意味の一定量の事象という解釈が与えられ，それがMPとして非有界のコト（塗る動作）を測り取る．④の解釈では動詞の表す事象自体に「ひと」が有界性を与えて「少し」といった一定量の事象という解釈を生み，その動詞の表すコト（泳ぐ動作）を測り取る．

　このように，モノを測り取る「ひと」とコトを測り取る「ひと」の機能上の相違は，「ひと」の付加によってモノの量の解釈になるか，一定量の事象という解釈になるか，という点に集約される．すなわち，DP内に現れる場合にはNを修飾してNの表すモノを測る解釈となり，VPに現れる場合にはコトを測る解釈となる．そこから「二，三，四」と対比されやすいかどうかの違いが生じると考えられる．いっぽう，「ひと」は4つの用法すべてにおいて，[+bounded]の量の解釈を生む機能をもつという点で共通している．容器名詞のように，もともと[+bounded]の性質をもつ基体に付加する場合は[+bounded]に変化させるということではないが，非有界のモノやコトを

測るための有界の一定量の解釈を基体から強制的に引き出すという機能が共通しているのである．

なお，④の「ひとVする」の用法は，「ひと」が測り取る事象を表す動詞自体に付加されているという点で，「ひと」の4用法の中では特殊であるように見える．しかしながら，泳ぐという均質に継続する動作の一部分を切り取って表すという意味では「ひと泳ぎ」は「ひと刷毛」と共通しているとも言える．また，このタイプの「ひとV」の (45)-(47) のような用法は，(48) のように3.1節で見た「ひと刷毛」タイプにも共通に見られる性質である．

(45) a. ひと泳ぎで岸に着いた．
     b. ほんのひとがんばりで山頂に着いた．
(46) a. 最後のひとふんばりが成功につながった．
     b. 毎朝のひと歩きが健康の秘訣だ．
(47) a. 目的地までは，ほんのひと歩きだ．
     c. 完成まで，あとひとがんばりだ．
(48) a. あとひと刷毛で，壁を塗り終える．
     b. 最後のひと刷毛が顔を明るくする．（=(25a)）
     c. 下塗りの完成まで，あとひと刷毛だ．

これらの事実から，「ひとVする」の「ひとV」は，「する」と共起しなくてもひとまとまりの事象を表すことがわかる．この「ひとV」が，「ひと刷毛」と同様のMPとして「*ひと泳ぎ泳ぐ」といった表現で用いることができないのは，あまりに余剰的な表現になるからであると考えられる．

このように，④の「ひとV」も，②の「ひとN」も，ひとまとまりの事象を表し，それを部分とする事象（「ひと泳ぎ」なら泳ぐという事象，「ひと刷毛」なら塗るという事象）を測り取るという点で共通の機能を持っていると考えられる．

6. まとめ

本章では，数詞のひとつである「ひと」に，モノを測る用法とコトを測る用法があることを見てきた．モノを測るかコトを測るかという区別と，名詞に付加するか動詞連用形に付加するかという区別とが交差するため，「ひと」

の用法は一見複雑である．しかしながら，付加する語の形式ではなく意味に着目すれば，量を表す語に付加してモノを測り，事象を表す語に付加してコトを測る，という整理ができることがわかった（図 1）．「ひと」の付加対象となる名詞や動詞連用形の意味は，「ひと」の選択制限によって強制等のメカニズムが働いて得られるものであり，それがモノ，コトいずれを表す場合でも「ひと」が有界性を明示するという機能をもつ点では共通していることが明らかになった．さらに「ひと N/V」は形態的に一語でありながら，コトを測る用法では語の一部の「ひと」が VP 全体をスコープとしてとるように見えるが，これは「ひと N/V」が MP として用いられると分析することによって説明されることを見た．本章で取り上げたのは「ひと」という 1 つの語彙項目の用法であるが，「ひと」が何に付加され，どのような統語位置に現れるかによって，その意味と機能が決定するという点で，語彙意味のダイナミックな側面が見られる興味深い現象である．

参考文献

Bach, Emmon (1986) "The Algebra of Events," *Linguistics and Philosophy* 9:1, 5-16.
Dowty, David (1979) *Word Meaning and Montague Grammar*, Reidel, Dordrecht.
Grimshaw, Jane (1990) *Argument Structure*, MIT Press, Cambridge, MA.
伊藤たかね・杉岡洋子 (2002)『語の仕組みと語形成』研究社，東京．
Jackendoff, Ray (1991) "Parts and Boundaries," *Cogniton* Special Issue 41, 9-45.
影山太郎 (1993)『文法と語形成』ひつじ書房，東京．
影山太郎 (1996)『動詞意味論』くろしお出版，東京．
Kageyama, Taro (2001) "Polymorphism and Boundedness in Event/Entity Nominalization," *Journal of Japanese Linguistics* 17, 29-57.
影山太郎・眞野美穂・米澤優・當野能之 (2012)「名詞の数え方と類別」『〈日英対照〉名詞の意味と構文』，影山太郎（編），10-35，大修館書店，東京．
Kitagawa, Yoshihisa (1986) "More on Bracketing Paradoxes," *Linguistic Inquiry* 17, 1, 177-183.
小野尚之 (2005)『生成語彙意味論』くろしお出版，東京．
Pustejovsky, James (1995) *The Generative Lexicon*, MIT Press, Cambridge, MA.
Rothstein, Susan (2007) "Two Puzzles for a Theory of Lexical Aspect: The Case of Semelfactives and Degree Adverbials," *Event Structures in Linguistic Form and Interpretation,* ed. by Johannes Dölling, Tatjana Heyde-Zybatow and Martin Schäfer, 175-198, Mouton de Gruyter, Berlin.

山梨正明 (1995)『認知文法論』ひつじ書房, 東京.

辞書
『広辞苑 第六版』岩波書店, 東京.

第 17 章

構文的重複語形成
―「女の子女の子した女」をめぐって―*

小野　尚之

東北大学

1. はじめに

　同じ語をくり返すことによって形成される言語表現を重複語（畳語）といい，日本語の語彙には，「山々」「人々」のような名詞を語基とするもの，「ドキドキ」「スベスベ」などのような，いわゆるオノマトペと呼ばれるもの，「広々」「早々」のような形容詞の語幹を重複するものなどが見られる．本章は，形式上はこのような重複語と似ているが，その形成方法および意味機能が一般的な重複語とは著しく異なる表現形式に焦点を当てて考察してみたい．具体的な実例としては，次のような表現がある．

(1) a. 女の子女の子した女が嫌いな男性に好かれるにはどうすれば良いでしょうか？
　　b. できて，いきなり子供子供する女．多いよね．ソレにまどわされとる男もまた，多し．
　　c. このスープ，野菜野菜してるね．
　　d. 異様にコテコテ感が強く，大阪大阪した街並み

(1)に見られる重複語は，形態的な特徴として，名詞（あるいは名詞句）を重

---

* 本章の準備段階で，広島大学大学院総合科学研究科，MAPLEX2015，国立国語研究所において口頭発表する機会を得，参加者の方々に貴重なご意見をいただいた．また，原稿に目を通していただいた由本陽子氏，秋田喜美氏にも有益なコメントをいただいた．ここに謹んで謝意を表したい．

複の語基として取り，それに「する」動詞（「する」「した」「している」）が付加された形を成している．上記のような例も，以下で取り上げる同様の例も，ほとんどはブログなどに見られる表現であるので，このような形式は現在のところもっぱら口語において用いられるようである．

　さて，この表現の特殊性は，日本語の語彙に含まれる他の重複語と比較すると明らかになる．はじめに述べたように日本語には重複形式の語彙項目が数多く存在するが，重複という語形成のしくみは，一部を除いてそれほど生産的ではない．すなわち，日本語の重複語のほとんどは語彙化されており，新たな語が次々に作り出されるということはないといってよい．日本語の語彙に含まれる重複語としては次のようなものがある．

(2) a.　名詞　　　　　　　山々，人々，日々，時々 …
　　b.　形容詞の語幹　　　早々（と），広々（した），狭々（しい）…
　　c.　オノマトペ　　　　ガンガン，スベスベ，ガチャガチャ …
　　d.　慣用句　　　　　　来る日も来る日も，毎日毎日，夜毎夜毎 …

ごく一般的にいえば，名詞を語基とする重複語は個体の複数や事態の反復を表しており，形容詞の語幹の重複は形容詞の表す属性の強調を表すと考えられる．また，オノマトペにおいても，音の継続性や反復性，あるいは様態の継続性を表すと考えられる．この点は，(2d) にあげた慣用句にもあてはまり，慣用的に用いられる表現も事態の反復性に結びついている点で複数性や継続性を表すことは明らかであろう．このように重複語が個体の複数や事態の反復ないし継続を表す意味機能をもつことは，言語に現れたある種の類像性と考えられる．これは世界の他の言語でも重複語の典型的な特性と考えられており（Hurch (2011)），その点では語彙化された日本語の重複語も同様の性質をもつといえる．

　このような語彙に含まれる重複語とは別に，幼児に対する語りかけやある種の発話行為において表現の反復が用いられることがある．そのような発話行為的な反復表現には次のようなものがある．

(3) a.　お手々をきれいきれいしてね．（幼児への語りかけ）
　　b.　どうも，どうも．ドンマイ，ドンマイ （発話行為）

このような反復は，発話の状況に応じて使用されるという点で (2) にあげた

第 17 章 構文的重複語形成

例とは異なる．また，反復そのものが，先にあげた類像性によって物事の複数や継続を表しているとは考えにくい．そのため，ここではこのような発話行為的な反復を，重複とは区別することにする．[1]

本章で取り上げる (1) にあげた重複形式は次の点で上記の重複語とは全く異なる性質をもつ．まず，第 1 に，生産性が極めて高い点があげられる．後で詳しく述べるが，一般語彙化された重複語は，オノマトペを除けば数が限られている．しかし，問題の重複語形式について見れば，重複の語基に生起する語は，名詞であればほとんど制限がないといってよい．[2] 第 2 に，生産性の高さと深く関わると考えられるが，この重複語を形成する言語形式の制限がきわめて強いことがあげられる．どういうことかというと，この重複形式が成立するためには，重複された語基に必ず「する」動詞がつかなければならない．つまり，問題の重複語は「XX した／している」という形式以外では用いられないのである．この重複形式においては「した／している」という動詞要素が必須要素であり，これ以外の形式で現れることはない．以上の 2 点において，語彙化された重複語とは異なる性質をもつと考えられる．

そこで，本章では，(1) にあげた「XX した／している」という形式をもつ重複語を構文的重複語 (constructional reduplication) と称することにする．「構文的」と「重複語」の組み合わせは，一見矛盾しているように見えるかもしれないが，以下の議論の中で明らかになるように，このタイプの重複語形成が日本語語彙に含まれる既存の重複語とは大きく異なること，また，重複の語基として選択される要素が，語彙素（語）という単位を越える場合があることなど，厳密な意味で語形成の範囲に収まらない可能性があるので，あえてこのような呼称を創作した．また，これも後ほど議論するが，このタイプの重複語の形成には，構文形態論 (construction morphology) (Booij (2010)) の考え方が適用されると考えるので，その意味においても「構文的」という用語が適切であると考える．

以下の議論では，次節において，まず構文的重複語の形態的側面の事実観

---

[1] 本章では，重複語（畳語）を reduplication に対応する用語として用い，反復 (repetition) と区別する．重複は主に語彙的な単位を形成するのに対し，反復は統語的な単位（句）を形成すると想定する (Hurch (2011))．ただし，後述するように，ここで取り上げる重複が完全に語としての語彙的緊密性を備えているわけではない．

[2] 後述するように，名詞句やそれ以上の単位も語基として組み込むことが可能である．

察を通して,その特性を明らかにする.さらにそれを踏まえて,3節で,この言語形式の意味を分析する.その際,英語に見られる類似の重複語表現との比較を通して,この表現が表す意味を明確にする.4節では,2節と3節で明らかになった形態的・意味的特性から,この重複語表現が日本語においてどのように生じたのかを考察する.

2. 構文的重複語の形態的特性

本節では,筆者が収集したデータ[3]に基づいて構文的重複語の形態的な特性を分析する.いくつかの言語事実を観察すると,この重複語形式は既存の語彙化された重複語と形式的な性質を一部共有しつつ,それとはまた異なる特性をもつことがわかる.

2.1. 生産性

すでに前節でも触れたが,既存の重複語では語基に一定の制限があり,どのような名詞でも重複語として認められるわけではない.例えば,(4a)のような語は存在するが,(4b)のような語は存在しない.

(4) a. 山々,人々
    b. *犬犬,*猫猫

しかし,構文的重複語にはそのような語彙的制限が見られない.下記のように,語彙化されていない重複表現も「した」をつけることによって,この重複形式として用いることができる.

(5) a. 犬犬した犬
    b. 猫猫した動き

このことから,構文的重複語は,既存の重複語に単純に「した/している」を付加したものではないことがわかる.

---

[3] 本研究のデータとして取り上げた例は,特に断りのない限り,すべてGoogle検索によって筆者がインターネットから収集した実例である.収集したデータは約200例(トークン数)になるが,以下の議論ではその一部を取り上げている.

2.2. 非重複形の排除

次に，構文的重複語では，語基が必ず重複されなければならない．(6) に見るように，語基が重複しない形は排除される．

(6) a. 女の子女の子した
    b. *女の子した

いうまでもないが，この点は一般語彙の「山々」のような重複語とは異なる．重複は，定義上，独立語をくり返すことであるので，語基そのものは自立して用いることが可能だからである．

ここで留意しておきたいのは，上記の，重複がいわば義務的である点が，オノマトペが用いられる重複表現とも共通していることである．次に見るように，オノマトペの重複語の語基は，独立した語としては用いられない．

(7) a. スベスベした肌
    b. *スベした肌

また，オノマトペの重複表現も重複部に「した」が付加されているという点で，構文的重複語との共通性が見られる．この共通性は，本章の最後で述べるように，構文的重複語の形成過程を考える上で重要な要素の1つとなる．

2.3. 重複部の制限

構文的重複語は，重複された語基に動詞「する」が付加した形式であるが，語基の重複は，「した／している」が付加する環境でのみ許される．2.1 で述べたこととも一部重なるが，この重複形式で用いられる重複語が他の環境で用いられることはない．この点は，(8) に示すように，重複した名詞が述語や項として文中で用いられることはないことから確かめることができる．

(8) a. *あの子は女の子女の子だ．
    b. *女の子女の子が好きだ．

構文的重複語の形成が，一定の形式的制限の下にあるという事実は，このタイプの重複語の生産性を考えるときに重要であるが，この点については後で詳しく述べることにする．

2.4. 語基の品詞

すでに (1) で見たように,語彙化された重複語には,名詞以外にも形容詞の語幹を語基とするものがあるが,構文的重複語に用いられるのは,基本的に名詞である. (10) (11) に示すように,形容詞や動詞の語幹は排除される.

(9) a. 先生先生した話し方
　　b. 犬犬した顔
(10) a. *早い早いした
　　 b. *安い安いした
(11) *歌う歌うした　(*歌い歌いした)

収集したデータには,(12) に見るように,ときとして複合名詞や連体修飾を伴う名詞句も含まれる.また,そのような例を作ってみても自然に受け入れられる場合がある.[4]

(12) a. あの人の演技は,関西の劇団出身関西の劇団出身している.
　　 b. 今日の天気は,磐梯山から吹き降ろす風磐梯山から吹き降ろす風している.
　　 c. 俺に任せろ俺に任せろした態度を取られて腹が立った(作例)

つまり,構文的重複においては,重複の単位として独立語が用いられるだけでなく,時には名詞句あるいはそれ以上の単位が用いられるのである.この点は,この重複語形式が語としての性質よりも句としての性質を持つことを伺わせる.これは語彙化された重複語とはまったく異なる点である.

2.5. 連濁の不成立

もうひとつ,語彙化された重複語との違いとして連濁に関する事実がある.Oho and Yamada (2012) がすでに観察しているように,構文的重複語には語彙的重複語に見られるような連濁が生じない. (13) (14) にあるよう

---

[4] 以下の例には,多分に言葉遊び的な響きがあり,話者の間で容認度に差が認められる.また,構文的重複語には軽蔑的ニュアンスがあることも指摘されている.この点については,本章の最後で触れる.

に，語彙化された重複語は「しまじま」「きぎ」であるが，構文的な重複語は，それぞれ「しましま（している）」「きーきー（した）」[5] である．同じ音韻的環境であっても後者は連濁しない．

(13) a. 島々
b. 木々
(14) a. 島島している島
b. 木木した家が好きな人

このことは，構文的重複語における語基同士のつながりが，語としての緊密性に欠けることを示している．これは前節で述べたこととも関連している．前節では，重複の対象として名詞語基だけでなく，句単位の要素が入ることを観察したが，連濁が起こらないことも考え合わせると，構文的重複語が語としての性質と句としての性質を併せ持つことを示していると思われる．つまり，この重複形式は，先に述べた反復と重複の中間的なものである可能性を示唆していると考えられるのである．

2.6. 引用の「と」

下記の例 (15a) に示すように，この形式には引用形の「と」を伴うことがあるが，これは形容詞語幹の重複語 (15b) やオノマトペの重複語 (15c) にも見られる性質である．

(15) a. 女の子女の子（と）した女の子
b. 広々（と）した，黒々（と）した
c. スベスベ（と）した
d. ドキドキ（*と）した

ただし，オノマトペの重複語でも，(15c) と (15d) の対比が示すように，属性を表す場合には引用形の挿入が可能であるが，事象的な表現においては

---

[5] (14a) と (14b) の違いでもう一つ顕著なのは，構文的重複語においては，2 モーラの語基のくり返しが基本パターンとなっていることである．このため，(14b) は語基が 2 モーラとなるため「きーきー」と発音される．この 2 モーラのくり返しは，オノマトペ重複語との共通項の一つと考えられるのだが，ここでは詳しい分析に立ち入らないことにする．

「と」の挿入は許されない.[6] つまり，構文的重複語はこの点において属性を表す既存の重複表現と相似的であるといえる.

以上，構文的重複語の形態論的な特徴について見てきたが，総括的にいえば，この言語形式は，かなり強い形式的制限の下で，高い生産性をもっていると言えそうである．形式的制限が強いということは，裏を返せば，規則に則るかぎりは，どのようなものでも作り出すことができるということである．実際，データを見るかぎりでは，語基として選択される名詞のタイプにはほとんど制限がないように見える．しかし，この表現形式は，どの言語形式もそうであるように，一定の意味機能を担っており，そのことがこの重複語の存在理由になっている．次に，構文的重複語の表す意味について考えてみよう．

3. 重複語の意味分析

3.1. 段階性

先にあげた構文的重複語の多くの例では，語基となっている名詞の表すものが，その概念を思い浮かべたときに真っ先に思いつくようなもの，すなわちそのものの典型的な属性を表すと見てよいだろう．例えば，「女の子女の子した」とは，「女の子」という語の中核的な意味において，多くの人がすぐに思いつくような「女の子」の属性を表すと考えられる．

このような語彙的意味がどのようにして生じるかをこれから考えていきたいのだが，その議論に入る前に，構文的重複語において注目すべき１つの意味特性について考えてみたい．それは段階性ということである．構文的重複語は，段階的な性質をもつ修飾語として解釈される．このことは，段階性をもつ語だけを修飾する「とても」や「すごく」などの程度副詞と共起する事実から確認することができる．次の例を見られたい．

(16) a. とても女の子女の子した女の子
   b. すごく大阪大阪した町並み

---

[6] 属性表現としてのオノマトペ重複語と事象表現としてのオノマトペ重複語について，オノマトペそのものに意味的な違いがある，あるいは「する」という動詞の性質が異なるなど，その分析の可能性がいくつかあるが，本章ではそこまで立ち入ることはしない．

「とても」や「すごく」は程度の大きさを表すので，これらの重複語の意味属性は，程度の差，すなわち段階性として理解されていることがわかる．この段階性の解釈は，語基の名詞そのものから生じるとは考えにくい．なぜなら，語基に用いられる名詞そのものには段階性がなく，次のような表現が容認されないからである．

(17) a. *とても女の子
　　 b. *すごく大阪

したがって，段階性は重複語という形式そのものに帰されると考えるべきであろう．それでは，なぜ重複語に段階性の読みが生じるのであろうか．

次節では，段階性の解釈について分析を進めるが，その前に1つの事実を確認しておきたい．それは，この段階性という性質が，オノマトペの重複語にも見られるということである．次の例に見るように，オノマトペの重複語も程度副詞による修飾が可能である．

(18) a. とてもスベスベしている
　　 b. すごくゴツゴツしている

この共通性は，構文的重複語の成立過程を考えるとき重要な示唆を与えてくれるのであるが，その考察はひとまず脇に置き，重複語の意味的な分析を進めていくことにしたい．

3.2. スケール構造による分析

構文的重複語の段階性の解釈については，先にあげた Oho and Yamada (2011) が，Kennedy (1997)，Kennedy and McNally (1999, 2005) などで提案されているスケール構造という概念を敷衍して説明する提案をしている．そこでまずスケール構造という考え方について概略を述べることにする．スケール構造とは次のようなものである．

Kennedy and McNally (2005) によると，まず，「段階的形容詞は，その項を抽象的な尺度の表示，すなわち『程度』に写像する．『程度』とは，ある『度合い』(例えば，背の高さ，物の価格，重さ，等々) に沿って部分的に順序づ

けられた点ないし間隔によって形式化されるものである」[7] とされる．この形式化された程度がスケール構造である．例えば，次の例で tall という形容詞は，段階性（すなわち，「程度」）を表すと解釈される．

(19) Michael Jordan is tall.

その解釈は次のようにして得ることができる．まず，人間（特に男性）の背の高さについての常識的な知識に基づいて，ある一定の標準が想定され，マイケル・ジョーダンの背の高さが，その標準よりも一定程度上回っている場合，tall を述語にする文の命題は真となる．すなわち，背の高さという尺度によって形成されたスケール上の任意の 2 点（標準的な背の高さ h_s とマイケル・ジョーダンの背の高さ h_m）が次のようなスケール構造を成すと考えられる．

(20) 背の高さのスケール：--------- h_s --------- h_m --------▶

tall という形容詞の段階性はこのようにスケール上の属性として捉えることができるというのが基本的な考え方である．[8]

Oho and Yamada (2011) は，構文的重複語の段階性もこのようなスケール構造上の属性として捉えることができるとしている．彼らの分析によれば，重複語の語基が表す，一般に想定される，その個体に関わる属性の集合を標準とし，話者が想定する属性の集合がそれと同等，もしくは大である場合，重複語の表す意味が成立するとしている．この見方は，上記のスケールに倣って，次の (21b) のようなスケールによって示すことができる．

(21) a.　女の子女の子した女の子
　　　b.　女の子スケール：--------- F_s --------- F_x --------▶

---

[7] 以下原文 "gradable adjectives map their arguments onto abstract representations of measurement, or DEGREES, which are formalized as points or intervals partially ordered along some DIMENSION (e.g. height, cost, weight and so forth ...) " (Kennedy and McNally (2005: 349))

[8] Kennedy (1997), Kennedy and McNally (1999, 2005) の分析は，程度演算子を導入する形式的な表示を伴うものであるが，本章の議論においては，その基本的な考え方を取り入れつつ，後述するような語用論的なアプローチとの整合性を検討することが主眼であるので，形式的な表示は行わない．

F_s は標準となる属性の集合,F_x は話者が x に想定する属性の集合であるが,両者の差によって比較の尺度が生じるのである.

本章では,構文的重複語に生じる段階性をスケール構造という概念によって説明するという Oho and Yamada (2011) の基本的なアイディアは取り入れたいと考えている.しかし,そこで示されたスケール構造による分析は,重複語の意味構造を正確には捉えておらず,意味特性をより詳細に見ていくと,いくつかの点で不備であることがわかる.そこで,以下の議論では,この基本的な考え方を展開させてより妥当な意味の記述を提示する.

まず,重複語が表すスケール構造のタイプについて考えてみたい.Oho and Yamada は議論していないが,スケール構造には 2 種類あることが言われている.スケールの基準点が文脈に依存する開放スケールと,スケールの基準点がデフォールト値として内在化している閉鎖スケールである.重複語が段階性を表すとして,その基盤となるスケール構造は,どちらのタイプと考えられるだろうか.

Kennedy and McNally (1999, 2005) によると,開放スケールは,先に述べた (19) の場合ように,標準が文脈に依存するようなものである.背の高さの標準は,一般に想定される基準によって決まっている.一方,閉鎖スケール構造は次のような例で示される.この場合,各々の形容詞において,最小値,あるいは最大値がデフォールトで標準となることが決まっている.

(22) a. The baby is awake. (最小値標準)
 b. The door is open.
 c. The glass is full. (最大値標準)
 d. The road is flat.

開放スケールと閉鎖スケールの違いは,形容詞を修飾する副詞の種類によって区別することができるとされている.開放スケールの形容詞は,very によって修飾され,閉鎖スケールの形容詞は completely によって修飾される.

(23) a. Michael Jordan is very tall.
 b. The glass is completely full.

この議論を受けて,Tsujimura (2001) は,日本語においてもスケール性と程度副詞の種類が相関していることを指摘している.次に見るように,日本語

においても程度副詞の「とても」と「完全に」によって，開放スケールと閉鎖スケールの違いが顕在化するとしている．

 (24) a.　とてもきれい
   b. #完全にきれい
   c. #とても空(から)だ
   d.　完全に空(から)だ

開放スケールをもつ「きれい」は「とても」と共起し，閉鎖スケールの「空(から)だ」は，「完全に」と共起することがわかる．

 この程度副詞との共起制限をここで問題にしている重複語に適用すると，重複語の表す意味が，どちらのタイプのスケール構造によって表されるかを知ることができる．比較のために，まずは重複語になっていない語基が，デフォールトで閉鎖スケールと共起する副詞によって修飾可能であることを確認しておく．

 (25)　もう見た目は完全に／まったく女の子だ．

しかし，この性質は，構文的重複語になると一変し，重複語は開放スケールとしての性質を示す．次に示すような程度副詞との共起制限が生じるのである．

 (26) a. *完全に／まったく女の子女の子した女
   b.　とても／すごく女の子女の子した女

このことは，重複語の表すスケール構造のタイプを明らかにすると共に，(21) に示したスケール構造による分析に妥当性があることも示していると思われる．

 さらに，Tsujimura (2001) の分析を敷衍して，重複語のスケール構造について考察してみよう．Tsujimura は，日本語の変化動詞にスケール構造を適用して，程度副詞との共起関係を説明しているが，動詞のテイル形がスケール構造のタイプをシフトさせるという大変興味深い指摘をしている．

 Tsujimura は，変化動詞の中に，動詞が開放スケールの段階性を表すもの，すなわち，動詞を「とても」が修飾することができるものと，そうではないものがあることを述べている．「とても」が修飾可能な動詞は，例えば次のよ

うなものである．

(27) a. 太郎がとても苦しんだ．　（心理的動詞）
　　　b. 星がとても光った．　　　（放出動詞）
　　　c. 内容がとても変わった．　（状態変化動詞）

しかし，上にあげたような動詞の類がすべて「とても」と共起するわけではない．状態変化動詞でも「曲がる」「焦げる」「乾く」は，次の (a) と (b) の対比から，動詞そのものはデフォールトの終点をもつ閉鎖スケールを表すことがわかる．しかし，(c) に見られるように「ている」がつくことによって「とても」が修飾できるようになるのである．

(28) a. 針金が完全に曲がった．
　　　b. *針金がとても曲がった．
　　　c. 針金がとても曲がっている．
(29) a. トーストが完全に焦げた．
　　　b. *トーストがとても焦げた．
　　　c. トーストがとても焦げている．
(30) a. 洗濯物が完全に乾いた．
　　　b. *洗濯物がとても乾いた．
　　　c. 洗濯物がとても乾いている．

「とても」と「完全に」の選択関係から，これらの動詞は，テイル形に変わることによって，閉鎖スケールから開放スケールへシフトしたと考えられるが，このスケール構造の変更について Tsujimura は次のように説明している．(30) の「乾く」は，動詞の事象構造に変化の結果状態を含意するので，この状態がスケール構造に投射され，(31b) に示すスケール上の F 点となる．

(31) a. 洗濯物が乾いている．
　　　b. ----------F--------▶

この点は動詞が内在的に指定する結果を投射したものなので，F はデフォールトの標準となって終点を表す．しかし，これに「ている」がつくと，「乾いている」はスケール上の F 以降の段階を指すようになる．F の後にはデ

フォールトとしての終点がないので,「乾いている」は開放スケールになるというものである.

この指摘は「ている」の意味機能を理解する上で重要である.すなわち,「ている」は状態性を表すだけでなく,デフォールトの終点を解放し,スケール構造の転換を行う機能を担うことになる.

この指摘はさらに,構文的重複語のスケール構造を考える際にも示唆的である.先に述べたように,形態上の制限として構文的重複語には「する／した／している」が付加するが,どの例においてもテイル形が許容され,他の「する／した」との意味的差異はない.このことは,重複語において,すでに開放スケールの構造が形成されることを示していると考えられる.

3.3. スケール構造だけでは捉えられない問題

前節までで,重複語のもつ段階性の解釈をスケール構造によって説明する妥当性を検討してきた.しかし,さらに重複語の意味を考えてみると,スケール構造だけでは説明しきれない興味深い特徴が見られる.それは,重複語とそれが修飾する対象の名詞の間には,2種類の異なる意味関係があることである.次の (32)(33)(34) において (a) は,重複語の語基名詞の表す個体（外延）と同タイプの個体を修飾しているが,(b) は語基名詞の表す個体と異なるタイプの名詞を修飾している.

(32) a. 女の子女の子した女の子
　　 b. 女の子女の子した髪型／声／態度／部屋
(33) a. 大阪大阪した町[9]
　　 b. 大阪大阪したおばちゃん／おみやげ／食べ物／漫才
(34) a. 子供子供した子供
　　 b. 子供子供した声／服／部屋／しゃべり方

タイプが一致するものとタイプが一致しないものの違いは,タイプが一致するもの（上記の (a) の例）では,被修飾名詞（「女の子」）が重複語基の中核的な属性に近似する属性を満たすということを表しているのに対して,タイ

---

[9] 固有名詞の場合,重複語基と被修飾名詞が同一であることは許されない.「*大阪大阪した大阪」.ここでは,「大阪」と「町」を同一タイプと想定する.

プの一致しないもの（上記の (b) の例）では，重複語基の属性そのものではなく，重複語基によって想起される様々な関連する属性を選択する．この重複語基によって想起される属性とは，いわゆる「フレーム」(Minsky (1988)) を形成する要素として定義するのがもっともふさわしいと考えられるので，ここでは「フレーム構成要素」と呼んでおく．たとえば，(32b) では，「髪型」「態度」「声」「部屋」など「女の子」フレームの構成要素のひとつを選択すると考えられる．

　構文的重複語のもつこのような意味機能をどのように捉えればよいのであろうか．同一タイプ名詞の修飾とフレーム関係にある名詞の修飾は，何が異なるのであろうか．次にこれらの問題を考えていくことにするが，この問題については，語彙語用論 (lexical pragmatics) からのアプローチが示唆的であるので，まず，これを援用して考察してみたい．その後に，上記のスケール構造による分析との整合性を検討する．

3.4. アドホック概念の構築：語彙語用論のアプローチ

　最近の語彙語用論では，文脈上の語の解釈は，語の意味，文脈情報，語用論の原理の 3 要素によって構築されるアドホック概念 (ad hoc concept) の解釈であるとされる (Wilson and Carston (2007))．アドホック概念の構築とは，語彙的に指定された意味を，文脈からの情報との相互作用により，狭める (narrowing)，もしくは緩める (broadening) プロセスを含んでいる．すなわち，実際に発話で伝えられる意味は，語彙的意味よりももっと特定化されるか，あるいは，一般化されるかのどちらかであるというものである．例えば，次の例では drink の語義が「酒を飲むこと」に狭められており，反対に empty は，中身が残っていてもいえることから語義が緩められていると考えられる．

(35) a.　I'm not drinking tonight.（概念の狭め）
　　 b.　The bottle is empty.（概念の緩め）

このように，アドホック概念の構築とは，文脈上の解釈によって語の意味が変異することを捉える方法である．

　この点を踏まえ，語彙語用論のアプローチによって重複語の意味がどのように説明できるかを見てみよう．この議論を進めるために，今問題にしてい

る日本語の構文的重複語によく似た重複形式が英語でも見られることを押さえておこう．英語におけるこの種の重複語は，Contrastive Focus Reduplication (Ghomeshi et al. (2004))，あるいは Lexical Clone (Horn (2006), Huang (2009)) という名前で呼ばれている．例えば次のような例があげられている．[10]

(36) a. I'll make the tuna salad and you make the SALAD-salad.
b. Look at all the yellow vans on the road. Not vans like ours [i.e., minivans], but VAN-vans.
c. She wasn't a fancy cow, a Hereford or Black Angus or something, just a COW-cow.
d. Should I wear a HAT-hat? [as opposed to a yarmulke]
e. And Charley is no more like a DOG-dog than he is like a cat.
f. I had a JOB-job once. [a 'real' 9-to-5 office job, as opposed to an academic job]
(Ghomeshi et al. (2004: 311-312))

このような重複語について，Horn (2006) は，語基名詞のデフォールトあるいはプロトタイプの属性あるいはその拡張された属性を表す働きをする，すなわち，語基の表す概念の狭めに寄与する表現形式であるとしている．[11]

この分析は，前節で述べた，日本語重複語におけるタイプを同じくする名詞の修飾のケースに相当すると思われる．すなわち，重複語が語基名詞の中核的な属性，すなわちデフォールトあるいはプロトタイプとして想定される特性を選択するような機能をもっている．ただし，英語の重複語は，それ自体が名詞としての用法しかないため (Ghomeshi et al. (2004))，重複語がさらに別の名詞を修飾する日本語のものとは構造が異なることに留意しておかなければならない．英語の重複語では，前項要素と後項要素が必然的に同じ

---

[10] 英語では SALAD-salad の SALAD が語基 salad の重複により修飾要素として追加されたと考えられている．また，SALAD が大文字で標記されているのはここに第1強勢が置かれることを示している．(Ghomeshi et al. (2004))

[11] "In many contexts, the reduplicated modifier singles out an element or subset of the extension of the noun corresponding to a true, real, default, or prototype category member." (Horn (2006: 15))

タイプであるので，前項要素が後項要素の表す意味を調整する働きをすると考えることができる．しかし，日本語の構文的重複語はこれと違い，修飾や叙述を行う形容詞的用法しかないので，語基名詞と主要部のタイプが一致する場合と不一致の場合があるのである．それでは，日本語の重複語で重複語基と被修飾語が異なるタイプである場合は，どのように考えればよいだろうか．

この問題を考えるために，さらに，アドホック概念の構築という観点から，重複語とより意味機能が近い他の表現の分析を見てみよう．井門 (2005) は，アドホック概念の形成を日本語の形容詞形態素「っぽい」の分析に適用している．それによると，「っぽい」は概念の緩めと狭めの両方の意味機能をもつことがあるとされる．例えば，(37) の例を見てみよう．[12] この例では「男」という概念は，「美空ひばり（の歌い方）」に適用する際には，生物学な属性ではなく，男性に固有のしぐさや声などを表すという点で概念の緩めが行われ，「高倉健（のしゃべり方）」に適用する際には，逆に，性別を含む，男性カテゴリーの中心部へ向けた概念の狭めが起きている．

(37) a. 美空ひばりは男っぽい歌い方をする．
　　　b. 高倉健は男っぽいしゃべり方をする．

つまり，「っぽい」はアドホック概念の構築を引き起こす形態素であり，その概念の解釈は，文脈上の情報との関係で狭めと緩めの両方向が可能であるというのが井門の分析である．

概念の緩めが起こるというとき，実際にどのような解釈上の変更が加わっているかというと，語の意味の中核的な属性（定義的な属性と言い換えてもよい）を中和させる，あるいは無視するということが行われていると考えられる．すなわち，(35b) で empty に概念の緩めがあるというとき，empty の定義的属性である [+BEING NOTHING] が中和されて，ものの存在が認められるようになる．同様に，上述の「男っぽい」では，中核的な属性である [+MALE] が中和され，反対の性である女性にも適用できるようになる．しかし，その場合，すべての属性が中和されるわけではなく，「ふるまい」，「し

---

[12] (37) の例は井門 (2005) のあげた例を参考に，筆者が説明の便宜上作成したものである．

ぐさ」,「声」などの属性は活きていると考えられる．そのため，そのような文脈において「男っぽい」は，性別以外の意味を表出させる表現となる．

この見方を構文的重複語の分析に適用してみると,「っぽい」と同様に，重複語では概念の狭めと概念の緩めが起こるといえるであろう．重複語による修飾は，プロトタイプへ向かって概念を狭めるだけでなく，概念を緩めるという機能も認めなければならない．この点では「っぽい」と平行的であるといってよい．

概念の緩めが起こるため，先に見たようなタイプの一致しない被修飾語とも共起が可能なのである．さらに,(37a)において「っぽい」がそうであったように，反対の属性をもつ被修飾語とも共起が可能である．次の例はそのようなケースである．

(38) a. 女の子女の子した男の子
     b. 子供子供した大人

これらの例では,「女の子」や「子供」の中核的な属性が中和され，それ以外の周辺的な属性が適用されている．そのため,(38a)は「女の子である男の子」ではなく，女の子のような外見やふるまいを見せる男の子という意味になる．(38b)も同様である．また，次に見られるように,(37)に平行するような例を作ることも可能である．

(39) a. 美空ひばりは男男した歌い方をする．
     b. 高倉健は男男したしゃべり方をする．

以上のことから，構文的重複語においては，中心に向かって概念を狭めるだけでなく，中核的，定義的属性を中和する概念の緩めという機能もあると考えられる．

3.5. 提案

次節までの議論をまとめると次のようになる．語用論的な観点から見ると，構文的重複語の意味機能は，文脈上構築したアドホック概念の狭めと緩めということになる．しかし，語彙語用論の概念だけでは，直接，先に述べた段階性という意味的特徴を説明することはできない．これはむしろスケール構造を想定することによって，自然な説明が可能である．一方，重複語の

修飾機能としてタイプが一致するものと一致しないものをカバーすることは，スケール構造だけでは捉えられない．「っぽい」との類似性はスケール構造の問題ではないからである．

しかし，両者はまったく別個の，独立した概念ではない．なぜなら，概念の狭め，緩めとは，ある種の尺度上の移行を表すと考えるのが自然だからである．つまり，プロトタイプ・カテゴリーには中心メンバーから周辺メンバーへの程度の差（すなわち段階性の尺度）が自ずから生じると考えられる．そう考えれば，スケール構造で捉えようとしている段階性と本質的な違いはないといえる．

そこで，次のようにスケール性を想定することを提案したい．重複語のもつスケール構造は，語基の外延の属性の集合のうち，中核的な属性の集合（プロトタイプ的属性）を標準に形成する．スケール構造においては，スケールを形成する文脈依存の標準，デフォールトの標準の他に，語の中心的な属性（プロトタイプ）を標準とし，それに向かうベクトルがスケールを構成すると考えるのである．概念の狭めとは，このスケール上での中心へ向かうベクトルとして捉えることができる．図式的に示すと次のようになる．

(40) 中心へ向かうベクトル →
------------------------------▶・

「女の子女の子した」は，「女の子」カテゴリーの中心へ向かうベクトルをもつので，その中でも特に典型的な個体を表す，すなわち，概念の狭めという意味の特定化が起こると考えられる．

それでは，異なるタイプの名詞を修飾する働きはどのように考えればよいであろうか．先に，概念の緩めが起こる場合は，中核的属性の中和が起こると仮定した．また，重複語が語基と異なるタイプの名詞を修飾する場合は，その名詞は語基名詞が喚起するフレームを構成する要素であることも述べた．この2つの仮定の下で，上で述べた「中心へ向かうベクトル」という重複語の意味機能がどのような結果を生じるかを考えてみよう．

まず，「女の子女の子した」では，「女の子」の中核的属性である[+FEMALE]が中和され，タイプの異なるものの修飾が可能になる．3.3節で述べたように，そのようなものは，「女の子」が喚起するフレーム（ここではそれを「女の子」フレームと呼んでおこう）に含まれる要素（たとえば，

「服」「部屋」「声」「髪型」など)である．「女の子」フレームにおいては，《女の子》を中心メンバーとして，おおよそ次のようなもので構成されると考えられる．[13]

(41) 女の子フレーム

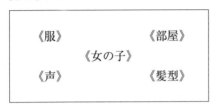

ここで注意しなければならないのは，《女の子》によって喚起される《服》や《部屋》などのフレーム構成要素は，一般的な《服》や《部屋》ではなく，「女の子」属性を含む概念カテゴリー，すなわち《女の子の服》や《女の子の部屋》である点である．[14] このことを理解した上で，「中心へ向かうベクトル」の意味するところを考えてみると，「女の子女の子した服」「女の子女の子した部屋」は，それぞれ《女の子の服》カテゴリー，《女の子の部屋》カテゴリーの中心へ向かって概念を狭めていることに気がつく．つまり，「女の子女の子した服」とは，《女の子の服》の中でもとりわけ典型性が高いものを表す働きをしているといえる．このように考えれば，概念の緩めによって，中核的な属性をはずしても，被修飾語の典型的な属性に向かって概念を狭めるという働きが成立することを説明することができるのである．そして，「中心へ向かうベクトル」という概念を想定することによって，「女の子女の子した服／部屋／声／髪型」においてもスケール性が生じることが自然に説明できるのである．

さらに次のような例で両者の違いを考えてみよう．

(42) a. 野菜野菜した野菜

---

[13] 《 》で囲んだ要素は，語彙素ではなく概念カテゴリーを表している．また，このフレームは本論と関係する要素だけを想定したものである．
[14] この場合の「女の子の」は「服」や「部屋」に対して限定詞として機能し，所有者でない点に留意が必要である．フレーム構成要素でないものに付く場合は，「女の子の机」や「女の子の犬」のように所有者の読みが第一義的になる．

b. 野菜野菜したスープ

(42a) は語基と被修飾語のタイプが一致するので，典型へ向かうベクトルをもつ．そのため，「野菜」カテゴリーの中の中心的な属性をもつ個体を指すようになる．典型性を表す場合は，一般に重複語の表す外延の集合 (すなわち，「野菜野菜したx」のx) が，重複語基の外延の部分集合になっているような関係になければならない．言い換えれば，それらは包摂関係にある必要がある．一方，(42b) はタイプが不一致なので，中核的属性の中和が起こる．その結果，「野菜」が喚起するフレームの中の，《スープ》を選択するが，これはタイプが異なるため，包摂関係を成さない．《スープ》は「野菜」フレームの構成要素であるが，野菜はスープの材料であることから両者の関係性は部分・全体関係として捉えられる．この関係性によって，「野菜がたくさん入った」という解釈が生じると考えられる．

以上の分析は，基本的に前述の「っぽい」にも当てはまる．井門の言うように，「っぽい」がアドホック概念の狭めと緩めの両方に機能するとすれば，ここで展開した議論が同様に成り立つと考えられる．実際，「っぽい」においても，段階性が生じることは，次の「とても」との共起によって確かめることができる．

(43) a. 美空ひばりはとても男っぽい歌い方をする．
  b. 高倉健はとても男っぽいしゃべり方をする．

両者がどのように異なるのかという点については，本論の筋からはずれるのでここでは論じないが，重要なのは両者に共通性があるという点である．

3.6. 類似表現との比較

以上の分析の妥当性をさらに検証するため，次に，「っぽい」や構文的重複語とは異なる表現も見ておこう．まず，次にあげる「みたいな」を検討してみよう．結論から言えば，「みたいな」は中心へ向かうベクトルをもたないといえる．そのためタイプの一致したケースは，(44b) のように逸脱した表現になる．

(44) a. 美空ひばりは男みたいな歌い方をする．
  b. #高倉健は男みたいなしゃべり方をする．

これは次のような，重複語基と被修飾語がまったく同じタイプの名詞である場合を比較しても同じことがいえる．

(45) a. 男みたいな女
　　 b. 女みたいな男
　　 c. #女みたいな女

アドホック概念の構築という観点からいえば，概念の緩めはあるが，狭めはないということになる．

さらに，これと反対のケースを見てみよう．次の「らしい」は中核的属性へ向かうベクトルだけを表す．換言すれば，概念の狭めはあるが緩めはないということである．[15]

(46) a. 男らしい男
　　 b. #女らしい男

このように類似の表現であっても，スケール構造上のベクトルを選択するか否かによって，その意味は異なりを捉えることができる．上記のようなスケール構造の構成を仮定することで，これらの表現の類似点および相違点が明確になることは，この分析の大きな利点であると考える．

4. 構文的重複語がどのように生まれたか

4.1. オノマトペの重複語との共通性

以上のような形態的，意味的考察を踏まえ，構文的重複語が日本語の語彙において，なぜこのような生産的な語形成であり得るのかという点を，形式と意味の手掛かりを基に探ってみよう．これまでの分析から構文的重複語はこの表現に固有の限定的な形式と意味の対応関係を持っていることがわかった．そのもっとも顕著な形態的特徴は「した／している」との共起であった．また，意味機能としては，スケール構造においてプロトタイプの属性へ向け

---

[15]「らしい」の場合は，「男らしい顔／声／しぐさ／部屋」のようにフレーム構成素を修飾することが可能である．この事実は，周辺へ向かうベクトルをフレーム構成素の修飾の動機づけと考えている小論の分析と矛盾する．この点はさらに考察を進める必要がある．

たベクトルを表すことであった.この言語表現がきわめて高い生産性を維持しているのは,限定的な形式に裏打ちされた生産効率の高さと見ることができる.

本章では,やや性急な結論ではあるが,そのような形式の基になったものは,日本語において同じく生産性の高い重複語形式であるオノマトペの重複語であると考えたい.すでにここに至るまでに,いくつかの節でオノマトペの「XX している」形式との相似という点について状況証拠的な事実を指摘してきた.2.2 節では,両者において語基の重複がいわば義務的に行われることを指摘した.2.6 節では,引用の「と」が挿入可能である事実を状態的なオノマトペ重複語との共通項として見た.また,3.1 節では,両者が同じように段階性の解釈をもつことを指摘した.さらに,3.2 節では,Tsujimura (2001) が指摘する,「ている」が開放スケールへの転換を引き起こすという観察を取り上げた.これらは,あくまで状況的な証拠であり,今のところ確実な直接証拠とは言い難いことは認めざるをえない.しかし,オノマトペの重複語(特に状態や形質を表すオノマトペ)は,その性質上,個体の属性を表すものであることから,(47) に見るこのような表現形式が,いわばテンプレートとして抽出され,それが構文的重複語の形式と意味の結びつきを保証していると考えるのはあながち無理な仮説とは言えないであろう.

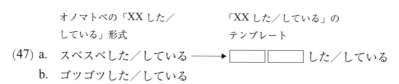

(47) a. スベスベした／している ⟶ □□ した／している
  b. ゴツゴツした／している

オノマトペの「XX した／している」形式　　「XX した／している」のテンプレート

このような語形成プロセスは,Booij (2010) の提唱する構文形態論 (constructional morphology) においては,系列的語形成 (paradigmatic word formation) と呼ばれるものである.構文間の継承関係を利用することによって,新たな語形成のしくみができているわけである.[16]

このような継承関係の根源にあるオノマトペの重複語は,構文的重複語と

---

[16] 先に日本語の構文的重複語と類似すると考えた英語の重複表現が,同じように系列的語形成によって派生すると考えてよいかどうかは,さらに考察を要する問題である.少なくとも英語の重複表現の「テンプレート」のようなものは考えにくい.

比べて形式的な自由度が高い．というのは，次に見るように，オノマトペの重複語は他の形式とも生起するからである．

(48) a. あの人の肌はスベスベ {だ／に見える}．
b. スベスベの肌

しかし，構文的重複語はそのような形式上の自由さはなく，前にも述べたように，この表現はあくまで「した／している」形式に留まっているのである．

(49) a. *女の子女の子だ
b. *女の子女の子の髪型

このような事実から推し量れば，構文的重複語の生産性の高さは，テンプレートによって形式が保証されているからこそ許されるものであり，新造語としての生産力はテンプレートに依存する段階に留まっていると考えるべきであろう．

　加えて，構文的重複語とオノマトペ重複語に緊密なつながりがあることは，定延 (2015) による最近の研究においても主張されていることを指摘しておきたい．定延は，本章の議論とは逆の視点，すなわち，オノマトペ重複語の側から構文的重複語の特性に触れ，オノマトペ重複語の「完全反復」という形態が，文中で他の品詞類をとることによって，類似の意味，すなわち「多分にイメージ的」で「感覚モードの違いに敏感」「態度や感情を含んでいる」ことを表現することがあると述べている．定延のあげる構文的重複語の例は以下のようなものである．

(50) a. 小田原で買った有名なあんパンとやらはアンコアンコしすぎて自分にはダメだ．
b. オンナオンナしていないから，男性もガードが緩くなりがち．
c. 肉肉しているお店です．
d. 雰囲気が秘密秘密しているね〜(/-;

また，本章で取り上げた重複語の他に，たとえば「ラブラブ」「あつあつ」「とれとれ」「けちけち」のような例をあげている．オノマトペ重複語の延長として構文的重複語があるという点で，小論の分析と定延の分析は軌を一にするのである．

4.2. 「青い目をした女の子」構文との比較

最後に，上の仮説を強化するために，構文的重複語と同様に「した／している」という形式を伴って用いられる表現である「青い目をした女の子」のような形式と比較してみたい．この表現も個体の属性を表す表現である（影山 (2005))．この表現と構文的重複語を比べてみよう．

(51) a. 青い目をした女の子
　　 b. 女の子女の子した女の子

2つの言語形式の共通項として，個体の属性を表すことがあげられる．そこから，ひとつの可能性として，構文的重複語に見られる構文的制約，すなわち「した／している」との共起は，「青い目をした」構文と関連したものであることが考えられる．そこで両者を比較することによってその可能性を検討してみよう．

まず第1に，副詞との共起がある．「青い目をした」は，属性叙述なので，時間副詞とは共起しにくい．対して，「女の子女の子している」は属性を表すが，可変的な属性なので時間副詞と共起する．つまり，ある時点でその状態にあっても，別の時点ではそうでなくなる可能性がある．

(52) a. ?彼女はいつも／ふだんは青い目をしている．
　　 b. 彼女はいつも／ふだんは女の子女の子している．

つまり，構文的重複語は恒常的な属性というよりは，一過性の性質を表すことができるということを示している．この点で，同じ属性表現であっても両者には違いが見られる．

次にヲ格の脱落について見ておこう．「青い目をしている」のほうはヲ格を落とすことはできない．一方，構文的重複語はヲ格が用いられないのが普通で，ヲ格が挿入されると非文となる．

(53) a. *青い目している．
　　 b. *女の子女の子をしている．

このことは，構文的重複語が「青い目をした」構文から直接的に派生した形式ではないことを伺わせる．つまり，構文的重複語に生起する「した／している」は，いわゆる軽動詞構文である「[名詞] をする」構文とは異なる道筋

を経て派生したものと考えられる.[17]

5. まとめ

　本章では,最近日本語で生産力が高まっていると思われる,従来型とは異なる構文的重複語の形態的・意味的分析を示した.構文的重複語は,強い形式的制限の下に高い生産性を獲得している.これは既存の形式をいわばテンプレートして継承し,語彙に含まれない表現形式を生み出すという言語の創造的な側面を表すものである.構文的重複語の意味機能として,中核的な属性を標準としたスケール構造の形成,スケール構造上の中心へ向かうベクトル,中核属性の中和という概念を導入した.

　最後に残された問題として次のような事柄を述べておきたい.本章では直接分析の対象にしなかったが,構文的重複語には,他の類似表現にはない,対象に向けた軽蔑的なニュアンスが含まれることがある.[18] また,言葉遊び的な表現として用いられることもある(例えば,(12)の例などはそのような表現であろう).このような表現的意味機能がすべて本章における分析によって明らかになったわけではない.この点は,本論中でも述べた,定延 (2015) のいうところの,「多分にイメージ的」で「感覚モードの違いに敏感」,「態度や感情を含んでいる」表現としての構文的重複語の意味機能との関連をさらに考究していく必要がある.

参考文献

Booij, Geert (2010) *Construction Morphology*, Oxford University Press, Oxford.
Gomeshi, Jila, Ray Jackendoff, Nicole Rosen and Kevin Russell (2004) "Contrastive Focus Reduplication in English (The SALAD-Salad Paper)," *Natural Language and Linguistic Theory* 22, 307-357.
Horn, Laurence (2006) "Speaker and Hearer in Neo-Gricean Pragmatics," *Waiguoyi* 164, 2-26.

---

　[17] 「[名詞]をする」構文については小野 (2013) が意味の側面から包括的な分析を提示している.
　[18] 秋田喜美氏による指摘.この点でもオノマトペとの共通性があると考えられる.

Huang, Yen (2009) "Neo-Gricean Pragmatics and the Lexicon," *International Review of Pragmatics* 1, 118-153.
Hurch, Bernhard (2011) *Studies on Reduplication*, Mouton de Gruyter, The Hague.
井門亮 (2007)「アドホック概念形成を促す接尾辞に関する日英対照研究」『日本語教育連絡会議論文集』19, 49-58, 日本語教育連絡会議.
影山太郎 (2004)「軽動詞構文としての「青い目をしている」構文」『日本語文法』4:1, 22-37.
Kennedy, Christopher (1997) *Projecting the Adjective*, Doctoral dissertation, UC Santa Cruz.
Kennedy, Christopher and Louise McNally (1999) "From Event Structure to Scale Structure: Degree Modification in Deverbal Adjectives," *Proceedings of Semantics and Linguistic Theory* 9, ed. by Tanya Matthews and Devon Strolovitch, 163-180, CLC Publications, Ithaca, NY.
Kennedy, Christopher and Louise McNally (2005) "Scale Structure, Degree Modification, and the Semantics of Gradable Predicates," *Language* 81, 345-381.
Minksy, Marvin (1988) *The Society of Mind*, A Touchstone Book, Simon & Schuster, New York.
Oho, Atsushi and Masahiro Yamada (2011) "A Japanese Salad-salad Paper," talk presented at GLOW in Asia Workshop for Young Researchers.
小野尚之 (2014)「『N をする』構文における項選択と強制」『複雑述語研究の現在』, 由本陽子・岸本秀樹(編), 17-40, ひつじ書房, 東京.
定延利之 (2015)「遂行的特質に基づく日本語オノマトペの利活用」『人工知能学会論文誌』30:1, 353-363.
Tsujimura, Natsuko (2001) "Degree Words and Scalar Structure in Japanese," *Lingua* 111, 29-52.
Wilson, Deirdre and Robyn Carston (2007) "A Unitary Approach to Lexical Pragmatics: Relevance, Inference and Ad hoc Concepts," *Pragmatics*, ed. by Noel Burton-Roberts, 230-259, Palgrave, New York.

索　引

1. 日本語は五十音順に並べてある．英語（などで始まるもの）はアルファベット順で，最後に一括してある．
2. 数字はページ数を，nは脚注を示す．

[あ行]

アスペクト (aspect)　14, 77, 79, 83, 158-9, 184, 194-6, 197n, 202, 205, 207-8, 213, 258, 343, 441
　語彙(的)アスペクト (lexical aspect)　14, 17, 136, 157-9, 161, 165, 174, 345, 349
　視点アスペクト (viewpoint aspect)　217-8, 256n
　状況アスペクト (situation aspect)　217-8, 256n
アスペクト機能範疇 (lower aspect)　17, 220-1
アドホック概念 (ad hoc concept)　477, 479
一回相動詞 (semelfactive verb)　435-6, 436n, 441, 454, 458n
移動動詞　58n, 92, 98, 363, 363n, 386
意味の希薄化 (semantic bleaching)　131, 146, 235
意味役割　78, 102, 104n, 105-6, 110n, 112
引用の「と」　469
衛星枠付け型（パターン）　12, 381-2, 395n, 396, 413
衛星枠付け言語 (satellite-framed language)　334, 356, 361, 365, 381, 409, 413
衛星枠付け構文　357-8, 357n, 361, 363-4, 373-7
オントロジータイプ (ontological categorization)　275, 282

[か行]

カートグラフィー (cartography)　17, 213, 230
活動成分 (activity component)　157, 162, 164-5, 171, 174
壁塗り交替　87-8, 95, 150, 291
キャンセル　115n, 307, 393
空間移動　354-5
クオリア構造 (qualia structure)　8, 51, 51n, 53-7, 59, 62, 123, 185, 185n, 201-3, 207-8, 302, 343, 443, 447, 451, 457-9
計量句 (measure phrase (MP))　443-52, 458-60
計量詞　432-3, 433n, 440, 442-5, 447, 449, 453, 453n, 455-8, 455n
結果 (resultative)　75, 80, 82, 86, 94, 96-8, 115n, 131, 133, 167, 180-1, 184, 188n, 195-6, 201-4, 206, 276, 300, 328, 348, 356, 358n, 366, 383, 389, 436-7, 454-5, 455n, 457
結果継続（結果相）(resultative aspect)　264
結果構文 (resultative construction)　89, 116n, 117, 279, 335

491

強い結果構文（strong resultative） 10, 280, 288
結果述語（resultative predicate） 82, 89-90, 335, 439
結果焦点型 387, 396, 405
結果動詞（result verb） 9, 57, 67, 140-1, 277, 300, 321, 329, 348
結果複合動詞 17, 102-13, 103n, 109n, 115-6, 116n, 118-20, 122-8
結果名詞（result nominal） 60, 453, 453n, 455
限界(性)（telicity） 14, 159, 184, 192, 201-2, 266, 342, 435, 437-9
言語類型化 409, 413, 427
語彙意味論（lexical semantics） 1, 46-7, 50, 52, 68-9, 108, 112, 133, 162, 214, 274
語彙化（lexicalization） 130n, 140, 196, 199, 201-2, 276, 300, 306, 354-5, 359, 361-2, 365
語彙概念構造（lexical conceptual structure (LCS)） 7, 48, 54, 60, 102, 108, 127-8, 131, 203, 214, 274, 275, 311, 331
語彙化パターンの類型論（typology of lexicalization patterns） 333
語彙語用論（lexical pragmatics） 3, 477
語彙的意味（lexical meaning） 303n, 306, 315
語彙的従属化（lexical subordination） 48
語彙的束縛（lexical binding） 47-8
語彙的複合動詞 13, 17, 72-6, 79, 86n, 97-8, 130, 224, 296
語彙分解（lexical decomposition） 5, 162, 167, 171
行為焦点型 396, 402, 405
項構造 6, 6n, 48, 51n, 54, 54n, 58n, 93n, 103, 105-6, 110-1, 115, 120-1, 123, 125, 200, 202, 318, 366, 439
項構造の具現化 274, 275
構成論的(な)アプローチ（componential/compositional approach） 3-4, 9
項の具現化 7, 17, 46-8, 57, 58n, 59, 61-4, 67-9, 102, 104, 108-11, 116-8, 124, 330, 348
項付加詞（argument adjunct） 30-1, 36, 38-9, 41
構文形態論（constructional morphology） 465
構文交替（alternation） 7, 16, 46-50, 52-3, 63, 68-9
構文的重複語（constructional reduplication） 465-6
コーパス（corpus） 359-60, 363
語根（root） 10, 140, 274-6, 301, 303
コピュラ（copula） 245, 261
語用論的意味（pragmatic meaning） 303, 314
コントロール 77-8, 81-3, 186-7, 193, 199-200

[さ行]

再構造化（restructuring） 230
殺害様態動詞（manner-of-killing verb） 141, 278, 301, 322
使役事象 51, 54, 80, 86, 142-3
(使役) 自他交替（causative/inchoative alternation） 46-7, 49, 51-3, 58-9, 130-1, 133
事象項（event argument） 38n, 39n, 54-5, 169-70
事象合成 409
事象構造（event structure） 51-2, 51n, 54n, 157, 165-7, 171, 174, 181, 184, 190, 191n, 192, 194, 197, 202, 204, 208, 285, 441
事象スキーマ（event schema） 303
事象の主辞性（event-headedness） 47, 51, 56-7, 59, 63-4, 66-8
事象フレームの類型論（event frame

索引　493

typology)　11, 18, 332-3, 354-6, 359, 365, 381
シャドウ項（shadow argument）　59n, 62, 318
主格（nominative case）　243, 252
証拠性（evidentiality）　207-8, 207n
焦点(化)　57, 59-60, 65-6, 65n, 131, 133, 382-3, 387
状態述語（stative predicate）　161, 251n, 252, 437
状態変化表現　411, 416
叙述（predication）　90, 243, 245, 262n, 268
心的属性形容詞（mental property adjective）　23
スケール構造　471, 473
絶対的UTAH（absolute UTAH）　55
漸増的主題（incremental theme）　170
全体的解釈（holistic interpretation）　60-1, 65
相補的　356

[た行]

態（voice）　16, 23, 27, 31-3, 35-6
（タイプ）強制（(type) coercion）　294n, 295, 443, 445, 447, 449, 451-3, 455-9
第二言語習得（second language acquisition）　408, 413, 415-6
第二言語フレーム化習得　413, 416
第二言語の事象フレーム（化）習得　408, 429
達成（accomplishment）　14, 17, 115n, 142, 142n, 157, 159, 161-8, 171-4, 176, 180-1, 191, 201-2, 204, 206-8
段階性　437, 470, 472
重複語（reduplication）　19, 463, 465n
テイル（シテイル）（形）　184-5, 187-90, 188n, 194-6, 198-200, 207-8, 454, 474-5
テ形　243, 247n, 255, 260, 263

典型性（typicality）　354-7, 358-60, 358n, 362-3, 365-7
等価枠付け（equipollent-framing）　409
等価枠付け言語　410
統合度　357-8, 357n, 361, 363-5
統語的複合動詞　13, 72-9, 81-2, 92-5, 97, 100, 130n, 224
動作主（agent）　52, 54, 58-60, 59n, 77, 88-9, 102-17, 102n, 104n, 109n, 118n, 119, 121-4, 126-7, 141, 187, 189-93, 197, 200, 203, 208
動作継続（進行相）（progressive aspect）　264
動詞枠付け型（パターン）　12, 381, 396
動詞枠付け言語（verb-framed language）　334, 361, 365, 381-2, 409, 413
動詞枠付け構文　357-8, 357n, 363-5, 373-7
同族目的語（cognate object）　39
到達（achievement）　14, 17, 142, 142n, 157, 159, 161-6, 171, 174, 178-81
同定　103, 110, 112-5, 118n, 120-1, 123-4, 127

[な行]

認識動詞（cognitive verb）　17, 243, 245
認知言語学（cognitive linguistics）　329, 408
認知類型論（cognitive typology）　355, 366

[は行]

場所格交替（locative alternation）　46, 48-53, 59-65, 62n, 63n, 346
ぱなし構文　289
非完結　185
非完結相（imperfective aspect）　184
被使役事象　80, 86

非対格型　225
非対格自動詞　56, 61n, 103, 118n
非対格性の仮説（unaccusative hypothesis）　52
非限界的　266
評価形容詞（evaluative adjective）　16, 21n, 22-4, 26
付加詞　53, 59n, 62, 79, 82-7, 89-91, 93-6, 98-100, 311, 442, 444-7, 449-50, 452, 458
複合動詞（compound verb）　13, 17, 63n, 72-6, 78-86, 88, 90-100, 130, 224, 288, 291, 357, 357n
複動演算子　17, 175-8, 181
フレーム　366-7, 477, 481
フレーム意味論（frame semantics）　366
普遍的機能範疇階層　230
分散形態論（distributed morphology）　231
文法化（grammaticalization）　234-5
文法に関与する意味情報　4, 6
ベクター動詞（vector verb）　235
変化動詞　57, 385, 455, 474

[ま行]

無生物主語(構文)　78n, 79n, 122, 381, 387, 389, 393, 396
名詞転換動詞（denominal verb）　60, 282n, 283, 300, 302, 308

[や行]

有界性（boundedness）　159-60, 167-9, 171, 174, 176, 180-1, 215, 220, 435, 437-41, 445, 454, 459
様態（manner）　76, 85-6, 140, 165, 172, 245, 276, 300, 328, 348, 354-9, 357n, 359n, 360-3, 363n, 365-7, 381, 446
様態・結果(の)相補性(の仮説)（manner/result complementarity）　9, 18, 140n, 180, 274, 300, 305, 328-9
様態動詞（manner verb）　9, 57, 67, 140, 172, 180, 277, 300, 305, 329, 337, 348, 355, 362, 363, 386
様態移動動詞　356, 358-65, 361n, 367, 373

[ら行]

量子的（quantized）　169-70, 173, 177, 180-1
料理動詞（manner of cooking verb）　18, 278
類別詞　432-3, 442, 453n, 456
レキシコン（lexicon）　2, 4, 15, 47, 49, 56, 69, 72-3
連濁　468
連用形（adverbial form）　243, 245, 260, 434, 436, 440, 452, 456-9

[英語など]

'do wisely' 構文（'do wisely' construction）　23, 26, 30n, 37
UTAH　60
W 類形容詞（class W adjective）　23

執筆者紹介
（掲載順）

丸田　忠雄（まるた・ただお）
東北大学大学院文学研究科博士前期課程修了．東京理科大学理学部教授．"The Semantics of Depictives," *English Linguistics* 12, 1995．『使役動詞のアナトミー』松柏社，1998 年（市河賞受賞）．『日英語の自他の交替』ひつじ書房，2000 年．

工藤　和也（くどう・かずや）
関西学院大学大学院文学研究科博士後期課程修了．龍谷大学経済学部講師．「日本語直接受益構文の意味構造：『てやる』を中心に」影山太郎(編)『レキシコンフォーラム』5，ひつじ書房，2010 年．"The 'N *after* N' Construction and Its Theoretical Implications," *JELS* 30, 2013．「日本語 3 項動詞文の統語構造」『龍谷紀要』36, 2015 年．

岸本　秀樹（きしもと・ひでき）
神戸大学大学院文化学研究科博士後期課程修了．神戸大学大学院人文学研究科教授．"Split Intransitivity in Japanese and the Unaccusative Hypothesis," *Language* 72, 1996．"Binding of Indeterminate Pronouns and Clause Structure in Japanese," *Linguistic Inquiry* 32, 2001．"*Wh*-in-situ and Movement in Sinhala Questions," *Natural Language & Linguistic Theory* 23, 2005．

于　一楽（う・いちらく）
神戸大学大学院人文学研究科博士後期課程修了．滋賀大学教育学部講師．『中国語非動作主卓越構文の研究』博士論文，神戸大学，2013 年．「中国語双数量構文の意味構造」KLS 34, 2014 年．「中国語存現文の意味構造と項の具現化」影山太郎(編)『レキシコンフォーラム』7，2015 年刊行予定．

史　曼（し・まん）
東北大学大学院国際文化研究科博士後期課程修了．中国陝西師範大学外国語学院日本語学科講師．『事象構造による日本語複合動詞の自他交替の分析』博士論文，東北大学，2014 年．「補文関係複合動詞の自他交替について」『国際文化研究』21，東北大学，2015 年．

中谷　健太郎（なかたに・けんたろう）
　　ハーバード大学言語学科博士課程修了．甲南大学文学部英語英米文学科教授．"An On-line Study of Japanese Nesting Complexity" (with E. Gibson), *Cognitive Science* 34, 2010．*Predicate Concatenation: A Study of the V-te V Predicate in Japanese* (Studies in Japanese Linguistics 12), くろしお出版, 2013 年．"A Judgment Study on Aspectual Diagnostics in Japanese" (with N. Aoki), *Japanese/Korean Linguistics* 22, 2015．

岩本　遠億（いわもと・えのく）
　　オーストラリア国立大学大学院博士課程修了．神田外語大学大学院言語科学研究科教授．"Possessor Raising in Alamblak," *Linguistics in Search of the Human Mind—A Festschrift for Kazuko Inoue* (ed. with Masatake Muraki)，開拓社，1999 年．『事象アスペクト論』（編著）開拓社，2008 年．「経路移動事象の両義的限界性と増分性」『レキシコン・フォーラム』No. 5, 2010 年．

小川　芳樹（おがわ・よしき）
　　東北大学大学院文学研究科博士後期課程修了．東北大学大学院情報科学研究科教授．*A Unified Theory of Verbal and Nominal Projections*, Oxford University Press, 2001（市河賞受賞）．"The Stage/Individual Distinction and (In)alienable Possession," *Language* 77, 2001．*Special Issue on Grammaticalization, Lexicalization and Cartography: A Diachronic Perspective on the Interfaces between Syntax and Morphology* (ed. with Akiko Nagano), *Interdisciplinary Information Sciences* 20-2, 2014．

竹沢　幸一（たけざわ・こういち）
　　ワシントン大学言語学部博士課程修了．筑波大学人文社会系文芸・言語専攻教授．"Perfective *Have* and the Bar Notation," *Linguistic Inquiry* 15, 1984．『日英語比較選書 9　格と語順と統語構造』(John B. Whitman と共著), 研究社, 1998 年．『空間表現と文法』（青木三郎と共編），くろしお出版，2000 年．

臼杵　岳（うすき・たけし）
　　福岡大学大学院人文科学研究科博士後期課程満期退学．京都産業大学共通教育推進機構助教．"Fiction in an Encyclopedia: A Generative Lexicon Approach to Fictive Resultatives in Japanese"（秋田喜美と共著），『言語学からの眺望 2013　福岡言語学会 40 周年記念論文集』，福岡言語学会（編），2013 年．「動詞の項構造拡張に関する考察」『福岡大学研究部論集 A：人科学編』12, 2013 年．"A Constructional Account of the 'Optional' Quotative Marking on Japanese Mimetics,"

(with Kimi Akita), *Journal of Linguistics*, to appear.

境　倫代（さかい・みちよ）
大阪大学大学院言語文化研究科博士後期課程修了．京都教育大学附属高等学校教諭．"Constructions and Lexical Meanings in VP Complements," *English Linguistics* 29, 2012.「英語運動動詞の意味と移動表現」岸本秀樹・由本陽子（編）『複雑述語研究の現在』, ひつじ書房, 2014年.

江口　清子（えぐち・きよこ）
神戸大学大学院文化学研究科博士後期課程修了．Applied Technology High School, Abu Dhabi 日本語教師．『ハンガリー語動詞の動詞接頭辞と語形成』博士論文, 神戸大学, 2007年.「事象叙述述語による属性叙述──ハンガリー語動詞過去分詞形による名詞修飾を通して」益岡隆志（編）『叙述類型論』, くろしお出版, 2008年.「ハンガリー語の自他動詞と項構造」パルデシ・桐生・ナロック（編）『有対動詞の通言語的研究──日本語と諸言語の対照から見えてくるもの』, くろしお出版, 印刷中.

秋田　喜美（あきた・きみ）
神戸大学大学院文化学研究科博士課程修了．名古屋大学大学院国際言語文化研究科准教授．"An Embodied Semantic Analysis of Psychological Mimetics in Japanese," *Linguistics* 48, 2010. "Toward a Frame-semantic Definition of Sound-symbolic Words: A Collocational Analysis of Japanese Mimetics," *Cognitive Linguistics* 23, 2012. "A Constructional Account of the 'Optional' Quotative Marking on Japanese Mimetics" (with Takeshi Usuki), *Journal of Linguistics*, to appear.

斎藤　珠代（さいとう・たまよ）
東北大学大学院国際文化研究科博士後期課程修了．東北大学大学院国際文化研究科専門研究員, 東北学院大学非常勤講師．「普遍論者としてのエドワード・サピア～国際補助語の議論をめぐって～」『国際文化研究』18, 2012年.「フレーム化類型論における意味的焦点について──機能主義的アプローチ──」『日本認知言語学会論文集』14, 2014年.「フレーム化類型論と意味的焦点の関係」博士論文, 東北大学, 2014年.

スプリング・ライアン (Spring, Ryan)
東北大学大学院国際文化研究科博士課程後期修了．東北大学高度教養教育・学生支援機構講師．"How Cognitive Typology Affects Second Language Acquisi-

tion: A Study of Japanese and Chinese Learners of English" (with K. Horie), *Cognitive Linguistics* 24, 2013. "Path Doubling: Evidence for the Existence of Prototype-schema in Motion Event Framing Choices" (with N. Ono), *Journal of Studies in Language Sciences* 13, 2014. *The Effects of Talmy's Cognitive Framing Typology on Second Language Acquisition: A Study of Japanese and Chinese Speakers' Acquisition of English Motion and Change-of-state Events*, 博士論文, 東北大学, 2013 年.

由本　陽子（ゆもと・ようこ）
大阪大学大学院文学研究科博士後期課程単位取得退学. 大阪大学大学院言語文化研究科教授. 『複合動詞・派生動詞の意味と統語』ひつじ書房, 2005 年（新村出賞受賞）. "Variation in N-V Compound Verbs in Japanese," *Lingua* 120, 2010. 『レキシコンに潜む文法とダイナミズム』開拓社, 2011 年.

伊藤　たかね（いとう・たかね）
東京大学大学院博士課程単位取得満期退学. 東京大学大学院総合文化研究科教授. 『語の仕組みと語形成』（杉岡洋子と共著）研究社, 2002 年. 『シリーズ言語科学 1　文法理論：レキシコンと統語』（編著）東京大学出版会, 2002 年. 『こころと言葉――進化と認知科学のアプローチ』（長谷川寿一, C. ラマールと共編著）東京大学出版会, 2008 年.

杉岡　洋子（すぎおか・ようこ）
シカゴ大学大学院言語学科博士課程修了. 慶應義塾大学経済学部教授. *Interaction of Derivational Morphology and Syntax in Japanese and English*, Garland, 1986. 『語の仕組みと語形成』（伊藤たかねと共著）研究社, 2002 年. "Nominalization Affixes and the Multi-modular Nature of Word Formation," E. Yuasa et al. (eds.), *Pragmatics and Autolexical Grammar: In Honor of Jerry Sadock*, John Benjamins, 2011.

小野　尚之（おの・なおゆき）
神戸大学大学院文化学研究科博士後期課程満期退学. 東北大学大学院国際文化研究科教授. 『生成語彙意味論』くろしお出版, 2005 年. 『結果構文研究の新視点』（編著）ひつじ書房, 2007 年. 『結果構文のタイポロジー』（編著）ひつじ書房, 2009 年. 「語彙意味論」三原健一・高見健一（編）『日英対照英語学の基礎』くろしお出版, 2013 年.

語彙意味論の新たな可能性を探って

編　者	由本陽子・小野尚之
発行者	武村哲司
印刷所	萩原印刷株式会社／日本フィニッシュ株式会社

2015 年 11 月 25 日　第 1 版第 1 刷発行©

発行所	株式会社　開拓社	〒113-0023　東京都文京区向丘 1-5-2 電話　(03) 5842-8900　(代表) 振替　00160-8-39587 http://www.kaitakusha.co.jp

ISBN978-4-7589-2221-0　C3080

JCOPY ＜(社)出版者著作権管理機構　委託出版物＞
本書の無断複写は、著作権法上での例外を除き禁じられています。複写される場合は、そのつど事前に、(社)出版者著作権管理機構(電話 03-3513-6969, FAX 03-3513-6979, e-mail: info@jcopy.or.jp)の許諾を得てください。